Elsbeth Pulver • Tagebuch mit Büchern

P V E R
V A L A
E R N G
L A G O

T0145422

Elsbeth Pulver

Tagebuch mit Büchern

Essays zur Gegenwartsliteratur

Unter Mitarbeit der Autorin herausgegeben von
Anna Stüssi

Mit einem Vorwort von Dominik Müller

Gedruckt mit freundlicher Unterstützung von

KulturStadtBern

Migros-Kulturprozent

Umschlaggestaltung:
www.gapa.ch   gataric, ackermann und partner, zürich

Druck:
ROSCH-BUCH GmbH, Scheßlitz

Die Deutsche Bibliothek – Bibliographische Einheitsaufnahme
Die Deutsche Bibliothek verzeichnet diese Publikation in der
Deutschen Nationalbibliographie; detaillierte bibliographische
Daten sind im Internet über http://dnb.ddb.de abrufbar

ISBN 3-907576-84-5

© 2005 Theologischer Verlag Zürich

Inhalt

1996–2000

Zwischenkapitel: **Thema Tagebuch**

2001–2005

Vom Lesen erzählen

Elsbeth Pulvers «Tagebuch mit Büchern»

Mitten im Wendejahr 1989 veröffentlichte Elsbeth Pulver zum ersten Mal ein «*Tagebuch mit Büchern*». Vollzog die bekannte Literaturkritikerin und Literaturhistorikerin damit in ihrer Arbeit eine persönliche Kehrtwendung? Hatte sie genug von dem Scheinwerferlicht, in das auflagestarke Tageszeitungen wie die «Neue Zürcher Zeitung» oder die «Berner Zeitung» ihre Rezensionen gestellt hatten, und suchte jetzt den intimeren Lampenschein?

Dass Zeitung und Tagebuch vielleicht gar nicht so gegensätzliche Medien sind, wie es auf den ersten Blick scheinen mag, das gibt die französische Sprache zu erwägen. Sie braucht bekanntlich für beides das gleiche Wort, *journal*, dem sie zur Präzisierung lediglich das Adjektiv *intime* anheftet, wenn es um ein Tagebuch geht. Der Wortstamm *jour* verrät: ob man in die Zeitung schreibt oder ins Tagebuch, man schreibt aus dem Moment heraus und für den Tag. Keine in Stein gemeisselten Worte, sondern Sätze, die die Zeitbedingtheit nicht scheuen, davon vielmehr in lebendigem Atem gehalten sein wollen. Zu der inneren Logik dieser nur scheinbaren Kehrtwendung passt, dass sie von der Redaktion jener Monatsschrift angeregt wurde, die sich zeitbezogenes Schreiben mit einem neuen Titel, «ZeitSchrift», auf die Fahne geschrieben hatte. (Man kehrte inzwischen zu dem ursprünglichen Titel «Reformatio» zurück.) Elsbeth Pulver sollte zwar durchaus Buchbesprechungen beisteuern, doch sollten diese von besonderer, unkonventioneller Art sein.

Auch wenn sich Elsbeth Pulver von ihrer bisherigen Arbeit also nicht einfach abwandte, so eröffnet ihr das «*Tagebuch mit Büchern*» doch eine Reihe neuer Möglichkeiten, die sowohl auf ihre eigenen Bedürfnisse wie auf diejenigen der «ZeitSchrift» fein abgestimmt sind. Dabei stellt es als journalistisches Genre eine höchst originelle Kreation dar, was allein schon rechtfertigt, hier eine Auswahl in Buchform zu versammeln. Schätzungsweise ein Drittel dieser «*Tagebuch*»-Folgen wurden aufgenommen, ergänzt durch eine Anzahl Buchrezensionen oder

Autorinnen- und Autorenporträts, die im gleichen Zeitraum und aus dem gleichen Geist heraus entstanden sind. Zu erkunden, auf welche Art dieses Tagebuch mit Büchern umgeht und was es so einnehmend macht, ist das Ziel dieses Vorworts.

Das erste «Tagebuch mit Büchern» («Mäandern») beginnt mit dem Porträt eines namenlosen Mannes, eines Handwerkers. Ein Buch hat er nicht geschrieben, und er entstammt auch nicht einem Roman, der zur Besprechung anstünde. Dennoch ist er eine literarische Gestalt, denn er tritt ja da, in einprägsamer Gestalt, aus dem Buch hervor, das wir gerade lesen, dem «Tagebuch mit Büchern». Nähert sich die Literaturkritikerin hier der Literatur also mit eigenen literarischen Gestaltungen? Sie könnte sich dabei auf die von der Romantik aufgestellte Devise berufen, dass nur in künstlerischer Form angemessen über Kunst gesprochen werden könne. Die Rechnung scheint aufzugehen, denn die knappen Porträts, die Evokationen von Alltagssituationen oder Erinnerungen, die Elsbeth Pulver in ihren Tagebüchern einstreut, sind so geschrieben, dass sie es mit entsprechenden Passagen in literarischen Werken spielend aufnehmen. Dass der Ansatz des «Tagebuchs» von den romantischen Ambitionen dennoch weit entfernt ist, das verdeutlicht sogleich die Figur, die hier geschildert wird. Dieser ‹einfache› Handwerker zeichnet sich bei einer Renovation der Pulverschen Wohnung dadurch aus, dass er seine Arbeit gut und im Sinne seiner Kunden zu machen versucht. In seinem Porträt wird ein Berufsprogramm herausgeschält, worin gerade nicht das selbstgefällige Ausspielen eigenen Könnens, sondern der Sinn für Angemessenheit und handwerkliche Qualität die zentrale Rolle spielen. Nichts, was daran nicht auf die Arbeit der Literaturkritikerin übertragbar wäre. Vom hochfliegenden romantischen Projekt ist dabei die Einsicht erhalten geblieben, dass literarische Texte nur dem etwas sagen, der ihnen etwas Eigenes entgegenhalten kann. Der Handwerker ist der Tagebuchschreiberin durch das aktive Bestreben aufgefallen, sich ein klares, eigenes Bild von seinen Kunden zu verschaffen. Wenn sie gelegentlich Episoden oder Begegnungen aus ihrem eigenen Leben erzählt, tut sie es, um eine Idee von jenem persönlichen Erfahrungsschatz zu vermitteln, den produktives Lesen als eine Art Widerlager zur Voraussetzung hat.

Aus dem Blickwinkel neuer literaturwissenschaftlicher Ansätze betrachtet, könnte die Frage auftauchen, ob da nicht ein etwas altertümlicher Umgang mit Literatur gepflegt werde. Als Elsbeth Pulver in den 1950er Jahren an der Universität Bern hauptsächlich bei Fritz Strich Germanistik studierte, wurde man in der Tat noch nicht auf Diskursanalyse eingefuchst und auf die Frage, welchen Verblendungen ihrer Zeit Autorinnen und Autoren (ob grosse oder kleine spielt da keine Rolle) unterworfen gewesen seien. Damals betrachtete man den Umgang mit Literatur als ein kultiviertes Gespräch individueller Geister, und Elsbeth Pulver widmete einem der herausragenden Literaturkenner unter den grossen deutschsprachigen Autoren ihre Dissertation (*Hofmannsthals Schriften zur Literatur*. Bern 1956). Die Interpreten fassten ihr Geschäft als eine Kunst auf und machten es sich, gemäss einer Devise Emil Staigers, zum Ziel, bei der Lektüre literarischer Werke *«zu begreifen, was mich ergreift»*. Zwar nimmt Elsbeth Pulver ihren Lehrer und Doktorvater in einer behutsamen Huldigung vor einem Diskursanalytiker in Schutz (*«Der Germanist Fritz Strich»*). Doch wenn ihre *«Tagebücher»* tatsächlich etwas von dieser germanistischen Tradition weiterführen, so tun sie es unter Einbezug der Kritik, welche nach 1968 gegen den Ansatz vorgebracht wurde. Ihre Kommentare und Reflexionen verblüffen zwar immer wieder durch ihre Treffsicherheit, sie machen aber nicht sprachlos, sondern laden durch ihre Plausibilität die Leser dazu ein, an dem Gespräch über Literatur teilzunehmen und Texte an eigenen Erfahrungen zu messen. Mehr noch als der akademische Hintergrund macht sich die besondere Kunst der langjährigen Deutschlehrerin der Töchterhandelsschule Bern und der Volkshochschuldozentin geltend, kulturelle Hemmschwellen abzubauen und Menschen erfahren zu lassen, dass Literatur ihnen etwas sagt. Elsbeth Pulvers *«Tagebuch»* handelt nicht einfach von Literatur, sondern vom Umgang mit Literatur, besteht nicht einfach aus Analysen, sondern erzählen vom Lesen.

Dass das Lesen für Elsbeth Pulver der zentrale Akt literarischer Rezeption ist, verrät der Umstand, dass vom Drama und von Theateraufführungen kaum die Rede ist. Dies mag mit einer tief sitzenden Abneigung gegen die zunehmend eventhaften Seiten des literarischen Lebens verbunden sein. Wichtiger ist aber, was die beiden Essays zur Sprache bringen, welche nicht zufällig die Auswahl als Rahmen einfassen («*Zu viele Bücher – zu wenig Leser?*» und «*Für die Katz*»), die Befürchtung nämlich, die «Kulturtechnik» des Lesens sei heute bedroht. Abgesehen von gelegentlichen Seitenhieben auf den modernen Kulturbetrieb reagiert Elsbeth Pulver darauf nicht mit kulturpessimistischem Jammern, sondern mit ihren inspiriert-inspirierenden Lektürelektionen.

Über fast fünfzig Jahre hinweg hat Elsbeth Pulver als Kritikerin mit ihren Rezensionen die Schweizer Literatur begleitet. (Diese stand lange Jahre generell unter einem soliden Geleitschutz, an dem zahlreiche Feuilletonredaktionen und Kritiker beteiligt waren, was heute nicht mehr der Fall ist.) Auf nicht wenige der Autorinnen und Autoren, die wir zu den wichtigsten dieser Literatur zählen – Kurt Marti, Gerhard Meier, Hans Boesch, Erica Pedretti, Hermann Burger, Margrit Baur, Klaus Merz –, hat sie als eine der ersten mit Nachdruck hingewiesen. Das Netz von Freundschaften, das dabei entstehen konnte, dürfte sich dem Einverständnis verdanken, dass Freunde Menschen sind, die sich gegenseitig nicht emporzuloben brauchen, sondern einander ernst nehmen. Dass um Elsbeth Pulver herum Menschen innerhalb des von Animositäten nicht freien Literaturbetriebs eine solche Freundschaftskultur zu pflegen wussten und wissen, bringt einen zum Staunen und beweist, dass sie die Devise des eingangs erwähnten Handwerkers, in solider Arbeit sei dem Gegenüber sorgfältig Rechnung zu tragen, in ihren Buchbesprechungen befolgt. In den vorliegenden Essays ist besonders viel von dieser Freundschaftlichkeit zu spüren, weil sich die Tagebuchschreiberin bei der Wahl ihrer Gegenstände stärker von persönlichen Affinitäten leiten lässt, als das literaturkritische Alltagsgeschäft ihr sonst gestattet. Das gilt auch für die Artikel und Essays, die im vorliegenden Band zur Abrundung den «*Tagebüchern*» beigefügt wurden. Es gibt darunter mehrere Hommagen an Autorinnen und Autoren, mit denen Elsbeth Pulver freundschaftlich verbunden war oder ist. Dass Freundschaft, wie sie da verstanden wird, nicht auf Kosten des kritischen Urteils geht, der Ton immer sachlich bleibt und auf das Ausplaudern von Intimitäten verzichtet wird, illustriert der Essay, der im vorliegenden Band ihre zahlreichen Arbeiten zu Hermann Burger vertritt («*Der Aufstieg zur Kanzel*»). Freundschaften erstrecken sich, dank Elsbeth Pulvers Vergegenwärtigungskraft, auch auf Personen, denen sie persönlich gar nie begegnet ist. Das gilt vor allen andern für Josef Viktor Widmann, der als Literaturkritiker und als moralisch-politischer Kopf für sie eine unmittelbare Leitfigur darstellt und den sie in einer speziellen Anthologie vorgestellt hat («*Ein Journalist aus Temperament*». *Josef Viktor Widmann*. Ausgewählte Feuilletons. Hrsg. zusammen mit Rudolf Käser, Bern 1992).

Das Rezensionsgeschäft steht unter enormem Zeitdruck: wer hat als erster über den neuen Handke jene zwei, drei markigen Sätze unter das Lesevolk geworfen, welche die Marketingabteilung des Verlags gerade noch rechtzeitig auf den Schutzumschlag der Neuerscheinung drucken kann? Elsbeth Pulvers «*Tagebücher*» nehmen sich Zeit mit Urteilen und legen sich allein dadurch quer zum heutigen Literaturbetrieb. (Dass die geübte Zeitungsschreiberin dabei an einem komprimierten Stil festhält, fällt demjenigen besonders auf, der hauptsächlich wissenschaftliche Publikationen über Literatur liest.) Die Pausen zwischen den einzelnen Tagebucheinträgen zeigen an, dass die Aussagen buchstäblich überschlafen wurden; der neue Tag rückt einen Gegenaspekt ins Licht oder bringt ein neues Buch ins Spiel. Vom Willen, sich der Hektik zu erwehren, zeugt auch jener Wäschekorb, in dem Elsbeth Pulver die Bücher zwischen dem Durchblättern und der eingehenden Lektüre einige Zeit liegen lässt – der Bericht davon steht unter der bezeichnenden Überschrift «*Überlebensstrategien*» («*Zu viele Bücher – zu wenig Leser?*»).
Namentlich die ersten «*Tagebücher*» nutzen die von den Zäsuren erzeugte Mehrteiligkeit dazu, Sammelbesprechungen aufzunehmen und so dem Plural des Titels, «mit Büchern», gerecht zu werden. Wer verschiedene literarische Werke miteinander ins

Spiel bringen will, gerät auf der Suche nach Vergleichsaspekten leicht in blutleere Abstraktionen. Nicht so Elsbeth Pulver. Meisterin im Erkennen und Benennen von Korrespondenzen und Kontrasten, hält sie sich dabei gerade ans Konkrete. So komponiert sie Besprechungen von Büchern, in denen Flüsse ein Rolle spielen, zu einem «Tagebuch» zusammen («*Ein Land der Flüsse*»). E. Y. Meyers «*In Trubschachen*» präsentiert sie nicht als einen negativen Heimatroman, sondern als Beispiel einer Gruppe von «Winterbüchern». In einem der ersten Tagebücher versammelt sie Werke, welche die kindliche Erfahrung mit einem Hotel- oder Wirtshausbetrieb zum Hintergrund haben. Oder sie verfällt auf den eigentlich sehr naheliegenden und doch überraschenden Gedanken, in einem meisterhaften Doppelporträt Robert Walser und Adolf Wölfli einander an die Seite zu stellen, die einige Monate gleichzeitig in der Berner Nervenklinik (mit dem die Namensalliteration abrundenden Namen) Waldau verbrachten.

«*Wurzeln gewinnen im Konkreten*» («*Palast der Erinnerung*»): die für das Vermögen Lars Gustafssons geprägte Formel, einen philosophischen Gedankenflug in einem Bild zu verdichten, passt nur deshalb nicht zu Elsbeth Pulver, weil sie diese Verwurzelung bei aller Hintergründigkeit nie verliert und so auch nicht zurückzugewinnen braucht. Sie fragt sich einmal, ob sie das Pferd nicht am Schwanz aufzäume, wenn sie so gerne «*von Nebenfiguren und Nebensachen rede*» («*Hommage à Erica Pedretti*»). «*Aber Nebensachen sind eben manchmal Hauptsachen*», ist die schnell gefundene Antwort, deren Triftigkeit Elsbeth Pulver mit ihrem Vermögen immer neu unter Beweis stellt, unvermittelt den Nerv einer Sache zu packen, nachdem sie sich auf einem scheinbaren Seitenpfad an sie herangepirscht hat. Das zeigt sich auch an jenem ersten Zwischenkapitel, das einer Hauptsache von Elsbeth Pulvers gesamter literaturkritischen Arbeit gewidmet ist – der Literatur von Frauen –, vorerst aber von Keller und Widmann handelt.

Mit dem Bedürfnis, in der Beschäftigung mit Literatur den Bezug zum Konkreten zu wahren, ist wohl Elsbeth Pulvers Distanz zu Texten verbunden, in denen die Sprache gewissermassen aus

14

sich selber heraus erzeugt wird. Umso mehr interessiert Arbeit an der Sprache dort, wo sich diese an dem reibt, was (noch) nicht Sprache ist. Schriftstellerinnen und Schriftsteller zeichnen sich für Elsbeth Pulver nicht primär dadurch aus, dass sie einen ganzen Chor älterer Texte im Ohr haben, die sie nun weiterschreiben oder gegen die sie anschreiben. Darum ist in den vorliegenden Essays auch nicht viel von literarischen Traditionen die Rede, in die die Neuerscheinungen einzureihen eine gewisse Literaturkritik ihre Hauptaufgabe sieht. Weit mehr zählt da das Vermögen der Literatur, gleichsam neue Territorien – Ahnungen, Atmosphären, Träume – sprachlich zu erschliessen. Zu solcher Spracharbeit gehört auch die Anerkennung der Grenzen, der Mut, dem Schweigen Raum zu geben und die Form brüchig werden zu lassen. Das Flair für schwierige Texte hat aber deshalb bei Elsbeth Pulver nie etwas Elitäres, weil sie nicht vor der Aufgabe kneift, das Komplizierte an einem gelungenen Text als Antwort auf ein spezifisches Darstellungsproblem zu interpretieren.

Am 7. Januar 1997 notierte Elsbeth Pulver in einem «*Tagebuch*», in dem sie gerade einen besonders originellen Strauss von Büchern bzw. von Autorinnen und Autoren zusammenzubinden im Begriffe ist (Lars Gustafsson, Margrit Baur, Wisława Szymborska, Daniel Ganzfried): «*Bücher sozusagen ‹ausser Saison› zu lesen oder wiederzulesen, ist, da gegenläufig zum dominierenden Trend des Topaktuellen, gerade heute die beste und meine liebste Art der Lektüre.*» Diese gesteht Elsbeth Pulver sich jetzt zu, nachdem sie sich jahrelang ihre Lektüren von den Neuerscheinungslisten diktieren liess. Das Genre ihrer Büchertagebücher hat sie sich nicht zuletzt auch deshalb eingerichtet, um über Bücher, über Autorinnen und Autoren zu schreiben, die nicht am Hauptpfad der Feuilletons liegen, oder um das Neueste mit Altem, sowohl Prominentem wie von der Vergessenheit Bedrohtem, zu konfrontieren. So gestattet sie es sich, nicht einfach die deutsche Übersetzung der Autobiographie Carson McCullers anzuzeigen, sondern ihrer Neugierde zu folgen und auch die Romane der grossen amerikanischen Erzählerin wiederzulesen und davon über ein ganzes Tagebuch hinweg ausführlich nachzudenken. Es entsteht eines jener Autorenporträts, die Elsbeth Pulver so besonders liegen. Das grossformatigste ist ihr Buch über Marie Luise Kaschnitz («*Marie Luise Kaschnitz*», München 1984); knappere Abmessungen, aber doch die eines eigenen Büchleins hat dasjenige von Friedrich Glauser («*Friedrich Glauser*», Winterthur 1990). Kleinere Porträts fungieren als Nachworte zu Auswahlbänden (etwa mit Werken von Kurt Marti oder Martin Merz) oder begleiten ein Werk der Deutschschweizer Literatur über die Sprachgrenze (eine Kostprobe aus diesen zahlreichen Beiträgen zum innerhelvetischen Literaturtransfer ist im vorliegenden Band die deutsche Originalversion des Nachworts zur französischsprachigen Ausgabe von E. Y. Meyers «*In Trubschachen*»). Ein ausführliches und facettenreiches Autorinnenporträt rundet schliesslich auch die Neuausgabe des grossen Romans von Elisabeth Aman ab («*Das Vermächtnis*», Bern etc. 1997, Schweizer Texte NF 9), mit welcher es Elsbeth Pulver gelang, eine der bemerkenswertesten und eigenwilligsten Schriftstellerinnen der deutschsprachigen Literatur der Schweiz wieder ins Gespräch zu bringen. (2003 liess sie in derselben Reihe die Neuausgabe von Elisabeth Amans Erzählung «*Manuel und das Mädchen*» folgen.)

Naheliegend, dass auch immer wieder Geburts- und Todestage sie anregen, mit Porträts insbesondere an Autoren zu erinnern, die dem kulturellen Gedächtnis zu entgleiten drohen. Neben Elisabeth Aman liegt ihr da Albin Zollinger besonders am Herzen, der vielleicht grösste Lyriker der deutschen Schweiz, der farbenreiche und aufgewühlte Erzähler, der unerschrockene Publizist – vor dem Hintergrund einer viel konformistischeren öffentlichen Debatte stellt seine Zivilcourage das meiste in den Schatten, was an Kritischem nach 1960 zur Schweiz vorgebracht wurde. In diesen Autorenporträts kommt das Nachdenken über die komplizierten Verschränkungen von Literatur und gelebtem Leben, welches das «*Tagebuch mit Büchern*» insgesamt bestimmt, ganz besonders zum Zuge. Die Werke werden immer in ein Verhältnis gesetzt zur Biographie der porträtierten Autoren. Dabei aber waltet die allergrösste Behutsamkeit. Elsbeth Pulver hat eine viel zu reiche und differenzierte Vorstellung von den manchmal geraden, viel öfter aber krummen Pfaden, auf denen Literatur entsteht, um sich mit simplen Ableitungsmustern zufrieden geben zu können.

Eine Lektüre ‹ausser Saison› ist auch diejenige der Tagebücher von Virginia Woolf. Der ihnen gewidmete Essay steht am Anfang jenes zweiten thematischen Zwischenkapitels über grosse Diaristen, in welchem Elsbeth Pulver insgeheim auch das eigene Tagebuchschreiben in demjenigen grosser Vorbilder spiegelt.

Wiederholt ist in den vorliegenden Texten von «*opera magna*» die Rede. Was Elsbeth Pulver selber angeht, bildet ihr mehrhundertseitiger Beitrag zur deutschsprachigen Literatur im Schweiz-Band von «*Kindlers Literaturgeschichte der Gegenwart*» («*Die zeitgenössischen Literaturen der Schweiz*». Hrsg. von Manfred Gsteiger, Zürich und München 1974, überarbeitete Neuauflage 1980) das Opus magnum. Diese Literatur wurde seither nie mehr im Zusammenhang und in dieser Ausführlichkeit vorgestellt (vergleichbar ist höchstens die einen mehr als doppelt so langen Zeitraum in den Blick fassende *Geschichte der deutschsprachigen Schweizer Literatur im 20. Jahrhundert*, die ein Autorenkollektiv der DDR unter der Leitung von Klaus Pezold in den Jahren vor der Wende erarbeitete). Elsbeth Pulvers Literaturgeschichte ist eine Pioniertat, vor der man aus Respekt den Hut zieht und zu der man aus Zuneigung immer wieder zurückkehrt. Sie befriedigt nicht nur in einem hohen Mass das nie zu erreichende Postulat, im Wichtigen vollständig zu sein, sondern vollbringt auch immer wieder das Kunststück, auf knappem Raum von einem einzelnen Werk eine plastische und lebendige Vorstellung zu vermitteln. Die Gesamtschau erinnert so immer auch daran, dass die Einzelerscheinungen darin nie ganz aufgehen. Möglich, dass das zähe Exerzitium der Literaturgeschichtsschreibung Elsbeth Pulvers Gabe zu prägnanten Charakterisierungen noch gesteigert hat. Jedenfalls kommt sie auch den «*Tagebüchern*» zu Gute, die indessen nicht mehr der ausgeklügelten Auslegeordnung einer literaturhistorischen Gesamtdarstellung zu folgen brauchen und auch Vorlieben und Zufallsfunden nachgehen dürfen. Die Darstellungen sind deswegen nicht blind für das Historische, folgen aber einem Geschichtsbewusstsein, das gerne den historischen Platz des einzelnen Werkes durch kühne Konfrontationen mit Ungleichzeitigem hervortreten lässt. Das unterstreicht auch die von Elsbeth Pulver zusammen mit Anna Stüssi sorgfältig erarbeitete Gesamtanlage oder besser: Komposition des vorliegenden Buches. Sie wahrt in der Folge der ausgewählten «Tagebücher» zwar mehrheitlich die Publikationschronologie, mischt darunter aber gerne Essays, die in frühere Jahrzehnte des 20. Jahrhunderts zurückblenden. Der Weg einzelnen Neuerscheinungen entlang, der eine Fortsetzung des «Kindler» skizzieren könnte, wird durchkreuzt und verdeckt von einem Zickzackweg, der anderen Zusammenhängen nachspürt, als der Zeitbezug sie nahelegt. Lesen findet zwar immer in der Gegenwart statt, und darum ist das «Tagebuch mit Büchern» auch im Präsens geschrieben. Lesen erlaubt aber auch Zeitreisen, verführt zur Versenkung in andere Zeiten. Tagebücher leben zwar vom Tag, aber indem sie auch über den Tag hinausschauen, widersetzen sie sich «dem Trend des Topaktuellen» und machen gerade so diesen Tag als Gegenwart erlebbar.

Dominik Müller

Zu viele Bücher – zu wenig Leser?

Über die Arbeit des Kritikers

«Wie wird man zum Dichter?» – auf diese nicht eben seltene Leserfrage antwortet Gertrud Leutenegger mit einer Geschichte, welche die Frage schon im Titel enthält: *«Der Mailänder oder wie wird man zum Dichter»* – und die nicht mehr Zeit beansprucht, als der Zug braucht, um von Zürich nach Goldau zu fahren. Eine weibliche Ichfigur befindet sich auf der Heimreise; sie hält ein Buch auf den Knien und ist im Lesen genau an jener leeren Stelle angelangt, wo die eine Erzählung aufhört, die andere noch nicht beginnt. Da fällt die Frage, ist der Platz noch frei? in die Lücke, die der Text lässt, und auf dem Fensterplatz gegenüber der Frau sitzt nun ein Mann mit hellgrünen Augen, einem kahlgeschorenen Kopf; er trägt einen dunkelgrünen Pullover, abgetragene Manchesterhosen, doch einen der üblichen Aktenkoffer; der «Corriere della Sera» und ein Fahrplan von einer Mailänder Druckerei weisen ihn als den «Mailänder» aus.

Die Begegnung im Zug hat weder Vergangenheit noch Gegenwart und kaum Worte. Nichts geschieht, als dass die beiden sich halbversteckt beobachten und mit ihren beobachtenden Blicken verständigen und zum Schluss, in getrennten Zügen, die Hand zum Gruss erheben. Und jetzt sagt die Ichfigur, auf eine Frage des Kondukteurs, das erste Wort auf dieser Reise: *«Nein»* – und auf dieses «Nein» (es steht auf der letzten Seite der Erzählung) müssen nun alle die anderen Worte folgen, die nicht gesprochenen, die geschriebenen, aus denen eben die Erzählung entsteht: *«Der Mailänder oder wie wird man zum Dichter».* Was aber sind, nehmen wir den Titel beim Wort, die Voraussetzungen des Schreibens, wie es Gertrud Leutenegger versteht? Ein intensives Erlebnis gehört offenbar dazu, eine erotische Erfahrung – aber es ist ein Eros, der sich nur in der Luft aufhält, eine rasch aufflammende und doch zögernde Liebe, die dennoch nicht blind macht. Der Mann mit den hellgrünen Augen bleibt für die Frau ein zweifelhafter Zeitgenosse; er könnte ein unsympathischer Bankier sein oder, da kahlgeschorene Köpfe etwas

Brutales haben, ein Mörder, dessen Gehirn, von der Polizei aus dem Schädel geschossen, an einem Mailänder Trottoir klebt.

Man sieht: die gewöhnlich-ungewöhnliche Begegnung setzt offensichtlich alle Kräfte der Ichfigur – und in ihr der Autorin – frei. Und das ist für die Titelfrage entscheidend. Denn: intensive Erfahrungen, vielversprechende Zugsbekanntschaften hat mancher, ohne deswegen zum Dichter zu werden. Nicht bei jedem, auch nicht bei jedem Autor evozieren sie eine solche Fülle von Vorstellungen wie bei Gertrud Leutenegger. Ein Blick in die hellgrünen Augen des Mannes genügt, um das Coupé mit hellgrünem Wasser zu füllen, in dem sich die imaginierte Annäherung des Paares vollzieht. Kindheitserinnerungen stellen sich ein; aber auch eine genaue Beobachtung ist mit im Spiel: fast gierig schaut die Frau zu, als der Mann seinen Aktenkoffer öffnet – und stellt fest, dass sich darin nichts anderes befindet als ein anderer Aktenkoffer.

Phantasie, Erinnerung, Beobachtung sind Voraussetzungen des Schreibens, das doch nicht einsetzte ohne das einzige gesprochene Wort, dieses scheinbar so nebensächliche, dieses vieldeutige «Nein». Es schliesst eine Erfahrung ab («Nein, es hat nicht sein sollen») – und es enthält zugleich einen entschiedenen Protest: «Nein, das kann nicht alles gewesen sein, das kann nicht vorbei sein.» Und nun können die Worte folgen, die als Möglichkeit in Sprache entstehen lassen, was nicht Wirklichkeit werden konnte. Schreiben also aus der Erfahrung eines Defizits, und sei dies Defizit nur eine versäumte menschliche Begegnung. Der erfahrene Mangel wirkt wie ein Vakuum, das die Wörter ansaugt.

Bild und Begriff

Warum dieser Anfang, warum die Frage, wie jemand zum Dichter wird, wo es doch, dem Titel zufolge, um den Kritiker geht? Vielleicht weil der Umweg häufig der bessere Weg ist als die Direttissima; vielleicht weil es gerade ein Berufsmerkmal des Kritikers ist, dass er sich hinter einem Text gleichsam versteckt? Er schreibt nicht direkt über sich und die Welt, sondern auf dem Umweg über ein literarisches Werk, und es kann durchaus sein, dass er dabei sich und die Welt vergisst.

Nun hört man nicht selten die Ansicht, der Schriftsteller unterscheide sich vom Kritiker nur durch seinen Gegenstand. Kritik, so kein Geringerer als Ernst Robert Curtius, sei die Form der Literatur, deren Gegenstand wiederum die Literatur sei. Oder, so Martin Walser, ein Kritiker sei einer, «*der sein sprachliches Vermögen lieber von literarischen Gegenständen provozieren lässt als von natürlichen*». Mit dieser Gleichsetzung mag es insofern etwas auf sich haben, als ein guter Kritiker besser ist als ein mittelguter Schriftsteller, besser schon deshalb, weil er offenbar die Selbsteinsicht aufbringt, die dem mittelmässigen Schriftsteller abgeht: zu begreifen, was ihm fehlt. Zu begreifen, was dem Kritiker fehlt: auch dazu ist die Erzählung von Gertrud Leutenegger hilfreich. Auf eine allgemeine Frage antwortet sie persönlich; sie erzählt eine Geschichte, beschreibt eine Figur, vor allem entwirft sie Bilder; sie bedarf der Begriffe, der rationaen Argumentation nicht und gibt doch mehr als diese. «*Durch die Gestalt ist das Problem erledigt*», so sagt es Hugo von Hofmannsthal. Falls der Kritiker seinem Namen entspricht, ist – so will es das griechische Verb «krinein», das ihm zugrunde liegt – das Unterscheiden, Sondern und Trennen seine Aufgabe, der Begriff, nicht das Bild sein Ausdruck. Die Fähigkeit, Bilder zu schaffen oder zu finden, fehlt dem Kritiker, falls er nicht zuleich Dichter ist; es gelingt ihm nur nebenbei, und er sucht, so gut wie der Leser, was ihm fehlt, in der Literatur. Dichterische Texte stellen eine unaufhörliche und für den Empfänglichen unwiderstehliche Verlockung dar, mit Bildern, Figuren, Geschichten umzugehen, mehr oder weniger bewusst, und dabei der Bilder im eigenen Inneren gewahr zu werden. Die Bilder aber sind das Primäre und Ursprüngliche, zu dem gerade der heutige Mensch nicht leicht gelangt; die Anziehungskraft eines dichterischen Werkes ist deshalb immer eine ganz andere, unvergleichlich stärkere, vitalere als die eines noch so brillanten kritischen Textes.

Und da nun dieser entscheidende Unterschied festgestellt ist, kann ich mich guten Gewissens in den Zug nach Goldau setzen und behaupten: die Begleitumstände und Voraussetzungen der Arbeit eines Kritikers seien so anders nicht, als sie Gertrud Leutenegger für den Dichter beschreibt. Ein intensives Erlebnis gehört dazu, falls etwas Rechtes herauskommen soll, und vermutlich ist dabei auch eine Art Eros im Spiel, falls man bereit ist, diesen als etwas aufzufassen, das sich auch an Blumen, Bäumen, Kindern, Tieren, Häusern – oder eben an Büchern entzünden kann. Natürlich ist es auch möglich, Bücher zu besprechen, zu denen man eine sachlich-kühle Beziehung hat, die man versteht und respektiert, aber nicht liebt. Das gibt die unvoreingenommenen, brauchbaren, gerechten Rezensionen; aber springt kein Funke über, dann ist, wie bei einer Vernunftehe, keine rechte Freude dabei.

Die Jagd nach dem gravierenden Fehler

Doch stimmt, was ich sage? Ist nicht, wenn schon von Gefühlen die Rede sein soll, Abneigung und Ärger, gar Wut und Hass ebenso möglich wie Liebe? Und warum Gefühle? Wenn, dem Namen zufolge, Sondern und Unterscheiden zum Tun des Kritikers gehört, dann dürfte nicht die beschriebene erotische Verzauberung seine Sache sein, sondern der Entscheid, ob und inwiefern ein Buch gut oder schlecht sei: das Urteil also, und dessen Voraussetzung ist Gerechtigkeit, nicht Liebe.

Die Frage ist vermutlich so alt oder beinahe so alt wie die Kunstkritik selbst: ob der Kritiker sich verwirkliche und ausweise durch subtiles Verstehen, so dass er, nach einem Wort von Novalis, zum *«erweiterten Autor»* wird; oder ob es seine Aufgabe sei, das Gelingen und Misslingen festzustellen und nachzuweisen. Die Brüder Schlegel hielten bekanntlich diesen Unterschied für so relevant, dass sie ihre Aufsätze zur Literatur mit dem Doppelausdruck *«Charakteristiken und Kritiken»* überschrieben. Das Gegensatzpaar ist zeitlos, und natürlich bestehen nach wie vor mehr Überschneidungen zwischen den entsprechenden Haltungen, als die Begriffe zugeben: auch die Charakteristik setzt Wertung voraus, und die Kritik, geht sie nicht völlig neben dem besprochenen Werk vorbei, ein gutes Stück Einfühlung.

Vermutlich ist der «kritische Kritiker» in reiner Ausprägung in den letzten Jahrzehnten, zusammen mit der selbstverständlichen Sicherheit des Urteils, seltener geworden. Aber es gibt ihn immer noch, ja es gibt ihn sogar als literarische Gestalt, oder eher als einen Sprachkörper: als eine mit Namen, Lebensgeschichte, Beruf, Weltanschauung und Lebensgefühl ausgestattete, jedoch vor allem in einer gewaltigen Suada sich verwirklichende Figur. Ich denke an Thomas Bernhards Komödie genannten Roman «Alte Meister» (1985), in dessen Zentrum der Musikkritiker Reger steht, vielmehr sitzt, nämlich auf seinem Stammplatz, der Besucherbank im Bordone-Saal des Wiener Kunstmuseums: ein alter Mann, der sein Leben mit Kunst und Philosophie zugebracht hat, sich damit beschäftigt auf eine intensive, fast monomane Art – bis er überall, auch in den grössten Meisterwerken, den einen «gravierenden Fehler» entdeckt, der ihm beweist, was er bewiesen haben will: dass auch die alten Meister, wie alle Menschen, scheiterten. Eine Karikatur des Kritikers? Eher dessen ins Überdimensionierte hinausgezeichnete Demaskierung, eine überlebensgrosse tragikomische Gestalt, mit den alten Meistern in einen dauernden Machtkampf verwickelt, darauf aus, sie zu zersetzen, *«weil wir mit ihrer Grösse nicht leben können»*, weil wir *«ein grosses bedeutendes Bild nur aushalten, wenn wir es zu einer Karikatur gemacht haben»* – aber umgekehrt auch vom Wunsche besessen, sich als ihnen ebenbürtig, ja überlegen zu beweisen, indem er ihre Unvollkommenheit durchschaut: *«ein genialer Kopf ist ein Kopf, der auf diese gefundenen Fehler, nachdem er sie gefunden, hinweist und mit allen ihm zur Verfügung stehenden Mitteln auf diese Fehler zeigt.»* Ein so zerstörerischer wie selbstzerstörerischer Umgang mit Kunst, bei dem man sich des Eindrucks nicht erwehren kann, es brauchte nur eine kleine Drehung, eine Verschiebung um Handesbreite, und die Liebe, die versteckt, verschüttet, unterdrückt ist und doch gelegentlich sichtbar wird, könnte zur bestimmenden Kraft werden.

Ein Es, das zur Gestaltung drängt

Wie dem auch sei: auch für ihn, diesen Kritischsten der Kritiker, ist das genaue Hinsehen, das die Ichfigur in Gertrud Leutenoggers Reiseerzählung übt, selbstverständlich. Genaues Hinsehen, das heisst genaues Lesen ist nötig für den kritischen wie für den einfühlenden Kritiker: eine fast detektivische Neugier im Feststellen von kuriosen Details, wie es eine schwarze Aktenmappe ist, in der nichts anderes steckt als wiederum eine schwarze Aktenmappe – aber auch ein ahnendes Spiel mit Möglichkeiten, mit der Frage, wer das Gegenüber, das Buch, der Autor, sein könnte. Und unabdingbar, dass beim Lesen die eigenen Erinnerungen, die eigenen Vorstellungen geweckt werden, denn anders, mit dem blossen Verstand, ist den dichterischen Bildern nicht nahezukommen. (Das verhindert nicht, dass im kritischen Text selber die vernünftige Argumentation den Diskurs bestimmt.) Aber auch das «Nein», das Gertrud Leutenegger ihrer Ichfigur in den Mund legt, kennt der Kritiker, er muss es kennen, dieses Nein, das, wie immer man es deute, den Entschluss zum Schreiben beinhaltet, das Nein als Schaltstelle zwischen Lesen und Schreiben: «Nein – das kann nicht alles gewesen sein. Etwas davon möchte ich festhalten: schreibend.»

Und vermutlich ist das der Punkt, wo der Kritiker sich mit dem Schriftsteller am stärksten berührt: im Wunsche, schreibend – und im Schreiben auch gestaltend – auf eine Erfahrung zu reagieren, mit ihr zu Rande zu kommen. Ernst Howald, der bekannte schweizerische Essayist der Jahrhundertmitte, hat sich in einem geistreichen kleinen Aufsatz mit dem Titel *«Bin ich ein Essayist?»* gefragt, warum er, ein Altphilologe und ein Leben lang als Hochschullehrer tätig, sich noch in späten Jahren schreibend mit seinen Lieblingsgebieten, der deutschen und französischen Literatur, beschäftigte und sich dabei nicht damit begnügte, die Fragen, die ihn bedrängten, für sich zu beantworten, sondern mit Aufsätzen an die Öffentlichkeit trat. Und er gibt sich selbst die Antwort, die gewiss stellvertretend für viele andere stehen kann: *«Es handelt sich in der Tat um mehr als um das Niederschreiben dessen, was man erforscht hat, etwa als Gedächtnisstütze. Neben dem rational Wissenschaftlichen regt sich ein Es, das zur Gestaltung drängt. Es vollzieht sich also ein künstlerischer Prozess. Ein hochgegriffenes Wort. Aber kein falsches. Es ist jener Gestaltungswille, der, oft missbraucht oder verkümmert, in manchen Wissenschaftern vorhanden ist. Das ist dann die Geburtsstunde des Essays.»*

Bücher ohne Leser

Aber wie nun, wenn die Frage: ist dieser Platz noch frei? gar nicht mehr gestellt werden kann, weil nämlich alle Plätze schon besetzt sind, die Reisenden dicht gedrängt in den Gängen stehen; wenn der Zug bei jeder Haltestelle anhält, Leute aussteigen oder hinausgedrängt, manchmal fast hinausgeworfen werden, andere zusteigen, sich hineinkämpfen, oft durchs Fenster; wenn auch der neue Zug, der von Goldau nach Schwyz fährt, besetzt ist, die Station voller Leute, so dass man einander nicht einmal einen Abschiedsgruss zuwinken kann, geschweige denn während der Heimfahrt über die Begegnung nachdenken? Ich beschreibe, was jeder kennt: die Situation im heutigen Bücherzug.

Da möchte man nur noch aus dem Zug aussteigen und mit Lesen aufhören, und man begreift nicht, dass nicht alle es tun; offenbar gibt es widerstandsfähige Leute unter den Literaten, und das Ziel des Zuges muss ein verlockendes sein. (Reichtum kann es, da es sich um Literatur handelt, kaum heissen, vielleicht – in imaginärer Ferne – Ruhm oder – näher gerückt – Name, Geltung, Einfluss?) Es gibt allerdings auch einige, die den Literaturzug wirklich verlassen: mir scheint, ich treffe häufiger als früher auf Leute, zum Teil professionelle Leser, die in der Literatur nicht mehr mitzukommen behaupten, als hätte eine neue Technik Einzug gehalten, die sie als Ignoranten zurücklässt; sie ziehen sich auf die Weltliteratur, das Grosse, Bewährte zurück.

Die Situation ist bekannt, beschrieben, analysiert; die Zahlen der Frankfurter Buchmesse sind auch dem vertraut, der nie ein Buch liest, vielleicht gerade ihm. Die Klassiker etwa sind, kaum fiel der Blick heutiger Verleger auf sie, zu einer unüberblickbaren Masse geworden. Der Katalog des neuen Klassikerverlags – ein Ableger von Insel und Suhrkamp – füllt 100 Seiten, und der Klassikerverlag ist nicht allein, sich der Tradition anzunehmen. Und was «unsere», die schweizerischen Klassiker angeht: die verdienstvolle Reihe «*Frühling der Gegenwart*» füllt, schwer und dunkel, ein ganzes Bücherbrett; wäre vielleicht weniger mehr gewesen, hätte die Hälfte der Bände den Appetit auf Fortsetzung geweckt? Kann das, was gewiss nicht ohne Idealismus unternommen wird, um das «Buch zu retten» nicht umgekehrt den Leser vertreiben, erschrecken? So dass zwar das Buch überlebt, die Verlage florieren, die Bibliotheken zum Bersten voll sind – aber nur als Geisterstädte, von Fachleuten bedient, von Archäologen erforscht, ohne Leser? Vor vielen Jahren schon hat Hermann Burger in einem kleinen Text *(«Die Leser auf der Stör»)* die damalige und die heutige Situation satirisch beschrieben: da lässt man in bildungsbürgerlichen Häusern professionelle Leser ins Haus kommen, wie früher die Schneiderin oder den Metzger; diese ordnen die Bibliothek nach neuesten Kriterien, bestellen Neuerscheinungen und bringen in den Büchern Eselsohren an, weil ohne die Aura der Gelesenheit auch die reichhaltigste Bibliothek nichts taugt – und der Oberleser eröffnet dem Hausherrn beim schwarzen Kaffee, in der Zukunft werde es wohl dazu kommen, dass die Bücher sich selber lesen müssten ...

Überlebensstrategien

Doch ist, was uns bedrängt, nicht einfach eine kompakte Masse von literarischen Erzeugnissen, eher eine sich drängende Menge, ein Kommen und Gehen. Ein Buch, das heute erscheint, ist morgen weg vom Fenster – und vom Tisch des Buchhändlers, nicht selten, ehe es von Kritik und Publikum richtig wahrgenommen worden ist. Eine Zeit der literarischen Totgeburten. Fünf Jahre genügen auch bei nicht totgeborenen Büchern, um völlig vergessen zu werden; dann suchen Buchhändler in den Katalogen und feiern, was sie schliesslich ausgraben, als einen archäologischen Fund; unsere Renaissancen bemessen sich nach Jahren, nicht nach Jahrhunderten. Die Situation ist paradox, vielleicht absurd: Die Masse der Bücher beengt uns; lockert sie sich, beginnt am Ende einer Saison bereits das grosse Vergessen, packt uns dennoch Reue über das, was wir versäumten.

Es ist nicht einfach Langsamkeit, was unserem Literaturbetrieb not täte; der langsame Leser ist nicht einfach der bessere Leser. Noch einmal ist ein Blick auf die *«Alten Meister»* nützlich: mit einer Schärfe, die zwischen Hass und Lächerlichkeit steht, redet der Musikkritiker Reger von jenen, die alle Bücher ganz und im gleichen gemächlichen Tempo lesen. Sich selbst bezeichnet er dagegen als einen *«hochgradig talentierten Umblätterer»* – der die damit verbundene Oberflächlichkeit durch eine intensive Lektüre einzelner Stellen ergänzt. Das genügt ihm. «Umblätterer», mehr oder weniger talentierte, sind vermutlich heute alle, die sich professionell mit Literatur beschäftigen. Buchhändler, Bibliothekare, Lektoren, Kritiker, Lehrer. Wie sonst sollten sie die Bücher auswählen, mit denen sie sich intensiv beschäftigen, die sie herausgeben, die sie besprechen wollen? Ein notwendiges Übel also – aber wirklich ein Übel! Folge und Preis davon sind nicht selten ein schlechtes Gewissen, innere Leere: man geht nicht ungestraft mit Geistigem auf eine ungeistige Weise um!

Was mich selber angeht: es fällt mir leicht zu entscheiden, mit welchen Büchern ich partout nichts zu tun haben will. Da täusche ich mich selten; und auch wenn die Bestseller der Saison darunter sind, packt mich nachträglich keine Reue. Doch gibt es viele Bücher, bei denen ich – offenbar kein *«hochgradig talentierter Umblätterer»* – im ersten Lesen gar nicht sicher bin, ob sie etwas taugen, ob sie für *mich* etwas taugen. Da habe ich mir angewöhnt (und vermutlich ist das meine Überlebens- und Widerstandsstrategie), sie eine Zeitlang beiseite zu legen; dazu dient mir als Behälter ein ausgedienter Wäschekorb. Und es gibt kaum ein Buch, das ich bespreche, das nicht eine Zeitlang in diesem Wäschekorb lag. (Psychoanalytisch Ge- oder Verbildete mögen darin eine Chiffre für mein Unbewusstes sehen.) Könnte man sagen, in dieser seltsamen Zwischenstation, zwischen dem Durchblättern und dem ernsthaften Lesen geschehe das Entscheidende? Das wäre natürlich weit übertrieben, sogar falsch. Aber nicht selten hat sich mir ein Buch, das mir in der ersten Begegnung wie mit sieben Siegeln verschlossen schien, wie von selber geöffnet, wenn ich es nach einiger Zeit – das können Tage und es müssen manchmal Monate sein – wieder hervornahm. Offenbar haben die Bücher diese Zwischenstation nötig; sie müssen sich anfreunden mit mir oder ich mich mit ihnen; sie gewöhnen sich an die Gerüche und Geräusche meiner Wohnung, an Hundegebell, Lachen, lautes Reden, an die Stille, die auf einen raschen Wortwechsel folgt und an die unruhigen Schritte, wenn ich mit der Arbeit nicht weiterkomme. An wie vielen für mich wichtigen Büchern wäre ich wohl vorbeigegangen, hätte der Wäschekorb nicht das Lesen vorbereitet, das jetzt einsetzen kann: gründlich, wiederholt und intensiv.

Vermutlich braucht es, nicht nur heute, beides: die rasche Orientierung, die bewegliche Neugier – aber auch das andere, das mehr ist als Langsamkeit. «*Rennen und Trödeln*» hat Marie Luise Kaschnitz eine Kindheitserinnerung überschrieben. Das Wortpaar, das Gegensätzliches zu einer sinnvollen Verbindung zusammenfügt, ist mir im Gedächtnis geblieben. Rennen und Trödeln – beides gehört zum Kind, zum Leben, gehört wohl auch zum Umgang mit Büchern. Zur Eile werden wir von allen Seiten angehalten, wenn auch nicht zu einem fröhlichen Rennen; dass auch das Warten, die ungenutzte Zeit fruchtbar sein kann, und zwar nicht nur als eingeplante Phase der Regeneration, das müssten wir wohl wieder lernen, wie auch Vertrauen in das, was sich ohne unser Zutun ergibt.

Hinausgeschobene Begegnungen

Was ich hier als persönliche Erfahrung behelfsmässig formuliere, ist verwandt mit der «hinausgeschobenen Begegnung», die Elias Canetti im dritten Band seiner Autobiographie «*Das Augenspiel*» als ein Gesetz seiner Entwicklung beschreibt und zugleich verallgemeinert. Zwei Jahre lang hatte der Sechsundzwanzigjährige eine auffallende gelbe Büchner-Ausgabe in seinem Büchergestell stehen (und wusste doch instinktiv, dass dieser Autor für ihn von Bedeutung sein werde) – bis er endlich eines Nachts zufällig die Szene zwischen dem Doktor und Wozzeck las und ihm war «*als hätte der Blitz in mich eingeschlagen*». Rückblickend zieht er das Fazit aus dieser und vielen ähnlichen Erfahrungen: «*Zu den wichtigsten Dingen, die sich in einem vorbereiten, gehören hinausgeschobene Begegnungen. Es kann sich um Orte und um Menschen handeln, um Bilder wie um Bücher ... Ich möchte die Bücher nicht nennen, auf die ich mich noch immer vorbereite, einige der berühmtesten Bücher der Weltliteratur gehören dazu, an deren Bedeutung ich nach dem Konsensus all derer in der Vergangenheit, deren Meinungen für mich bestimmend waren, nicht zweifeln dürfte. Es ist einleuchtend, dass nach zwanzigjähriger Erwartung ein Zusammenstoss mit einem solchen Werk zu etwas ganz Ungeheu-*

erlichem wird, vielleicht ist es nur so möglich, zu geistigen Wie-
dergeburten zu gelangen, die einen vor den Folgen der Routine
und des Verfalls bewahren.»

Die tägliche Arbeit des Kritikers freilich gehorcht anderen
Gesetzen als dem der hinausgeschobenen Begegnung. Nimmer-
müde Neugier wird von ihm verlangt (sie ist vielleicht sein Bestes) und eine rasche, unmittelbare Reaktion auf immer neue
Werke. Aber es wäre besser um das Literaturgeschehen bestellt,
wenn auch das ganz Andere darin Platz hätte: das Abwarten,
Aufschieben, wenn den Büchern Zeit gelassen würde, sich mit
dem Leben und nicht nur mit dem literarischen Geschmack zu
verbinden.

(1986)

1986–1991

Mäandern

(Über Paul Nizon, Norbert Gstrein, Wolfdietrich Schnurre)

26. Mai

Jetzt stimme die Sache für ihn, sagt der Handwerker, der seit einer Woche unsere Wohnung renoviert, und braucht damit – zum wievielten Mal? – die immer gleiche Formel, die ein Modewort ist in jedermanns Mund, und doch kommt sie mir allmählich als sein ganz persönliches Markenzeichen vor. Es kümmert ihn nicht in erster Linie, ob seine Kasse stimme; vielmehr fragt er – ein Mann, der sich auf die Welt seinen eigenen Vers macht – nach der Übereinstimmung von Material und Ästhetik, von Wohnung und Bewohnern. Dass wir, seit langem seine Kunden, fast seine Freunde, in diesem Betonblock wohnen, stört ihn nachhaltig, und er will es partout nicht glauben, dass wir seinerzeit, eine Familie mit zwei Kindern und einem Hund, auf der freien Wildbahn des Wohnungsmarktes so wenig Wahlfreiheit hatten wie andere auch. Dennoch scheint ihn die Frage zu beschäftigen, ob es nicht doch irgendwie zu uns passe, dass wir nicht in der erträumten gepflegten Altbauwohnung hausen, sondern hier, wo man die Fragwürdigkeiten der Gegenwart manchmal buchstäblich mit Händen greifen kann. Das würde aber heissen, dass manchmal, und vielleicht gar nicht so selten, das, was nicht stimmt, eine Sache erst zum Stimmen bringt!

«Say all the truth, but say it slant» («Die ganze Wahrheit, aber sag sie schräg»), so sagt es die wunderbare Emily Dickinson in einem Gedicht und formuliert damit auf poetische Art ein wesentliches Element ihrer Poetologie. Das Quere und Schräge in der Harmonie des Kunstwerks, das Unstimmige als Voraussetzung des Stimmigen – alles in einem heiklen Gleichgewicht, das zu erkennen, macht die Kritik heute zu einem so schwierigen Geschäft. «Schräg», übrigens: das Wort, das für mich jahrzehntelang ganz zu der abseitigen, herrlich verschrobenen Dich-

terin gehörte, ist ebenfalls längst zu einem Modewort geworden, und «schräge Typen» gehören, laut Werbung, zur Ausstattung jedes dürftigen Kino-Klamauks.

29. Mai

Modewörter sind manchmal auch eine Art Notsignale. Mit der heute geläufigen Frage, ob eine Sache für einen persönlich stimme, versucht man vermutlich, in einer Zeit, in der generell nichts mehr stimmt, das Wohnangebot nicht zum Einkommen, die Ansprüche nicht zu den Bedürfnissen passen, wenigstens seine eigene kleine Lebensbilanz in einer, oft fassadenhaften, Ordnung zu halten. So auch ich, wenn ich mir vornehme, ein paar Bücher der laufenden Saison noch einmal zu lesen, jetzt in Ruhe, und, wie versprochen, ein Büchertagebuch zu führen, ein öffentliches also, ein fiktives, aber deshalb hoffentlich nicht einfach fassadenhaftes. Und an diesem Vorsatz festhalte, auch wenn heute, an diesem Montagmorgen, pünktlich und früher als je in anderen Jahren, die ersten Leseexemplare der Herbstsaison auf meinem Schreibtisch landen und die laufende Saison und alles, was dazu gehört, zur *verflossenen* Saison erklären, zu Schnee vom letzten Jahr, vorbei und gewesen.

Zu behaupten, Paul Nizons jüngstes Buch «*Im Bauch des Wals*» sei sein bestes, wäre Hochstapelei; wir verfügen schlechterdings nicht mehr über ein Wertsystem, das ein Ex-cathedra-Urteil zulässt. Dass es mich am unmittelbarsten berührt, bezaubert – und nun im zweiten Lesen nachhaltig beschäftigt, das darf ich sagen; leicht zu begründen ist es nicht. Ein erstes Alterswerk? Da ist ein neuer Strich, ein neuer Ton, etwas Kraftvoll-Lockeres, Bewegliches, auch wenn der Autor unter seinen Freunden bereits die Toten zählen kann (*«ein Massengrab»*). Ich hätte Lust zu sagen, der Autor habe einen Schritt über sich hinaus getan, vor allem in der Art, wie er die Umgebung, wie er andere Menschen wahrnimmt. Er porträtiert sie so aufmerksam, so leicht und selbstverständlich, als ob er – ein autobiographischer Autor, manchmal ein Egomane – sich selbst vergessen könnte. Natürlich kann er das nicht; er zeichnet sich selber auch, aber anders als früher, manchmal wie von aussen, mit einem Hauch von Selbstironie, als staune er selbst über die Zwänge, denen er unterworfen ist und aus denen dann, befreit, ein Werk entsteht.

Als «*Caprichos*» bezeichnet er im Untertitel seine Texte; er bedient sich also der musikalischen Terminologie, spielt auf eine bestimmte virtuose Form an, die «reich ist an unerwarteten rhythmischen und harmonischen Wendungen», und er schreibt, entsprechend, eine freie, reiche Prosa, Texte ohne chronologische Ordnung, doch mit vielen lockeren Bezügen und Anspielungen. Virtuose Texte also? Nur mit Zögern könnte ich die Frage bejahen, und das Zögern weist auf die besondere, spannungsvolle Qualität der Texte hin. Nie, so scheint mir, hat Nizon schwereloser geschrieben als hier, und zugleich ist das Dunkle und Dumpfe, aus dem das Schreiben aufsteigt, aufspringt und manchmal wie ein Feuerwerk explodiert, so lastend fühlbar wie nie zuvor. Was für eine Spannung schon im Titel: das leichtfüssige, fast spielerische «*Caprichos*» des Untertitels – und dagegen das Dunkle, Umschliessende, das Bergende und auch Beengende des Titels: «*Im Bauch des Wals*». Immer wieder betont Nizon gerade in diesem Buch, wie schwer es ihm fällt, zu schreiben, dass er das Capricho, das er sich vorgenommen hat, nicht zustande bringt. Da brilliert nicht ein Klaviervirtuose, sondern es schreibt einer, der beide Seiten des Schöpferischen kennt, das Dumpfe und Blinde der toten Zeiten, in denen man nicht glauben kann, dass man einmal als ein Jonas ans Tageslicht gespien wird – aber auch dies Tageslicht, das desto heller wirkt und die realen und surrealen Figuren hervortreten lässt. Den Soldaten, zum Beispiel, den längst in Vergessenheit geratenen, der, ein vorgeschobener, nein, verlorener Posten an der Grenze zur Mandschurei, weiterhin seine Schanzen baut – auch er eine Chiffre für den Künstler. Oder die Mutter, die in zwei Lebensphasen porträtiert wird. Besonders grossartig das Altersbild: die fast zur Mumie geschrumpfte Frau, die von einem verlegenen Sohn im Pflegeheim besucht wird, genau, ja scharf, aber nicht ohne Solidarität gezeichnet. Und dann dieselbe Mutter als die dominierende Figur der Kindheit – dominierend, weil sie für den todkranken Vater einspringen musste und in den Räumen der gutbürgerlichen Wohnung eine Familienpension führte. Nizon durchleuchtet diese seine Kindheitssituation auf überzeugende Weise: inmitten einer von *Paying guests* stillschweigend und freundlich beschlagnahmten Wohnung übte das Kind sich früh in eine Beobachter- und Zuschauerrolle ein, gierig nach dem scheinbar wirklichen Leben der anderen starrend. «*Wo ist das Leben?*» die Frage, die leitmotivisch durch Nizons Werk geht, stellte sich, unbewusst, schon in der frühen Kindheit.

31. Mai

Die ungewöhnliche Ausgangssituation Nizons fällt mir heute mehr auf als sonst. Vielleicht weil sie, das heisst das Aufwachsen in einer Welt der professionellen, um nicht zu sagen kommerzialisierten Gastfreundschaft in einem anderen Buch dieses Jahres eine bestimmende Rolle spielt. Ich meine die Erzählung von Norbert Gstrein, «*Einer*», ein bewundernswertes, ein bewegendes Erstlingswerk, ein junges und zugleich ein reifes Buch.

Was sich bei Nizon in gediegenem Stil hinter gutbürgerlicher Fassade abspielt, findet hier in einem kleinen österreichischen Bergdorf statt: Gastgewerbe, Winter-Tourismus als reiner Kommerz, dem das Dorf manches verdankt und alles opfert. Der junge Autor, selber im beschriebenen oder einem vergleichbaren Dorf aufgewachsen, als Sohn eines Gastwirts, ist vertraut mit den Verhältnissen bis ins Atmosphärische hinein, und zugleich distanziert durch lange Abwesenheit und ein Studium. Was sein Buch enthält, ist freilich keine soziologische Analyse eines Bergdorfs, das im Ski-Boom aufblüht – es ist weniger und mehr. Gewiss, das Thema macht das Buch interessant auch für ein Land wie die Schweiz; aber erst die Form, die besondere Sehweise des Autors, seine Intensität, seine Differenziertheit machen es lesenswert in einem tieferen Sinn.

«*Einer*»: der so bezeichnet wird, hat durchaus einen Namen und eine Herkunft; er heisst Jakob und gehört zu der Familie und dem Dorf, das, schaudernd ob eines plötzlichen Ausbruchs von Gewalt, das individuelle Leben Jakobs und das kollektive des Dorfes zu bedenken beginnt.

Der junge Autor handhabt die Erzählperspektive meisterhaft, und ohne dass man ihm eine Anstrengung anmerkt, als sei ein gleichsam polyphones Erzählen die natürlichste Sache der Welt. Und je näher man Jakob, diesem Einzelnen, kommt, der da abseits und doch mittendrin schweigend zugrundegeht, desto besser erkennt man, auf diesem unerlässlichen Umweg, das Dorf. Denn «Einer», das ist nicht nur ein Einzelner, es ist, nach den bekannten Abzählreimen, jener Eine, der hinaus muss aus dem Kreis. Was die anderen verdrängen, in Arbeit und manchmal im Alkohol ertränken: der Wechsel zwischen Sich-Abrackern und den toten Zeiten der Zwischensaison, zwischen Katzbuckeln vor den Gästen und geheimer Verachtung, zwischen Selbstgefühl und Selbstzerstörung, das alles dringt bei Jakob zwar nicht ins Bewusstsein, aber es bleibt immer knapp unterhalb, höhlt ihn von innen aus. *«Den Spielen der Kinder gab er die neue Figur, einen Verrückten am Marterpfahl, den die Indianer nicht anrührten, aus Angst oder Ehrfurcht»* – auch die Erwachsenen, gröber als die Kinder, rühren ihn je länger je weniger an. Ihn, Jakob, der leutescheu war schon als Kind, und immer ein Zuhörer und Zuschauer, der deshalb aufs Gymnasium geschickt wurde, als einer der ersten im Dorf, und, leutescheu noch immer, gegen die Brutalität der Kameraden nicht aufkam und, gedemütigt, zurückfloh ins Dorf, und nie mehr wegwollte – und mehr und mehr verkam bis zur Katastrophe, die sich der Leser selber vorstellen muss. Der Autor zeichnet einen, der ihm gleicht in vielem – nur dass er den Schritt nicht schafft, der ihm, dem Autor, gelang: wegzugehen, Distanz zu gewinnen und eine eigene Welt.

Die persönliche Form des Tagebuchs, die ich hier gewählt habe, erlaubt mir, für einmal auch aufzuschreiben, was man in Rezensionen üblicher- und richtigerweise verschweigt: Meine eigene Kindheitserfahrung ist der von Gstrein und Nizon verwandt – was ein Grund sein mag, wenngleich nicht der einzige, für die persönliche Affinität zu beiden Werken. Das kleine, dörfliche Hotel, in dem ich aufwuchs, wurde zwar verkauft, ehe ich das Elternhaus verliess; und vielleicht ist die kleine Welt, die es umfasste (manchmal bunt und manchmal öde), mir deshalb als fast paradiesisch, zum mindesten anregend und immer als heimatlich in Erinnerung geblieben. Der Tourismus befand sich vor der Jahrhundertmitte gewissermassen noch in einem Zustand der Unschuld, und ich habe die Gäste meist nicht als Eindringlinge, sondern eher als eine Bereicherung und Weitung einer Umgebung empfunden, die leicht als Enge hätte wirken können. Was sich freilich fast zwangsläufig einstellt in einer so vielfältig-flüchtigen, scheinhaften Umgebung, ist tatsächlich das bei Nizon wie bei Gstrein beschriebene Zuschauen, Zuhören, Abseitsstehen – und auch das, woran Jakob, der Bruder, scheitert: der Wunsch, sich eine eigene Welt zu schaffen. Ich selber fand eine solche in den Büchern, im Lesen – dass auch dort kein sicherer Fluchtort ist, das allerdings merkt man früh genug.

11. Juni

Auf einem Abendspaziergang mit Freunden, einem zufällig-spontan unternommenen, kamen uns aus einem Gehege heraus ein paar Schafe entgegen, und das vorderste, ein kräftiges Tier, schien mich aus seinem dreieckigen Gesicht heraus ganz direkt und persönlich ins Auge zu fassen. Da kam mir auf einmal eine Kurzgeschichte in den Sinn, die mir einmal sehr wichtig gewesen war, an die ich aber, dessen bin ich sicher, seit langem nie mehr gedacht habe. «Das Manöver» von Wolfdietrich Schnurre, entstanden in den frühen fünfziger Jahren, wohl als kritische Auseinandersetzung mit der Wiederaufrüstung Deutschlands. In Kürze der Inhalt, wie ich ihn damals, vor einer Woche also, einem plötzlichen Impuls folgend, meinen Freunden wiedergab, wenn nicht aufdrängte:

Während einer kurzen Gefechtspause in einem perfekt geplanten Manöver überflutet plötzlich, niemand weiss, wie und woher, eine riesige Schafherde das Gelände, auf dem die Übung schon begonnen hat, und lässt sich, anderen als militärischen Gesetzen unterworfen und zunehmend aufgeregt, durchaus nicht vertreiben. So dass der verantwortliche General, durch nichts als eine Schafherde um sein Manöver gebracht und entsprechend in seinem Stolz verletzt, beschliesst, die Sache selber in die Hand zu nehmen und mit seinem Jeep mitten in die Herde hineinfährt. Doch hat er die Gewalt der bewegten Tierleiber unterschätzt, die, andrängend, das Fahrzeug umkippen. Ausser sich vor Wut und zunächst immer noch darauf aus, sich vor den Zuschauern, hohen ausländischen Offizieren, nicht lächerlich zu machen, schiesst der General in die Schafe hinein, bis das Magazin leer ist – und sieht sich dann unversehens in einem kleinen, wie absichtlich ausgesparten Halbkreis einem gewaltigen, offenbar durch die Schüsse verletzten Widder gegenüber. In Todesgefahr gewinnt der General seine Vernunft und sogar einen Hauch von Würde zurück, erkennt, endlich, seine Lage und dass es um Leben und Tod geht. Dass am Ende dieses Kampfes, der ausgeht, wie er ausgehen muss, die Schafe wie auf einen höheren Befehl den Kampfplatz verlassen, ist mir genau in Erinnerung geblieben; auch das Militär zieht ab, die Leiche des Generals im Sanitätswagen mit sich führend. Und am Ende beherrschen wieder die Vögel das Feld, wie am Anfang, als ob nichts geschehen wäre oder als ob die Unternehmungen der Menschen nur eine unbedeutende Episode darstellten.

Das alles erzählte ich, auf Kürze aus, eher eilig und beiläufig, und vermochte meine Zuhörer entsprechend wenig zu überzeugen, schon gar nicht zu begeistern. Der Ältere der Freunde bemerkte nur, die Geschichte komme ihm fast harmlos vor, wenn er an die Ereignisse auf dem Tianamen-Platz denke, und er sprach damit aus, was uns, ohne dass wir davon redeten, alle bedrückte. Und vermutlich waren es gerade diese Ereignisse gewesen, die Bilder von rollenden Tanks und Lastwagen, die am Sonntag, diesem schwarzen vierten Juni, in die Wohnstube geflimmert waren, was mir die vergessene Geschichte in Erinnerung gerufen hatte. Harmlos kam sie mir freilich immer noch nicht vor. Verständnislosigkeit und Aggression gegenüber den Tieren schienen mir eher eine Art Probe, eben ein «Manöver», des Ernstfalls: des entsprechenden Vorgehens gegen Menschen. Es ist der gleiche Geist oder Ungeist der Gewalt, der sich gegen die Tiere und gegen die Menschen richtet, die gleiche Hybris der Macht, der gleiche Wahn, es könnten alle Lebewesen, Menschen wie Tiere, dem gleichen Willen unterworfen werden. Das alles sagte ich damals nicht, war mir vielleicht selber noch nicht im klaren darüber. Ich wies nur darauf hin, wie stark in der Nachkriegszeit der Glaube gewesen sein muss, es lasse sich das Gespenst des Militarismus besiegen – besiegen durch die Natur, durch jenes Tier übrigens, das, ein Widder, als das erste Sternkreis-Zeichen, das Anfängliche, Frühlingshafte, einen *élan vital* besonderer Art verkörpert.

Das also war vor einer Woche, am sechsten Juni. Drei Tage später meldeten die Zeitungen den Tod des 68jährigen Schnurre. Die Begegnung mit den Schafen kam mir aber zunächst nicht in den Sinn. Ich staunte darüber, wie wenig Aufhebens – von Ausnahmen abgesehen – von diesem prominenten Toten gemacht wurde, während für andere die Nachrufe auf den Redaktionen bereit zu liegen scheinen. Es muss ein geheimer Code existieren über die richtige Dosierung von öffentlicher Beachtung, über die Angemessenheit von Erinnern und Vergessen. Und ich nahm mir vor, dies Büchertagebuch zu benützen, um an Wolfdietrich Schnurre zu erinnern: der zu den produktivsten Autoren der Nachkriegszeit gehörte, und doch nicht einfach ein Vielschreiber war; der keinen «richtigen» Roman schrieb, sondern nur Kurzgeschichten und Aphorismen, spannende, nachdenkliche, geistreiche; der sich auf eine bewegende Art um Verständlichkeit bemühte, aus Höflichkeit gegenüber dem Leser und nicht, um sich bei ihm beliebt zu machen: Und der jahrzehntelang unter einer schweren Krankheit (Polyneuritis) litt und doch den Humor nie ganz verlor. Und auf einmal war der abendliche Spaziergang wieder da und die «Manöver»-Geschichte. Und lange beschäftigte mich die Frage, ob Schnurre wohl die Ereignisse in Peking, diese Demonstration eines vorläufig unbesiegbaren und unausrottbaren männlichen Machtwillens, noch bewusst erlebt habe.

(1989)

Spaziergänger und Weltreisender

Robert Walser und Adolf Wölfli

Das Jahr 1985 hat uns zwei wichtige, lange erwartete Editionen aus dem Bereich der schweizerischen Literatur gebracht: Zuerst, unter dem von den Herausgebern gesetzten Titel «*Aus dem Bleistiftgebiet*», einen Teil der «*Mikrogramme*» Robert Walsers, jener in winzigster Handschrift verfassten, lange für unentzifferbar gehaltenen Texte; dann – als erste integrale Publikation aus dem Wort-Werk Adolf Wölflis – dessen imaginäre Autobiographie «*Von der Wiege bis zum Graab. Oder, durch arbeiten und schwitzen, leiden, und Drangsal bettend zum Fluch*». Es liegt nahe, fast allzu nahe, die beiden Editionen miteinander zu vergleichen, die beiden Autoren in einem Atemzug zu nennen – und schon sind wir um ein literarisches Zwillingspaar reicher geworden! Walser und Wölfli, Wölfli und Walser – das sagt sich nicht weniger gut als Schiller und Goethe, Keller und Meyer, Frisch und Dürrenmatt – und hat nicht mehr und nicht weniger Sinn als die anderen Paarungen auch!

Scheinbar pietätlos und fast gegen meinen Willen stelle ich die beiden Autoren hart nebeneinander, nach den – meist äusseren – Merkmalen, die sich vergleichen lassen, und hoffe, das Unvergleichliche der beiden springe dabei desto deutlicher heraus.

Wölfli und Walser hätten sich tatsächlich im Leben begegnen können, als sie im Jahr 1929 gleichzeitig in der Irrenanstalt Waldau bei Bern waren. Wahrscheinlich (ich meine: sicher!) haben sie sich nicht getroffen. Was hätten sie sich auch zu sagen gehabt: Walser, der Spaziergänger und Zuschauer, Wölfli, der imaginäre Weltreisende und Weltengründer? Und wo in ihrem Werk hätten sie sich denn treffen sollen? Vielleicht auf jener seltsamen Reise, die Wölfli seinen Protagonisten Doufi einmal unternehmen lässt: von Madrid zurück nach Bern – weil er nämlich unterwegs einen Strumpf verloren hat? Ich bin sicher, Walser hätte diese Episode geliebt!

Kryptogramme

In einer Beziehung wenigstens darf man die beiden Editionen mit gutem Gewissen zusammensehen und -nennen: beide sind sie Teil einer bisher verborgenen, gleichsam untergründigen Literaturgeschichte der Schweiz. Bei den neuedierten Texten Walsers wie bei der imaginären Autobiographie Wölflis handelt es sich aber recht eigentlich um Kryptogramme: um Werke, die zur Zeit ihres Entstehens gar nicht hätten veröffentlicht werden können, sicher nicht in Buchform, weil sie zu weit ausserhalb jeder Norm lagen. Exzentrisch freilich sind sie auf sehr gegensätzliche Art:

Eine ver-rückte Welt, im Wortsinn, bei Wölfli, der, seine qualvolle Lebensgeschichte (die frühe Trennung von der Mutter, das Verdingbubenelend, sexuelle Nöte und Delikte) gleichsam aus dem Gedächtnis austilgend, sich seine Vergangenheit als eine Weltreise, ja eine Welteroberung, neu entwarf. Eine vergleichsweise nur leicht verschobene Weltsicht bei Walser – eben nur um jene Nuance verschoben, die auf geheimnisvolle Weise darüber entscheidet, dass ein Kunstwerk entsteht.

Und doch scheint dies der Hauptgrund zu sein, die beiden in einem Atemzug zu nennen: sie waren jahrzehntelang als geisteskrank interniert (Wölfli von 1895 bis 1930, Walser von 1929 bis 1956), sie galten als unheilbar schizophren und hörten – in allerdings sehr unterschiedlichem Ausmass – Stimmen. Ihr gemeinsames Patientenschicksal erhält sogar eine seltsame persönliche Konkretisierung: ausgerechnet der Psychiater Walter Morgenthaler, der Wölfli als Zeichner entdeckte, den Patienten betreute und die bahnbrechende Monographie über ihn schrieb, ausgerechnet er hat, von Walser und seiner Schwester Lisa konsultiert, den noch zögernden Dichter am gleichen Tag in die Waldau eingewiesen: kurz entschlossen und zeitknapp wie eben ein überlasteter Psychiater. Er begriff nicht, dass sich ihm hier eine neue Gelegenheit geboten hätte, über einen «Geisteskranken als Künstler» zu schreiben – vielmehr zu verhindern, dass ein Künstler zum Geisteskranken wurde! Es ist vielleicht kein Zufall, dass kein Psychiater den Zugang zu Walser fand, sondern, in späteren Jahren, ein Literat, der vor allem ein grossmütiger Mensch war: Carl Seelig.

Doch was Nähe, Verwandtschaft zu signalisieren scheint, enthüllt, genau besehen, einen tiefen Gegensatz: Wölfli begann wenige Jahre nach seiner Einweisung mit Zeichnen («dummes Zeug», sagten seine Betreuer und stellten zugleich erfreut fest, dass Unruhe und Aggressionen zurückgingen), später mit Schreiben: er arbeitete kontinuierlich bis zu seinem Tod; zwanghaft, aber zunehmend auch mit der Selbstdisziplin und dem Selbstbewusstsein des Künstlers. Man kann sich kaum vorstellen, dass er in der «Freiheit» sein gewaltiges Werk zu Papier gebracht hätte. Vermutlich wirkte das Eingeschlossensein als ein zusätzlicher Druck, unter dem sich schliesslich eine ungeheure Produktion entlud; die Zelle als ein Vakuum, das der Kranke schliesslich mit der Welt seiner Ängste und Wünsche füllte. Doch zugleich war er in der Anstalt wenigstens mit dem Lebensnotwendigen versorgt, auch mit Arbeitsmaterialien, so sparsam ihm diese anfänglich auch zugeteilt wurden; er hatte auch Zeit und Rückzugsmöglichkeiten, wie sie dem Bauernknecht und Handlanger sonst nie zur Verfügung gestanden wären!

Auf Robert Walser dagegen wirkte die Anstalt wie eine Guillotine, die sein Schaffen abschnitt. Zwar hat er in der Waldau, wo er sich nach einer kurzen Krise einigermassen wohl fühlte, auch Ausflüge nach Bern unternahm, bald wieder mit Schreiben begonnen; doch dies fand ein jähes Ende, als er 1933 nach Herisau, in den ihm völlig fremden Heimatkanton Appenzell überführt wurde. Entmündigt, wie er sich vorkommen musste, benahm er sich auch als Entmündigter, löschte aus, was seine Person ausgemacht hatte: seine künstlerische Produktivität. Ein irreversibler Vorgang – ein irreversibler Entschluss! Denn zunehmend setzt sich die Auffassung durch, Walsers Krankheit sei eine bewusst gewählte Rolle gewesen, die vermutlich allmählich zu einem Teil der Person wurde. Eine Rolle: stolz-trotzige Abwehr gegen die Freiheitsberaubung, mehr noch gegen eine Welt, die ihn als Künstler immer weniger ernst nahm.

Kalligraphie

Wenn gerade diese beiden Editionen mit Spannung erwartet wurden, so hat das auch ausserliterarische Gründe: einmalig sind die Texte auch durch ihre äussere Gestalt, das Schrift-Bild: Die Manuskriptseiten sind Kunstwerke der Kalligraphie.

Für Walser wie für Wölfli war das Schreiben nicht nur als geistiger, sondern auch als handwerklicher Vorgang wichtig: beide waren sie stolz auf ihre schöne, leserliche, korrekte Handschrift. Diesen Stolz begreift man ohne weiteres bei Wölfli: dass er bei seiner dürftigen Schulbildung überhaupt das Alphabet geläufig verwenden konnte, ist ja keineswegs selbstverständlich. Er hat sich in seinen stichwortartigen Selbstcharakteristiken nicht nur als «Dichter, Künstler, Componist» bezeichnet, sondern, bewusst, auch als «Schreiber».

Aber auch Walser, der Gebildete, Vertrackt-Reflektierte, hat seiner Schrift immer Aufmerksamkeit geschenkt. Als Schreiber im üblichen Sinn des Wortes hat er in jungen Jahren immer wieder sein Brot verdient – und die gestochen schöne Schrift auch als Dichter beibehalten. Dass seine tiefe Schaffenskrise sich in der Schrift niederschlug und in der Schrift auch überwunden wurde, sagt mehr als viele Worte.

Ungewöhnlich, bei Walser wie bei Wölfli, sind auch die Schreibmaterialien; sie sind bei beiden wichtig – und ähnlich. Aber diese Ähnlichkeit hat sehr unterschiedlichen Hintergrund. Wölfli hatte keine Wahl: er nahm, was man ihm gab, schrieb mit Bleistift, zeichnete mit Buntstiften, hatte von beidem nie genug und bettelte, ging seine Ration zu Ende, in der ganzen Anstalt Ersatz zusammen. Er benutzte ungebrauchtes Zeitungspapier, also billigstes Material; später griff er offenbar zu verschiedenen anderen Papiersorten: Packpapier, gemustertes Geschenkpapier, Plakate, Doktordiplome, Menüzettel.

Walser benützte für die Mikrogramme ebenfalls verschiedene Papiersorten, u.a. Abfallprodukte des Druckereigewerbes; er schrieb ebenfalls mit Bleistift. Doch geschah dies erst in späten Jahren, als Antwort auf seine Schaffenskrise. Ursprünglich verfügte er über die spektakuläre Fähigkeit, alles, auch seine Romane mit der Feder gleich ins Reine zu schreiben, fast ohne nachträgliche Korrekturen. Dazu bemerkte Walter Benjamin: *«Zu schreiben und das Geschriebene niemals zu verbessern ist eben die vollkommene Durchdringung äusserster Absichtslosigkeit und höchster Absicht».*

In einem Brief an Max Rychner (20. Juni 1927) hat Walser diese Krise als eine *«Zeit der Zerrüttung, die sich gleichsam in der Handschrift, in der Auflösung derselben abspiegelte»* beschrieben. Er rettete sich, indem er instinktiv zum Bleistift griff, dem weicheren, vor allem wohl dem weniger endgültigen Instrument; mit dem Bleistift begann er wieder zu spielen und zu dichten, und das heisst, in den so kindlichen wie kostbaren Walserschen Diminutiven, *«zu bleistifteln, zu zeichnelen, zu gfätterlen».*

Mikrowelt und Makrowelt

Wie seltsam, dass diese beiden kalligraphischen Texte gerade jetzt erscheinen, zu einem Zeitpunkt, da die Handschrift fast nur noch als erzwungene Schulschrift oder als flüchtige Konzeptschrift überlebt, kurz bevor auch diese Varianten der Maschine, der Elektronik übertragen werden. Es ist, als ob durch diese späten grossartigen Ausläufer einer alten Tradition uns noch einmal, ein letztes Mal, die Bedeutung der Schriftkultur vor Augen geführt werden sollte. Der Schriftkultur – die heute eine letzte Zuflucht in der bildenden Kunst gefunden zu haben scheint, dort überlebt, sogar aufblüht in der *Script Art*: als ein Kunstwerk, das ein altes Kommunikationsmittel nicht rettet, aber daran erinnert. Die Texte Wölflis wie Walsers könnten auch Vorläufer dieser neuen kalligraphischen Kunst sein.

Doch wie dem auch sei: man kann sich keine gegensätzlicheren Varianten der Kalligraphie alter wie neuer Schule vorstellen als die Manuskriptseiten Walsers und Wölflis. Deren Herausgeber und Entzifferer (*Elka Spoerri* und *Dieter Schwarz* für Wölfli, *Bernhard Echte* und *Werner Morlang* für Walser) kommen einem vor wie Nachfahren Gullivers, die sich im einen Fall unter die Riesen, im anderen unter die Zwerge wagen und von dort unerhörte Neuigkeiten zurückbringen. Unerhörte, d. h. ungelesene Neuigkeiten sicher bei Walser:

Vermutlich gleichzeitig mit dem Übergang zur Bleistiftmethode fand bei Walser auch jene auffällige Minimalisierung der Buchstaben statt, eine Reduktion auf die Grösse von 3 bis 1 Millimeter, die den Nachlassverwalter Carl Seelig zur Vermutung veranlasste, Walser habe eine selbsterfundene Geheimschrift «*als kalligraphisch bezauberndes Tarnungsmittel eingesetzt*». Ein viel vertrackteres Tarnungsmittel als Seelig wissen konnte, und ein echt Walsersches! Was von aussen besehen hieroglyphisch wirkt, erweist sich für den, der den Schlüssel findet und ins Innere dringt, als entzifferbar, ja lesbar (es ist nichts anderes als eine winzige, aber korrekte Sütterlin-Schrift). Lesbar freilich nur mit Lupe und Fadenzähler, Exaktheit und Intuition – wie sie Jochen Greven für den «*Räuber-Roman*», Bernhard Echte und Werner Morlang nun für die Texte der Jahre 1924/25 einsetzten. Was dem distanzierten Betrachter als unverständlich, als Geheimschrift, Kritzelei vorkommt, öffnet sich dem, der ins Innere dringt, wird verständlich und einfühlbar – man kann sich kein schöneres Gleichnis für den Umgang mit schwieriger Kunst denken.

Die Vorliebe für das Kleine und Unscheinbare, dies Leitmotiv in Walsers Werk, prägt auch die Mikrogramme, die äussere Gestalt so gut wie den Text. «*Klein sein und klein bleiben*», hiess die Devise in «*Jakob von Gunten*». In den Mikrogrammen wird sie, anspruchsvoller, zugespitzt zu einem Paradox: «*Bin ich nichts, dann bin ich viel.*» Diese Überzeugung zu leben setzt freilich eine Selbstsicherheit und ein ruhiges Selbstvertrauen voraus, wie sie Walser nur zuzeiten, vermutlich selten genug, eigen waren. In einem (fingierten) Brief an einen (wirklichen) Autor, der ihm sein Buch zur Rezension geschickt hatte, begründet er so explizit wie sonst selten seine Haltung: «*... denn nicht wahr, mein Herr, wir sind heute doch nun einmal sehr klein geworden. Wir sind alle vom Verfall des Grossen so erschüttert und misstrauen darum den grossen, weitausholenden Tonarten.*»

Was für ein Gegensatz dazu Wölflis Schrift! Buchstaben von fast zwei Zentimetern Grösse, in sicherem grosszügigem Duktus gradlinig über die überdimensionierten Blätter (50:37) geführt! Da lässt sich einer nicht aus der Welt drängen: eingeschlossen in die Anstalt, erschüttert vom Zusammenbruch seiner Person, bricht er gewaltig aus, in riesigen Buchstaben, in einem Riesenwerk. 800 grosse, engbedruckte Seiten enthält der Textband, und das ist nur ein Fünftel des Gesamtwerks – und gigantisch ist auch die darin entworfene Welt. Ungeheure Ländereien, über die ganze Welt zerstreut, mit Grossstädten, Palästen, Türmen, Kathedralen, Universitäten, Geschäften, unzähligen Statuen; dazu «*Riesen-Käller*» (eine besonders originelle Erfindung), in denen nicht nur Speise und Trank gespeichert werden, sondern Abertausende von Menschen in einer mit der nötigen Infrastruktur ausgestatteten Binnenwelt «*am Schatten, Scherm und an der Hilbe*» wohnen können. Aufzählungen, die nicht enden wollen, Wortkaskaden von Substantiven durchziehen das Buch, manchmal in ermüdender Repetition dessen, was Wölfli, dieser skurrilste Autodidakt, sich angelesen hatte, manchmal von einer Sprachphantasie, die an Morgenstern erinnert. Etwa, ein Beispiel unter vielen, das Städteverzeichnis des Königreichs Portugal: *«Lissabon / Dingelhall / Fetschen / Janissa / Lichthofen / Porto Taranttel / Wadiby / Zabidy / Chornhall / Fahnenhall / Jammertohn / Magerthon / Regenhall / Ummertohn / Weehen / Zürppen / Russie.»* Wortreihen, eingesetzt als Beschwörungsformeln gegen die Angst, als gebe es nicht Wörter genug, nicht Bauwerke genug, die Angst zu bannen. Megalomanie als Grundzug des Werks, und zugleich als ein Hilferuf!

«Fortkindheiteln»

Doch so gewaltig die Welt Wölflis ist, so unsicher bleibt sie. Eine unabsehbare Reihe von Katastrophen durchzieht das Werk, Hunderttausende fallen ihnen zum Opfer, nur einer wird aus allen Todesstürzen wieder gerettet: er selbst, sein jüngeres Ich, dessen Geschichte Wölfli aus seiner Erinnerung zu erzählen glaubt. Dass Grössenwahn und Machtanspruch nur *ein* Pol in seinem Werk sind, zeigt sich nirgends deutlicher und erschütternder als in der Figur des Kindes *«Doufi»*, das der Held der ganzen Geschichte ist.

Günther Grass, man erinnert sich, liess seinen Oskar Matzerath im Alter von drei Jahren das Wachstum einstellen; mit einem ähnlichen, aber unbewussten Geniestreich verbietet es Wölfli seinem Ich, älter als acht Jahre zu werden: Über diese Altersgrenze hinaus (der Zeitpunkt, an dem er von seiner Mutter getrennt und ins Verdingbubenelend gestossen wurde) konnte er auch fabulierend nicht gelangen, da war ein Entsetzen der Erinnerung, dem auch die Phantasie ausweichen musste.

Aus der Figur des Kindes *«Doufi»* bezieht, so scheint mir, die imaginäre Welt Wölflis einen grossen Teil ihrer Kraft. Nicht nur sind jene Episoden am anschaulichsten, in denen Doufi wirklich als Kind im Mittelpunkt steht: er, dem doch die Taten eines Erwachsenen zugeschrieben werden, sogar Stadtgründungen und -schenkungen, ist dauernd auf die Hilfeleistungen und die Zuneigung seiner Umgebung angewiesen; und in der Darstellung der Hilflosigkeit, der geheimen Machtausübung, die ihr eigen sein kann, entwickelt Wölfli sogar eine intuitive Psychologie. Darüber hinaus dürfte die fortdauernde Präsenz des Kindlichen überhaupt eine wichtige Quelle von Wölflis Produktivität sein. Einen Beweis dafür findet man in der Sprache. Wenn Wölfli ganz unzimperlich in sein oft etwas hochgestochenes, scheingelehrtes Hochdeutsch Mundartpassagen einschiebt, so geschieht dies zumeist in den Doufi-Passagen; da findet er wahrhaft zu seiner Muttersprache. Und in ihr gelingt ihm auch seine bemerkenswerteste sprachliche Innovation: mundartliche Lautgedichte, in denen er, Jahre bevor es die Dadaisten gab, die Sprache in ihre Laute zerfallen liess – und darin, im Sprachgeröll, Sprachschutt, einen Ausdruck fand für das Chaotische, dessen er nicht Herr werden konnte.

Wie wichtig das Kindliche für Walser war, ist bekannt. Ein Beispiel von vielen – in einem scheinbar belanglosen Mikrogramm: *«Ich altes Kalb bällelete mit einem Kind.»* Der Titel enthält schon beides: das Kind als Figur, als kleiner Held – und das Kindliche als unzerstörbare Bewusstseinsschicht im Menschen. Das Kind ist in diesem kleinen Text wirklich ein gleichberechtigter, ja leicht überlegener Partner: *«Erlaubst du, dass ich mit dir bällele?»* fragt der Erwachsene und ist glücklich, in seinen *«Kindlichkeiten»* akzeptiert zu werden. Und wie ernst er das Ballspiel nimmt: als etwas, das vermutlich, ohne dass es gesagt wird, in der Nähe der Kunst steht, die auch ein Spiel, ein ernsthaftes, ist. Und wie aus dem Nichts entsprungen steht da ein wunderbares Verb, in dem die Sprachphantasie Walsers sich reich und leicht entfaltet: das Verb *«fortkindheiteln»*. Ein Schlüsselwort, wie mir scheint, zu Walsers Werk, zu seiner Kreativität. «Fortkindheiteln»: die Kindheit ins erwachsene Leben ziehen und darin, wie Wölfli, wie viele Künstler, einen unversiegbaren Quell der künstlerischen Produktivität finden.

Etwas Kindliches, Anfängliches ist auch der Bleistiftmethode eigen. In dem schon erwähnten Brief an Max Rychner bemerkt Walser, er habe nach dem Zusammenbruch seiner Handschrift *«im Abschreiben aus dem Bleistiftauftrag knabenhaft wieder schreiben»* gelernt. Schreiben lernen wie ein Kind, *«scheu und andächtig»* – da deutet sich eine Art von Neubeginn an, etwas vom Schönsten, was einem Menschen in reiferen Jahren widerfahren kann, auch etwas vom Schwierigsten. *«Weil es schön ist, sich zu sagen, man könne noch wachsen, finde ich das Gefühl, ich sei klein, angenehm»*, schrieb Walser in einem Text von

1927; er fühlte sich damals offensichtlich nicht am Ende seiner Entwicklung. Die Mikrogramme, dieser Rückzug ins Kleinstmögliche, markieren ja nicht ein Ende, erschliessen vielmehr neue Möglichkeiten: auf kleinstem Raum die Welt zu erfahren; aus Worten und Zeichen ein Gesamtkunstwerk im Kleinen zu schaffen. «Gesamtkunstwerk»: das Wort scheint für Wölfli reserviert zu sein: er war es, der in einem schrieb und zeichnete, Bild und Text ineinander schlang, Musik damit verband und auch das, was er als Wissenschaft verstand, beifügte, die Algebra und die Erkundung der Welt. Und doch: der Ausdruck ist auch bei Walser nicht fehl am Platz. Dass er für die noch in seinem Nachlass aufgefundenen Mikrogramme Abfallprodukte des Druckereigewerbes verwendete – von den Blättern eines Kunstkalenders bis zu Antwortkarten von Redaktionen – beweist schon die ungewöhnliche Aufmerksamkeit, die er der äusseren Gestalt des Textes, bis ins Taktile hinein, schenkte, bekundet seine Absicht, mit dem Literaturbetrieb, der ihn ablehnte und den er verachtete, einen ironischen Diskurs aufzunehmen. Und die Anordnung der einzelnen, kompakt gefassten Schriftbilder der Mikrogramme stellt ihrerseits das schönste Schrift-Bild dar, gerade mit so viel kleinen Korrekturzeichen versehen, dass die glatte Perfektion zugunsten eines anmutigen Ungefährs vermieden wird.

Ein Gesamtkunstwerk auf kleinstem Raum also – aber eines, das den Anspruch jedes Gesamtkunstwerks, ja der Kunst überhaupt in Frage stellt, in dem jene *«Demutsgebärde der Kunst zum Ausdruck kommt, die beispielhaft vorführt, wie wenig Raum nach Walsers Ethos ein dichterisches Gebilde besitzen soll»* (Werner Morlang). Das ist das Credo einer gleichsam franziskanischen Ästhetik; die damit bezeichnete Haltung ist es, was Walser zu einem *«wesentlichen Dichter unserer Zeit macht, die an Macht erstickt»* (Elias Canetti). Doch fordert sie freilich dem, der sie lebt, eine fast unerträgliche Verzichthaltung ab. Die Demutsgebärde Walsers konnte denn auch unvermittelt in Trotz und Stolz, in Lachen und Spotten umschlagen, falls es jemandem einfiel, sich *«zum Meisterlein zu erheben»*. Da wurden Stimmen in ihm laut, die sich gegen die eigene Tendenz der Selbstverkleinerung auflehnten – und sie wurden vielleicht später wirklich zu den «Stimmen», die ihn – so vermutet Bernhard Echte – während der Anstaltszeit beschimpften, weil er sich bis zur Selbstauslöschung anpasste.

Der Weltreisende – der Spaziergänger

Das Ausbrechen ins Grosse, die Neigung zum Kleinen: Megalomanie und Selbstverkleinerung – dass der Gegensatz zwischen den beiden Autoren sich nicht auf so plakative Formulierungen reduzieren lässt, zeigt sich besonders deutlich an einem Hauptmotiv ihres Werkes, an einer Rolle, in der sie immer wieder auftreten: Walser als Spaziergänger, Wölfli als Weltreisender.

Zwar scheint der Gegensatz gross – klein gerade hier besonders auffällig: als Weltreisender sprengt Wölfli alle Grenzen, dringt über den Erdkreis hinaus in den Weltraum; Walser dagegen hält sich an seine nächste Umgebung, er begeht sie mit der Ausdauer eines leidenschaftlichen Wanderers und betrachtet sie mit dem Nahblick des Liebenden; und er entdeckt in dem, was vor seiner Türe liegt, ein Mehr an Welt und Weisheit als Wölfli bei seinen Weltraumfahrten.

Das mag auch daran liegen, dass bei Wölfli Wahn und Wirklichkeit gerade bei seinen Reisen weit auseinanderliegen. Die Reisen sind reine Phantasieprodukte, die der in Anstaltsmauern Eingeschlossene aus Anregungen, die er in der Literatur vorfand, zusammendichtete und als seine eigene Vergangenheit erzählte. Bei Walser dagegen liegen Erfahrung und Dichtung auch hier ganz nahe beieinander (was nicht heisst, dass die Dichtung die Wirklichkeit im Massstab 1:1 abbildete!); er war ein leidenschaftlicher und hochbegabter Spaziergänger, und der Spaziergang ist bei ihm ein Motiv, anhand dessen sich (die vorzügliche Untersuchung von Guido Stefani, *«Der Spaziergänger»*, beweist es!) eine innere Biographie des Autors zeichnen lässt.

Wahn und Wirklichkeit, Wunsch und Erfahrung fallen bei Wölfli auch insofern auseinander, als er, der Einsame, dem wohl nie eine Liebes- oder Freundschaftsbeziehung zuteil wurde, seinen kleinen Protagonisten dauernd in einer verlässlichen, grossen Gemeinschaft leben lässt, dazu in einer symbiotischen Verbindung mit seiner Mutter. Von keiner Rücksicht auf Wahrscheinlichkeit gedämpft, macht seine Phantasie das Unmögliche möglich: dass einer sich gleichzeitig frei und ungebunden auf einer Weltreise bewegen – und eine Geborgenheit geniessen kann, wie sie nur ein stabiles Heim bietet.

Walsers Protagonist dagegen unternimmt seine Spaziergänge als ein Einzelner, und er beendet sie als ein Einzelner: allein. Zwar ist der Spaziergang für ihn eine Möglichkeit, ja, *die* Möglichkeit schlechthin, andere Menschen zu treffen; aber er findet nur Kontakte, deren Ende schon im Anfang beschlossen ist, flüchtige Begegnungen, die das Individuum zwar nicht unberührt, aber ungebunden lassen. Im Spaziergang verwirklicht Walser jene Beziehung zu den Menschen, die offenbar seinem Wesen allein adäquat war; sie löst den Einzelnen für einen Augenblick aus seiner Isolation und lässt ihm doch seine Freiheit, die Luft zum Atmen. «*Wir Bewohner der Erde und Mitglieder der Zivilisation*», schreibt er in einem der Mikrogramme, «*meinen es gut miteinander, sobald wir uns ein wenig ausser acht lassen können: uns zu bewegen und die Erlaubnis, uns selbst zu gehören, machen uns gutwillig.*» Dass der Preis des so umschriebenen Freiraums nicht nur Einsamkeit, sondern eine schliesslich unerträgliche Isolation war, das beweisen die letzten Berner Jahre und der Eintritt in die Klinik, dessen Anlass vor allem nächtliche Angstzustände waren und die Unfähigkeit, allein in einem Zimmer zu schlafen.

Doch bei aller Gegensätzlichkeit der hier beschriebenen Rollen des Spaziergängers und des Weltreisenden zeigt sich auch eine überraschende Verwandtschaft schon darin, wie wichtig beiden Autoren der Ortswechsel, genauer: die Bewegung im Raum ist. Dem Adverb «weiter», das bei Walser so häufig vorkommt und auf eine unauffällige Weise die Bewegung bezeichnet und antreibt, entspricht bei Wölfli das auffällige «*Frrrrt*» (nach Morgenthaler manchmal mit bis zu dreissig Wiederholungen des R geschrieben), ergänzt durch eine lange Reihe ähnlicher Wörter: «*Hüdüh: Fort Fort*», «*Vorwärts Marsch*».

Walser hat den Spaziergang ganz explizit als eine – seine! – Form der Arbeit bezeichnet; er spürte freilich die Verachtung, die andere dem Müssiggänger entgegenbrachten, vermutlich verstand er sie sogar; doch hat er hartnäckig an seiner Lebensart festgehalten. «*Ohne Spazieren wäre ich tot*», sagt er, ohne Einschränkung, ohne Wenn und Aber. Man kann es nicht deutlicher sagen, dass der Spaziergang ein innerstes Element der Kreativität ist. *«Denken und Gehen, Sinnen und Schreiten, Dichten und Laufen waren verwandt miteinander»*, heisst es an einer anderen Stelle und, in einem besonders schönen, ironisch-dunklen Bild: *«Im Gehen warf ich wahre Paläste von Schaffensplänen um; sie stürzten zusammen, ohne zu krachen. Derlei Katastrophen ereignen sich im stillen.»*

Es lag ausserhalb der Möglichkeiten Wölflis, seine eigene Kreativität zu reflektieren. Doch sind auch seine Reisen alles andere als Vergnügungsreisen, vielmehr, in dieser Hinsicht den Spaziergängen Walsers verwandt, eigentliche Arbeitsreisen, dienen zuerst der Auswanderung (die ja ein Versuch ist, in der Fremde das Leben zu bewältigen), dann werden sie zu einem phantastischen Unternehmen der schweizerischen *«Natuhr-Vorscher-Avanntgaarde»*. Dem Naturforschen wird bei Wölfli überhaupt grosse Bedeutung zugeschrieben; er vermerkt sorgfältig, in welchen Gegenden der Welt es gestattet ist! Die Welt zu erforschen (wenn auch lediglich in der Phantasie), war für Wölfli offensichtlich ein Mittel, das Chaos, das ihn ausserhalb seiner selbst, vor allem aber in seinem Inneren bedrohte, zu durchschauen und durch Erkenntnis unter Kontrolle zu bringen. Doch auch der Flaneur Walser misst seinen Spaziergängen manchmal einen geradezu wissenschaftlichen Wert bei – und rückt damit in eine überraschende Nähe zu Wölfli: *«Mannigfaltige Studien bereichern, belustigen, besänftigen, veredeln ihn, und was er treibt, mag mitunter hart an exakte Wissenschaften streifen, die dem scheinbar leichtfertigen Bummler niemand zutraut.»*

Spaziergang und Reise als Arbeit; Arbeit bei einer Tätigkeit, die anderen Vergnügen und Entspannung bringt; Kreativität als unablässige Bewegung – in diesem innersten Bereich sind sich die beiden so gegensätzlichen Autoren eng verwandt. Verwandt sind sie sich auch in ihrer Überzeugung, Kunst sei nicht nur eine Lebensaufgabe, sondern auch ein Brotberuf, der, mit Gewissenhaftigkeit, Können und Disziplin ausgeführt, ein Auskommen garantieren sollte.

Dabei erwies sich die Krankheit bei Wölfli insofern als gnädig, als er in der Überzeugung leben und sterben konnte, sein

Buch werde veröffentlicht werden und sein Erlös grosse Legate ermöglichen. Für Walser gab es diesen verschleiernden, wunscherfüllenden Wahn nicht. Er sah, bis zuletzt, bei klarem Bewusstsein, ja überscharf seine Situation: er hatte jahrzehntelang erlebt, wie schwer es ist, von der Feder zu leben, auch für einen, der leicht, schnell – und fleissig schreibt; er hatte erfahren, wie rasch man einen kleinen Ruhm verliert, wie rasch man ins Abseits gerät. Bei ungebrochener, ja sich steigernder Produktivität hatte er zunehmend Absatzschwierigkeiten; sein letztes Buch erschien 1925. Er durchschaute die Mechanismen des Literaturbetriebs und wusste, illusionslos und hellsichtig wie kaum ein anderer, dass, wer für ihn schrieb, *«für die Katz»* schrieb. Diese *«Katz»* aber – um die geniale Metapher beim Wort zu nehmen – verkörpert nicht nur den Literaturbetrieb, sondern die *«Zivilisationsmaschinerie»* überhaupt, mit ihren Banken, Restaurants, Verlagshäusern, Schulen, Handel, Warenfabrikation. Die *«Katz»* ist die Mitwelt schlechthin – und sie ist restlose Vergeblichkeit, der zu entgehen kaum eine Chance besteht. Das geniale Prosastück *«Für die Katz»* (von 1928/29) schliesst mit dem Satz: *«Alles, was geleistet wird, erhält zuerst sie; sie lässt sich's schmecken, und nur was trotz ihr weiterlebt, fortwirkt, ist unsterblich.»*

Wir, die wir diesen Satz lesen, sind für Walser und Wölfli die Nachwelt, damit, vielleicht, schon eine schmale Stufe zur Unsterblichkeit; doch sind wir für die, die mit uns leben, zugleich die Katze der Vergeblichkeit; sie ist gefrässiger als je zuvor. Das zu bedenken, lohnt sich: gerade wenn wir uns über die Editionen von Walser und Wölfli freuen.

(1986)

Ein Winterbuch

E. Y. Meyer in Trubschachen

1

Wer an einem Sommertag nach Trubschachen fährt, der findet «Trubschachen» nicht. Zwar kann er, wie der Protagonist des Buches, auf dessen Spur er ist, im «Hirschen» eine KÄSESCHNIT-TE oder eine COUPE MELBA essen; doch bleibt an diesem ersten Juli, bei verhangenem Himmel, unvorstellbar, dass man auf dem Boden ausgleiten oder schultertief einsinken könnte; keinerlei Bedrohung liegt in der Luft. Erst ausserhalb des Dorfes, beim KURHAUS BÄREGGHÖCHI zum Beispiel – ein fragiles, fast kulissenhaftes Gebäude – erst da weht einen eine Unruhe an, die man nicht versteht. Und noch stärker etwas später, auf dem schmalen Fahrweg zur MÜLISTATTHÜTTE. Das Land überblickend und dabei den Abstand zwischen den einzelnen abgelegenen Gehöften ausmessend (liegt er noch innerhalb der Rufweite?), stellt man, beinahe entsetzt, fest, dass sich zwischen ihnen die oft weglosen engen Täler und Gräben befinden. Und jetzt stellt sich das Wort ein, das man suchte: Gott-Verlassenheit.

Dennoch: im Sommer führt kein direkter Weg vom Augenschein zur Literatur. Denn «*In Trubschachen*» ist ein Winterbuch. Auf weiten, einsamen, manchmal halsbrecherischen Gängen lässt der Autor seinen Protagonisten die Jahreszeit erkunden und ausloten bis in ihre Extremsituationen hinein, bis zwischen dem Versinken im Schnee, dem Ermatten und Verdämmern und der Umkehr nur noch ein hauchdünner Entscheid liegt.

Doch ist das Buch nicht nur allgemein an die Jahreszeit gebunden, sondern präzis und unausweichlich an die Tage, die zwischen dem 27. Dezember und dem 3. Januar liegen. Wenn es darin eine Geschichte gibt, dann führt sie durch die gefährlichen Tage des Jahreswechsels, die – so Meyer in einer früheren Erzählung – eine «*Tummelzeit für unheimliche Mächte*» sind und «*ganz und gar den Dämonen gehören*», führt über die Gefahrenstelle, wo der Takt der Zeit aussetzt und eine schmale Lücke bleibt für das, was sonst verdrängt und gebändigt ist.

Ein Winterbuch also – und keineswegs das einzige in den siebziger und achtziger Jahren. Es ist eine bedenkenswerte Koinzidenz, dass in einer Zeit, da der Winter endgültig vom Sport beschlagnahmt und verharmlost wird, die Schriftsteller – und nicht zuletzt die jüngeren unter ihnen – die Jahreszeit wiederentdecken und auferstehen lassen in ihrer archaischen Macht. Mit Hermann Burgers «*Schilten*» (1976) und Christoph Geisers «*Grünsee*» (1978) seien nur zwei Beispiele von Winterbüchern genannt, zwei von vielen. Auch in ihnen – ebenfalls eine auffallende Koinzidenz – ist die Wintergeschichte, die immer auch eine Todesgeschichte ist, in einer bestimmten Landschaft angesiedelt: als ob ein überschaubarer, wenngleich keineswegs ein bergender Raum Voraussetzung wäre, um die Angst vor dem Tod, vor Kälte und Erstarren überhaupt zu formulieren.

2

Bei E. Y. Meyer heisst dieser überschaubare Ort für die Dauer eines Romans Trubschachen: ein Dorf im Emmental. Diese Wahl versteht sich keineswegs von selbst, sicher nicht aus der Biographie des Autors. 1946 geboren, ist er im Kanton Baselland aufgewachsen, sprachlich gesehen also im Baselbieterdeutschen. Im Alter von 11 Jahren kam er nach Biel, lernte, nach dem Hochdeutschen, das Berndeutsche als seine zweite Fremdsprache. Das Emmental also ist nicht *seine* Landschaft, er macht es dazu. Mit sicherem Instinkt – oder, um ein Wort des Buches zu brauchen – mit dem richtigen «Gschpüri»– wählt der Autor, der ein Philosophiestudium gerade abgebrochen hatte und als Lehrer arbeitete, das Emmental als Hintergrund seiner Geschichte, als Körper seiner Gedanken. Eine unverwechselbare Region – aber kein Sonderfall.

Das Emmental: Kernland des Kantons Bern, der Schweiz; Bauernland, bekannt durch die Käseproduktion, durch die behäbigen Bauernhäuser mit den weitausladenden tiefen Dächern, durch die sprichwörtliche Arbeitsamkeit der Einheimischen und ihre derb fröhliche Unterhaltung. Doch Vorsicht: sobald etwas sprichwörtlich wird, ist Misstrauen am Platz. Und wenn ein deutscher Rezensent das Emmental als «lieblich hügelig» bezeichnete, dann beweist das nur, dass er es nie sah, auch wenn er dort war. Hügelig, vielleicht – wenn Hügel kantig, knorrig, fast grotesk sein können; in steilen Halden fallen sie ab, enden in spitzen Tälern und Gräben. Dass diese eigenwillige, zerklüftete Landschaft zum Inbegriff des gesunden Bauernstandes wurde, dass dieses Bild sich so beharrlich hielt, das kann nur als Ergebnis einer grossen kollektiven Verdrängung angesehen werden.

Der junge Autor, versteht sich, ist diesen Verdrängungsmechanismen nicht unterworfen; er nimmt sie nicht einmal ernst. Das Emmental, wie er es darstellt, ist für ihn weder Hassobjekt noch Idylle, weder ein Postkarten- noch ein Zerrbild, sondern eine komplexe, fragwürdige – und doch ernstzunehmende Wirklichkeit.

In der EMMENTALER REDE, dem ersten diskursiven Text des Buches, gibt der Dorflehrer, der Herkunft nach ein Ortsfremder, eine meisterliche Darstellung, eine gewissermassen ethnologische Analyse des Landes. Mit seiner Stimme schärft der Autor den Blick des Lesers für diese besondere Region; wer Augen hat, zu sehen, der sieht fortan besser, klarer, unruhiger auch, sieht Kraft und Zerfall und wie beides zusammengehört. Topologie und Volkskunde, Geschichte und Wirtschaft, Arbeit und Feste, Lebensgenuss und Mühsal formen den Rahmen für die *condition humaine,* der die Menschen nirgends entkommen. Bei aller Tüchtigkeit sind sie weder hier noch anderswo Herr über ihr Geschick und über ihre Lebenszeit. «Ich bin ein Trubschachner», sagt Meyer später einmal, im Rückblick auf sein Buch, das berühmte Kennedy-Wort variierend. Er könnte im gleichen Atemzug sagen: «Ich bin ein Weltbürger.» Provinz und Welt wären dann in die richtige Relation gebracht.

Sätze wie diese könnte der Autor seinem Protagonisten nicht in den Mund legen. Diesem nämlich ist die Ichform verwehrt. Das unpersönliche Pronomen «man» bezeichnet, beissend und irritierend, die Hauptfigur. Die Wahl dieses Pronomens und seine Verwendung ist ein Artefakt, das Meyer in die – freilich mehr äussere – Nähe des *nouveau roman* weist. (Die Romanistin Gerda Zeltner hat in der literaturkritischen Studie *«Das Ich ohne Gewähr»* die Verflechtungen der schweizerischen Gegenwartsliteratur mit dem *nouveau roman* auf überzeugende Art erhellt.) Der als «man» bezeichnete Protagonist gewinnt zwar Seite um

Seite an sinnlicher Präsenz; doch stets bleibt fühlbar, dass er zugleich weniger ist als eine Figur (er wirkt eher als ein wahrnehmendes und reflektierendes Bewusstsein) – und sehr viel mehr. Der Leser kann sich mit einem «man» nicht identifizieren, er kann es nicht einmal sehen; aber er kann sich gerade wegen des umfassenden Anspruchs darin eingeschlossen fühlen. Auch er könnte nach Trubschachen fahren. Auch er ist der *condition humaine* unterworfen.

3

Die Unsicherheit, welche, beispielsweise, die Vokabel «man» hervorruft, ist ein Merkmal von Meyers Stil. Nicht weniger aber seine Genauigkeit, seine Neigung, eine Sache zu präzisieren, die bis zum Umständlichen und wiederum Verwirrenden führt. Denn Unsicherheit und Genauigkeit schliessen sich bei ihm nicht aus; sie durchdringen sich, bedingen sich gegenseitig, und nicht selten ist es gerade die Genauigkeit, die Unsicherheit erzeugt. Der Stilist Meyer ist ein Präzisionsarbeiter und beruft sich vielleicht nicht nur zum Scherz darauf, dass es unter seinen Vorfahren Uhrenarbeiter gab. Seine Texte sind tatsächlich Präzisionsinstrumente – aber auch eine Art magische Gegenstände, in denen die Angst, die sie beschwören sollen, noch enthalten ist.

Auffallend etwa die fast sture Regelmässigkeit, mit der die Speisezettel des Gasthofs notiert werden: sie markiert den beschaulichen Lebensgenuss des Protagonisten, der kein Kostverächter ist, und ganz nebenbei stellt sich in der Wiederholung auch eine seltsame Posie des Essens ein. Aber nicht zufällig findet sich einmal ein Hinweis, das im Emmental übliche, ziemlich reichliche und schwere Essen diene als ein Schutz gegen die Kälte, wohl auch gegen die innere Kälte. Das gleiche gilt für den Protagonisten. ROSENKOHL, POMMES FRITES, ENDIVIENSALAT, KALBSBRATEN, GEMÜSESUPPE, HAFERSUPPE, AUFSCHNITTPLATTE, PASTETLI, CASSATA, BANANENDESSET – das hört sich an wie eine Litanei von Beschwörungsformeln gegen eine umfassende Bedrohung des Menschen, die seit Urzeiten die gleiche geblieben ist.

Dass sich damit weder die Angst noch die Bedrohung besiegen lassen, das erfährt der Protagonist auf allen seinen Spaziergängen, auf denen ihn Schneemassen zum Umkehren zwingen oder Abfallhalden Kadaver zeigen. Und was ihm die Wirklichkeit nicht zeigt, das spiegelt seine Vorstellung: die Präsenz des Todes im Leben und die Angst. Was im Vokabular nur untergründig enthalten ist, hinter Genauigkeit versteckt, das tritt in der Syntax offen zu Tage, prägt sie bis in den Rhythmus hinein: eine permanente Unsicherheit, die sich nur vorübergehend beruhigen lässt. Zwischen dem ersten und dem letzten Wort der weitgespannten Satzperioden fühlt sich der Leser jeder Übersicht beraubt; er taumelt in einem Sprach-Labyrinth, bis er merkt, dass der Autor sich zwar keineswegs als Herr seiner Geschichte oder seiner Figuren aufspielt, aber die Fäden seiner Syntax sicher in der Hand hat: Aus den labyrinthischen Sätzen gelangt man ins Offene, aber man entkommt nicht der labyrinthischen Welt.

Es sind nicht nur die kühnen Satzperioden, die Unsicherheit erwecken; es ist auch der Modus, der unaufhörlich in Erinnerung ruft, dass zwischen Wirklichkeit und Sprache, zwischen der Welt und dem erkennenden Subjekt ein Bruch besteht. Denn wo man den Indikativ Imperfekt als Erzählform erwartete, steht, konsequent, der Konjunktiv, und weckt, bis zuletzt, immer wieder die Frage, ob das, was geschieht, Ereignis sei oder Gedanke.

Eine Sprache der Unsicherheit also, oder, schärfer gefasst: eine Angstprosa – in dieser Hinsicht vergleichbar mit der Prosa von Thomas Bernhard, von dem Meyer viel gelernt hat. Aber es ist die Angstprosa von einem, der sich der Angst nicht unterwirft.

4

So gut wie die Angst, und von ihr nicht zu trennen, prägt das Verlangen nach einem Lebenssinn das Buch. Ein pathetisches Wort – und doch nicht ganz zu vermeiden. Der Autor selbst braucht es, allerdings mit einer für ihn typischen Konkretisierung. Der Mensch müsse wieder «*zu Sinnen kommen*», lässt er seinen Protagonisten an wichtiger Stelle sagen. Zu Sinnen kommen: das schliesst Körpererfahrung ein, beschränkt sich aber nicht auf sie, ist gemeint als eine wesentliche Voraussetzung für ein menschliches Leben. Die Frage nach einem solchen, nach

Werten, die dem Horror vacui, diesem dunklen Grund des Buches, entgegentreten können, geht, auch wenn sie nicht ausgesprochen wird, unruhig pochend durch das Buch und bricht am Schluss gewaltig auf in der REDE VON DER PFLICHT – der philosophischen Entsprechung der ethnologischen EMMENTALER REDE. Mit der gleichen Kraft, die der Protagonist auf einem seiner Spaziergänge gegen das Erfrieren im Schnee, die unmittelbare Todesgefahr einsetzt, setzt er sich als einer, der um sein Leben denkt und redet, mit der Ethik von Immanuel Kant auseinander. Ein altes Reclambändchen mit dessen «*Kritik der praktischen Vernunft*» gehört zu den Requisiten des Buches und erinnert daran, dass Meyer nicht der erste ist, den Kategorischen Imperativ, und damit die Forderung, moralisches Handeln habe ausschliesslich nach einem allgemein verbindlichen Pflichtbegriff zu erfolgen, gründlich zu zerzausen. Aber er kämpft mit ungewöhnlichem Ernst und Schwung mit dem philosophischen Drachen. Und auch mit der Drachensaat: dem heutigen Leistungsprinzip, das Meyer aus dem Pflichtbegriff herleitet. Dem «*unmenschlichen, zerstörerischen, selbstzerstörerischen Begriff der Pflicht*» stellt er die «*menschlichen*» Werte wie Glück und Güte entgegen, Werte, die, rational nicht endgültig festlegbar, dennoch nicht «nur» irrational sind. Es ist bewegend, was für eine Rolle das Wort «menschlich» in dieser ungestümen Rede eines verzweifelten, übrigens zunehmend betrunkenen jungen Mannes spielt, der da auf einmal an einem fremden Stammtisch das Wort ergreift: er ahnt einen Halt dort, wo Vernunft allein nicht hinreicht.

Dass sein Vorsatz, in den Ferien eine philosophische Arbeit über Kant weiterzuführen, schliesslich versandet, das stört am Schluss nicht einmal den Protagonisten. Die Arbeit wird ja überflüssig gemacht durch die «*Rede von der Pflicht*», in der einer sich philosophierend gleichsam aus der Philosophie herauskatapultiert: in die Gegenwart, ins Leben – und in die Literatur.

(1989)

Blösch

Ein Roman von Beat Sterchi

1

Als der Roman «*Blösch*» von Beat Sterchi noch als ein dickes Manuskript vorlag und doch schon als Geheimtip gehandelt wurde, da konnte man die erstaunte Bemerkung hören, es habe einer ein Buch geschrieben über nichts als über eine Kuh! Dem scheint das seltsame Motto des Buches recht zu geben, das, ein Satz wie aus einer alten Sage, zugleich eine dem Nichtschweizer nötige Information enthält: «*... kam in ihren Ställen aber einmal ein ganz und gar ungeschecktes Kalb zur Welt, so gaben sie ihm für sein strohrotes Fell den Namen ‹Blösch›.*»

Zum mindesten die Originalität des Buches wäre damit schon angedeutet – aber nicht der Anspruch, den der Autor an sich, an sein Thema – und an den Leser stellt. Denn der Roman «*Blösch*» ist, auch wenn seine Hauptfigur ein Tier ist, nicht nur eine Tiergeschichte: er ist, zum Beispiel, ein Bauernroman, vielleicht der letzte in der Schweiz und damit das Ende einer langen Tradition; aber er ist auch ein Arbeiterroman und damit, nun gerade umgekehrt, Teil einer Gattung, die es in der deutschen Schweiz kaum gibt, und er ist, und hier hat er eigentlich Seltenheitswert, ein Fremdarbeiterroman. Er ist auch ein Todesbuch, genauer: ein Buch über das Töten, und hat also ein Thema, das in der seit mehr als hundert Jahren vom Krieg verschonten Schweiz völlig in den Untergrund abgeschoben worden ist: zum Beispiel in die Katakomben der Schlachthöfe. Doch ist das Buch geschrieben mit einer wilden Auflehnung gegen das Töten, gegen diese Art des Tötens und mit einem unbändigen Lebens- und Freiheitshunger. Es ist letzlich auch das literarische Dokument der Verweigerung von Verhaltensmustern, die als zwingend, und von Entwicklungen, die als unabänderlich angesehen werden.

2

Um den Inhalt des Buches zu skizzieren, braucht man entweder drei Stunden oder drei Minuten:

Erzählt wird: wie der Spanier Ambrosio im «*wohlhabenden Land*» ankommt, im Dorf Innerwald auf dem «*Langen Berg*», nahe der «*schönen Stadt*», abends, während die Bauernkinder noch mit Hundegespannen die Milch zur Molkerei bringen. Wie er von den Bauern skeptisch betrachtet, auf dem Knuchelhof, seinem Arbeitsplatz, aber nicht unfreundlich empfangen wird.

Erzählt wird: wie der Knuchelbauer sich gegen den sogenannten Fortschritt wehrt, unter anderem dadurch, dass er keine Melkmaschine will; seine Beziehung zu den Tieren ist eine konkrete, ja persönliche; deshalb kann Blösch, diese ungescheckte, rötliche Kuh, zur unbestrittenen Königin im Stall werden. Auch seine Beziehung zu «seinem» Fremdarbeiter, der ihm die Melkmaschine ersetzt, ist eine persönliche, er versteht sich mit ihm über die Arbeit, ohne sich sprachlich mit ihm verständigen zu können.

Erzählt wird: wie Ambrosio mit fremden Augen die fremde Welt auf dem Knuchelhof beobachtet, und wie es ihm dort so schlecht nicht geht. Aber der Bauer kommt gegen den latenten Fremdenhass im Dorf nicht auf; das Dorf Innerwald ist fortschrittlich, was die Technik, hinterwäldlerisch, was die Menschen angeht, und der Knuchelbauer lernt das Würgen im Hals kennen, das Angst heisst. Er will sich nicht isolieren, er wird eine Melkmaschine anschaffen – dem Fremdarbeiter vermittelt er eine neue Stelle, im Schlachthof am Rande der «*schönen Stadt*». Dort arbeitet Ambrosio als einer unter vielen, als einer der Geringsten unter den Geringen; er arbeitet weiter, auch als er einen Finger verliert – und erst, als sieben Jahre nach seiner Ankunft im wohlhabenden Land Blösch, die stolze Leitkuh, zum Gerippe abgemagert aus dem Viehwagon in den Schlachthof gezerrt wird: erst da gewinnt er den Mut und die Kraft, die es braucht, um – davonzulaufen.

Nur dass so kontinuierlich und beschaulich nicht erzählt wird. Schon auf das erste, fast idyllische Knuchelhofkapitel folgt das erste Schlachthofkapitel – und dieser Wechsel strukturiert das Buch: Bauernhofszenen, Schlachthofszenen werden, obgleich durch sieben Jahre getrennt, nebeneinander, gegeneinander gestellt, der Leser rücksichtslos beidem ausgesetzt. Noch steht Blösch im Stall als Primadonna, der man eine Wochenbettdepression zugesteht, auch wenn sie wieder ein männliches Kalb geworfen hat – schon muht sie, nur mehr ein Schatten ihrer selbst, durch den Schlachthof. Noch geht Ambrosio neben dem Bauern in den neuen Arbeitskleidern, und zwar in solchen von der besseren Sorte: ein Mann, der seinen Lohn wert ist – schon steht er, ein Niemand, ein Clown, der über sich selber lacht, im Schlachthof. Gegen Schluss dominieren die Schlachthofkapitel, der Knuchelhof kommt nur noch indirekt vor, der Leser erfährt, Abschnitt für Abschnitt, den Sieg des Fliessbands über die alten bäuerlichen Arbeitsformen. Um von den Gattungen zu reden: der Arbeiterroman triumphiert über den Bauernroman, der, zusammen mit den Tieren, gewissermassen unter den Messern des Schlachthofs sein Ende findet.

3

Wenn Beat Sterchi an den Bauernroman anknüpft, dann nicht an das triviale Genre, das im zwanzigsten Jahrhundert in der Schweiz eine so starke Verbreitung hatte und gerade in Deutschland als Prototyp der Schweizer Literatur galt, sondern an den Höhepunkt der Gattung, dort wo sie weltliterarischen Rang erreicht: an Jeremias Gotthelf. Diesen Anspruch meldet er schon in der Sprache an, die, wie bei Gotthelf, wenn auch nicht so ausgeprägt und also für den deutschen Leser zugänglicher, eine Kunstsprache ist, von hochdeutscher Grundstruktur, mit stark helvetischer Tönung und einem durch berndeutsche Wendungen und Wörter durchsetzten Vokabular. Dass die Sprache auch einen internationalen Einschlag aufweist, der Text mit Wendungen und ganzen Passagen aus dem Spanischen durchsetzt ist, sei hier nur am Rande angemerkt.

Auch das Bild vom Knuchelhof erinnert an die idealisierten Bauernhöfe bei Gotthelf, soll daran erinnern. Freilich: bei Sterchi fehlt manches, was die Grösse Gotthelfs ausmacht: der christliche Hintergrund, der seiner Bauernwelt Tiefe gibt (es fehlen bei Sterchi, umgekehrt, auch die ermüdend langen belehrenden Passagen). Aber auch die Spannungen und Konflikte, welche die

Welt Gotthelfs zerreissen, kommen auf dem Knuchelhof nicht vor. Übertrieben gesagt: es fehlt auf der Insel des Knuchelhofs das Böse. Ja, die Idylle wäre selbst in ihrer Inselhaftigkeit unerträglich, fühlte man nicht den nahen Untergang. Sogar die Xenophobie des Dorfes greift kaum auf den Knuchelhof über. Dies fällt umso mehr auf, als der erzkonservative Gotthelf mit seinen Figuren ein tiefes Misstrauen gegen alles Fremde teilte. Beispielhaft die grosse Novelle über Schuld und Sühne, ewige Verdammnis und Rettung des Menschen, «*Die Schwarze Spinne*»: nicht zufällig ist es dort eine Fremde, die «Lindauerin», das heisst eine, die gerade jenseits der deutsch/schweizerischen Grenze geboren ist, die den Pakt mit dem Teufel abschliesst und das Dorf ins Verderben führt. Ambrosio dagegen könnte dem Hof die Rettung bringen; nicht zufällig klingt sein Name an den der Götterspeise an, welche den Olympiern Unsterblichkeit verlieh!

So, leicht verklärt, zeigt man – und darf man zeigen – eine Welt, die untergeht, die schon unter dem Licht der Abendsonne liegt. Eine Spät- und Endphase wird auch mit einem mehr komischen stilistischen Element angedeutet: mit der Nobilitierung der Kuh zur Königin des Bauernhofs. Sterchi schildert überzeugend realistisch, was doch bereits eine lustvolle, für den Leser höchst vergnügliche Übertreibung ist: eine Bauernwelt, in der die Kühe die Menschen dominieren, von ihnen bedient und umschmeichelt werden – und dann aus lauter Dankbarkeit viel Milch geben. Es ist eine verkehrte Welt. Aus dem Geist Gotthelfs zum Beispiel müsste man sagen, das Gleichgewicht sei gestört, wenn die Tiere dem Menschen gleich-, ja über ihn gestellt werden. Aber die Verzerrung der Verhältnisse auf dem Hof ist nichts als die Antwort auf eine schreckliche Verzerrung, die sich generell in der Landwirtschaft abspielt, wo das alte Nutztier zum Objekt der Ausbeutung wird. Ein Jahrzehnt (es sind die sechziger Jahre) genügt, hier den Umschlag zu bringen. Wenn der Knuchelbauer, als Anhänger der alten Verhältnisse, von Anfang an auf verlorenem Posten, sich gegen die Melkmaschine wehrt, wehrt er sich gegen die Entfremdung im Umgang mit den Tieren. Wenn er Blösch ihre Launen zugesteht und versucht, ob er einer anderen Kuh das Selbstbewusstsein mit einer etwas grösseren Glocke aufbessern könne, wenn er auf das Aussehen der Kühe Wert legt und nicht nur danach fragt, ob sie ihm Geld einbringen, dann mutet das an wie ein letztes Aufbäumen gegen einen Zustand, in dem die Tiere nur noch als Milch- und Fleischproduzenten ausgebeutet werden. Das «Nur noch» ist die dünne Scheidewand, die, in diesem Fall, die Moderne von einer doch etwas besseren, humaneren Zeit trennt. Man könnte sagen, dass sich in gerade diesem Bauern noch einmal die alte Ehre des Bauernstandes und dessen Berufsethos aufbäumen. Dass er verlieren wird, steht von Anfang an fest. Es ist eine Entwicklung im Gang, an der keiner und alle schuld sind, welche die bäuerliche Produktion anschliesst an die grosse Kosten-Nutzen-Rechnung der industrialisierten Gesellschaft und an die vermeintlichen Bedürfnisse der Konsumenten.

4

Die Vermenschlichung der Tiere und die Stilisierung Blöschs zur Königin des Hofes, wenn nicht des Dorfes, ist aber auch notwendig im Hinblick auf die Schlachthofkapitel. Denn es muss eine schon eine Herrscherin gewesen sein, wenn sie sieben Jahre später im Sterben zur «Teufelskuh» wird, die den ganzen Schlachthof durcheinander bringt. Wie es in diesen sieben – den sieben mageren Jahren, wenn auch vom Ertrag her für die Menschen die sieben fetten – wie es in diesen Jahren geschehen konnte, dass Blösch zu einem ausgemergelten Gerippe wurde und ihr Fleisch schliesslich nicht einmal freibanktauglich ist, das wird nicht erzählt. Genug: Blösch musste es mit sich geschehen lassen; und sie stirbt zunächst auch als ein vorbildliches domestiziertes Rindvieh, nämlich ergeben, diszipliniert. Aber im letzten Augenblick entschliesst sich etwas in ihr zu einem hartnäckigen Widerstand. Schon betäubt und gestochen richtet sie sich noch einmal auf, brüllt durch die Halle, und ihr Rückgrat ist offenbar von dem vielen Gift, das sie im Zuge der Modernisierung der Landwirtschaft abbekam, so verhärtet, dass der Vorarbeiter, der Despot des Schlachthofs, damit nicht zurechtkommt und, besiegt durch eine Kuh, jede Beherrschung verliert und die besten Fleischstücke zerschlägt.

Was nun folgt, ist ein Geniestreich des Autors: das Mustertier Blösch wird im Sterben und noch als Kadaver zum Unfriedensstifter und Aufwiegler im Schlachthof; die Kuh erweist sich, ihrem Fell entsprechend, als eine «Rote»! Damit aber wird die Tradition des Bauernromans, die auf dem Bewahren der Werte beruht, eigentlich auf den Kopf gestellt. Die Berührung mit der Gespensterkuh, die nicht sterben kann und sich der Verarbeitung und Verwertung verweigert, bringt die Arbeiter dazu, sich schliesslich ihrerseits der Arbeit und ihrer Ausbeutung zu verweigern. Am schnellsten und radikalsten reagiert Ambrosio: im Augenblick, da er Blösch erkennt (was an sich unglaublich, aber dennoch glaubwürdig ist), hört er mit der Arbeit auf und zwar, ohne Rücksicht auf die Folgen, für immer. Wie im Traum verlässt er den Schlachthof und taumelt wie blind in der blutbefleckten Schürze, das Schlachtmesser noch umgehängt, die Strasse hinunter (eine grossartige Passage!) und erschreckt die «sauberen» Kollegen von der benachbarten Werkzeugfabrik mit der sichtbaren Realität des Schlachthofs. Sterchi lässt hier den kleinen Spanier gross werden: ihm, der die Sprache des Landes kaum kennt, der eigentlich ein Sprachloser ist, traut er die Einsicht zu, die letztlich nicht nur für ihn gilt:

«Aber caramba! Dieser ausgemergelte Leib, der so himmelschreiend elendiglich aus einem Viehwaggon auf die Rampe herausgezerrt worden war, der so kläglich in den Morgennebel gemuht hatte, dieser Leib war auch Ambrosios Leib. Die Wunden Blöschs waren seine Wunden, der verlorene Fellglanz war sein Verlust, die tiefen Furchen zwischen den Rippen, die hutgrossen Löcher um die Beckenknochen, die gruben sich auch in sein Fleisch, was der Kuh fehlte, das hatte man auch ihm genommen. Blöschs Hinken und Schleppen und Zögern, das war er, da ging Ambrosio selbst am Strick.»

Der Fremdarbeiter und das Tier: beide sind sie in der industrialisierten Gesellschaft gleichermassen Entfremdete, Benutzte und Ausgebeutete. Aber was Ambrosio hier erfährt (nicht nur mit dem Kopf erkennt), aus vielen Gründen als erster und am unmittelbarsten erfährt, gilt auch für die Kollegen: die, zumeist von bäuerlicher Herkunft, nach Irrfahrten und Niederlagen im Schlachthof gelandet sind, ihrer Herkunft und sich selbst Entfremdete. Sie begreifen entsprechend langsamer als der Spanier, ziehen ihre Konsequenzen später. Ein Student der Soziologie, der im Schlachthof herumschnuppert und recherchiert, doziert als linientreuer Achtundsechziger Brechts These von der Gemeinsamkeit von Arbeitern und Tieren, diesen gleichermassen von der kapitalistischen Gesellschaft Ausgebeuteten. Doch fasst Sterchi die Gemeinsamkeit nicht nur ökonomisch: es gehört zu den Vorzügen des Buches, dass es gerade in der Beschreibung der Arbeitswelt in eine Schicht dringt, die sich dem nur Begrifflichen entzieht. Wenn Blösch zum Aufwiegler wird, so regt sich in ihr auch die alte Rasse der Auerochsen, deren ursprüngliche Kraft und Wildheit in einem langen Prozess der Domestizierung nur gelähmt und unterdrückt, nicht völlig gebrochen werden konnte.

Arbeiter und Fremdarbeiter sind, wie bereits eingangs angedeutet, in der Literatur der Schweiz eher seltene Figuren. Das liegt nicht primär am sozialen Desinteresse der Autoren, sondern daran, dass die bürgerlich-bäurische Grundstruktur der Gesellschaft wohl hier noch weniger erschüttert ist als in anderen Ländern und, entsprechend, die meisten Autoren, auch wenn sie einen Beruf ausüben, das Arbeiter- und Fabrikmilieu nicht aus eigener Anschauung kennen. Dass Beat Sterchi diese seltene Erfahrung mitbringt, das zu erkennen, braucht man seine Biographie nicht zu bemühen. Er kennt offensichtlich die Arbeitsabläufe im Schlachthof, das Gerede der Arbeiter in den Pausen, die Kommandorufe und Schimpfworte des Vorarbeiters, und vor allem die Emotionen dessen, der die Tiere akkordmässig sticht und den Schweinen die Hufe abtrennt. Er kennt das Fliessband, die Monotonie, den Zeitdruck, das Abgeriegeltsein in jener besonderen Binnenwelt, die Fabrik heisst. Und wenn das Archaische erwacht, zuerst in Blösch, dann nach und nach in den Arbeitern, wirkt dies um so stärker, als es eben in einer geschlossenen, von technisierten Abläufen bestimmten Binnenwelt geschieht. Aber so wichtig es ist, dass der Autor die moderne Arbeitswelt konkret kennt – noch wichtiger ist vielleicht, dass er sie in einem globalen Umfeld zeigt, nicht nur in ihrer Auswirkung auf den Arbeiter, sondern eigentlich als Widersacherin der Natur.

5

«*Blösch*» ist von der Kritik hoch gerühmt worden für die Kraft und Genauigkeit der Darstellung und die ungewöhnlich reiche Sprache (helvetisches Hochdeutsch und Slang der Arbeiter verschiedener Nationalitäten, manchmal beschauliche Erzählung und manchmal ein babylonisches Sprachengewirr). Beanstandet wurde dagegen die Perspektive, die «noch nicht konsequent genug durchgehalten sei». Doch wie nicht selten bei ungebärdigen Büchern, deren Kraft und Fülle herkömmliche Vorstellungen sprengen, ist auch hier das scheinbar Falsche das Richtige. Man könnte sogar behaupten, ein Buch wie «*Blösch*», in dem der Einzelne, mit ihm der Leser, immer wieder untergeht in einer Welt, die weder Atempause noch Überblick zulässt und der mit Logik nicht beizukommen ist, dürfe keine konsequent durchgearbeitete Perspektive haben. Von geradezu eiserner Konsequenz (dennoch sinnlos) ist das Zeitdiktat des Schlachthofs, der Fortschritt von der Agrikultur zur Technologie; der Autor antwortet darauf mit einer perspektivischen Vielfalt, die dem Lebendigen entspricht. Manchmal taucht er mit seinen Figuren im Strudel unter, manchmal bewahrt er, vielleicht zuhanden des Lesers, den Überblick. Diesen Perspektivenwechsel zu verfolgen, erweist sich als äusserst ergiebig zum Verständnis des Buches: Nicht selten erzählt Sterchi in der vertrauten Art des allwissenden Erzählers. Lieber möchte ich ihn allerdings einen «halbwissenden» Erzähler nennen, gewinnt er doch nie die Sicherheit von einem, der nicht mehr aus der Fassung zu bringen ist. Am nächsten steht er in den Bauernhofpassagen Ambrosio: er weicht kaum je von seiner Seite, ohne sich doch anzumassen, dass er mit seinen Augen die Welt sehen oder gar aus ihm heraus reden könne. Als ein getreuer Sachwalter erzählt er die Lebensgeschichten der Arbeiter, fast ausnahmslos stille Tragödien. Aber er kann auch untertauchen; wenn das Gerede der Arbeiter einsetzt, tritt er hinter dem Gesprochenen zurück. Und er löst sich auf im Monolog einer Ichstimme, die mit dem ersten Schlachthofkapitel einsetzt und immer wieder hörbar wird; da lässt er sich die Sätze von einem diktieren, den man erst allmählich als einen Lehrling errät und kennenlernt. In einem glühenden, wilden, manchmal lyrischen Monolog gibt dieser nicht nur sein

Inneres preis, sondern entwickelt eine Art Innenansicht des Schlachthofs, nicht aus dem Intellekt, sondern aus seinen noch ungebändigten, wirren Gefühlen, die sich oft widersprechen. Da redet die Disziplin, die der Junge gelernt und internalisiert hat: *«Jemand muss es tun»* – *«Durchstehen»* – *«Sich stillhalten»*. Oder die wachsende Einsicht in die eigene Situation: *«Ich bin der Fremdarbeiter im eigenen Land»*, oder, fast pathetisch: *«Das Innerste, Wertvollste wird uns genommen»*. Und schliesslich die allmähliche Auflehnung. Da der Junge nicht wagt, auch nur ein einziges Wort des Widerspruchs zu sagen, kann diese sich nicht anders äussern als in der Verweigerung, im Beschluss, sich das Innerste nicht nehmen zu lassen und wegzugehen. Pathetisch und komisch zugleich wirkt es, wenn er sich, in der Begründung seiner Auflehnung, auf die grossen Worte der Schweizergeschichte und des internationalen Rechts beruft: *«Ab sofort geh ich pissen, wann ich muss. Ab sofort verlange ich Freiheit und Unabhängigkeit und keine fremden Richter.»* *«Und wenn es in tausend Jahren keiner bemerkt, hier und jetzt erkläre ich mich zum freien Hoheitsgebiet. Ich berufe mich auf die Genfer Konvention.»*

Die Ichstimme, die keinen Namen und kein Gesicht erhält, gehört dem jüngeren Ich des Autors; aus ihm redet er, wie aus keinem anderen. Die beiden Perspektiven ergänzen sich, greifen ineinander; beide sind sie notwendig. Dabei scheint mir wichtig, dass der Autor nicht nur seinem jüngeren Doppelgänger die Einsicht und die Kraft zur Verweigerung zutraut, und nicht nur Ambrosio, dem Fremden, sondern auch den Arbeitern. Die «Teufelskuh» vermag auch in ihnen alte Leiden und Einsichten zu aktualisieren, bis sie gemeinsam (aber ohne die Ichfigur, die ihren eigenen Weg gehen muss), den Aufstand proben. Sie schmücken eine besonders schöne junge Kuh mit Blumen und einer Glocke; den Schlachthofverwalter, der sich ihnen in den Weg stellen will, hängen sie, wie Brunhild den Gunther, an seinem Gürtel auf; sie schächten das Tier in einem ernsthaften, keineswegs grausamen Akt, der dem Sterben die Würde zurückgibt, und alle trinken vom Blut, so eine unio mystica zwischen Mensch und Tier, zwischen allen ausgebeuteten Geschöpfen bekräftigend.

Beat Sterchi wurde 1949 in Bern als Metzgerssohn geboren, hat als Kind nicht nur den grosselterlichen Bauernhof kennengelernt, sondern auch im Schlachthof einiges zu sehen bekommen («*wo man nicht hinschauen soll, da schaut man hin*»); er hat eine Metzgerlehre angefangen und abgebrochen. Nach der Matura hat er im Ausland gelebt, nur mehr vorübergehend in der Schweiz. Er hat in Kanada Anglistik studiert, dann in Honduras als Deutschlehrer gearbeitet, er ist also etwas sehr Seltenes: ein Intellektueller von grosser Belesenheit nicht nur in der deutschsprachigen Literatur – und mit der hautnahen Erfahrung eines Arbeiters. Es gibt kaum ein zweites Buch, in dem sich die schweizerische Tradition (ich habe Gotthelf erwähnt) so stark mit der weltliterarischen vermischt – dies entsprechend dem Übergang vom (schweizerischen) Bauernhof zum Schlachthof internationaler Prägung. Die literarischen Anspielungen sind zurückhaltend gesetzt; man kann sie entdecken, muss es aber nicht. Sterchi nennt seine Vorbilder bereitwillig: Döblin, Faulkner, Dos Passos. Man kann eine Beziehung herstellen zu Brechts «*Heiliger Johanna der Schlachthöfe*»; und der erste Satz des Buches ist eine Hommage an Garcia Marquez' Roman «*Hundert Jahre Einsamkeit*» – obgleich Ambrosio nur sieben Jahre schweizerische Einsamkeit erwarten. Diese sieben Jahre wiederum lassen wie manches andere an die Bibel denken, aber eher in den Schlachthofkapiteln als beim Bauernhof, und das Numinose kommt in den Flüchen der Arbeiter vor – nicht in Gebeten: falls es noch einen Himmel gibt, muss er sich in der Hölle spiegeln. Es ist ein dunkler, kein gnädiger Gott, den es irgendwo weit entfernt noch geben könnte. An den Spruch: «*Der Schatten des Herrn liegt schwer auf meiner Hand*», erinnert sich einmal die Ichfigur. Doch umgekehrt fällt einem plötzlich ein Gefängnisbrief von Rosa Luxemburg ein, in dem sie einen misshandelten Büffel beschreibt und ihren «*geliebten armen Bruder*» nennt ...

(1991)

Sankt Charlot der kleinen Hoffnung

Zum 70. Geburtstag von Kurt Marti

Bei jedem Autor gibt es Passagen und Werke, oft unauffällige, ja, abseitige, die, genau betrachtet, das ganze Werk erhellen können. Man nennt sie «Schlüsseltexte» – ein gebräuchliches, wohl auch notwendiges und doch irreführendes Wort. Die Vorstellung, ein Werk «erschliesse» sich, wenn man nur im richtigen Schloss den richtigen Schlüssel dreht, knarrend womöglich, ist selbst dann falsch, wenn man poetologische Texte als Schlüssel benützt. Eine Wand wird transparent; das feste Holz, der Stein verwandelt in einen Schleier, einen dünnen Stoff; dahinter liegt das Innere des Werks in einem seltsamen Clair-obscur, alles nahe, aber nicht zum Greifen nah: so etwa verhält es sich mit den Schlüsseltexten, die immer auch Rätseltexte sind oder Geheimnisträger.

Der Fremde

Ein solcher Schlüssel- und Rätseltext, nicht der einzige natürlich im Werk Kurt Martis, ist ein kurzes Prosastück, kaum dreissig Zeilen lang, aus den «*Dorfgeschichten*» von 1960. Ein früher Text also; unaufwendig geschrieben, bietet er einen Zugang zum Gesamtwerk, den man desto bereitwilliger benützt, als die Kategorien, unter denen man Marti im allgemeinen erfasst und einordnet – die konkrete Lyrik etwa und ihre Umsetzung ins politische Gedicht –, inzwischen abgenützt sind und den Blick auf das Werk sogar verstellen können.

Der Fremde

Ja, sagte der Mann, es könnte von einem Geschoss sein, ich machte den Krieg mit, allein ich zweifle doch sehr daran, auch möchte ich nicht den Helden spielen, es könnte ja einfach Angst sein, das Zögern und dann, Sie verstehen, Zögern und doch noch ein Schritt bringt einen ins Hüpfen, manchmal denke ich wirklich, so sei es. Dann wiederum sag ich, warum nicht aus Freude, zum Kuckuck, das läge ja wohl am nächsten. Ich bin mir, Sie sehen, noch selbst nicht im klaren, allenfalls wäre sogar an Vererbung zu denken, doch da mein Vater vor meiner Geburt die Mutter verliess und diese, als ich drei Jahre war, starb, besitze ich keine näheren Anhaltspunkte. Sie sehen, der Fall liegt nicht einfach, und übrigens bin ich hier fremd. Es wäre zum Beispiel auch denkbar, dass ich nur hüpfe, weil ich hier fremd bin, in diesem Fall eher, weil mir der Boden zu kalt als zu heiss ist, Hüpfen hält warm, und manchmal, Ihnen darf ich es sagen, manchmal frage ich mich, ob's überhaupt stimmt mit dem Hüpfen, schliesslich kann man nie wissen. Aber alle sagen mir hier, du hüpfst ja, warum auch hüpfst du denn immer, und weil sie alle es sagen, muss ich mich fügen, die Mehrheit entscheidet, auch habe ich keinen anderen Wunsch, als weiter nicht aufzufallen, obwohl das nicht immer sehr leicht ist, doch muss ich gestehen, die Menschen sind nett und freundlich zu mir, und auch der Doktor sagte, besser noch hüpfen als gar nicht, natürlich, ich klage ja nicht, man lebt, wie man kann, und mehr verlange ich nicht. Ich klopfte ihm auf die Schulter und sagte, in Ordnung, Sie nehmen das Leben von der richtigen Seite. Dann gingen wir auseinander. Und sieh da, er hüpfte tatsächlich, da konnte kein Zweifel bestehen, er hüpfte davon.

«Der Fremde»: der Titel verweist weder in ein bestimmtes Land noch in eine bestimmte Zeit; er ist überall und immer richtig. In unserem Fall gehört er freilich in die sechziger Jahre, die Entstehungszeit des Textes, in denen der verdrängte Antisemitismus der damals jüngsten Vergangenheit und die Anfänge einer neuen, gegen die Gastarbeiter gerichteten Überfremdungsangst sich unheimlich durchkreuzten und überschnitten. Als aufmerksamer Zeitgenosse hat Marti beides wahrgenommen und im Text zu einer Chiffre des Fremdseins verdichtet.

Der Fremde, das ist hier einer, der anders geht als die anderen oder von dem doch alle behaupten, er habe einen besonderen Gang: man kennt die Diagnose aus der Skizze «Der andorranische Jude» aus dem «Tagebuch 1947–1949» von Max Frisch (das Drama «Andorra» wurde 1961 uraufgeführt). Aber das klingt nur flüchtig an, nicht in Andorra befinden wir uns, sondern in einem merkwürdig ortlosen Raum: da erzählt einer, als käme er aus dem Nichts (und richtet sich doch an einen Zuhörer), erzählt davon, wie er schliesslich sich selber fremd geworden ist, das heisst, sich selber weder versteht noch erklären kann.

Oberflächlich gesehen, liegt sein Fall freilich viel einfacher: der Mann hat einen ganz banalen Tick – der auch etwas Zauberhaftes, ja Poetisches an sich hat: wo andere gehen, sich linear in der Horizontalen bewegen, da hüpft er; er möchte nicht auffallen und fällt doch auf, schon deshalb, weil er beim besten Willen nicht erklären kann, wie er zu diesem Hüpfen kam. Folge eines Kriegsschadens, eines Geschosses, das traf, aber nicht tötete? Oder Vererbung? Oder eine Konsequenz des Fremdseins, ein Abheben vom Boden, der eher zu kalt ist als zu heiss? Eine Erklärungsmöglichkeit nach der anderen wird erwähnt, jede verworfen – am Schluss hüpft mit dem Fremden auch der Sinn davon; das Wort selber, die mögliche Bedeutung, gerät ins Hüpfen, kaum beginnt der Mann zu reden; kaum eine Zeile, in der nicht die Denkrichtung geändert, der vorhergehende Satz modifiziert wird. Und die kleine Szene, die sich in wenigen Minuten liest und – ein typisches Strassengespräch auf dem Dorf – auch faktisch kaum länger dauert, dieses Nichts an Text präsentiert doch, als ein winziges Artefakt, eine so perfekte wie beiläufige Übereinstimmung von Motiv und Rhythmus. Kleinste Bemerkungen, scheinbar nur lustig, können, bedenkt man sie, ins Zwielicht geraten. «Besser noch hüpfen als gar nicht», mit diesem törichten Allerweltstrost beruhigt der Arzt den Fremden. Das wäre lustig, gewitterleuchtete dahinter nicht die historische Erfahrung, dass dies «gar nicht» für den Fremden in der Tat tödlich sein kann.

Dem Businesskäfig enthüpfen

Um das Wort «hüpfen» zu verstehen, muss man kein Wörterbuch, keine Etymologie zu Rate ziehen; man braucht nur ein Kind zu beobachten, das sich freut und plötzlich ins Hüpfen kommt: da fällt der Blick ins verlorene Paradies.

Das ruhige Stehen, das lineare Fortschreiten wird im Hüpfen für einen Augenblick unterbrochen, durch eine winzige Bewegung in der Vertikalen: von der Erde weg, in die Höhe, ein Aufschwung, ein bescheidener, dem Menschen möglich schon als Kind, nichts so Spektakuläres wie das Fliegen. Das rasche Glück, von der Erde, der allzu kalten, wegzukommen, nur für einen Augenblick, ein flüchtiges, aber aus eigenem Schwung wiederholbares Ereignis.

Auch Erwachsene können, selten genug, ins Hüpfen kommen. Ist das lächerlich oder rührend – oder Wiedergewinn einer alten Kraft, eines leichten Schwungs, der befreit? So in einem Gedicht Martis (aus den «gedichten am rand», 1963), das den Titel trägt «mittag» – eines seiner schönsten, leuchtendsten Gedichte. Dabei geht es darin nur um die banale Mittagspause in der City, um das Essen und die Vorfreude darauf. Aber aus dem Alltäglichen bricht Licht, der Unterbruch der Arbeit, die gewöhnliche Pause wird wie von selbst zum Abglanz – der wunderbaren Speisung der Fünftausend. Ein Freudenlicht liegt von Anfang an über diesem Gedicht; aber einfach von aussen geschenkt wird dem Menschen das Wunder nicht; die befreiende Bewegung kommt von innen. Besonders zum Ausdruck kommt das in der ersten Strophe:

schön
die sonne
der mittag
das zinkblech
die menschen
die eiligst
dem businesskäfig
enthüpfen

«Enthüpfen», das einzige konjugierte Verb des ganzen Gedichts, in der Reihung der Substantive nicht nur ein Element der Bewegung, sondern ein Kobold, der Unruhe stiftet – eine Kraft, die den Umschlag vom Banalen zum Wunder, zum Fest der «*tausendfältigen Speisung*» erst möglich macht. Das «So ihr nicht werdet wie die Kinder» leuchtet in dieser Welt von Zinkblech,

Business und Sandstein auf; mit dem wiedergewonnenen kindlichen Schwung (als liefen Lausbuben dem Lehrer davon) dämmert auch eine Ahnung der alten Gotteskindschaft der Menschen.

Hüpfen – Hoffen

Ob man mit solchen Deutungen das harmlose Verb nicht überlade, die Frage drängt sich vielleicht auf. Und besorgt, aber letztlich nicht unsicher, schlägt man nun doch die Etymologie des Wortes nach, und ist nicht überrascht, dass hüpfen mit hopsen und hoppeln zu tun hat, auch mit hinken und humpeln – aber beglückt über den Hinweis, hüpfen sei «vielleicht» (beide Wörterbücher geben sich unsicher) mit hoffen verwandt (und eigentlich hat man das geahnt, als man das Kind erwartungsvoll hüpfen sah).

Das Befreiend-Kindliche des Verbs ist im Prosastück «*Der Fremde*» weniger offensichtlich, verborgen in dunkler, ja bedrohlicher Umgebung, und in eine leise Distanz gerückt schon insofern, als ein Zuhörer und Icherzähler das Ganze vermittelt. Die kleine Szene nämlich enthält wie eine Skizze oder eher eine Miniatur den Grundriss, die strukturierende Spannung der späteren Erzählungen Martis, der «*Bürgerlichen Geschichten*» (1981) und der «*Nachtgeschichten*» (1987). Mit ein paar Worten wird auch der Umriss jener Figur angedeutet, die als Ich-Erzähler vor allem durch die «*Bürgerlichen Geschichten*» geht und die man gelegentlich mit dem Autor verwechselt. Aber sie ist höchstens dessen stilisierte, fast karikierte Maske: ein harmloser, etwas verunsicherter Bürger, der manches wahrnimmt, sich in das Leben der anderen, auch wenn es ihn berührt, nicht einmischt, bestenfalls begütigend-seelsorgerlich auf die Schultern klopft; einer, der berührbar und erschütterbar ist, und doch am Schluss seines Weges geht. Der Erzähler ist nur Chronist; die Geschichte entwickelt sich aus den Figuren; von ihnen geht Beunruhigung aus – die sie freilich kaum je direkt auszuleben wagen; sie verstecken sie, wie der «Fremde», unter einem möglichst unauffälligen Benehmen.

Und wie dieser «Fremde» – dieser von einem Geschoss Getroffene, von einem Tick Heimgesuchte – sind viele der Figuren in späteren Geschichten Verletzte, Verunsicherte, Beschädigte (*«Eigenartige Beschädigungen»* heisst eine der Geschichten). Aber eher selten sind jene, denen es wie ihm, diesem Hüpfenden, gelingt, die Beschädigung als Chance zur Befreiung zu nutzen. So dunkel die Erfahrungen sind, die sein Leben beschatten (der Krieg, der Verlust der Eltern, die fremde Erde) – er entkommt schliesslich allem. So auf jeden Fall sieht es der Erzähler, der beim Abschied überrascht feststellt: *«Und sieh da, er hüpfte tatsächlich, da konnte kein Zweifel bestehen, er hüpfte davon.»* Eine letzte, überraschende Hüpfbewegung am Schluss: als ob es dem Fremden schliesslich gelänge, allen ein Schnippchen zu schlagen, auch sich selber, auch der eigenen Angst. Als ein Verletzter, Beschädigter erreicht er hüpfend eine Art Freiheit, und es gelingt ihm die Flucht.

Die Phantasie an die Macht

Befreiung, Bewegung, die Verkrustungen durchbricht, Lebensfreude, spielerische Heiterkeit – es ist erstaunlich (und von der Kritik zu wenig beachtet), wie häufig, vor allem wie mächtig solche Impulse im Werk Martis wirksam sind, wie stark sie den Stil prägen. Gewiss ist der Autor in den sechziger Jahren ein herausragender und bahnbrechender politischer Dichter in der deutschen Schweiz; doch ist er von Anfang an auch ein Sprachspieler, und zwar weit über die Muster der konkreten Poesie hinaus. All die spielerischen, surrealen Elemente, in denen er seine Phantasie entfaltet, sind nicht einfach als Gegenspieler der politischen Lyrik zu interpretieren, sondern gehören zu deren Kern. Die bessere Welt, auf welche die politische Lyrik hinzielt, ist ja bei Marti nicht einfach eine besser, schon gar nicht eine strenger geordnete Welt, sondern vor allem – der Vortrag *«Phantasie als Produktivkraft»* (1972) hält es eindrücklich fest – phantasievoller, lebendiger, reicher, und zwar nicht nur für jene, die im *«Freigehege Kunst»* schaffen, sondern für alle Menschen. Eine besondere Utopie.

Es ist auffällig, dass gerade die um 1970, also in bewegter Zeit entstandenen Werke sich keineswegs, dem damaligen Trend entsprechend, als politische, gar ideologische Diskurse geben, sondern konkret und präzis den politischen Mikrokosmos ausmessen (so das politische Tagebuch «*Zum Beispiel Bern 1972*») oder dann, in einem anderen und tieferen Sinn zeitgemäss, den Versuch wagen, die «Phantasie an die Macht» zu bringen. Man denke, an «*Abratzky oder Die kleine Brockhütte*» (1971), ein raffiniert erfundenes, aber eben nicht nur erfundenes Lexikon, oder an den Morgensterns Geist atmenden Text «*Paraburi*» (1972), den der Autor kurzerhand als «*Sprachtraube*» bezeichnet. Das sind freilich nicht Publikumslieblinge und Bestseller; aber gerade in solchen Werken kann man einen Autor am besten kennenlernen.

Höhepunkt einer Sprachphantasie, die dunkle und helle Bilder entwirft, Angst und Hoffnung evoziert, ist der Gedichtband «*abendland*» von 1980. In späteren Jahren dann scheinen sich Phantasie und Spielfreude vermehrt in theologische Texte zurückzuziehen. Das zumindest legt der 1989 erschienene Diskurs «*Die gesellige Gottheit*» nahe – ein begeisternder Text schon deshalb, weil er die Schöpfungsgeschichte neu und doch ganz selbstverständlich als Spiel, Tanz und geselliges Gespräch zeichnet. Auch die Hüpfbewegung fehlt darin nicht und erhält in ungewöhnlicher Umgebung auch eine besondere Würde: als stünde sie am Anfang der Welt.

Clown, Tänzer, grüner Vulkan

Das sind Stichworte, verallgemeinernde, unzulässig vereinfachende; gesetzt und benützt, um anzudeuten, wie sich ein Motiv, das an einem knappen Text konkret betrachtet wurde, im ganzen Werk auffächert. Die kleine Bewegung des Hüpfens zu einem Hauptmotiv erklären hiesse zwar, das Beiläufige strapazieren. Aber sie gehört zu den formalen und motivischen Elementen, die den angedeuteten Prozess der Befreiung und Bewegung, der sich durch das ganze Werk zieht, in Gang setzen. Aber freilich so in Gang setzen, dass Behinderung und Erdenschwere immer noch fühlbar sind. Der Hüpfschritt des Erwachsenen hat ja immer auch etwas Komisches an sich; so rührend er ist – er wirkt leicht clownesk. Der Fremde beschreibt denn auch unübertrefflich, wie einer geht, wenn ihm die Angst im Nacken sitzt: «*Zögern und doch noch ein Schritt bringt einen ins Hüpfen*» – ein Clown, einer der tiefsinnigen Art, bei dem Angst fühlbar ist, der aber auch, bei jedem Schritt, einen kleinen Sieg über die Angst erringt.

Die Behauptung, der Clown sei eine wichtige Figur im Werk Martis, bedarf der Präzisierung. Denn er vermittelt ja keine «Ansichten eines Clowns», und nicht der Zirkus ist seine Welt, nicht die Manege, in die hinein, nach der grossen Pferdenummer, der Clown kommt: hinkend und hüpfend. Dann schon eher der Karneval, das Fest der Masken, der Verwandlung und Wiedergeburt, überhaupt Strassenfeste aller Art, die, meistens karnevalähnlich, spontan entstehen, und in die hinein einer als «Fröhlicher Apokalyptiker» (der hintergründige Titel einer der «Nachtgeschichten») unvermittelt geraten kann. Nicht als Person, eher als eine Art Denkfigur geht der Clown durch das Werk Martis, zeichenhaft, in der Andeutung clownesker Züge, die plötzlich und bei jedermann sichtbar werden können. Und noch einmal ist das etymologische Wörterbuch hilfreich: es lehrt, dass im Clown der Bauerntölpel des englischen Theaters enthalten sei und also noch etwas vom Bauern, diesem Menschen, der den Ursprüngen und Anfängen nahe ist.

Der erste Clown in Martis Werk ist aber niemand anderes als Jesus, den einer in den «gedichten am rand» so sieht: «doch eher / als tiger / als clown / als tänzer / oder grünen vulkan». Provozierende Metaphern, die Jesus aus aller Konvention lösen. Jesus als Clown: das weist in das Reich der Volksbelustigung, wo keine grosse Geste, nichts Erhabenes Platz hat, wo derb gelacht, auch verlacht wird. Jesus als einer, der verlacht wird um seiner Schwäche und auch um seines Glaubens willen, den die Realität und der Sieg der Mächtigen Lügen straft – und der doch schliesslich den Sieg davonträgt.

Wird Christus hier als Clown begriffen, so wird, zwanzig Jahre später (in «abendland») – in eigenartiger Entsprechung und Ergänzung – ein Clown gleichsam heiliggesprochen, und zwar der berühmteste Clown dieses Jahrhunderts, Charlie Chaplin:

sankt charlot

entsprungen – entronnen
wie oft schon – aber bloss
einen happenbiss lang

inzwischen wurden
bessere fallen
gerichtet

und eh' noch ein glück
ein kleines sich anlässt
sind wir von neuem gejagt –

sankt charlot
der kleinen hoffnung
bitte für uns

Das Gedicht nimmt das übermütige «*enthüpfen*» aus «*mittag*» auf, aber in ernsthafterer Form, wie es der Gefahr entspricht, in welche die Chaplin-Figuren immer wieder geraten. Ein erlösender Sprung, kraftvoller als das kindliche Hüpfen, rettet sie; doch ist es nur eine vorläufige Rettung: einen «*happenbiss lang*» ist man verschont vom Biss des Ungeheuers Leben.

Eine Rettung – aber wodurch? Durch die Kraft des Sprungs oder durch das Lachen, das er auslöst? Clowneske Figuren, Stolpernde, Hüpfende, Scheiternde, die das Scheitern im Sprung aufheben, sie sind es, die in Martis Werk die Hoffnung am Leben erhalten. Freilich nur die «*kleine Hoffnung*»: die dem Menschen allein mögliche – die dem Zustand der Welt allein angemessene?

(1991)

In Collioure

(Über Marcel Proust, Claude Simon, Jacob Burckhardt und Heinrich Wölfflin)

18. Juni

«Ça, c'est un très beau livre», sagte die Buchhändlerin in Céret, als sie mir «Sur la lecture» von Marcel Proust über den Ladentisch reichte (kein Buch eigentlich, höchstens ein Büchlein, ein Heftchen von 50 Seiten, ursprünglich als Einleitung zu einem Buch von John Ruskin geschrieben). Mir fiel gerade keine passende Antwort ein, und vielleicht fragte sich die freundliche Frau, ob diese beiden Touristen, die da vergnügt stöbernd eine ganze Reihe französischer Bücher auswählten, das Gekaufte auch verstehen würden.

Eigentlich haben wir die Buchhandlung nur betreten, um Karten zu kaufen; und wie immer hat es sich gelohnt. So klein das Geschäft ist, eigentlich mehr eine Papeterie als eine Buchhandlung, man bekommt doch einen Einblick in das, was gelesen wird. Handke zum Beispiel findet sich in vielen Übersetzungen, und immerhin bereits verhältnismässig neue Bücher wie der «Versuch über die Müdigkeit»; dagegen konnte ich keinen Frisch und keinen Dürrenmatt sichten, dafür eine Reisebeschreibung von Ella Maillart und natürlich Blaise Cendrars: offensichtlich sind in Frankreich die helvetischen Vagabonds beliebt.

Und natürlich sind die französischen Klassiker, auch die der Moderne, zu haben, zumeist in wohlfeilen, hübschen Einzelausgaben; man kann als Leser auch in der französischen Provinz leben. Allerdings ist die Künstlerstadt Céret alles andere als eine verschlafene Provinzstadt. Selbst bei geschlossenem Museum und unter sogenannt gewöhnlichen Menschen hat sie etwas Besonderes, Leichtes, als arrangierten sich die Dinge hier von selbst und auf eine anmutige Weise.

19. Juni

Natürlich hat die freundliche Buchhändlerin recht – es ist ein sehr schönes Buch, dies «Sur la lecture». Das denke ich, während ich in einer Nische des in Terrassen zum Meer abfallenden Hotelgartens (ursprünglich der Garten einer Villa) die Aufmerksamkeit teile zwischen dem Buch und dem Meer, das heute so überraschend sanft ist; und die Sommergäste am Strandweg gegenüber kommen mir vor wie eine heitere, dennoch etwas geisterhafte Prozession.

Wer eine knappe Einführung oder Einstimmung sucht in die «*Recherche du temps perdu*», sollte sich in diese ersten Seiten vertiefen: da erscheint der Autor als lesendes Kind (und welcher Leser würde sich darin nicht wiederfinden wollen), immer wieder in die Lektüre flüchtend, in sie versinkend, und immer wieder gestört von der besorgten, beschäftigten, gutmeinenden Familie: zum Essen gerufen, in den Park zum Spielen entführt. Aber auch dort, im Park, findet das Kind ein Versteck hinter Gebüsch, da ist es unauffindbar, verloren in der Welt des Buches – die dennoch, überraschend, in diesem kleinen Text gar nicht zur Sprache kommt. Denn nicht von den Figuren des Buches, geschweige denn von den Autoren ist da die Rede; evoziert wird die Umgebung, der das Kind doch lesend entflieht und die es, in die Lektüre versunken, dennoch wahrnimmt, mit einer durch die Konzentration auf das Buch geschärften Aufmerksamkeit. Ist das lesende Kind (in seiner von einem fast anmutigen Ferienrhythmus bewegten grossbürgerlichen Umgebung) vielleicht ein Schlüssel zu Prousts Werk? Aber nicht was Techniken und Formen und die literarische Überlieferung angeht – sondern in seiner verfeinerten, fast seismographischen Wahrnehmung einer Welt, der es sich zu entziehen scheint?

Nach dieser poetischen Evokation des kindlichen Lesens scheint Proust sich plötzlich daran zu erinnern, dass er ja eine Einführung zu John Ruskin schreibt. Diese Aufgabe erfüllt er nun auf eine höchst ungewöhnliche Art: indem er sich mit dem Engländer auseinandersetzt und knapp, aber unmissverständlich notiert, wo er anderer Ansicht ist. Und das betrifft – überraschend genug! – gerade die Bedeutung, die dem Lesen bei Erwachsenen beigemessen wird. Proust, ausgerechnet Proust, warnt vor dem exzessiven Lesen, davor, die Lektüre nicht nur als Lebens-, sondern auch als Denk-Ersatz zu brauchen. Lesen ist, nach seiner Beschreibung, eine «Initiation», nichts weniger als dies, aber auch nicht mehr; es ist Anfang und Zugang zur Selbstfindung und zum geistigen Leben. «*La lecture est au seuil de la vie spirituelle; elle peut nous y introduire: elle ne la constitue pas.*» Das sind, nach der Glorifikation kindlichen Lesens, höchst unbequeme Gedanken, vor allem für professionelle Leser wie mich, und gewänne man aus dem Buch nicht den Eindruck, Proust selbst erliege auch als Erwachsener immer wieder dem Zauber des Lesens, vor dem er warnt – ich müsste die Bücher für den Rest dieser Ferien beiseite legen und mich damit begnügen (begnügen?), den kleinen Text Prousts zu meditieren. Aber dazu kommt es nicht. Der eben in deutscher Übersetzung erschienene Roman von Claude Simon «*Die Akazie*» bedrängt mich zu sehr. Ich lese darin, lese wieder und ein zweites Mal, nicht verzaubert, sondern verhext, bedrückt und begeistert – so dass andere Bücher daneben nicht zu ihrem Recht kommen.

21. Juni

Claude Simon ist in Perpignan aufgewachsen, eine sogenannte Autostunde von hier entfernt, im Herrenhaus seiner mütterlichen Vorfahren, einer alten Patrizierfamilie des Roussillon; er wohnt noch immer in der Nähe dieser Stadt, auf einem alten Landgut der Familie. So ist er also «de la région», und hier ist – oder wäre – eigentlich der einzig richtige Ort, das Buch mit einem vertieften, von der Landschaft getönten Verständnis zu lesen. Aber das trifft für dieses Buch nicht zu, wenigstens für mich nicht. Beim Namen Wunsiedel denke ich an Jean Paul, bei Husum an Storm – aber hier unten selten an Claude Simon. Warum? Liegt es daran, dass in Frankreich Autoren immer mindestens einen Fuss in Paris haben und über Paris berühmt werden? Dass sie französische Schriftsteller sind und sein wollen – und nicht Regionalisten, auch nicht weltliterarische Regionalisten wie William Faulkner oder Uwe Johnson? So wichtig die Region (die Umgebung von Perpignan, die Pyrenäen) im Werk Simons, nicht erst in der «*Akazie*» ist: die Lektüre gerade dieses Buches vertieft mein Gefühl für diese Landschaft nicht (etwas anders verhält es sich bei dem in den späten fünfziger Jahren erschienenen Roman «*Das Gras*»). Soll ich sagen: im Gegenteil? Fast gegen meinen Willen habe ich mich hier auf das Buch eingelassen, das in einem so harten, fast zerstörerischen Gegensatz zu der gerade im Juni wunderbar entrückten Stimmung dieses Ortes und dieses Gartens steht. Es ist, als käme, kaum öffne ich das Buch, der Krieg über die Treppe vom Meer herauf. Ach, Unsinn. Mit Allegorien kommt man gerade Simon nicht bei. Doch liegt, wenn ich lese, etwas Schweres, dumpf Lastendes in der Sommerluft, vermischt sich eigenartig mit dem Respekt, der Begeisterung und Erregung, welche das Buch auslöst.

Aber wo anfangen, ein so exzeptionelles, gewaltiges Werk zu verstehen? Vielleicht zuerst die Höhepunkte, die Schlüsselstellen aufspüren, sich von ihnen leiten lassen? Aber kaum erwäge ich das, begreife ich auch schon, dass es nicht nötig, ja dass vielleicht die Suche nach Schlüsselstellen und Höhepunkten falsch ist. Es gehört zur Eigenart gerade dieses Buches, dass man von fast allen Seiten ins Innerste gelangen, Verbindungen zum Ganzen knüpfen kann. In den gewaltigen Satzperioden, die, kühn ausgreifend, über Seiten gehen, als scheuten sie sich, ein Ende oder Grenzen anzuerkennen – und die zugleich mit Ellipsen und Klammerbemerkungen und (verrückt!) mit Klammern in der Klammer auch die Details präzisieren und differenzieren –, in diesen grossartig rhythmischen und zum Teil auch schwierig zu lesenden Satzperioden gibt es kein Oben und Unten, und die Unterscheidung zwischen Wichtigem und Unwichtigem fällt ausser Betracht. So dass man überall anfangen, von überall in das Buch eindringen, von überall her Zusammenhänge aufzeigen kann. Also auch von scheinbar belanglosen Episoden, von jener Momentaufnahme zum Beispiel, welche die «*Frau mit den grossen Augen*», Tochter einer alten Familie und zum Nichtstun erzogen, auf der Tribüne einer Arena zeigt, die Kämpfe verfolgend und Salzmandeln knabbernd – in den Augen immerhin ein aufblitzendes Erschrecken, als den Pferden die aufgerissenen Bäuche mit Stroh verstopft und zugenäht werden, damit sie wieder verwendbar sind.

Wenig später wird die gleiche Frau vom Autor als «*träge Färse*» bezeichnet, die darauf wartet, von einem Mann auserwählt und geliebt zu werden – und die im gegebenen Augenblick (denn sie ist nicht nur eine träge Färse) diesen Mann ebenfalls auswählt und liebt. Es ist einer, der sich von unten emporgearbeitet hat, beharrlich und mit Hilfe seiner Schwestern, die sich aufopferten und «*wie Maultiere*» arbeiteten; ein ungewöhnlicher Mann, der seine Herkunft nicht vergisst, auch wenn er sich der herrschenden Klasse, der er jetzt angehört, anpasst. Und noch einmal später (Simon stellt überraschenderweise diese Szene an den Anfang) irrt sie zusammen mit den Schwägerinnen und dem sechsjährigen Sohn über die Schlachtfelder des Ersten Weltkriegs und sucht das Grab des in den ersten Kämpfen von 1914 gefallenen Ehemannes. Jetzt ist sie nicht mehr Zuschauerin, sondern selbst im Innersten getroffen, aufgerissen; aber noch immer ist ihre Haltung stolz und aufrecht; ihr Profil «*von jener hochmütigen und unbeugsamen Entschlossenheit geprägt, wie man sie auf den Medaillen an alten Kaiserinnen sehen kann, oder einfach an Verrückten*». Aufrecht starb auch der Ehemann (so wird es überliefert), von einer Kugel in die Stirn getroffen (in jene Stirn, der er seinen Aufstieg verdankte), den Feldstecher noch in der Hand, als könne die Fernsicht und der Überblick in der allgemeinen Auflösung helfen!

Erst der Sohn aus dieser so kurzen wie leidenschaftlichen Ehe zwischen der Urenkelin eines Empiregenerals und dem Urgrossneffen eines Dienstverweigerers, erst der Sohn, dies Alter ego des Autors, wird als Gefreiter der Kavallerie im Zweiten Weltkrieg diese stolze, aufrechte Haltung aufgeben: in einem mörderischen Gemetzel vom hohen Ross geworfen, kann er sich nur retten, indem er wie ein Tier im Urschlamm kriecht, auf allen Vieren geht und am Boden liegend Wasser lappt wie ein Hund.

22. Juni

So, scheint mir, habe ich noch kein Buch gelesen wie dieses: mitgerissen, bewegt – und zugleich ungebärdig, unfähig, mich dem Diktat der Seitenfolge zu fügen; herumblätternd, vorwärts- und zurücklesend, so dass ich am Ende das Buch wohl dreimal gelesen habe, aber nie fortlaufend. Als ob die Radikalität, mit der Simon die Chronologie ausser Kraft setzt, den üblichen Leserhythmus zerstörte.

Es ist ein Jahrhundertbuch. Das meine ich nicht marktschreierisch, sondern ganz sachlich. Ein Jahrhundert französischer Geschichte wird da evoziert – und endet in der globalen Katastrophe der beiden Weltkriege, die, auch wenn Frankreich in beiden Fällen zuletzt zu den Siegernationen zählte, nur unter dem Aspekt der Zerstörung gesehen wird. Geschichte im Spiegel der Familiengeschichte, der Geschichte zweier Familien, die nicht nur nach ihrem Stand, sondern auch in ihrer Haltung so gegensätzlich wie nur möglich sind: die eine, die mütterliche, patrizische, steht für das offizielle Frankreich, die *grande nation*, die andere, die väterliche, bäuerliche, so angepasst sie auch erscheint in Arbeitshaltung und Aufstiegswillen, ist geprägt von dissidenten, antikirchlichen, antimilitärischen Traditionen. Diese Traditionen scheinen von den patrizischen Standards erdrückt zu werden – aber nur äusserlich und vorübergehend. So konsequent wie hier sind geschichtliche Vorgänge, ist vor allem der Krieg noch nie von unten dargestellt worden – und zwar umfasst dies «von unten» mehr als nur Stände und Klasse. Es kommt nicht von ungefähr, dass man ein Buch, dessen Hauptfigur ein Mann (der autobiographisch konzipierte Gefreite) und dessen Hauptthema der Krieg ist, auch aus der Perspektive einer Frau, der Frauen überhaupt sehen und verstehen kann. Aber auch die Perspektive der Tiere könnte angewandt werden, der Tiere, die eine ganz aussergewöhnliche Rolle spielen. Es stellt durchaus keine Beleidigung der Frau dar, wenn der Autor sie als «*träge Färse*» bezeichnet oder ihre Arbeit mit der von Maultieren vergleicht.

Denn die Tiere sind bei Simon nicht Geschöpfe minderen Ranges. Indem er sich in der Haltung und mit dem Verhalten eines Tieres rettet, sinkt der Gefreite nicht einfach auf eine niedere Stufe zurück, er gewinnt dabei auch, indem in ihm «*etwas Lebhafteres, Schnelleres, Intelligenteres als sein Gehirn zu funktionieren beginnt: etwas das zweifellos dem Tierreich angehört, was einem Tier Intelligenz und Schnelligkeit sowie Gleichgültigkeit verleiht …*»

Ohne diesen Abschied vom blossen Gehirn, ohne die Offenheit dem Tier gegenüber ist das Schreiben Claude Simons mit seiner Nähe zum Archaischen nicht zu verstehen. Dabei geht es nicht einfach um Tiermetaphern. Ob es wohl einen zweiten Kriegsroman gibt, in dem die zum Gehorsam gezwungenen und dressierten, die geschundenen und gepeinigten Pferde so ernst genommen worden sind wie hier, ganz sachlich, ohne Sentimentalität? Wortlos werden da noch einmal die Jahrhunderte erinnert, in denen der Mensch als Reiter sich des Pferdes bediente und die Welt von oben sah – als liesse sie sich lenken wie ein Pferd. Von weitem erscheint dem Gefreiten ein Offizier (er ist es, der die Truppe in einen deutschen Hinterhalt geraten lässt) geradezu als *«Pferdemensch»*: als sei er mit dem Tier zusammengewachsen, der Mensch immer oben, ein Führer noch in die Katastrophe hinein, in der die Kavallerie von den Panzern aufgerieben wird: «*Kein Mensch, eine Wesenheit, ein Symbol, die endlich sichtbare Verkörperung, die materialisierte Abordnung jener verborgenen gesichtslosen Allmacht, in die sie* (gemeint sind die Reservekavalleristen) *Generäle, Leitartikler, Politiker einbezogen, sowie alles, was nur entfernt jenes Pandämonium betraf.*» Bei der Truppe freilich und in der Schlacht werden Pferd und Reiter getrennt, gerät das Oberste zuunterst, zerbricht die Hierarchie zwischen Tier und Mensch.

«*Niemand macht die Geschichte, man sieht sie nicht, ebensowenig wie man das Gras wachsen hört*»: der Satz von Boris Pasternak steht als Motto vor dem Roman «Das Gras» aus den späten fünfziger Jahren. Er hat Geltung auch für das neue Werk, das in mancherlei Hinsicht mit diesem frühen Buch verbunden ist. Wie eine leise Anspielung mutet es an, wenn der Gefreite, tief verstört aus Gefangenschaft und Krieg in das mütterliche Haus zurückgekehrt, damit anfängt, die Blätter eines Zweiges, ein Schilfrohr, Gras, eine Baumrinde genau abzuzeichnen. Seine Befreiung erfährt er freilich erst in einer fast mystischen Übereinstimmung mit einer geheimnisvoll von innen bewegten Akazie – die ihren Auftritt in den allerletzten Zeilen hat.

23. Juni

Neben dem Roman von Claude Simon wirkt der Briefwechsel zwischen Jacob Burckhardt und Heinrich Wölfflin, ergänzt vor allem durch die Notizen Wölfflins, eigenartig luzid; die Lektüre wird zur Entspannung. Nicht etwa, dass darin jene heile Welt beschworen würde, die es nie gab. Dafür bürgt schon der Name Burckhardts. Sein Standardsatz *«Es ist eine böse Welt»*, beileibe keine Phrase, wird zwar nicht bei Wölfflin zitiert, sondern in den Aufzeichnungen Carl Spittelers. Bei Wölfflin kommt uns Burckhardt vor allem als Forscher und Lehrer nahe, weit über alle fachlichen Fragen hinaus.

Zuerst aber ein Wort zu Wölfflin selbst, der, eine Generation jünger als Burckhardt, später ein herausragender Kunsthistoriker wurde. Sein Auftritt als junger, kaum zwanzigjähriger Student ist ein Zeitdokument besonderer Art. Er ist unsicher, ja ratlos, was die Studienwahl im engeren Sinn angeht, sicher nur darin, dass es ein Fach der Geisteswissenschaften sein muss und dass er darin eine herausragende Leistung anstrebt. Die Geisteswissenschaften sind noch nicht beschattet vom radikalen Zweifel, vom «Wozu» und «Zu welchem Ende» der heutigen Zeit – das ist schon eindrücklich zu lesen.

Aber *wie* soll man studieren: Antwort auf diese Frage, als Wegzeichen gewissermassen, das ist der Anspruch, der vom jungen Studenten an den alten Burckhardt gestellt wird. Damit ist nicht einfach die Methode, sondern eine geistige Haltung gemeint. «Köbi» stellt sich diesem Anspruch zuerst zögernd, dann immer bereitwilliger. Das fängt an mit den gewiss etwas ruppigen Ratschlägen, die er auf Wunsch der Eltern dem blutjungen Studenten in einer knappen halben Stunde gibt (alte Sprachen solle er studieren, um jederzeit als Lehrer sein Brot verdienen und sich die *«Befriedigung des getanen Tagwerks»* verschaffen zu können; dazu fleissig sein und viel reisen, um neue Anschauungen zu bekommen: *«dann werden Sie, wenn Sie einmal 4–6 Semester hinter sich haben, von selbst in die richtigen Bahnen kommen»*) – und es findet einen grossartigen Höhepunkt in jenen vielzitierten Sätzen, welche die Summe eines langen Lebens als Forscher und Lehrer enthalten:

«Der Lehrer kann nicht viel geben. Er kann nur fürs Erste den Glauben an den Wert der geistigen Dinge wachhalten. Fürs Zweite die Überzeugung erwecken, dass für den Menschen ein hohes Glück in der Beschäftigung mit diesen Dingen liegt.»

«Anregen, nicht Fachleute ausbilden.»

«Arbeit an der inneren Ausrundung seiner eigenen Persönlichkeit. Den Dingen ihr Geheimnis ablauschen.»

24. Juni

Am zweitletzten Ferientag muss ich doch noch aufschreiben, wie ich überhaupt zu diesem Burckhardt-Wölfflin-Buch gekommen bin. Es ist eine DDR-Ausgabe von 1988, genauer, ein Nachdruck eines Bandes, der von Joseph Gantner schon in den vierziger Jahren in Basel herausgegeben wurde. Keine grosse editorische Leistung der DDR also – und doch ein kostbares Buch! Folgendes schrieb mir vor einigen Wochen eine Freundin aus Ostdeutschland: «*Um Dir das Ausmass hiesigen Irrsinns zu demonstrieren: Auf einem Feld in Altenburg liegen Tausende funkelnagelneue Bücher aus DDR-Produktion in Regen und Schlamm. Wir haben, wie andere, schon stapelweise geholt: Dostojewski, Bachmann, Raabe, Fried, Briefwechsel J. Burckhardt und Heinrich Wölfflin – auch ein Exemplar für Dich – die Brüder Mann, Kinderbücher ... Sie sollen in den Reisswolf!*»

Ist der Reisswolf, diese äusserste Konsequenz unserer Wegwerf- und Verramschungspraxis so etwas wie die moderne Entsprechung zu den alten Bücherverbrennungen, zwar nicht dem Gesinnungsterror, sondern dem kühlen Kalkül marktwirtschaftlichen Nutzens unterworfen? Ich will auf einen weiteren Kommentar und jegliches Lamento verzichten und nur noch beifügen, dass unter den Büchern, die meine Freundin aus Regen und Schlamm rettete, sich auch eine hübsche Insel-Ausgabe von T. S. Eliots «*The Waste Land*» befand.

(1991)

1992–1996

Abseits

(Über Robert Pinget, Markus Werner)

5. Oktober

Sollte Robert Pinget je den Nobelpreis erhalten – Reto Hänny, ein Verehrer des «Meisters», spielt gegen alle Wahrscheinlichkeit mit dem Gedanken –, sollte sich das Unwahrscheinliche ereignen, würde man sich da wohl daran erinnern, dass der 1919 in Genf Geborene, seit Kriegsende meist in Frankreich Lebende etwas mit unserem Lande zu tun hat? Oder wäre er für alle, auch für uns, ein Franzose?

Sich hie und da ins Bewusstsein zu rufen, dass das literarische Schaffen unseres Landes sich nicht nur im Werk von Frisch und Dürrenmatt, von Ramuz und Gottfried Keller konkretisiert, sondern dass auch Autoren wie Robert Pinget dazu gehören, das ist nicht einfach sinnlos. Das Ambiente seiner Werke ist allerdings die französische Provinz, auch wenn man die Orte auf der Landkarte nicht findet. Und den *«Monsieur Songe»*, diesen seltsamen Alten, der Pinget schon begleitete, als er ihn noch nicht an die Öffentlichkeit treten liess, diesen Monsieur Songe stellt man sich gerne als einen Franzosen vor. Wie bezeichnend, dass die vorzügliche Übersetzung von Gerda Scheffel gerade bei diesem Namen an ihre Grenze stösst! Der alte «Kritzler» tritt im deutschen Sprachgebiet als ein «Herr Traum» auf, und erinnert so unweigerlich an einen verlorenen Romantiker oder an eine Spitzweg-Figur. Herr Songe aber ist kein Träumer, sondern ein Grübler, Zweifler, ein hartnäckiger Sinnierer, und in dieser Rolle strahlt er weit über Frankreich aus.

Überhaupt lässt Pinget sich nicht mit generellen Begriffen beschreiben, auch nicht mit literarischen. Avantgarde, *nouveau roman* – gerade das jüngste Buch *«Theo oder die neue Zeit»*, vor einem Jahr in Paris erschienen und schon jetzt in einer schönen, dunklen Broschur bei Wagenbach auf deutsch greifbar, gerade dieses wunderbare Buch verweigert sich solchen Festlegungen. Am liebsten möchte man mit einem neuen, besonderen Vokabular darüber schreiben, einem federleichten und doch nicht schwerelosen, vom üblichen nur gerade um Haaresbreite unterschieden, beiläufig und doch unverkennbar.

Pinget ist das, was man einen «*author's author*» nennt, er wird vermutlich vor allem gelesen von Schriftstellern und Literaten. Das festzustellen tut ein wenig weh, es ist, als ob man Literatur in einem Geheimlabor deponierte. Gilt es auch für das neue Buch, für diesen wunderbaren «Theo», der, es ist kaum zu glauben, die Notizbücher des Monsieur Songe noch in den Schatten stellt?

Wie sehr die Präsenz eines Kindes die Atmosphäre eines Buches ändert, das kann man hier mit Händen greifen, nein eher riechen, ahnen. Nicht dass Pinget aus dem Gesichtswinkel eines Kindes schreiben würde; er versucht sich auch nicht in einem realistischen Porträt; dazu geht er mit den Worten viel zu sparsam um. Sein Theo ist eine perfekte Kunstfigur; er hat etwas von einem Bilderbuchkind an sich, und wenn man sich ihn vorstellt, dann mit grossen, altklugen Augen, ein Kind nicht von dieser Welt, ein Kind von Pingets Gnaden. Nicht zufällig klammert sich die Hauptfigur des Buches, der «Alte» (auch Meister genannt oder Scribent, Berichterstatter, Monsieur, der Kranke oder auch alter Knurrhahn), nicht zufällig klammert er sich an das Kind, kaum hat er es wahrgenommen oder imaginiert.

«*War da nicht irgendwo ein Kind. Rasch es niederschreiben. Es niederschreiben. Seine kleine Musik wird dem Lauf der Feder folgen.*» Das steht im allerersten Abschnitt des Buches – ein Leitmotiv, das durch das Buch führt. Man könnte sagen: Das Kind setzt den Prozess des Schreibens in Gang, mit dem der Alte (schon wieder döst er in seinem Sessel ein) sich so schwer tut. Andersherum gesagt: Indem der Alte (der allmählich wieder zum Meister wird, der er einmal war) das Kind niederschreibt, das vielleicht als Erinnerung auftaucht und das er vielleicht selber erfindet, indem er an Theo festhält, zieht er sich gleichsam am eigenen Schopf aus der Lethargie und Depression des Alters.

So einfach, so kompliziert ist dieses Buch. Man kann sich tüftelnd darin verlieren (wo verläuft die Grenze zwischen Vergangenheit und Gegenwart, zwischen der Realität – falls es diese überhaupt gibt – und der Fiktion?), und man kann vertrauensvoll der Feder Pingets oder der «kleinen Musik» des Kindes folgen, und die Fragen verstummen, wenn man akzeptiert hat, dass es die eben erwähnte Grenze nicht gibt. Das ist es auch, was Pinget vorschlägt, wenn er sagt: «*Der Alte, der Meister, der Berichterstatter sind ein und dasselbe*».

Das Buch präsentiert sich als ein Vierpersonentext, als eine kleine Kammermusik für vier Instrumente oder Stimmen: da ist der Alte, das Kind, da sind Marie, die Haushälterin, und Johann, der Diener. Am Rande taucht der Arzt auf, der «*alte Quacksalber*» und Freund des Alten, er verschreibt Spritzen gegen die Schlaflosigkeit und die quälenden Gedanken.

Ein Stück Kammermusik mit vielen Dissonanzen; ein Staccato von Stichworten mit oft poetischen Motiven (das Käuzchen, die Nachtigall, das Feuer, die nächtlich brennende Lampe); selten ein vollständiger, kaum je ein langer Satz. Die Qualen des Schreibens verbinden sich mit denen des Alters; ein uralter Mann wehrt sich gegen die Vergesslichkeit, das Verdämmern, kämpft um sein tägliches Pensum: ein paar Schritte im Garten, ein paar Sätze im Heft. Das Buch entsteht mit Hilfe des Kindes, das eine Figur im Buch ist und gleichzeitig (aber das scheint mir plötzlich selbstverständlich) das Buch liest und sich selbst darin entdeckt.

Darf man das seltsame Buch vielleicht als eine Liebesgeschichte bezeichnen, die sich abspielt (nein, nicht abspielt, sondern ist) zwischen dem Uralten und dem Kind? Die sichtbar wird in Liebesbezeugungen und Liebesbekenntnissen, Blumensymbolen. Spät im Jahr lässt der Alte Geranien setzen für das Kind, das sie als Liebesgabe pflückt und ihm als Strauss überreicht! Das Kind hat aber auch Teil am Entstehen des Buches, in dem es selber vorkommt. Durch seine Fragen veranlasst es den Onkel, die Gedanken so einfach zu formulieren, dass auch ein Kind sie verstehen kann: «*Was ist Bescheidenheit? Wenn man sich ganz klein macht. Aber ich bin ganz klein. Deshalb habe ich dich auch so lieb.*»

Doch nicht alle Dialoge zwischen dem Alten und Theo sind so rührend wie der zitierte; denn der Alte vertraut dem Kind auch seine Schwäche und seine Verzweiflung an: *«Ich will nicht, dass du mir eines Tages gleichst.»*

20. Oktober

Den neuen Roman von Markus Werner mit dem zunächst geheimnisvollen Titel *«Bis bald»* habe ich mit wachsender Bewunderung gelesen. Und, wichtiger, als ich mit Lesen fertig war, dachte ich immer wieder daran zurück, daran herum. Es gibt nicht viele Bücher, denen man Nachdenklichkeit verdankt!

Vor fünfundzwanzig Jahren hätte das Thema noch als Sensation gewirkt; damals fanden die ersten Herztransplantationen statt. Und um eine solche geht es bei Werner – genauer, um das Warten, das aushöhlende, nervenaufreibende, eines herzkranken Mannes auf ein Spenderherz, und also auf den Tod eines unbekannten, anonymen Menschen, der vermutlich durchaus keine Lust gehabt hätte, sein Herz einem anderen zu spenden! Das Wort «Jahrhundertbuch» fuhr mir mehrmals durch den Kopf, aber es schien mir dann doch zu grossmäulig für diesen stillen Roman.

Dennoch hätte ich das Buch beinahe nach den ersten Zeilen ungelesen weggelegt; so sehr ärgerte mich, wider alle Vernunft, ein einziger, erster Satz. *«Es roch nach Haarlack, es roch nach allem, wonach solche Menschen riechen»* – so beschreibt der Denkmalpfleger Hatt, der in Tunis in einen Sightseeing-Bus steigt, seinen ersten Eindruck. Ein solcher Satz schafft sofort eine besserwisserische Komplizenschaft zwischen dem Autor und den Lesenden, ein – wie mir scheint – wohlfeiles Einverständnis, dessen Opfer die als «solche Menschen» verächtlich distanzierten Anderen sind. In diese Komplizenschaft mochte ich mich nicht ziehen lassen, obgleich auch meine Wahrnehmung der Welt nicht immer eine menschenfreundliche ist, und der Satz, den man wenig später bei Werner liest, *«Die Welt ist unhaltbar»*, mir keineswegs fremd ist.

Dabei wusste ich eigentlich, dass es sich um eine Rollenprosa handelt, der Autor eine Figur erzählen und agieren lässt, mit der er selbst wohl einiges gemeinsam hat, aber nicht identisch ist. Der Denkmalpfleger Hatt ist ein tüchtiger, sorgfältiger Berufsmann. Ein Einzelgänger, der sich mit Menschen schwer tut, ein

Schwieriger, vielleicht in der Nachfolge schwieriger Figuren bei Max Frisch, ein Pessimist, ein Misanthrop. Fast gegen seinen Willen ist er in diesen Bus geraten, und sein Körper reagiert gegen die Verdrängungen und Zumutungen eines ganzen Lebens mit der grossen Weigerung eines Herzinfarktes. Dieser gibt seinem Leben eine finale Wendung.

25. Oktober

Es ist eine Frau, Sophie Ascher (der Name verbindet Weisheit mit einem Anflug von Tod), die ihn, spät im Buch, fragt, ob seine negative Wahrnehmung der Welt, sein radikales pessimistisches Programm, nicht ein wenig *tödelt*». «Tödelt» – ein wunderbarer Helvetismus! Durch den Humor, der dem Wort anhaftet, gegen den Verdacht von Moralismus geschützt, darf Sophie Ascher ihr Credo formulieren. Dem liebenden Blick, sagt sie, *«zeige und enthülle sich vieles, was der negative, der böse, der sogenannt vernünftige Blick übersehe; der liebende Blick stosse vor bis zum Gelungenen und Liebenswerten, das freilich oft verborgen und verschüttet sei, und insofern müsse dieser Blick als der im Wortsinn radikale gelten»*.

Auch wenn Hatt mit seiner Freundin – nebenbei bemerkt ein wunderbares Porträt einer Freundschaft zwischen einem Mann und einer Frau ist Werner da gelungen! –, auch wenn er mit Sophie noch nicht einverstanden ist, sie weist ihm den Weg. Doch ist das Buch, das diesem Weg folgt, nicht etwa ein moralischer Traktat über den Tod, sondern ein Buch, das auch passionierte Romanleser gefangen nimmt. Erst im Nachhinein merken sie vielleicht, in was für ein komplexes Werk sie geraten sind. Aus dem Mann, dessen Denken ein wenig «tödelt», wird einer, der, als er seinen Tod akzeptiert, für eine kurze Zeit eine neue Lebensintensität gewinnt: das Leben im Tod. Vielleicht doch ein «Jahrhundertbuch»?

Man will sich lieber nicht vorstellen, was bei einem weniger bewussten und subtilen Autor aus diesem Thema geworden wäre, was für längst gesagte Sätze zum Thema Herzverpflanzung und Spitzenmedizin da links und rechts bereitgelegen hätten. Die ungewöhnliche Qualität des Buches beruht nicht zuletzt auf dem, was Werner nicht sagt. Die Tiefendimension des Werkes gewinnt er durch einen ungewöhnlichen Einfall. Mitten in die Geschichte des Denkmalpflegers, in diesen medizinischen Fall des zwanzigsten Jahrhunderts, blendet er die mittelalterliche Verserzählung «*Der arme Heinrich*» von Hartmann von Aue ein, in einer knappen, schönen Nacherzählung. Respektvoll und verhalten erinnert er an das Geschick eines zuerst glücklichen, dann an Aussatz erkrankten Ritters, dem der Arzt als einzige Heilungschance das freiwillig dargebotene Herzblut einer Jungfrau in Aussicht stellt. Die Parallele zur heutigen Zeit ist frappant, die alte Mär, in einen neuen Kontext gestellt, wird unversehens von der Patina der alten Schullektüre befreit. Werner verzichtet auf einen direkten Vergleich der beiden Geschichten, die Bezüge stellen sich durch ihr Nebeneinander selber her. (Er lässt sogar den Schluss der Legende mit Happyend und Sieg der Moral aus.)

Dass beide, der mittelalterliche Ritter und der moderne Denkmalpfleger, zuletzt auf die Rettung durch ein fremdes Herz, sei dies ein bekanntes oder anonymes, verzichten, das kann einen über die Lektüre hinaus beschäftigen. Ein Hauch von Gnade liegt auch über dem Geschick des Denkmalpflegers: je näher er dem Tod kommt, je ungeschützter er ihn erkennt, desto offener, liebevoller nimmt er das Leben wahr.

(1992)

Robert Walser und Friedrich Glauser

15. Januar

Es soll neuerdings Autoren geben, die jedes Briefzettelchen sorgsam aufbewahren, sogar eigens Kopien anfertigen, damit ja nichts dem Literaturarchiv verlorengehe. Das habe ich auf dem Gerüchtemarkt gehört, und will man diesem Markt trauen, sind gerade jene um ihren Nachlass besorgt, für die sich nach menschlichem Ermessen weder das Literaturarchiv noch die Nachwelt interessieren dürften. Dass ein Schriftsteller von Rang seine Entwürfe und verworfenen Fassungen einfach wegwirft, vielleicht gehört das nun der Vergangenheit an und sind Gerhard Meier und Kurt Marti die letzten, die mit ihren Manuskripten und Entwürfen unzimperlich verfahren.

Wie halten es da eigentlich die normalen Sterblichen, jene, die nicht zur schreibenden Zunft gehören und also nicht aufs Literaturarchiv zu schielen brauchen? Auch sie bekommen ja Briefe, führen gelegentlich ein Tagebuch oder machen eine kleine Notiz in die Agenda. Horten sie ihre privaten Papiere, liebevoll oder seufzend, zum Beispiel irgendwo in einer Zweieinhalb-Zimmer-Wohnung, oder veranstalten sie bei jedem Umzug ein privates Autodafé? Denkbar wäre ja auch, dass künftig alles Geschriebene auf einer Diskette gespeichert wird, die man beim jüngsten Gericht ausdruckt.

Meinen Papieren, vor allem jenen aus früheren Jahren, fehlt eine systematische Ordnung, wie sie meiner Arbeit eigentlich förderlich wäre. So kann mir der Zufall, der manchmal ein böser Dämon ist und manchmal ein Glücksbringer, immer noch diese und jene Überraschung zuspielen. So neulich ein paar Blätter, die mich geradezu elektrisierten: ein Exzerpt von Lessings «Laokoon», das ich offenbar als Gymnasiastin angefertigt hatte, fleissig und mit noch leserlicher Handschrift; und ich benützte dazu die Rückseite alter Fahrpläne, jener grossen Bogen, die bis in die jüngste Zeit in kleinen Bahnhöfen angeschlagen waren! Mein Vater (der Bahnhofvorstand war und später auf der Zentralverwaltung arbeitete) brachte diese offenbar jeweils nach Hause und schnitt sie – ich hatte es völlig vergessen! – für mich zurecht.

Was daran besonders sein soll, fragt man sich zu Recht. Denn dass man früher sparsam mit allem umging, und also auch die Rückseite von Drucksachen benützte, und zwar ganz selbstverständlich und nicht, wie etwa heute, aus ökologischen Rücksichten oder gar als Spleen, das kann sich jeder, der auch nur über ein bisschen historische Phantasie verfügt, leicht vorstellen.

Ich kann es aber nicht ändern: die unerwartete Entdeckung von gründlich Vergessenem, die väterlichen Fahrpläne, meine damit verbundene Schrift, das alles bewegte mich über Gebühr. Ich sah meinen Vater vor mir, wie er spätabends in der Stube sass und anhand des Kursbuchs die Personalpläne anfertigte; ein gewiss oft mühseliges Geschäft für einen Freiluftmenschen, wie er es war. Aber gleichzeitig stellten sich auch literarische Assoziationen ein; und es ist leicht zu erraten, dass ich an Robert Walser dachte. Zu den Besonderheiten seiner in der letzten Schaffensphase, der «Berner Zeit», entstandenen Texte, der sogenannten Mikrogramme (die jetzt in Nachlassbänden unter dem Titel *«Aus dem Bleistiftgebiet»* erscheinen), zum Besonderen, vielleicht Wunderlichen, sicher Geheimnisvollen dieser Texte gehört ja nicht nur die ins Winzige, Unlesbare verkleinerte Schrift, sondern auch die Vorliebe Walsers für bereits bedrucktes Papier. Diese Gewohnheit war mir immer wunderbar – nicht nur wunderlich – vorgekommen: als spürte ich selber in den Fingerspitzen seine Aufmerksamkeit für die Materialien, die er benützte: Kunstdruck- und Kalenderblätter, dazu mannigfaltige andere Papierarten, Papierabfälle, auch aus seiner privaten und geschäftlichen Korrespondenz. Und nun stellte ich fest, dass Walser nichts anderes tat als ich auch!

Doch war ich keineswegs desillusioniert oder ernüchtert. Denn das ist ja, immer wieder, das Bestürzende bei Walser: dass das Natürliche und Selbstverständliche bei ihm unversehens, man weiss nicht wie, zu etwas Besonderem und Unverwechselbarem wird. Er verändert das, was alle tun, um eine winzige Nuance, man merkt es kaum, und es wird daraus das Eigene und Ungewöhnliche.

Kaum ein anderer Autor ist wie er als bereits arrivierter Autor vom Literaturbetrieb gleichsam liegen gelassen worden (nach 1925 erschienen seine Texte nur noch im Feuilleton von Zeitungen); man könnte aber auch sagen, er habe sich, wie kein anderer, daraus entfernt, so radikal wie leise, indem er sich in seine Mikroschrift zurückzog, von der keiner wusste, in die hinein niemand ihm folgen konnte. Indem er aber für seine Textentwürfe konsequent Material benützte, das schon einmal im Kommunikationsprozess gewesen war, fügte er sich insgeheim, ja geradezu listig, wieder in diesen ein, versuchte (so sagt es Werner Morlang) *«die Veröffentlichung der neu entstehenden Texte in einen magischen Kreislauf zu bannen».*

20. Januar

Im vierten Band der Mikrogramme steht ein kleiner Text, der das zwiespältige Verhältnis Walsers zum Literaturbetrieb geradezu exemplarisch zeigt. Es handelt sich um die «*Beantwortung der für mich fast mädchenhaften Frage, welcher Herbstferienort mir der liebste sei*». Aus einem Brief Walsers an Frieda Mermet (die überaus hilfreichen Anmerkungen rufen ihn in Erinnerung) vernimmt man, dass die NZZ tatsächlich eine solche Umfrage veranstaltete. Diese Sorte von «*vulgären Anfragen*» lasse er unbeantwortet, teilte Walser der Freundin mit – und mikrographierte dann doch diesen Text, der nichts anderes ist als eine Antwort auf die ins «*Mädchenhafte*» transponierte (die dem Literaturbetrieb also gleichsam entrissene, jungfräulich gewordene?) Frage. Ins Reine geschrieben oder gar abgeschickt hat er das Prosastück aber (vermutlich) nicht. Hat er es als unfertig oder unvollkommen verworfen – oder war ihm für diesen leisen Text die öffentliche Umfrage denn doch zu vulgär? In solchen Vermutungen bewegt man sich immer wieder, falls man sich in die Welt der Mikrogramme wagt. Fast alle sind sie in einem seltsamen Zwischenreich angesiedelt: zwischen dem Entwurf und der bestürzenden Einsicht, dem Vorläufig-Versuchshaften und dem unerwartet Genialen. Und falls einer kritisch bemerkte, man könne zwar einen solchen Text aufbewahren, müsse ihn aber nicht veröffentlichen (und vielleicht regt sich bei jedem manchmal eine solche Stimme) – dann wirft man sich gleich mit der ganzen Person schützend über den kleinen Text und will keine Zeile davon missen! Und dies nicht nur, weil man darin so viel über Walser vernimmt, sondern weil man, lesend, auf einmal die Welt anders sieht.

Wie rührend nehmen sich die von Walser genannten Herbstferienorte in der polyglotten Ferienlandschaft unserer Zeit aus: wie ein Mikrogramm auf einer Plakatwand! Aber unversehens sieht man die prangenden, bunten Plakate nicht mehr, nur noch die kleine Schrift dessen, der da beiläufig zugeben muss, im grossen Frankreich kein einziges «*Feriendörfchen*» zu kennen. Doch die Orte, die unauffälligen, schweizerischen, wachsen in Walsers Text aus ihrer regionalen Begrenztheit grossartig empor: unser Laupen also, einnehmend durch das Schloss und den nahegelegenen, jetzt herbstlichen Wald; der Thunersee, als ein Feriengebiet «*für den verwöhnten Geschmack*», und die an dessen Ufern gelegene Ortschaft Faulensee «*schmiegt sich einer angenehm gezeichneten Bucht an, als wäre sie etwas wie das unauffällige Kleinod einer schönen und dabei diskreten Frauenerscheinung*». Da schreibt einer, der inständig mit dem Kleinen und Unauffälligen befasst ist, und er braucht es nur mit einem Wort zu berühren, schon wirft es die Bescheidenheit von sich und leuchtet – für jene, die Augen haben, zu sehen – wunderbar auf.

Das Allerschönste aber ist der Anfang des Textes, eine Erinnerung an erste Kinderferien im Ried bei Biel: «*Ein Wägeli, mit dem man in die Stadt um Brot usw. fuhr, und eine allerliebste, wie in der Luft schwebende Tasche blieb mir diesbezüglich bestens in Erinnerung.*»

Kindheitserinnerungen, Kinder, Kindliches, das Kindsein überhaupt, das alles spielt im ganzen Werk Walsers stets eine grosse Rolle. Mit den fingierten Arbeiten eines Schülers, «*Fritz Kochers Aufsätze*», hat er schliesslich seine literarische Karriere begonnen. Das Thema ist von einer neuen, fast bedrohlichen Leuchtkraft in den Mikrogrammen, vor allem in diesem vierten Band. Es ist nicht nur die Vorliebe für das Kleine, was ihn zum Kind führt; man fühlt es: der älter werdende Künstler will den Kontakt mit Kindern, will das Kindliche in sich selbst nicht verlieren, weil es für ihn die Quelle des Schöpferischen, des Lebendigen ist; je weiter er sich an Jahren davon entfernt, desto wichtiger, stärker wird es in ihm. Und wer könnte das nicht verstehen?

5. Februar

Die Lesezeit einer ganzen Woche habe ich mit den Briefen von Friedrich Glauser zugebracht; deren zweiter Band, über tausend(!) Seiten stark, einen ganz schön in Anspruch nehmen kann. Was ist es denn, was mich daran so anzieht, mich geradezu bannt? Ist es der «Lebensroman» Glausers, dessen letzter Teil hier in Briefen dargestellt wird – so als erzähle das Leben sich selbst? Ist es die Brief-Kunst, in der er ein wahrer Meister ist?

In seinen letzten Lebensjahren (1934–38) bringt Glauser es fertig, sich als Schriftsteller zu etablieren: er schreibt, in einem wahren Ausbruch der Produktivität, seine fünf Wachtmeister-

Studer-Romane – und es gelingt ihm sogar, von seinen Einkünften zu leben, wenngleich nur mit Müh und Not. Eine bewundernswerte Leistung, bedenkt man, dass er, anders als sein Vorbild Simenon, auch seine Kriminalromane immer überarbeitete und umschrieb – und dass er seine Opium-Sucht bis zuletzt wie ein Bleigewicht mitschleppte. Er hat stets Menschen gefunden, die ihm zur Seite standen: Freunde, Ärzte, Frauen – und man begreift, warum. Denn in all diesen Beziehungen (diejenige zu den Ärzten vielleicht ausgenommen) verhielt Glauser sich nicht nur als der arme Kranke (obgleich er einmal sagte, «Patient» sei sein einziger Beruf), er war, das bekunden die Briefe, ein liebevoller und streitbarer, ein schwieriger und bezaubernder Partner. Glauser ist nicht nur in seinen Romanen, er ist auch in seinen Briefen ein wunderbarer Erzähler, manchmal ein leidenschaftlicher Disputierer; seine Briefe sind nicht einfach Lebensdokument (das wäre schon viel), sondern Teil seines Werks und von literarischem Rang.

Briefe sind keine in Stücke geschnittenen Tagebücher; falls man das noch nicht weiss, kann man es bei Glauser am konkreten Beispiel lernen. Er ist kein Diarist; er kann und will nicht ins Leere schreiben, als Romancier nicht und natürlich nicht in seinen Briefen. In diesen entwickelt er die Fertigkeit, den Partner – und vor allem die Partnerin – geradezu herbeizureden, zum Zuhören zu zwingen durch Anreden, die oft wie Beschwörungsformeln wirken. Vermutlich erhält der dialogische Duktus dieser Briefe zusätzlich Schwung, wenn nicht gar einen Grund-Impuls, durch die Einsamkeit, die Glauser in seinen Anstalts-Zeiten hautnah erlebte; er erfand sich schreibend die Gespräche, die ihm fehlten.

Spontaneität – das gehört übrigens auch zur Briefkunst. Allzu strenge Stilisierung schadet dieser halbliterarischen Form; das Kunstlose ist manchmal die grössere Kunst. Glauser sagt es selbst: «*Warum soll man eigentlich nicht voleter d'un sujet á l'autre; ein Brief ist doch keine Vorlesung über moderne Lyrik.*» Und so lässt er seine Gedanken gleiten, fliegen, springen; aber auch im Fluge kann er sehr ernsthaft ästhetische und moralische Fragen behandeln, allerdings nicht abhandeln! In einzelnen, besonders meisterhaften Briefen (man weiss oft nicht sicher, ob da

Spontaneität ihre Triumphe feiert oder bewusster Stilwille sich als Spontaneität ausgibt) erbaut er sich geradezu eine imaginäre Bühne, auf der er sich selber präsentiert und im Hintergrund auch den Partner oder die Partnerin sichtbar werden lässt.

In einer jener Tiermetaphern, die er so liebt, stellt er sich einer neuen Bekannten vor: der um 20 Jahre älteren Marthe Ringier, Herausgeberin der «Guten Schriften», die sich als die neben der Geliebten, Berthe Brendel, treueste Begleiterin seiner letzten Lebensjahre erweisen wird. Es ist, im scheinbar scherzhaften Bild versteckt, eine glänzende Selbstcharakteristik, so locker geschrieben, wie es eben der Briefform entspricht:

«Ich sagte Ihnen schon, madame et chère amie, ich bin ein Maulesel. Und Maulesel, begreifen Sie das wohl, Maulesel sind keine Idealisten. Maulesel fressen Gerste und Hafer, so man ihnen gibt, sie sind genügsam, knabbern auch ganz gerne an Disteln, und man würde es kaum glauben, wenn man ihre weichen Lippen fühlt, dass sie so stachlige Pflanzen verschlingen können. Sie wackeln manchmal mit den Ohren (das kann ich auch), und wenn sie ihre Depressionen haben, dann legen sie sich auf die Seite und lassen sich weder durch Fusstritte noch durch wohlgemeinte Ermahnungen aus ihrer bequemen Stellung bringen.»

Wenn man Glauser als leidenschaftlichen Disputierer kennenlernen will, liest man am besten seine Briefe an den Kollegen R. J. Humm; doch die schönsten, farbigsten, lustigsten, zornigsten Briefe hat er an Marthe Ringier geschrieben (nicht an Berthe Brendel; aber mit ihr war er ja zusammen, sie hat er auch in Anstaltszeiten oft gesehen). Man kann sich den Brief-Überschwang in der Beziehung zu dieser älteren Frau nicht anders erklären, als dass da einer, eben Glauser, der ein Leben lang die Mutter vermisst hatte, nun endlich etwas wie eine zweite Mutter fand. Freilich erst als ein erwachsener Mann, der sich nicht mehr in ihre Schürze ducken konnte (bestimmt hat Marthe Ringier Schürzen getragen!), und der, ein verlorener Sohn, nicht reuevoll seinem bisherigen Leben abschwören mochte. Er stellte sich seiner neuen Bekannten vor als der, der er geworden war; er nahm nichts zurück von seinen Erfahrungen und Einsichten – und musste sich entsprechend mit ihr auseinandersetzen. Denn es ist nicht zu übersehen, dass diese Marthe Ringier ihn genau mit jenen moralischen Ansprüchen und Begriffen ermahnte, die «mulet» Glauser nicht ertragen konnte. *«Ich will Ihnen nicht weh tun, liebe Frau Ringier, aber wissen Sie, ich kann Worte wie ‹durchgerungen›, ‹errungen› einfach nicht ausstehen»* – das schrieb Glauser im Anschluss an die oben zitierte Maulesel-Stelle. *«In Wirklichkeit ist es doch immer anders. Das Durchringen besteht doch gewöhnlich einfach darin, dass man stillgehalten hat, dass man ein wenig die Zähne zusammengebissen hat – was ist da schon Grosses dabei?»*

Aber Glauser begriff, vielmehr ahnte offensichtlich auch, dass Ermahnungen und Gutmeinen und Idealismus bei Marthe Ringier zu verstehen waren als Ausdruck ihrer zuverlässigen und liebevollen Person – und dass diese alleinstehende Frau trotz ihren manchmal allzu moralisch klingenden Worten in allen Lebenslagen zu ihm stehen würde – wie eben eine Mutter zu einem bewunderten, geliebten und mit steten Sorgen begleiteten Sohn.

10. Februar

Zu sagen, die beiden, Glauser und Walser, gehörten zusammen, wäre falsch und würde dem Eigensinn der unvergleichbaren Autoren nicht gerecht. Aber einiges haben sie doch gemeinsam. Beide wollen sie beispielsweise nicht als Opfer der Gesellschaft angesehen und bedauert werden; und ausgerechnet bei ihnen hat man sich in Literaturwissenschaft und -kritik darauf kapriziert, sie als solche Opfer zu sehen (das gilt aber nicht für die beiden Herausgeber!).

Und beide, Glauser wie Walser, stehen in Distanz zum Literaturbetrieb, zeigen eine unüberwindbare Abneigung gegen Bildungsstolz und Bildungsfirnis. Der «Hosenzirkel Lettingen» (so verballhornt Glauser den renommierten Lesezirkel Hottingen) ist beiden gleich suspekt. Hinter solchen scheinbaren Idiosynkrasien stehen sehr präzise, aber auch ungewöhnliche poetologische Überlegungen: In seinem Briefwechsel mit dem Kollegen R. J. Humm gerät Glauser einmal in die seltsame Situation, ein Buch Humms (die Kindheitserinnerungen *«Die Inseln»*) gegen den Verfasser selbst, das heisst dessen allzu intellektuelle Selbstinterpretation, verteidigen zu müssen. *«Sie sind drauf und dran, Ihr Buch in ein Tendenzwerk umzudeuten»*, schreibt er – und bezeichnet seinerseits den Roman als *«Typus des harmlosen naiven Buches»*; dies sei aber als grösstes Kompliment gemeint: *«Denn nichts dünkt mich schwerer, für uns, die wir gemästet sind mit Argumenten, ‹Geistigkeit›, Problemen, nichts ist für uns schwieriger, als zurückzufinden zu den Inseln, zur einfachen Schau der Kindheit.»*

Hat dies Misstrauen gegen den «Intellektualismus» (Walser) in der Kunst seinen Grund darin, dass Glauser und Walser Autodidakten waren? Oder in der Distanz beider zum Literaturbetrieb? Ein Brief Walsers an Max Rychner vom 18. März 1926 schliesst fast übergangslos an die Gedanken Glausers an; es ist, als führten die beiden über die Jahre hinweg ein lautloses Gespräch: *«In der Dichtkunst aller Schattierungen»* – so Walser – *«ist der Intellektualismus ‹nur› der Diener, und derjenige Dichter dichtet am besten, dem dieser Diener am besten, d h. so gehorcht, wie es der Bildende, Schaffende braucht ... Das Gedicht entspringt aus der Lust des Intellektbesitzers, auf eine grosse Portion hievon zu verzichten.»*

(1992)

«Ich will kein Vorbild werden»

Zum hundertsten Geburtstag von Meinrad Inglin

1

Er sei *«ein Herrgottsdonner»*, schrieb, mit kollegialer Bewunderung, der Mundartdichter Meinrad Lienert in einem Brief. *«Ein eigenwüchsiger, aber nobler ‹grand cru›»*, befand Paul Kamer, ein Kenner. Die Öffentlichkeit gibt sich nüchterner, scheinbar objektiver. Ob man es ausspricht oder nicht: Inglin gilt als Klassiker, als ein spezifisch schweizerischer Klassiker, der zwar im Verlag Staackmann in Leipzig bis nach dem Krieg seinen verlässlichsten Verleger hatte, aber heute in Deutschland kaum mehr Resonanz findet. Und findet er sie denn in der Schweiz?

Einen Autor als Klassiker zu bezeichnen, das kann auch ein Verdikt sein. Etwas Kühles, Starres haftet dem Begriff an, die Glätte des zum Vorbild Erklärten, die Ruhe der angestrebten Zeitlosigkeit. Ein Zollinger, ein Walser, ein Glauser – solche Autoren werden, ungeachtet ihrer Bedeutung, nie richtige Klassiker; dazu sind sie zu unruhig, zu aussenseiterisch, jeder auf seine Art verschwenderisch-masslos. Vielleicht rühren sie deshalb unmittelbarer ans Herz.

Inglin dagegen hat Klassizität angestrebt. Lebenslang hat er, vor jeder Neuausgabe, seine Werke geprüft, überarbeitet, gestrafft und gekürzt und dabei oft genug Poetisches und Spontanes geopfert, so dass man heute bei vielen Werken auf die Erstausgabe zurückgreift. Als hätte er das im voraus gewusst, lässt er in seinem ersten Roman «*Die Welt in Ingoldau*» (1922) eine der Hauptfiguren beim Überarbeiten eines Buches folgende Erklärung abgeben: «*Ausserdem habe ich die Absicht, meinen Stil so zu schleifen und zu klären, bis er im Sinne der Alten vorbildlich ist. Ich will, um es gradhinaus zu sagen, ein klassisches Werk schreiben, das seinen Wert dauernd behält.*» Ein Grundzug seines Werks ist da umrissen. Aber es gibt anderes, auch Versteckteres, Vergessenes darin. Um nur ein Beispiel zu nennen: Gegen den Bau des Kraftwerks Rheinau hat Inglin in den fünfziger Jahren gekämpft, als wäre er ein engagierter Autor modernen Zuschnitts (aber wie sehr hätte er sich gegen eine solche Bezeichnung gewehrt!). Der Roman «*Urwang*» (1954) ist das literarische Zeugnis dieses Kampfes – und zugleich eine herbe Elegie auf den Untergang eines Tales.

2

In Schwyz befindet sich das Haus, in dem Inglin geboren wurde (am Hauptplatz); ebenfalls, wichtiger, jenes andere, in dem er fast lebenslang wohnte («Im Grund»); dort ist auch sein Grab. Im Archiv gibt es eine Tonbildschau, und in der Hofmatt, vom Verkehr umbrandet oder links liegen gelassen, steht ein kleiner Brunnen, der zu seinem 75. Geburtstag errichtet wurde. Man möge doch beim Bau der Becken auch an den Durst der kleinen

Hunde denken, war dabei der einzige Wunsch des Jubilars. Es gibt in Zürich eine Meinrad Inglin-Stiftung; und die dem Dichter gewidmete Biographie von Beatrice von Matt aus dem Jahr 1976 hält der Zeit stand, nicht weil sie monumental, sondern weil sie differenziert und genau ist.

Inglin hat auch das erhalten, was jeder Autor sich wünscht: eine stattliche Gesamtausgabe, nicht protzig, aber würdig. Auf jedem der blauen Umschlagblätter findet sich ein Bild des Autors; in immer anderer, aber meist ländlicher, gebirgiger Umgebung derselbe Mann, ernst, fast streng, ohne Lächeln: Als Kind, das die Trommel schlägt zwischen zwei anderen Kindern; als junger Mann, der über den Kopf eines Hundes zum Fenster hinausschaut; als Gärtner beim Schneiden einer kleinen Hecke; des öftern als Bergsteiger (einmal hoch über urweltlichem Nebel) oder als Jäger bei der Rast (da zeigt sich auch ein winziges Lächeln); schreibend am Tisch, noch ernsthafter als sonst (da sitzt er über dem «Schweizerspiegel»). Warum aber sieht man ihn nie an der Schwyzer Fasnacht, im Kostüm eines Feckers? Auch dieses Bild zeigte eine Facette seines Wesens, nicht die unwichtigste.

3

Pünktlich zu seinem Geburtstag soll der «Schweizerspiegel» (1938) in einer einbändigen Sonderausgabe erscheinen, und der allerdings ist nicht das Werk eines Feckers und Fastnächtlers; er ist sein Opus magnum. Nur: tut man einem Autor einen Gefallen, wenn man ein Werk als Opus magnum feiert? Vereinfacht und reduziert man ihn da nicht zu sehr? Im Falle Inglins ist diese Gefahr gross wie bei kaum einem anderen. Ob man diesen schweizerischen Familienroman, geschrieben am Vorabend des Zweiten Weltkriegs über die Zeit des Ersten Weltkriegs, ob man ihn interpretiert als ein Werk des Patriotismus oder der staatsmännischen Vernunft, der Harmonie oder der Katastrophenerfahrung, ob man ihn für Inglins bestes Werk hält oder eher für eine ethische Leistung: er gilt auf jeden Fall als sein wichtigstes Buch für die Schweiz und als eine nationale Pflichtlektüre. Dass ein Hermann Hesse 1939 den Wunsch äusserte, «man könnte jeden zweiten Besucher der Landesausstellung zu seiner Lektüre *zwingen»*, das kann man verstehen. Aber weit über diesen dem Freiheitsdrang Hesses eigentlich widersprechenden Wunsch hinaus geht Thomas Hürlimann, wenn er, fast drohend, die Schweiz auf Gedeih und Verderb an das Werk bindet: «*Auf dieses Buch, sofern der Staat, dem es gilt, überdauern will, bleibt er verwiesen.*»

Gibt es diese fatale Vorliebe für nationale Pflichtlektüren auch in anderen Ländern, oder ist sie etwas spezifisch Schweizerisches, Kleinstaatliches? Und engt man die Leserinnen und Leser damit nicht ein, verstellt den Blick auf die Vielfalt der immer noch reichen Literatur der Schweiz, auf die Vielfalt auch des umfangreichen Werks Inglins? Wie wunderbar konkret, wie leicht und frei hat seinerzeit Albin Zollinger das Buch besprochen, als Kunstwerk nämlich, und nicht als pädagogisches Mahnmal. Von ihm kann man lernen.

4

«*Ich will kein Vorbild werden*» – das sagt in «*Wanderer auf dem Heimweg*» (1970), dem letzten Werk Inglins überhaupt, ein sehr junger Mann, der seinem tüchtigen, vorbildlichen Vater Sorgen macht, und der doch kein Tunichtgut ist. In ihm, dieser Nebenfigur, regt sich, ohne Zweifel, noch einmal das jüngere Ich des Autors, der dem Jungen einen freundlichen Blick schenkt.

Dem Jungen gar nicht so unähnlich äussert sich in der viel früheren, weniger bedeutenden Erzählung «*Ein einfacher kleiner Schritt*» (1947) ein fast Sechzigjähriger, wenn er zu seinem Sohn sagt: «*Ich habe nicht im Sinn gehabt, dir damit ein Beispiel zu geben.*» Beide, der Junge, der Ältere, kratzen an der klassizistischen Forderung des Mustergültigen; allerdings geht es ihnen nicht um die Kunst, sondern um ihre Lebensweise.

«*Ein einfacher kleiner Schritt*» und «*Wanderer auf dem Heimweg*», diese beiden zeitlich weit auseinander liegenden Erzählungen gehören innerlich zusammen, über die Ablehnung des Vorbildlichen hinaus. In beiden geht es um Männer, die, älter werdend, sich aus ihrer Welt herauslösen. Beide sind sie späte Aussteiger; sie hauen ab, freilich nicht in die Tropen, nicht nach Übersee. Es ist nur ein bescheidener kleiner Schritt, den der erfolgreiche Rechtsanwalt Vollenweider eines Tages, mitten aus der Arbeit heraus, tut. Aber er entscheidet über sein Leben. Er verlässt seinen Beruf, um anders zu leben, nicht einfach freier, sondern konkreter; vielleicht um mit seinem Enkel Waldhütten zu bauen. Die liebenswürdige Geschichte, die heute wohl in der Menge der Aussteiger-Literatur unterginge und keinen mehr störte, hat offenbar die Leser des Jahres 47 beschäftigt, die nicht glauben wollten, dass einer für immer den beruflichen Erfolg verlässt. In «*Wanderer auf dem Heimweg*», diesem letzten Meisterwerk, löst sich der Hotelier Jakob Leuenberger stufenweise aus seinen geschäftlichen und familiären Bindungen und geht einen äusserlich kurzen, innerlich langen Weg zurück in die Landschaft seiner Jugend, in die Erinnerung, ins Gespräch; weg von den Absichten des Geschäftlichen zu den Ahnungen, die zum Wesentlichen führen; in die Berge und schliesslich in den einsamen Tod. Man denkt im Lesen an die Erzählung «*Der Mensch erscheint im Holozän*» von Max Frisch und kann sich von der Vorstellung nicht lösen, Frisch habe den Inglin-Text gut gekannt. Doch liegen Welten zwischen den beiden Werken.

Die Erzählung ist, wie viele der späten Werke Inglins, vor allem in der Mitte ein wenig belastet von langen, auch belehrenden Gesprächen. Schlechterdings grossartig aber, wie der alte Mann sich in die Natur hineinbegibt, rückhaltlos, bezaubert von ihr, umfasst und geborgen – und dann, plötzlich, in Einsamkeit und Todesnähe auch geängstigt, heimgesucht von Stimmen, als befände er sich unter Gespenstern. «*Das soll Ihnen einer nachmachen*», schrieb Carl J. Burckhardt bei einer ähnlichen Stelle.

5

Die Beziehung des Menschen zur Natur darzustellen in abertausend Nuancen, das Entzücken und die Angst, die Begeisterung und das Verstehenwollen, auch die Forscherneugier, darin ist Inglin ein Meister. Die Natur kann äusserste Bedrohung sein, und sie kann sich auch als eine grossartige Retterin erweisen. So im autobiographischen Roman «*Werner Amberg*» (1949). Unvergesslich ist vor allem eine Passage: Da sieht der junge, kaum achtzehnjährige Werner (er entspricht seinem Autor fast deckungsgleich) keinen anderen Ausweg aus seiner Verzweiflung als den Selbstmord. Aber wie er die Luke öffnet, um auf das Dach des Hotels zu klettern, in dem er als Kellner seinen ungeliebten Beruf ausübt, dringt Musik von unten herauf und mit ihr die Bläue des Genfersees; die *«ganze schöne Welt»* überfällt den Jungen *«mit blauen See- und Himmelsgründen, leuchtend grünen Wäldern und Bergen, mit Schwalbenschwüngen und Zaubertönen»*, und hält ihn fest. Er ist jetzt stark genug, dem Schicksal die – in der Inglin-Literatur vielzitierte – Entscheidung über sein Leben anheimzustellen: ob er, der bislang Erfolglose, trotz allem noch ein Studium nachholen und ein *«gebildeter bürgerlicher Schriftsteller»* werden könne – oder ob er abhauen solle, von Genua aus in die Neue Welt und ein *«Abenteurer und Dichter»* werden. Das Schicksal beantwortet die Schicksalsfrage tatsächlich: durch Menschenhand, durch die Ermutigung und Hilfe eines früheren Lehrers. Die Laufbahn eines bürgerlichen Schriftstellers tut sich auf.

Aber was geschah mit der anderen Möglichkeit, der leichten Herzens aufgegebenen, was geschah mit dem Abenteurer und Dichter? Die nicht gelebten Möglichkeiten lösen sich ja nicht einfach in nichts auf, sie sind es nicht selten, die ein Leben und ein Werk insgeheim nähren. So auch bei Inglin. Die älteren Herren in den erwähnten Erzählungen, die fähig sind, den *«bescheidenen kleinen Schritt»* aus allen Bindungen zu tun, sie gehören zu den recht häufigen, wenn auch unauffälligen Nachfahren des untergegangen, aber wohl nicht vergessenen Abenteurers und Dichters.

6

Allerdings: als Weltenbummler oder Vagabund in der Neuen Welt kann man sich den in Schwyz Sesshaften schlecht vorstellen. Er hat das Reisen nicht geliebt. Der Aristokrat, der er, schon als Anhänger Nietzsches, zum mindesten in seinen Anfängen war, konnte zwar die Kargheit einer Schriftsteller-Existenz (Verdienst oft geringer als ein Handlangerlohn) ohne weiteres ertragen, auch die Härten, die ein Bergsteiger und Jäger auf sich nehmen muss – aber die Unannehmlichkeiten des beginnenden Massentourismus waren ihm, und wer wollte es nicht begreifen, verhasst. Flucht und Heimkehr – dies Kardinalthema der Schweizer Literatur – kommt bei ihm nur ausnahmsweise vor, und sicher nicht im üblichen Schema als Rückkehr aus der Ferne. Jene, die sich im Werk Inglins aus dem gesellschaftlichen Netz lösen, tun es auf unspektakuläre Art, dafür nicht selten radikal; es gibt bei ihm eine Flucht ohne Heimkehr. Oder soll man, sagen: Die Flucht ist die Heimkehr?

Der Entschluss, als «bürgerlicher Schriftsteller» zu leben, bekundet Solidität, Verantwortungsgefühl, Sinn für das Bestehende, Anpassung. Aber er impliziert auch, wie bei Thomas Mann, die Spannung auszuhalten, die der Doppelrolle immanent ist, und zwar, im Fall Inglins, sehr konkret und hautnah in einem kleinstädtischen Gemeinwesen: angepasst und einzelgängerisch zugleich; fremd-daheim, in jenem *«bürgerlich-unbürgerlichen Alleingang»*, wie ihn Paul Kamer beschreibt. Und das ist für Inglin nicht einfach ein Künstlerproblem. Etwas von dieser Grundspannung hat er auch seinen andern Figuren mitgegeben; in allen kann plötzlich etwas Einzelgängerisches, Aufsässiges aufbrechen; es braucht nur wenig, dass aus eigenständigen Bauern Dissidente werden. Und auch wenn die Unruhe des öftern am Schluss gedämpft wird: sie hält das Werk lebendig. Es sind übrigens nicht selten die Frauen, die die erwartete Anpassung verweigern, leise im Ton, aber entschieden. Die radikalste Querschlägerin im Werk ist denn auch eine sehr junge Frau, fast ein Kind noch. Sie geistert – das ist wörtlich zu nehmen – durch jenes Werk, das Kenner mit vollem Recht als das künstlerische Opus magnum Inglins bezeichnen: *«Die graue March»* (1935), ein Buch von Tieren und Menschen. Der Roman sei jenen gestandenen Männern besonders empfohlen, die, unbelehrbar, das Tier als «Sache» behandeln und einstufen; die herbe Poesie belehrt vielleicht besser als Erklärungen. Das Buch rührt an mythische Tiefen, zeigt eine (scheinbar) unveränderliche, archaische Welt, in der Menschen und Tiere zugleich Jäger und Gejagte sind und auch die Menschen sich nur wenig über ihre Bedrängtheit und Gebundenheit erheben. Aber dies Wenige genügt, um ihnen jene Spur von Einsicht in ihre Lage zu schenken, die zum Menschen gehört. So auch die junge Frau. Von nicht geklärter, vielleicht vornehmer Abkunft, begreift das Feckermädchen Bertha plötzlich in umfassendem Mitleiden die Qual der gejagten

Tiere, verlässt die fragwürdige Familie, wo es nur geduldet ist; vogelfrei und einsam lebt es fortan in den Wäldern und sucht den Jägern das Handwerk zu legen, indem es die Hunde verjagt und sich zwischen Flinte und Tier stellt. Die radikalste Querschlägerin ist die junge Frau auch deshalb, weil sie sich nicht gegen Normen auflehnt, die dem Autor selbst suspekt sind, sondern gleichsam gegen den Autor selbst, diesen passionierten Jäger. Und doch ist sie, gerade sie, für ihn keine Feindin, nicht einmal etwas Fremdes, sondern Teil seines Wesens so gut wie die Jäger, so gut wie der «Grosse» unter ihnen, zu dem das Mädchen als weiblicher Kontrapunkt gehört.

In seinen «Notizen des Jägers» hat Inglin einen merkwürdigen Traum notiert: «Mitten in der Jagdzeit träume ich davon, eine grosse Sühnehandlung zu begehen und ein Beschützer der Tiere zu werden» Die Notiz ist undatiert; aber wie immer sie zeitlich zur «Grauen March» steht: in der Auflehnung und im umfassenden Mitleid des Feckermädchens Bertha haben solche Träume und Schuldgefühle, hat das, was Jung als den «Schatten» ungelebter Möglichkeiten bezeichnet, die allerlieblichste Gestalt gefunden. Lebten wir in einer Zeit, die der Phantasie etwas zutraut – das «schöne Waldwesen» (C. J. Burckhardt) wäre längst zu einer Sage geworden, und es würde unseren Weg kreuzen im Wald: plötzlich, eine hilflos-unbesiegbare Schutzgöttin der Tiere, deren schlimmste Feinde nicht mehr die Jäger, aber immer noch die Menschen sind.

(1993)

Riedland

Annäherung an Kurt Guggenheim

1

«Dass der Autor X. dank seiner Einzigartigkeit heute ein Schriftsteller allererster Ordnung ist, vielleicht der grösste im deutschsprachigen Raum, daran dürfte für Liebhaber der reinen Literatur kein Zweifel mehr bestehen» – der pompöse Satz, der mir vor einigen Tagen beim Wegräumen alter Verlagsinformationen unter die Augen kam, verfolgt mich auch heute. Ich will mir lieber nicht vorstellen, was mein Freund, der Lektor W. S., dazu sagen würde. Die grassierende Superlativitis sei der Feind der Literaturkritik und der Literatur, sagt er immer wieder – und manchmal sieht er mich dabei spasshaft-strafend an, als ob ich an der Misere schuld wäre

Liegt es vielleicht an Wilhelm Busch, zu dem, das heisst zu dessen im Kulturzentrum Pfäffikon ausgestellten Bildern wir unterwegs sind an diesem Juni-Tag – liegt es an ihm, dass der Satz mich verfolgt? Will der grosse Humorist mich dafür strafen, dass ich so hochgestochene Sätze überhaupt lese? Er, Busch, ist natürlich kein Künstler «der allerersten Ordnung», gilt eher als einer der *pictores minores*, und er war sich dessen bewusst. Aber das kümmert uns nicht, wenn wir jetzt vor seinen Bildern stehen, diesen «*kleinen Schosen*», die uns schon vor Jahren im Kunstmuseum Hannover entzückt haben, die berühmten «Rotjacken» (eben doch berühmt!), die sich von Wiesen und Bäumen nur durch die Farbe abheben. Vermutlich war die liebevolle Aufmerksamkeit des Malers Busch ein Ausgleich zum Spott, den er in Versen über die Welt ergoss. Im Ausstellungskatalog übrigens steht ein Aufsatz von Sandor Kuthy, der mustergültig zeigt, wie man mit den «Minores» umgehen kann: ohne Übertreibung und ohne Herablassung.

Wir verweilen lange vor den Bildern und sind schliesslich für die Heimfahrt spät dran; das früh-abendliche Licht lässt die Landschaft transparent werden, wie immer, die Sonnenbahn blendet, und vom Schilfgürtel des Obersees können wir nur gerade die Spitzen erkennen. Was es in der Schweiz doch für aparte Gegenden gibt, die ich nicht kenne, denke ich, nicht zum ersten und sicher nicht zum letzten Mal. Und Tuggen also heisst der Ort, über den uns die Strasse weiterführen wird. Den Namen kenne ich doch – aber woher nur? «Hat Tuggen nicht etwas mit dem Autor zu tun, der ein Buch über den Insektenforscher Fabre geschrieben hat?», fragt da mein Mann. «Du meinst Guggenheims ‹Riedland›», rufe ich erfreut. Und er darauf: «Heisst denn das Buch nicht ‹Sandkorn für Sandkorn›?» Für einmal haben wir beide recht. In zwei Büchern nämlich hat Kurt Guggenheim diese Landschaft evoziert: zuerst im Roman «Riedland» (1938) – und dann, zwanzig Jahre später, jetzt indirekt, in «Sandkorn für Sandkorn» (1959). In diesem zweiten Buch hat er die Entstehungsgeschichte von «Riedland» erzählt, sie kunstvoll-unauffällig eingefügt in die Lebensgeschichte des Insektenforschers J.-H. Fabre. Ein Werk sui generis, das weder Roman noch Autobiographie noch Biographie sein will.

Für einen richtigen Gang durch das Tuggener Ried reicht die Zeit nicht; dichter Abendverkehr macht sogar das Anhalten schwierig; der flüchtige Augenschein, den wir uns gestatten, bewegt mich dennoch – ob die Bewegung, die ich spüre, aus der Landschaft kommt oder aus dem Buch, ist nicht auszumachen. Dabei erinnere ich den Inhalt des Buches nur ungenau. Etwas Rotes flackert vor meinen inneren Augen auf; Feuersbrünste, Brandstiftungen umkreisen den Bohrturm, der, mitten im Ried, Öl-Vorkommnisse nachweisen soll (verrückt, Öl in der Schweiz), aber es gibt keinen Kommissar, der den Brandstifter jagt. Eine junge Frau erkennt ihn als erste, aber sie behält den Verdacht für sich, der Kriminalroman läuft ins Leere, am Schluss ist der Bohrturm verschwunden, die Hoffnung auf Öl zerschlagen. Das erinnere ich unsicher, auch Sätze wie «Lieben und die Welt verstehen» – ein Leitsatz, den die junge Frau für sich erfindet. Marie heisst sie, Marieli nennen sie die alten Männer, und staunen, wie viel sie über das Ried weiss. Eine Ried-Fee mit Biologie-Kenntnissen.

2

Dass ich mich nach dem flüchtigen Augenschein im Ried ein zweites Mal in die beiden Bücher vertiefe, bedarf eigentlich keiner Erklärung, und ich kann mich desto schwerer aus der Lektüre lösen, als ich in der Bibliothek überraschend auf ein weiteres Buch stosse, das zentral mit dem «Riedland-Komplex» zu tun hat. Es ist der erste Band der Tagebücher Guggenheims, in dem er während zwei Jahren und auf mehr als hundert Seiten das Entstehen des Romans begleitete und beschrieb. Ein Werkstattbericht, wie er nicht vielen Büchern zuteil wird, auch nicht den späteren Guggenheims. Gestützt auf ihn hat Charles Linsmayer, der Herausgeber der Guggenheim-Gesamtausgabe, die Entstehungsgeschichte sorgfältig nachgezeichnet. (Ihm ist es überhaupt zu verdanken, – und ich meine das Wort «danken» wörtlich –, dass es die Werke Guggenheims auf dem Buchmarkt noch gibt.)

Aber die «*Riedland*» gewidmeten Passagen sind selber, ob mit oder ohne Absicht, ein Stück Literatur geworden. Vor allem, was die Erkundungsgänge des Autors im Tuggener Ried angeht; die Aufzählungen von Vogel- und Pflanzenarten lesen sich fast wie ein Gedicht. Das Ungewöhnlichste aber scheint mir, wie unmittelbar der Roman selber ins Tagebuch geschrieben wird: in einzelnen Sätzen, längeren und kürzeren Passagen, ungetrennt von anderen Aufzeichnungen. Das Werk schlüpft vor den Augen der Lesenden gleichsam aus dem Ei; der Autor scheint sich mit dem Warten zu begnügen – nicht zufällig gehört er zu denen, die der Geduld, dem Abwarten eine wichtige Rolle im schöpferischen Prozess zuschreiben. Der erste Satz, mit dem das entstehende Buch im Tagebuch auftaucht, wird tatsächlich zum Anfang des Romans:

«Im kaum handtiefen Uferwasser, über dem muschelfarbigen Felsen des Grundes, stand ein junger halbmeterlanger Hecht bewegungslos in der Morgensonne, so knapp unter dem Wasser, dass seine Rückenflosse seine Haut schürfte.»

3

Ich brauche mich nicht zu schämen, dass ich mir unterwegs den Inhalt des Buches nicht recht vergegenwärtigen konnte. Nicht dass es keine nacherzählbare Geschichte gäbe – aber die Grundlinien sind so fein wie Sommerfäden, und sie werden immer wieder von den wechselnden Stimmungen überflutet, die aus dem Riedland aufsteigen, diesem wunderbaren Ensemble aus Riedgras, kleinen Gewässern, See, Schilf, Vögeln, Fischen, Menschen. Aber aus der Landschaft allein, sie sei noch so schön, ergibt sich kein Roman. Guggenheim baut sein Werk denn auch um den Bohrturm auf, diesen Gegenspieler der Natur, der als Fremdkörper in die Landschaft eindringt und sie von Grund auf zu verändern droht. (Recherchen führten den Autor zu einem realen Versuch der Erdöl-Bohrung im Jahr 1927, der bald als ergebnislos aufgegeben wurde.)

Es ist, als ob der Bohrer, der in die Erde eindringt, auch das Innere der Menschen aufwühlte, längst Gelebtes und Versunkenes ans Tageslicht aufsteigen liesse. Eine lange zurückliegende, wohl zur Hassliebe mutierte Liebesgeschichte wird jetzt, Jahrzehnte später, in einem verborgenen und verbissenen Kampf um das Erdöl zu Ende gelebt. Die Frau, Therese, investiert ihr Vermögen ins vermeintliche Erdöl, um den einstigen Geliebten, den Riedwart Bieli, dort zu treffen, wo er am verletzlichsten ist: in seiner Welt, dem Riedland. Und Bieli verteidigt seine Welt, indem er zum Brandstifter wird und mit seinen Feuersbrünsten immer näher an den Bohrturm herankommt. Das Wort «*Misericordia*» – die Nonne Pia, eine Freundin der beiden aus Jugendtagen, die als einzige die Zusammmhänge kennt, ruft es aus – ist das einzige diesen Verwicklungen angemessene Wort, ein Schlüsselwort des Buches, auch was die Haltung des Autors angeht. Eine Art Gegenbild zu dieser Hassliebe setzt die Liebe zwischen Marie und dem Ingenieur Rochat: auch wenn Marie noch sehr jung ist und von ihrem Freund «Kleines» genannt wird, entwickelt sich hier eine Beziehung zwischen zwei gleichberechtigten Menschen, die Guggenheim als einen modernen Autor ausweist.

4

Ist «*Riedland*» also eines jener Werke der «allerersten Ordnung», von denen eingangs die Rede war? Oder gehört Guggenheim in die Reihe der *poetae minores*? Solche Begriffe sind untauglich für ein Buch wie «*Riedland*», wohl für alle ernstzunehmenden Werke.

«*Riedland*» ist nicht das erste Buch Guggenheims, aber das erste, das er nach einem langen, an Umwegen reichen Weg zur Literatur ganz als *sein* Werk empfand. Und es bleibt in seinem Werk auch von umfangreicheren, vielleicht anspruchsvolleren Büchern unübertroffen, einmalig in seinem unvergleichlich eigenen Ton – durch seinen poetischen Zauber. Dieser lässt es auch als ein besonderes Buch, als eine «*wunderbare Dichtung*» (Zollinger) in der an poetischen Werken nicht überreichen Schweizer Literatur erscheinen.

Wie macht er das nur? frage ich mich im Lesen. Frage mich desto mehr, als Guggenheim ja keineswegs eine lyrische Prosa schreibt; auch die poetologischen Bemerkungen, die das Werk begleiten, zielen nicht auf eine solche. Inspiriert von Fabre und seinen «*Souvenirs entomologiques*» strebt er eher eine der naturwissenschaftlichen verwandte Genauigkeit an. «*Ne rien laisser dans l'ombre. Etre précis. Que chaque phrase signifie quelque chose. Pas de brouillard*», schreibt er in der «Riedland»-Zeit – und bedient sich, wie überhaupt häufig, der französischen Sprache (die er sich eigentlich als Muttersprache gewünscht hätte). «*Der Rhythmus der naturwissenschaftlichen Denkungsweise. Ein Weg, sich in Demut in die Welt einzureihen.*» Das Wort «*Demut*» sagt deutlich, was Guggenheim in der Naturwissenschaft suchte. Das analytische, verletzende Eindringen ins Innere eines Menschen (vergleichbar dem Bohrer der Erdölgesellschaft) ist seine Sache nicht. Sein Vorbild ist auch in dieser Hinsicht Fabre, der, ein Vorläufer der modernen Verhaltensforschung, seine Insekten beobachtete, ohne sie zu töten und zu sezieren.

Aber Genauigkeit allein führt nicht zu einem Werk wie «*Riedland*». Guggenheim weiss seine Worte nicht nur präzis zu setzen, er weiss ihnen auch eine Grenze zu ziehen. Er bewährt sich nicht nur in der Kunst der Beobachtung, sondern auch in der des Auslassens und Andeutens, sagt gerade genug, um zu verhindern, dass die Lesenden sich auf Irrwegen verlieren, aber er scheut sich nicht, Lücken zu lassen: in diesen bleibt Raum für Traum und Ahnung, sie sind der Ort seiner Poesie. «*L'art de l'écrivain c'est la précision dans le rêve.*»

5

Ein Nachtrag

Zwanzig Jahre trennen «*Sandkorn für Sandkorn*» von seinem ‹Grundtext› «*Riedland*». Das ist eine Zeitspanne, welche den Menschen nicht unverändert lässt, sie umfasst Jahre, nach denen der poetische Grundklang in dieser Reinheit nicht mehr möglich war. Auch für Guggenheim nicht.

Ein Jahr nachdem «*Riedland*» erschienen war, brach der zweite Weltkrieg aus, den Guggenheim zum grossen Teil im Aktivdienst verbrachte. Eine für mich besonders berührende Photographie zeigt ihn unter den Kameraden: ein nicht mehr junger, urban wirkender Mann, mit einem freundlichen, gelassenen Lächeln auf dem Gesicht. Einer, der wie andere Kollegen – Zollinger zum Beispiel – seine Dienstpflicht mit grosser Entschlossenheit und Ruhe erfüllte. Diese Entschlossenheit hat bei Guggenheim noch einen besonderen Grund. Er wusste, dass viele seiner jüdischen Bekannten schon vor dem Krieg aus Angst vor einem deutschen Einmarsch geflohen waren. Für ihn – er schrieb es vor dem Krieg in sein Tagebuch, ein für allemal – kam eine solche Flucht nicht in Frage. Er fühlte sich mit dem Land auf Gedeih und Verderb verbunden, nicht in erster Linie, weil er ein Patriot war, wie sein Vater einer gewesen war, sondern weil die Schweiz das letzte Land war, in dem ein jüdischer Schriftsteller leben und schreiben konnte. Fiel das Land den Nazis anheim, verlor er die Existenzgrundlage und den Lebenssinn. Das ist der tiefste Grund seines Patriotismus, um dessenwillen eine jüngere Autorengeneration sich von ihm distanzierte.

Nach dem Krieg schrieb er weiter, jetzt mit grösserer Gelassenheit. Er schrieb seinen (wohl unterschätzten) Kriegsroman «*Wir waren unser vier*», er schrieb den grossen Stadtroman «*Alles in allem*», erhielt dafür den Zürcher Literaturpreis. Als er sich entschloss, mit «*Sandkorn für Sandkorn*» seinen Dank an Fabre abzustatten, stand er anders, ungleich sicherer im Leben als in der «*Riedland*»-Zeit. Und nur aus dieser neuen Sicherheit heraus konnte es ihm gelingen, sein jüngeres Ich auf den Umwegen seiner Entwicklung, in seinem Scheitern und Zögern, zu begleiten, kritisch, aber nicht selbstquälerisch.

(1993)

Der Zerfall der Weltkathedrale

Zum 100. Geburtstag von Albin Zollinger

Noch auf letzten Photographien, gerade auf ihnen, hat er etwas von einem Jüngling an sich, etwas Strahlendes. Albin Zollinger: unauffällig und doch besonders; ein Aufmerksamer, Wacher, Verletzlicher. Sogar seine Totenmaske hat etwas Leuchtendes an sich, als ob unter der Haut noch Traumbilder vibrierten. So beginnt das späte Gedicht «Dasein des Dichters»: *«Er lag, ein Kristall, und strahlte / Blau in der Wüste, malte / Über sich Regenbogen, / Silberne Distellichter – / Karawanen kamen gezogen, / Alte / Städte am Rande ...»*

Und so, unvergesslich, hat Frisch die Wirkung Zollingers beschrieben: *«Seine Sprache zu hören flösst Mut in die Verzweigungen unseres eigenen Lebens hinein, ich wüsste nicht, was man Rühmlicheres von einem Dichter sagen könnte.»* Grossartig bestätigen sich diese Sätze noch heute bei der Lektüre: in den rasch wechselnden Bildern und Perspektiven des Romans *«Die grosse Unruhe»* so gut wie im Zorn der politischen Aufsätze, nicht zuletzt in der Korrespondenz dieses grossen Briefschreibers.

Das gleiche gilt für die Gedichte! Unvermittelt überfallen, verzaubern uns schon deren Anfänge: als ruhiges Situationsbild in «Advent der Fabrikmädchen» *(«Die Arbeiterinnen kommen in einem Geruch von Mandarinen»)*, triumphal in «Gratwanderung» *(«Auf dem Berge geh ich wie auf dem Estrich der Welt»)*, beinahe listig, ehe dann die Melancholie überhandnimmt in «Stille des Herbstes» *(«Im Herbste kommen der Wiese die Herbstzeitlosen / Und mir die Lieder»)* und unter dem harmlosen Titel «Nacht im Zimmer» in rasch zerstiebendem Wortprunk *(«Nachts quillt der Winter herein in mein Dunkel / Mit einem Wunder von Luft»)*.

Aber der gleiche Max Frisch, dessen Sätze den Dichter wunderbar aufleben lassen, er hat umgekehrt dessen Nachleben streng limitiert, indem er, zwanzig Jahre nach Zollingers Tod, zwar nicht dessen Talent, wohl aber die Entfaltung dieses Talents anzweifelte. Durch die geschichtliche Situation der dreissiger und vierziger Jahre sei der Dichter *«um die schöpferische Entfaltung, die Voraussetzung eines frühen oder späten Ruhmes gebracht worden»*. Das ist nichts weniger als ein Verdikt, das, vermute ich, alle Bewunderer und Freunde Zollingers störte und verstörte, seine Zeitgenossen und die Nachgeborenen. Erstaunlich, wie ahistorisch Frisch da dachte. Mit internationalem Ruhm, der ja in erster Linie ein deutscher hätte sein müssen, konnte Zollinger so wenig rechnen wie seine ganze Generation. Als 1933 sein erster Gedichtband erschien, siegten in Deutschland die Nationalsozialisten. Und als er 1943 starb, war in Europa noch keine Wende in Sicht. Was ihm blieb, war das Glück beim Aufwachen, wenn ihm einfiel, *«seit gestern existiert ein guter Vers mehr in der Welt, und er ist beiläufig von dir»*.

Sein Platz in der Literaturgeschichte ist nicht leicht zu definieren. Zollinger ist kein unbekannter, kein verkannter Dichter; er ist weder Repräsentant wie Inglin noch ein Aussenseiter wie Glauser, ein schweizerischer Klassiker, wenn auch kein Lesebuchdichter. Über die Grenzen ist sein Name kaum gedrungen; fast als Schock wirkte, als man – war es 1985? – ihn und die verdiente Gesamtausgabe (die es damals gab), an der Spitze der massgeblichen deutschen Bestenliste entdeckte.

Er habe, sagt man, eine ungewöhnlich lange Kindheit gehabt – dies als Folge eines unglücklich verlaufenen Auswanderungsversuchs der Eltern, der den Knaben zwischen 1904 und 1907 vom Schulbesuch abschnitt, ihm dafür die lebenslange Sehnsucht nach dem Meer schenkte. In der Weite eines argentinischen Weizenfeldes fühlte er erstmals den Drang, zu schreiben. Die Kindheit beseelt sein Werk als ein unerschöpflicher Erlebnisgrund.

Der Künstler sei *«vielleicht ganz einfach ein Mensch, dem es durch ein Wunder gelingt, sich den geisterhaften Zustand des Kindes zu erhalten oder doch zeitweise in Erinnerung zu rufen»*: ein zentraler poetologischer Satz, geerdet in Erfahrung, so gut wie dessen pädagogische Entsprechung: *«Zum Erzieher kann man gar nicht allzusehr Künstler sein.»* Da verschränken sich Leben und Werk, und es wird begreiflich, dass Zollinger, der doch ohne Schreiben nicht leben konnte, den Brotberuf eines Lehrers nicht nur als Last, sondern immer auch als Beglückung erfuhr. Dem Tag fügte er ein zweites Leben bei: das des Dichters, nachts im Kaffeehaus.

Die Zeit freilich war weder dem Künstler noch dem Kindlichen günstig. Zollinger gehörte jener Generation an, die in zwei Weltkriegen an der Grenze stand. Die pazifistische Gesinnung des jungen Soldaten («Pax» wurde er von den Kameraden genannt) machte ihm im Ersten Weltkrieg den Dienst fast unerträglich schwer. Anders ein Vierteljahrhundert später: da zog der Fünfundvierzigjährige «ruhig», wie er sagte, in den Schützengraben; nicht weil er die Gefahr unterschätzte, sondern weil er für sich und für die Schweiz mit dem Schlimmsten rechnete. Zudem wusste er, dass für die Welt das Schlimmste, ein Krieg mit einem noch ungebremsten militärischen Vormarsch des Nationalsozialismus, bereits eingetreten war. Er starb nicht im Schützengraben, sondern mitten im Berufsalltag, am 7. November 1941: erschöpft – aber bis zuletzt ein Lebendiger.

Wie bei kaum einem andern Autor haben die wichtigen Meinungsmacher bei Zollinger immer wieder versucht, sein Werk auf das Eigentliche, den *«unverwechselbaren dichterischen Kern»* (Emil Staiger) zurückzuführen und zu reduzieren. Dass da ein Lyriker – der sich mit dem *«Weltgeheimnis»* verbunden fühlte, seine Traumgesichte aufzeichnete – als Publizist gegen den Faschismus antrat, in Fragen der Kulturpolitik Position bezog, das galt offenbar bis vor wenigen Jahren als Ding der Unmöglichkeit, als Irrweg und Skandalon. Heute steht der Rang des Publizisten Zollinger fest. Wer die dreissiger Jahre verstehen will, kommt um ihn nicht herum; sowohl in der Analyse der politischen Situation wie auch in der Literaturkritik hat er Wegweisendes geleistet.

Doch macht seine Doppelbegabung ihn nicht zu einem unheilvoll Zerrissenen; man kann den Lyriker Zollinger nicht vom linken Publizisten trennen. Zollingers Verse mögen (von Ausnahmen abgesehen) unpolitisch sein; aus dem Elfenbeinturm stammen sie nicht: er hätte andere Gedichte geschrieben, harmlosere, weniger glühende und versprühende, wären seine Wahrnehmung und seine Vorstellungskraft vor der Gegenwart verschlossen geblieben. Und umgekehrt: auch die politischen Pamphlete nähren sich aus der Sensibilität und Intensität des Lyrikers. *«Künstler sind Maurer, die dem Zerfall der Weltkathedrale entgegenwirken»:* der von Zeiterfahrung beschwerte Satz steht in einem der letzten Aufsätze. Der Künstler – ein Handwerker (kein beschaulicher Konservator), einer, der, bald schon auf verlorenem Posten, dafür arbeitet, dass dem Geistigen ein Raum in der Welt bleibt.

«Weltkathedrale» übrigens: das Wort ruft die zahllosen Verse in Erinnerung, in denen Zollinger mit unerschöpflicher Bildkraft, prunkvoll und durchscheinend zugleich, mit Sprache Gebäude errichtete, Häuser und Bauernstädte, Kathedralen und Klöster, einschliesslich der Arche Noah und des Hauses der Weinbergschnecke. In seinen Hausgedichten evoziert Zollinger, in Traumkonstellationen aller Art, vielgestalt das In-der-Welt-Sein des Menschen, verwandelt dessen Räume, bis die Fassaden so transparent erscheinen wie auf den Bildern Claude Monets die Kathedrale von Rouen.

(1995)

Süsse Frauenbilder zu erfinden ...

(Über Gottfried Keller, Yla Margrit von Dach, Anna Felder,
Veza Canetti)

21. April

*«Doch die lieblichste der Dichtersünden / Lass nicht büssen
mich, der sie gepflegt – / Süsse Frauenbilder zu erfinden / Wie
die bittre Erde sie nicht trägt ...»* Die Gottfried-Keller-Strophe
war plötzlich in meinem Ohr, als ich wieder einmal über das
nachdachte, was man weibliches Schreiben nennt, und einen
Anfang für einen Vortrag suchte. Hat vielleicht das Gottfried-
Keller-Jahr bereits vom Unbewussten her mein Erinnerungsver-
mögen gelenkt und gestärkt? Gleichviel: die Verse liessen sich
partout nicht mehr wegdrängen; so und nicht anders musste der
erwähnte Vortrag anfangen: mit dieser leisen Anspielung auf die
für Leserinnen wie Schreiberinnen gleich wichtige Tatsache,
dass es, von den bekannten Ausnahmen abgesehen, seit jeher
und wenigstens im deutschen Sprachgebiet der Mann war, der
schrieb und der also auch die «Frauenbilder» erfand. Die meisten Frauenfiguren, die wir aus der Literatur der Vergangenheit
kennen, viele als lebendiges Leitbild (manchmal auch als Ärgernis) sind ja immer auch Projektionen männlicher Wünsche und
Hoffnungen. Und doch nicht nur «Männerphantasien»!

Natürlich hätte ich bei meinem Vortrag über weibliches
Schreiben auch nur auf die sattsam bekannte Abneigung Kellers
gegen schreibende Frauen anspielen können. Aber wie kümmer-
lich-eingleisig wäre das gewesen, und als wie unausschöpfbar-
vieldeutig bewährt sich auch hier das Bild. Zwar: der kleine
lyrische Dialog *«Tod und Dichter»* aus dem Jahr 1878, zu dem
die zitierte Strophe gehört, zählt gewiss nicht zu den grossen
Gedichten Kellers. An die *«Kleine Passion»* und das *«Abendlied»*, die in den gleichen Zeitraum fallen, reicht er nicht heran.
Es ist kein Zufall, dass sich mir nur diese eine Strophe ins Ohr
geschmeichelt hat und nicht die anderen, etwas hölzernen. Kel-

117

ler musste das Gedicht auch gegen seine Dichterfreunde verteidigen, vor allem gegen Storm, der aus der Ernte des Jahres nur gerade das «*Abendlied*» gelten liess. «*Wir können nicht mit fünf oder sechs dergleichen Lufttönen durchs Leben gehen, wie Sie kritisch verlangen*», antwortete ihm Keller, «*sondern brauchen noch etwas Ballast dazu, sonst verfliegen und verwehen uns jene sofort.*» Gäbe es nur mehr so leichtgewichtigen Ballast wie das «*Machwerklein mit dem Tod*», die «*harmlose Neckerei gegen das schöne Geschlecht*»! Und gäbe es nur mehr Dichter, die ihre Werke gelegentlich als Machwerklein bezeichnen! Und wie reizvoll hintergründig ist eben trotz allem diese Kellersche Variante des mittelalterlichen Totentanzes. Der Tod bedroht den Dichter, und dieser wehrt sich – und wehrt sich, in Abkehr von der mittelalterlichen Version, sogar erfolgreich, wie es nur in einer spielerischen Neckerei möglich ist. Es gelingt dem Dichter ohne weiteres, den Tod «*in die Erdbeeren zu schicken*», nämlich auf die von ihm erfundenen Frauen zu lenken. Diese will er zuerst umbringen. – Der Dichter aber freut sich vorläufig des geretteten Lebens.

Auch wenn Keller davor warnt, solche Scherze zu zergliedern, «*weil dann der Spass aufhöre*», darf man ein paar Gedanken an die Tatsache verwenden, dass für den Tod – diesen gewiss reichlich tumben Gesellen – die erfundenen Figuren, diese Geistgeschöpfe, offenbar eine grössere Provokation darstellen als der Mensch selber. Hiesse das, der Geist sei sein Urfeind von Anfang an, mehr als das Leben? Ist ihm die Tatsache unerträglich, dass es dem Menschen gelingt, etwas zu schaffen, das sein Leben überdauert, und zwar in einer anderen, eben der geistigen Dimension, die sich dem Tod besonders wirkungsvoll entzieht?

Und tatsächlich haben sie ja ihre Schöpfer grossartig überlebt, bis heute dem Tod und dem Vergessen die Stirn geboten, all die vielen Frauenfiguren aus männlicher Erfindungskraft: Anna Karenina und Emma Bovary und Effi Briest; Judith und Anna und Dortchen Schönfund. Nicht zu vergessen Vrenchen aus «*Romeo und Julia auf dem Dorfe*», wie sie ihr Lebkuchenhaus – und darin das vorweggeträumte, das nie gelebte Leben – über den Jahrmarkt trägt.

25. April

Heute würden männliche Autoren sich wohl kaum so selbst-verständlich auf die von ihnen gezeichneten Frauenporträts, die von ihnen erfundenen Frauenbilder berufen. Sie sind unsicherer geworden, seit sich die Frauen mit Energie und literarischem Anspruch ans Schreiben wagen. Man könnte also heute ohne weiteres die Strophe Kellers umkehren und von einer Frauenstimme sprechen lassen. Aber wenn man's versucht – «... Männerbilder zu erfinden» –, merkt man, dass der direkte Rollentausch nur lächerlich wirkt, und wie weit die Jahre 1878 und 1990 auseinanderliegen.

Entspricht es überhaupt noch der Absicht heutiger Autoren (und hier meine ich Männer wie Frauen), Porträts zu zeichnen, Figuren zu erfinden, die für den Leser wirkliche Menschen täuschend ähnlich repräsentieren? «Niemands Tagebuch» heisst das neue Werk von Yla Margrit von Dach, die man vor allem als kongeniale Übersetzerin heutiger Autoren der Romandie kennt. Soll das eine verspielte Arabeske zum «Mann ohne Eigenschaften» von Robert Musil sein? Kein Porträt, das steht fest, kein Bild, sondern die Spiegelung eines Bewusstseins; nicht als Aufzeichnung von Tag zu Tag, sondern transponiert in ein unaufhörliches Bühnenspiel, als ein meist scheiternder Versuch, etwas – Kulissen, Handlung, Schauspieler – auf die Bühne zu bringen. Immer zur Hand ist nur der Beleuchter; und immer gegenwärtig, wenn auch kaum sichtbar, dieser «Niemand»: ein Theaterdirektor, der weder ein Stück auf die Bühne, noch das Publikum in den Zuschauerraum bringt. (Und soeben vernehme ich, dass der vor kurzem verstorbene Martin Roda Becher in den dreissiger Jahren ein Theaterstück mit dem Titel «Niemand» schrieb, und dass dieses ausgerechnet in Bern uraufgeführt – und nachher vermutlich vergessen wurde.) Bei Margrit von Dachs Text geht es, versteht sich, um ein Theater im Kopf, um eine Gedankenbühne, auf die Tag für Tag eine behelfsmässige Szene aus Stimmungen, Ideen, Zweifeln und Fragen arrangiert wird – in Sätzen wie diesen etwa: «Niemand zweifelt. Aber woran zweifelt Niemand nicht? Er zweifelt noch am Zweifel. Das kann sehr hinderlich sein, aber auch das Gegenteil.» Dieser Niemand – und mit ihm wohl auch die Autorin, die hinter ihm steht – ist ein

Grübler und Zweifler, der jeden Gedanken aufdröselt, aber nicht in Nichts. Denn er ist auch ein Spieler, ein Zuschauer, ein Poet; er träumt von «lichten Felsen» oder von einer «Aufführung von grosser Sanftheit». Eine Figur, die plastisch vor dem Leser steht, wird so einer freilich nicht. Aber was er auch sei, ob Figur oder Schatten, und selbst wenn er dem Leser zu entgleiten droht: schon allein durch seinen seltsamen Namen ist er eine Chiffre des Widerstands, ein leiser Protest gegen den Trend der Zeit. Wenn alle «jemand» sein wollen und niemand ein «Niemand» bleiben möchte, dann wird einer, der einfach Niemand heisst und auch nichts anderes sein will, dann wird er im Versteck seines Theaters zu einem Gegenbild seiner Zeit.

27. April

«Quasi Heimweh»: der Roman von Anna Felder hat schon durch seinen Titel bei mir gewonnenes Spiel. Dies «Quasi», das ein Gefühl modifiziert, es leicht und durchscheinend werden lässt, ohne es doch aufzuheben, es gehört zu diesem Roman wie nur selten ein Titel zum Buch – und wie sehr entspricht es meinem eigenen Lebensgefühl. Dass ich dennoch, als das Buch vor genau zwanzig Jahren erschien (und zwar zuerst auf deutsch, als Vorabdruck in der «Neuen Zürcher Zeitung»), daran vorbeiging, ist mir unbegreiflich, war ich doch zur Zeit der wiederholten Überfremdungs-Initiativen geradezu auf der Suche nach einem Buch dieser Art. Nur: hat das Buch überhaupt etwas zu tun mit der überhitzten Zeit von damals, formuliert es ihre Probleme? Da findet sich keines der Wörter, mit denen man damals von Überfremdung redete (nur gerade «Tschingg» kommt vor); Anna Felder schreibt aus einer besonderen Perspektive, sie schreibt neben den Schlagworten einher und holt gerade deshalb – altes Privileg des Dichters – eine tiefere Schicht ans Tageslicht, nein, eher in ein stimmungsvolles Hell-Dunkel.

Anna Felder ist als Tochter eines Deutschschweizer Vaters und einer italienischen Mutter im Tessin aufgewachsen; sie unterrichtet seit zwanzig Jahren am Gymnasium in Aarau, ist also hier wie dort zuhause, oder vielleicht auch nirgends, in jenem schwebenden Dazwischen, das sich in der Kunst immer wieder als der beste, freilich als ein unsicherer Standort erweist. In diesem Dazwischen lebt auch die Protagonistin, die Anna Felder durch das Buch gehen lässt, ausgestattet mit ihrem Lebensgefühl und mit verfremdeten Elementen der eigenen Biographie: eine junge italienische Lehrerin, die für ein Jahr in die Schweiz kommt (es werden zwei daraus) und, mit schwerer Mappe pendelnd zwischen Küngoldingen, Seon, Zurzach, Brugg, die dortigen Italienerkinder in ihrer Muttersprache unterrichtet; die also den eindeutigen Standort, das Zuhause, mit der ersten Seite des Buches aufgibt und ein neues Zuhause nur allmählich und nie ganz gewinnt; die, des Deutschen noch kaum mächtig, dennoch oder gerade deswegen zu einer sensiblen Beobachterin des helvetischen wie des italienischen Alltags wird. Das Detail, die kleine Szene bestimmen das Bild; Klischees, falls sie sich einmal bilden, fallen in sich zusammen; kein Italienerkind gleicht dem andern, auch wenn sie alle schweizerdeutsch parlieren wie andere Mädchen und Buben aus Brugg.

«*Eine Romanze junger Fremder in diesem Land*» hiess der Untertitel der ersten Ausgabe; so falsch war das nicht. Fremde, Halbfremde oder Quasifremde sind schliesslich alle in diesem Buch, und wenn das Zimmer, in dem die kleine Freundesgruppe sich versammelt, seiner länglichen Form halber der «Zug» genannt wird, ist das ein gutes Bild für das Unsichere, Schwebende des beschriebenen Lebensgefühls. Es gelingt der Autorin, alles nah und fern zugleich zu zeigen, die Häuser durchscheinend, nicht von Dauer, und doch in allem ein fraglicher Halt: «*Da war es ja, unser Haus, man sah klar hindurch, hell in der Nacht um uns, es hielt, solang es hielt, Maienstrasse 88.*» Was soll da noch das Reden von der Überfremdung, wenn alles so «*wunderfremd und doch bekannt*» wird? Das Wortpaar übrigens entstammt dem «*Grünen Heinrich*».

28. April

Veza Canetti, die 1963 verstorbenen Frau des Nobelpreisträgers, ist natürlich keine Unbekannte; Elias Canetti hat sie in seiner Autobiographie (*«Die Fackel im Ohr»*, *«Das Augenspiel»*) beschrieben, und nicht nur als Geliebte und grosse Liebende, sondern als eine gewaltige Leserin. Als er sie noch nicht kannte, äusserten Freunde sich folgendermassen über sie: «*Die hat mehr gelesen als wir alle zusammen. Die kennt die längsten englischen Gedichte auswendig und den halben Shakespeare dazu, und Molière, und Flaubert, und Tolstoi ... Aber die liest mit Verstand. Die weiss, warum ihr etwas gefällt. Die kann es begründen.»*

Eine *femme de lettres* also, auch ohne Salon von starker Ausstrahlung; eine grossartige Leserin, dem Freund immer um Armeslänge voraus (so hat er es erlebt); manchmal sorgsam darauf bedacht, ihm Bücher vorzuenthalten, zu verbergen, die ihn in einem bestimmten Zeitpunkt verstören könnten – manchmal auch bedrängend, beängstigend durch ihre Kenntnisse, durch die Kraft ihrer Begeisterung. Eine gewaltige Leserin, die nie schreibt, die, ausser für Briefe, nie die Feder ergreift, als hätte sie keine Hände (und offenbar fehlte ihr, es ist unheimlich, daran zu denken, der eine Arm!)

Und jetzt, nach fünfzig Jahren, ist ihr Roman *«Die gelbe Strasse»* aufgefunden, neu entdeckt worden. Er ist eben erschienen, unter männlichem Geleitschutz gleichsam: mit einem Vorwort von Elias Canetti und einem Nachwort von Helmut Göbel. Dass Veza Canetti sich den *nom de plume* «Veza Magd» zulegte (sie brauchte als Jüdin in den dreissiger Jahren einen Decknamen als Versteck), ist kein Zufall; es deutet jene selbstverständlich-unauffällige Demutshaltung an, die gerade bei ihr etwas Verschwenderisch-Schenkendes an sich hat.

Die einzelnen Kapitel der *«Gelben Strasse»* sind als Kurzgeschichten in der renommierten «Arbeiter-Zeitung» erschienen; der Roman, zu dem sie umgearbeitet wurden, konnte aus politischen Gründen nicht erscheinen; wie andere Werke Vezas ging er unter. So kann es einem also noch im zwanzigsten Jahrhundert ergehen, auch als der Frau eines Berühmten, und auch, wenn feministischer Forschungseifer nun seit Jahrzehnten darauf drängt, die verschüttete weibliche Tradition aufzudecken. Hier, in der *«Gelben Strasse»*, haben wir ein Beispiel dieser Tradition, ein sensationelles! Dass andere Werke dieser Autorin offenbar verloren sind, tut mir fast körperlich weh; sie fehlen uns.

Warum Canetti, der es doch anders wusste, ihre literarische Arbeit in seinen Erinnerungen nicht erwähnt, das fragt man sich (man ahnt den Grund). Aber ich frage mich auch, warum ich selber, als ich Veza in der Darstellung ihres Mannes begegnete, sie als eine literarische Figur wahrnahm (was sie, im Buche ja zum Teil auch ist), als ein Frauenbild, ein «süsses», aber mehr noch als ein bedrohliches. Warum fragte ich mich nicht, was sie, die wirkliche Veza, mit ihrer literarischen Bildung, mit ihren grossen Lektüren anfing, während ihr Freund sich in seinen Werken vergrub, in Freundschaften mit grossen Männern und Liebschaften aufging?

30. April

Veza und Elias Canetti. Unsere Überlieferung ist plötzlich um ein Künstlerpaar reicher, bei dem – wie im Falle Camille Claudel und Rodin, Fanny und Felix Mendelssohn – der weibliche Teil, sei es die Geliebte oder die Schwester, sich und ihr Werk zurücknahm, zurücknehmen musste, um dem Manne nicht in die Quere zu kommen. Eine alte Erfahrung scheint sich ein weiteres Mal zu bestätigen: dass bei Künstlerpaaren in der Regel nur eine Begabung zur vollen Entfaltung kommt, als würde die des Partners aufgesogen, als sei nicht Raum für beide vorhanden.

Während Canetti seinen Roman «Die Blendung» schrieb und beinahe mit seinem Protagonisten, diesem Büchernarren und Besessenen, unterging, während er einen Verleger suchte für das Buch und sich davon noch nicht lösen konnte, während dieser Zeit schrieb Veza die vorliegenden Texte, schrieb sie mit einer souveränen Knappheit, die an Horvath erinnert, auch an Marie Luise Fleisser – aber vor allem an Veza Canetti selbst! Und doch wurde offensichtlich das Schreiben nicht zu ihrem Lebenszentrum. Canetti liefert einen Schlüssel zu diesem Rätsel, wenn er im Vorwort schreibt: «*Um sich nicht aufzugeben, begann sie selber zu schreiben, und um die Geste des grossen Vorhabens, die ich brauchte, nicht zu gefährden, behandelte sie ihr Eigenes, als wäre es nichts.*» Man erschrickt über das ungebrochene Patriarchat, das aus diesen Zeilen spricht, aber auch über die ebenso ungebrochene Bereitschaft der Frau, die eigene Arbeit ins zweite Glied zu rücken, dem Partner, dem Mitmenschen den Vorrang zu geben. Eine Haltung, die von ihr teuer bezahlt wurde, zum Beispiel mit einer tiefen Schwermut.

Und das Buch, das aus diesem zurückgenommenen, versteckten Schreiben hervorging, die «*Gelbe Strasse*»? Kein Roman aus dem Nähkästchen, soviel steht fest; nichts von Nebenbei, nichts von leiser Verhaltenheit. Die grosse Leserin Veza Canetti war auch eine bedeutende Autorin; an Kühnheit der Darstellung steht sie Canetti, der sie mit seinen Werken oft erschreckte, nicht nach. Aber sie kann Abstand nehmen, Figuren für eine Weile zurücktreten lassen: als müsse sie Atem holen, Raum gewinnen. Eine Welt der kleinen Leute – die durchaus nicht einfach harmlose Opfer sind, sondern auch Ungeheuer, grotesk gezeichnet: kleine Potentaten, Zwangsneurotiker; Gedemütigte, Verzweifelte, manchmal komisch in allem Elend; ungeschützt einsam, grossartig liebevoll und schwach. Sich selber jedoch macht sie nicht zur Figur. Was sie sieht, wenn sie schreibt, mit weit aufgerissenen Augen, das sind die anderen. Und doch ist sie selbst unsichtbar-anwesend im ganzen Buch: in ihrer unerschrockenen Aufmerksamkeit; ein Blick, dem nichts entgeht. Dass sie aushält, was sie sieht, erstaunt, beeindruckt. «Fellinihaft»: so bezeichnet heute ein Freund das Buch.

(1990)

Josef Viktor Widmann

Ein Porträt aus weiblicher Perspektive

1

«*Hüten Sie sich, Gretchen Susman, Sie schreiben zwar eine gute Feder, aber Sie sollen durchaus zunächst Frau und Mutter werden*», sagte in den späten achtziger Jahren des 19. Jahrhunderts ein Zürcher Lehrer zu Margarete Susman, der späteren Philosophin, die diesen Satz noch als alte Frau in ihren Lebenserinnerungen für aufzeichnenswert hält, ergänzt durch den Hinweis, auch der Vater, ein liberaler Kaufmann, habe zwar ihre künstlerische Arbeit gefördert, sich aber, vielleicht erschreckt durch die Präsenz russischer Studentinnen, ihren Studienwünschen widersetzt.

Ich kann mir nicht vorstellen, dass Josef Viktor Widmann, zur selben Zeit in Bern Direktor einer grossen Mädchenschule, eine ratsuchende Schülerin in das Gefängnis der Frauenpflichten verwiesen hätte. Beweisen lässt sich freilich diese Behauptung nicht, aber indirekt vielfältig bestätigen. Zum Beispiel durch seine klare Stellungnahme für das Frauenstimmrecht aus dem Jahr 1884; durch sein ebenso klares Ja zur weiblichen Berufstätigkeit auch im akademischen Bereich (der Fall Emily Kempin-Spyri, der durch den Roman von Eveline Hasler neue Aktualität gewonnen hat); und, als ein heiteres Intermezzo, durch einen Brief an eine Enkelin, mit dem er sein Geburtstagsgeschenk begleitete: einen Bierhumpen – da sie, die Enkelin, ja doch einmal zu den Studentinnen gehören werde!

Überhaupt führen die privaten, spontan und ohne Schielen nach Publikum geschriebenen Briefe Widmanns näher an das Thema heran, vor allem die an Ricarda Huch gerichteten, die intellektuell und literarisch begabteste Frau seines Lebenskreises. (Am Klavier waren seine Mutter, seine Schwester und seine Frau nicht zu übertreffen). Als sie wieder einmal in Liebeswirren steckte, gab Widmann ihr nicht nur gutgemeinten Rat, sondern darüber hinaus eine umfassende Ermutigung, wie sie Frauen früher so gut wie nie – und noch heute nicht immer zu hören bekommen:

«Liebes Fräulein, Sie müssen die Lust und den Lebensmut in dieser verzwickten Lage daraus schöpfen, dass Sie ein sehr schönes, herrliches Wesen zu schirmen und zu behüten haben, dem Sie die Treue nicht aus dem schlechten Grund brechen dürfen, weil Sie selbst dieses Wesen sind. Man soll von sich nicht zu viel und nicht zu wenig halten. Und zu Zeiten ist es notwendig, dass man sich ganz so, als ob es sich um einen Andern handelte, den eigenen Wert klar mache. Vielleicht braucht man dazu die Augen Anderer ...» (1.6.1893)

Dieser mit fliegender Hand geschriebene Brief berührt einen Kernbereich der Frauenfrage. Er evoziert ein Klima, in dem sich atmen lässt, in dem Emanzipation ohne Krampf und ohne Verrenkungen möglich wird. Die Ermutigung, zuerst einmal das eigene Wesen als der eigenen Aufmerksamkeit wert anzusehen, an sich selbst statt an die Nächsten, an den Gatten, an Kinder, Eltern, Schwiegereltern, an den Hinz und den Kunz, zu denken, hat für Frauen, die das Wohlergehen anderer jahrhundertelang als primäre Aufgabe internalisiert haben, etwas ungeheuer Befreiendes. Wie sehr möchte man wünschen, alle die begabten Frauen im Umkreis Bertolt Brechts (oder auch Veza Canetti) hätten einen Freund gehabt, der sie energisch anwies, sich um ihr Talent zu kümmern, statt sich an ihrem genialen Partner zu verbrennen!

2

Wie Widmann zu seiner fortschrittlichen Haltung in Frauenfragen kam, was ihn dazu brachte, Frauen nicht einfach als Musen zu verehren, sondern ihnen musische Begabung zuzutrauen, dazu ist ein Blick auf seine Biographie hilfreich. Sein familiärer Hintergrund war insofern ungewöhnlich, als die musische Begabung bei Männern und Frauen gleichermassen vorhanden war; die Eltern, gebürtige Wiener, und die Geschwister («Pepi» und die um ein Jahr jüngere Anna), sie alle waren hochmusikalisch, und sie alle nutzten ihre Begabung nicht für eine Karriere, sondern, der damaligen Zeit entsprechend, zum Ausdruck ihrer selbst und zur Freude einer geselligen Runde. In dieses Bild gehört wohl auch, dass die jüngere Halbschwester Widmanns, Elisabeth, eine der ersten Studienrätinnen wurde.

Nach einem zunehmend dissidenten und kritischen Theologiestudium wurde der Sechsundzwanzigjährige Direktor der Einwohnermädchenschule in Bern; dadurch hatte er jahrelang und tagtäglich mit Fragen der Frauenbildung zu tun, und also indirekt mit der Frauenfrage. Die Schule, schon früher liberal geführt, wurde unter seiner Leitung rasch zu einer sogar international anerkannten Muster-Anstalt fortschrittlicher Frauenbildung. Die Grundsätze Widmanns kann man in zahlreichen Artikeln nachlesen, die er später, als Feuilletonredaktor des «Bund», über Bildungsfragen schrieb. Sein pädagogisches Hauptziel war, vereinfacht gesagt, eine anspruchsvolle humanistische Bildung für beide Geschlechter. In einer Besprechung von *«Jugendschriften»* (1882) schreibt er energisch, ja fast apodiktisch: *«Wir bestreiten überhaupt das Bedürfnis einer nach Geschlechtern getrennten Jugendliteratur.»*

3

Dass Widmann 1880 bei einem Kurswechsel der Schulkommission das Amt verlor, hat mit seiner fortschrittlichen Auffassung von Frauenbildung so gut wie nichts, desto mehr mit seinen religionskritischen Anschauungen zu tun, wie er sie in Dichtungen und auch in Vorträgen offen und ohne Rücksicht auf seine bürgerliche Stellung darlegte. Sein neues Amt als Feuilletonredaktor des «Bund» übte er drei Jahrzehnte bis zu seinem Tode (1911) aus; es muss ihm, trotz wiederholter Klagen über die wachsende Bücherflut, zutiefst entsprochen haben. Dies aus vielen Gründen, nicht zuletzt, weil er das Feuilleton (es befand sich nach damaliger Blattgestaltung buchstäblich «unter dem Strich») als sein eigener Herr frei gestalten konnte, auch was den thematischen Umkreis anging. Zwar ist Widmann in erster Linie als Literaturkritiker, als Förderer und Entdecker junger Talente in Erinnerung geblieben; aber ebenso wichtig war für ihn, dass er beim «Bund» die Möglichkeit hatte, eine «Zeitung innerhalb der Zeitung» (Jonas Fränkel) zu schreiben, worin er brisanten Fragen nicht auswich.

So weit er aber auch ausschritt – als ein *«Meisterfussgänger»* auf seinen Wanderungen und Reisen, und als ein von Welthunger getriebener Journalist in seiner Lektüre –, er war alles andere als ein journalistischer Hans-Dampf-in-allen-Gassen; man merkt es seinen Texten an, dass ihr Verfasser nicht frisch von der Schulbank in den Journalismus einstieg, sondern durch Studium und Beruf in der Grundrichtung seines Denkens gefestigt war – und deshalb umso eher frei und bereit, sich für Neues und Ungewöhnliches offenzuhalten.

Beides, die konstante Grundrichtung und die bewegliche Offenheit, prägt seine Auseinandersetzung mit der Frauenfrage – und mit dem heiklen Phänomen des geistigen «Geschlechterkampfs», dieser seltsamen Hintergrundmusik der erstarkenden Frauenbewegung; eines Geschlechterkampfs notabene, der auf Männerseite mit hochkarätigen Namen besetzt war: Strindberg, Friedrich Nietzsche – dazu die tragische Figur des jungen Otto

Weininger. Widmann hat diesen Geschlechterkampf nicht mit-
gekämpft, aber er hat in der Zeitung darüber informiert, und er
hat sich gerade mit den drei genannten Autoren besonders stark
auseinandergesetzt, vor allem, in langen, fasziniert-kritischen
Artikelfolgen, mit Nietzsche, allerdings ohne besonderes Ge-
wicht auf dessen frauenfeindliche Äusserungen zu legen.

Bei Otto Weiningers «*Geschlecht und Charakter*», diesem
Kultbuch der Jahrhundertwende, war die Frauenfeindschaft allerdings nicht in den Hintergrund zu drängen! Widmann hat
sich zweimal mit Weininger beschäftigt. Zuerst hat er den Frau-
enfeind in einem «Feuilletonscherz» («*Der Philosoph in Cham-
pex*», 1903) geistreich dem Lachen ausgeliefert, dies ausgerechnet vor dem Hintergrund der Walliser Alpen und eines heute
noch charmanten Feriendörfchens. Und gleich darauf hat er in
einer zweiten, ernsthaften, langen und ein wenig langweiligen
Rezension dem hochbegabten jungen Philosophen kritische
Gerechtigkeit widerfahren lassen. Warum so viel Fairness und
Gründlichkeit? Widmann sagt es selbst: «*Es ist doch mindestens
interessant, dass inmitten der Millionen Menschen, die die
Schöpfung als etwas unabänderlich Gegebenes kritiklos hin-
nehmen, gelegentlich einzelne Menschen sich erheben, welche
die Frage aufwerfen, ob alles Bestehende gut und schön sei und
ob es nicht anders sein sollte.*»

Da meldet sich der aufmüpfige Theologe zu Wort, der lebenslang mit Gott rechtete, weil er die Welt so unvollkommen,
so belastet mit dem Leiden Unschuldiger erschaffen hatte. Aber
auch aus dem theologischen Kontext gelöst, markiert der Satz
eine Grundtendenz im Denken Widmanns, der sich stets gern
ausserhalb der Konventionen bewegte.

4

«*Ob es nicht anders sein sollte*»: dies Lebensmotto hat auch mit
der Frauenfrage zu tun. Die bohrende Frage ist Voraussetzung
dafür, dass einer sich eine andere Zukunft, ein neues Rollenver-
ständnis, eine veränderte Beziehung zwischen den Geschlechtern
überhaupt vorstellen kann. Der Titel von Widmanns Aufsatz
über das Frauenstimmrecht von 1884 nimmt diese andere Zukunft bereits vorweg; das Frauenstimmrecht ist ihm «*eine rare*

Melodie, die man in hundert Jahren in allen Gassen pfeifen wird». Dabei bezieht sich Widmann als ein genauer Beobachter der politischen Szene auf seine Gegenwart, auf die gerade aktuellen Nationalratsdebatten über eine stärkere Berücksichtigung helvetischer Minderheiten, auf Debatten, bei denen, versteht sich, von der mehrheitlichen Minderheit der Frauen die Rede nicht war. Es brauchte den Feuilletonredaktor, die Rede darauf zu bringen; er tut es mit Spott über die Inkonsequenz der Politiker und über das «Landvögtlein» im Innern der neuen Eidgenossen, das darauf besteht, über die Frauen zu herrschen.

Es überrascht, dass dieser nicht nur gescheite, sondern lustige und prägnante Artikel in Darstellungen der Frauenbewegung überhaupt keine Rolle spielt; ich habe ihn nirgends erwähnt gefunden, obwohl es sich innerhalb der deutschen Schweiz um eine sehr frühe Stellungnahme handelt. (Erst drei Jahre später, 1887, erschien ein entsprechender Artikel von Meta von Salis-Marschlins, 1897 der überall zitierte Aufsatz von Carl Hilty.) Liegt es daran, dass Widmanns Artikel im Feuilleton erschien, in der Narrenecke der Zeitung also, und abgefasst in einem heiter geistreichen Stil, den man nicht glaubt ernstnehmen zu müssen? Doch ist Lachen immer auch ein Zeichen der Freiheit. Und was die Narrenecke des Feuilletons angeht: Widmann hat sie gerade in diesem Aufsatz bewusst genutzt und dies auch in ein prägnantes Bild gefasst: *«Die Weisheit von 1984 klingt 1884 so närrisch, dass man ihr unter dem Strich eine Einzelzelle zuweisen muss.»*

Er hat klar vorausgesehen, dass sich die Frauen mit der künftigen politischen Gleichberechtigung verändern werden. Und nicht nur die Frauen; auch eine Veränderung der Männer, vielleicht als Folge des *«segensreichen Einflusses»* der Frauen auf das künftige Staatsleben, scheint als begrüssenswerte Möglichkeit auf. So in einer Rezension eines Klassikers der Frauenbewegung, *«Die Hörigkeit der Frau»* von John Stuart Mill (1891): *«Auch die Männer von dannzumal werden ein etwas anders beschaffenes neues Volk sein.»*

Widmann hat vorausschauend auch klar formuliert, welche Richtung die Entwicklung beider Geschlechter nehmen sollte, wenigstens in politischer Hinsicht. Er brachte die künftige Gleichberechtigung der Frau in Verbindung mit dem Militarismus, dessen Steigerung durch die technischen Waffen er seit dem Krieg von 1870/71 mit Besorgnis und ohne Illusionen verfolgte. In dieser Besorgnis und auch in seinen pazifistischen Hoffnungen wurde er übrigens bestärkt durch eine Frau, durch Bertha von Suttner, deren Bücher er regelmässig besprach und mit der er befreundet war. In der oben erwähnten Rezension von 1891 ging er davon aus, dass es das Frauenstimmrecht nicht geben könne, ehe der Militarismus zusammenbreche; das werde aber erst nach dem voraussehbaren nächsten Krieg und dem entsetzlichen Elend, das dieser mit sich bringe, der Fall sein. Das ist eine beinahe prophetische Bemerkung, die sich zur Hälfte erfüllt hat: das Frauenstimmrecht ist nach dem Weltkrieg in den meisten europäischen Ländern eingeführt worden – der Militarismus hat überlebt.

Zehn Jahre später – Widmann hat offenbar über den möglichen Zusammenhang von Frauenstimmrecht und Militarismus nachgedacht – verändert er die kausale Verknüpfung zwischen beidem und schliesst eine Rezension von Tolstois Schrift «Besinnet euch» (1904) kraftvoll ab: «Und was das Kriegführen im allgemeinen betrifft, so wird seine Abschaffung vermutlich erst dann ernstlich in Frage kommen, wenn in allen Staaten der Welt die Frauen geradeso wie die Männer das aktive Stimmrecht haben.» Bemerkenswert, dass Widmann, der in seiner pessimistischen Weltsicht von Jacob Burckhardt beeinflusst war, wenn er überhaupt Zukunftsoptimismus entwickelte, seine Hoffnungen auf eine veränderte gesellschaftliche Rolle der Frau setzte!

5

Das Thema «weibliches Schreiben» war damals eher in einem pejorativen Sinn aktuell (über den trivialen Gouvernantenroman und seine Verfasserinnen hat sich Widmann spaltenlang geärgert!). Und die wichtigere, von Gottfried Keller bekanntlich verneinte Frage, ob die Frau schöpferisch begabt sei und also zum Schreiben tauge, hat Widmann eher implizit beantwortet und sich damit in Gegensatz gestellt zum über alles bewunderten Dichter. Ohne Vorbehalte las und bewunderte er Bücher von Frauen, wenn sie ihn durch solide Arbeit überzeugten. Die Autorinnen, die er schätzte (unter den Zeitgenossinnen z. B. Ricarda Huch, die jungverstorbene hochbegabte Lyrikerin Gertrud Pfander und Meta von Salis-Marschlins), hat er als Persönlichkeiten und nicht als Repräsentantinnen ihres Geschlechts gesehen. Unter einen Begriff zu bringen sind gerade diese drei Frauen gewiss nicht.

Auch von der Vorstellung eines weiblichen Lesens finden sich bei Widmann deutliche Spuren. In seinen Feuilletons sind Leser und Leserinnen stets mehr oder weniger präsent, erhalten sogar Stimme und Gesicht. Der Charme seiner Texte beruht nicht zuletzt auf ihrer dialogischen Struktur. Nicht zufällig hat Widmann gerade in den ersten Jahren seiner Feuilleton-Karriere seinen Rezensionen gelegentlich die Form eines Gesprächs, einer *«literarischen Unterhaltung»* gegeben, als wollte er sich und seinem Publikum für immer einprägen, dass Literaturkritik kein monologisches Geschäft sei! In diesen Dialogen spielen Frauen eine wichtige Rolle; allerdings sind es nicht Muster-Emanzipierte und kühne Vertreterinnen der Zukunft, sondern Zeitgenossinnen, wie man sie in Bern und anderswo gewiss treffen konnte. Aber auch diese unpolitischen Frauen haben mit der Zukunft zu tun!

Eine Trouvaille unter seinen literarischen Unterhaltungen ist der unter einem biederen Titel versteckte, freche und lustige Dialog *«Die Ilias im Familienkreise»* (1882). Nicht um den Zorn des Achill geht es darin, sondern um den Zorn einer reizenden und temperamentvollen Frau über ihren Mann. Dieser *pater familias* hat den Kindern die geliebten Indianerbücher weggenommen, weil sie zuviel Grausamkeit enthielten – und ihnen dafür die *«Ilias»* als Lektüre verschrieben, die doch – die junge Frau beweist es mit Seitenangaben, als wäre sie eine geschulte Philologin! – mindestens ebenso grausame Stellen aufweist. Die Frau behält gegenüber den sie belehrenden Männern auch das letzte Wort: zwar erklärt sie sich bereit, die *«Odyssee»* zu lesen; die *«Ilias»* aber stiftet sie dem Basar für ein neues Schlachthaus!

Unwillkürlich denkt man bei diesem Dialog an Christa Wolfs Roman *«Kassandra»* und die radikale Umwertung, welche die Antike dort unter feministischem Vorzeichen erfährt; aus dem Helden Achill wird *«Achill das Vieh»*. Nicht, dass ich aus Widmann einen Vertreter dieser feministischen Tendenzen machen wollte; aber er war sich offenbar klar bewusst, dass Frauen anders lesen als Männer und dass sie deshalb eine andere Lesart der Überlieferung anbieten können, welche die männliche, hier die kriegerische, sinnvoll korrigiert.

Es ist leicht zu erraten, dass Widmann in diesem Dialog insgeheim eher ein Parteigänger der Frau war. Denn so sehr er die Antike liebte (er hätte am liebsten Altphilologie studiert und las die «Ilias» noch in späten Jahren auf Griechisch): es war ihm unerträglich, wenn die Überlieferung zu einem sakrosankten Bildungsgegenstand wurde, der nicht hinterfragt werden durfte; mit ihrer hartnäckigen und aufsässigen Kritik handelte die junge Frau durchaus in seinem Sinn.

(1992)

Gertrud Wilker

Schreiben zwischen den Zeiten

1

Eine Tagung auf Schloss Lenzburg, November 1972; das Thema: «Literatur als Prozess», so ähnlich. Ein jüngerer Germanist wollte das unerlässliche Brecht-Gedicht beisteuern, kam ins Stocken, sah ratsuchend in die Runde und erwartungsvoll zu Gertrud Wilker hin (schliesslich hatte sie Germanistik studiert). Und sie brachte tatsächlich mit leichter Hand die Wörter in die richtige, die rhythmische Ordnung. Da stand er also im Raum, dieser Evergreen der siebziger Jahre: «*Was sind das für Zeiten, wo / Ein Gespräch über Bäume fast ein Verbrechen ist / Weil es ein Schweigen über so viele Untaten einschliesst!*»

Die Brecht-Verse gehören auf eine besondere Art zu Gertrud Wilker. Die Zeiten Brechts waren, etwas verschoben, auch die ihren; die Spannung zwischen dem Gespräch über Bäume und den Untaten der Menschen war Teil ihrer inneren Welt, aber anders als bei Brecht: nicht um das Gespräch *über* Bäume ging es ihr, sondern, inniger, rückhaltloser, um das Gespräch *mit* den Bäumen; ein Gespräch, das sie im Gedicht und im Leben desto inständiger führte, als ihr bewusst war, dass der Mensch, dieser *«Ausgehungerte dieser Erde»*, für immer getrennt war von den anderen Geschöpfen. *«Liebesbrief an die Bäume»*, heisst ein Gedicht aus dem Jahr 1980: eine trotzig-beschwingte Auflehnung gegen das Diktum von Brecht, das als Zitat dennoch erinnert wird, ein dunkler Schatten.

Wenn es in ihrem Werk ein Grundmotiv gibt, das durch das Ganze geht, dann ist es der Gegensatz zwischen einem oft fast süchtigen Verlangen nach Harmonie und Ruhe, einer Ausweichstelle gleichsam der Geschichte – und der Erfahrung, dass es einen solchen Zufluchtsort nicht gibt und nicht geben darf. Der Wunsch-Ort kann ein verwunschener Gasthof sein, der eine ruhige Schreib- und Erholungszeit verspricht *(«Bewusste Geschichten»)*, kann ein Bündner Dorf sein in zeitentrückter Ruhe *(«Winterdorf»)*. Aber früher oder später kippt das Bild, gehen die Traumgebilde, sie mögen noch so subtil gebaut sein, in Flammen auf. Was nicht in Flammen aufgeht, ist die Sehnsucht nach Leben, Licht und Schönheit, ist die Fähigkeit, diese wahrzunehmen, ja zu verschlingen:

Wir, Ausgehungerte
dieser Erde,
nehmen einen Riesenbissen Sonnenlicht

heisst es noch in einem sehr späten Gedicht *(«Jetzt»,* 1980). Die Bilder darin dürfen desto schöner leuchten, als dahinter die Schatten sichtbar sind, diese finalen Schatten, die Tod heissen. Für eine Person, die in jungen Jahren mit den Versprechungen der Religion radikal gebrochen hat, bedeutet das immer auch: den Blick aushalten auf das Nichts.

2

Sie gehörte zu den gebildetsten Autoren ihrer Generation, war eine grosse Leserin mit einem weiten und nicht durch Moden der Zeit begrenzten Umfeld, sensibel, klug, kenntnisreich; neugierig auch auf das, was ihre Kollegen schrieben. Das machte sie zu einer wunderbaren Gesprächspartnerin; es bereicherte aber auch ihr Werk! Man muss die aussergewöhnlichen Prosatexte und Gedichte lesen, die sie literarischen Figuren widmete (Johannes Bobrowski, Edgar Allan Poe, Gertrude Stein, Virginia Woolf; Friedrich Hebbel, Robert Walser, William Faulkner, Bertolt Brecht), um einen Eindruck nicht nur von der Weite ihrer Bildungswelt, sondern, dies vor allem, von ihrem Können, ihrer stilistischen Souveränität zu erhalten.

Aber es brauchte Zeit, um zu einem so freien Umgang mit der Tradition zu kommen. Dass die wissenschaftliche Beschäftigung mit Literatur die eigene Kreativität auch lähmen kann, hat sie früh geahnt, und dass gerade die Intensität der Lektüre die eigene schriftstellerische Identität behindern und beengen kann, hat sie im Schreiben erfahren. «*Gehen Sie endlich zu den Toten*», ruft sie in einem fiktiven (ungedruckten) «*Brief an Rainer Maria Rilke*» dem Dichter zu, dessen Sprachmagie sie doch, wie so viele ihrer Generation, in der Jugend erlag.

Der entscheidende Schritt zu einer eigenen Sprache, zu einer literarischen Identität gelang ihr nicht in der Beschäftigung mit der angestammten deutschen Literatur, sondern, ausgerechnet, in der Umgebung einer fremden Sprache, auf einem anderen Kontinent: während eines zweijährigen Aufenthalts in Amerika. Sie hat die Erfahrung in einem ihrer interessantesten Bücher («*Collages USA*», entstanden 1963, veröffentlicht 1968) beschrieben: eine Fremdheitserfahrung, die nicht nur eine Qual war, sondern umschlagen konnte in eine seltsame Form von Glück. «*Wenn ich mir eine Art von Glück vorstellen soll, das mit vierzig einem Menschen, ohne dass er sich selbst betrügt, zufallen kann, so ist es das Glück dieser losen Beziehung zur Welt ... Einmal muss man versuchen, von der eigenen Substanz zu zehren, und erfahren haben: da ist etwas, wovon sich zehren lässt.*» Ihre Muttersprache, ihre Schreibsprache wurde, so sagt sie es, erst im fremden Sprachraum ganz als die eigene angenommen: «*als ein Spiegelbild meines Lebensanteils, als Hort meiner Identität*».

3

Als der schon vor dem Amerika-Aufenthalt fertiggestellte Roman «*Elegie auf die Zukunft*», das erste grössere Werk, 1966 endlich erschien, war Gertrud Wilker schon über vierzig. Nicht dass sie wie viele andere Autorinnen ihrer Generation mit Schreiben gewartet hätte, bis die Kinder gross waren. Diese Zerstückelung des Lebens, eine Biographie nach dem Baukastenprinzip, zog sie nicht einmal in Erwägung. Sie wollte alles, und alles zugleich: die Arbeit und die Liebe, die Kinder und das Schreiben. So hat sie immer geschrieben, und zwar nicht am Küchentisch oder in einer Ecke des Schlafzimmers, sondern – und dies auch in den finanziell kargen Anfängen – im eigenen Zimmer und lange bevor der Essay «*A Room of One's Own*» von Virginia Woolf zum Kultbuch der Emanzipation wurde. Sie hat geschrieben mit einer fast Thomas Mann'schen Disziplin und Zeiteinteilung, am Nachmittag, während ein au-pair-Mädchen die Kinder hütete. Und ausgerechnet die Jahre, in denen sie ihre Arbeitszeit den Familienpflichten abringen musste (zwischen 1960 und 1975), sind ihre produktivsten geworden, nicht nur, was die Werke, sondern auch was Notizen und Stichworte zu künftigen Werken betrifft. Umgekehrt – eine tragische Paradoxie – hat sie die Zeit der Ablösung der Kinder nicht etwa als Befreiung erlebt, sondern als unerträglichen Verlust, der die Depression des letzten Jahrzehnts verursachte oder verstärkte.

Sie lebte als emanzipierte Frau auf eine ganz unprogrammatische, unideologische Art, und in Jahrzehnten (1950–70), in denen diese Existenzform bestenfalls für eine Frau ohne Kinder vorgesehen war. So stand sie quer zur Zeit, auch wenn sie äusserlich durchaus im bürgerlichen Rahmen lebte. Vielleicht war es gerade das, was befremdete. Denn wenn etwas in den sechziger Jahren fehlte, so das Verständnis für eine komplexe weibliche Persönlichkeit wie die ihre. Wäre sie eine «reine» Dichterin gewesen – als die man Erika Burkart und Silja Walter bewunderte – oder umgekehrt nur eine hartgekochte Intellektuelle, sie hätte es leichter gehabt.

Immerhin gewann Gertrud Wilker 1959 zusammen mit Brigitte Meng einen Dramenwettbewerb, bei dem eine prominente Jury (darunter Friedrich Dürrenmatt und die hochangesehene

Theaterkritikerin Elisabeth Brock-Sulzer) die Auswahl traf. In der Zeit einer so gut wie frauenlosen Literatur hätte das eigentlich eine Sensation sein müssen – der kleine «Frauensieg» blieb aber vollständig echo- und wirkungslos. Die Dramen wurden weder aufgeführt noch szenisch gelesen (wozu Wilkers *Saul in Endor* sich glänzend geeignet hätte).

Mit der gerade für Frauen versteckt lähmenden Atmosphäre jener Jahrzehnte hat es auch zu tun, dass Gertrud Wilker lange keinen Verlag fand. Merkwürdig hinkt bei ihr die Veröffentlichung dem Entstehen der Texte hinterher: das gilt für «*Elegie auf die Zukunft*», «*Collages USA*» und sogar noch für die Erzählungen «*Warum denn darum*» (1969) und «*Flaschenpost*» (1971), die beide erst in «*Winterdorf*» (1977) erschienen. Die frühen Erzählungen wurden nur in Kostproben im «hortulus» und in der Reihe «Der Bogen» gedruckt. Und doch hätten gerade sie, wären sie damals greifbar gewesen, die (abgesehen von Frisch und Dürrenmatt) karge literarische Landschaft der fünfziger Jahre bereichern und die Möglichkeit eines weiträumigeren weiblichen Schreibens aufzeigen können, ehe dieses in den siebziger Jahren sich zur «Frauenliteratur» verengte.

4

Die Stärke Gertrud Wilkers liegt wohl auf dem Gebiet der Kurzprosa und der Lyrik. Allerdings ist zu ihren Lebzeiten nur ein einziger Gedichtband, «*Feststellungen für später*», 1981, erschienen (und sie musste zu dieser Publikation ermutigt, ja geradezu gedrängt werden). Aber der Blick von aussen täuscht. Wie ein unterirdischer Strom, verborgen und mächtig, zieht sich die Lyrik durch ihr Leben und Werk. Sie hat von jung auf und mit grosser Regelmässigkeit Gedichte geschrieben, besonders intensiv in den sechziger und dann wieder von den späten siebziger Jahren an, schliesslich mit einem neuen, der Depression trotzenden Aufschwung in den letzten Lebensjahren. So gesehen ist das Gedicht für sie die zentrale – und die finale Ausdrucksform. Das wussten aber nur ihre Nächsten; sie wussten es, weil sie die Gedichte regelmässig zugesandt erhielten, meist kurz nach deren Entstehen. Das ist nicht unwichtig. Denn offensichtlich stellten die der Autorin meist durch langjährige Freundschaft verbundenen Empfängerinnen einen Ersatz dar für die fehlende literarische Öffentlichkeit. So weit ich sehe, hat sich die Autorin kaum um Veröffentlichung der Gedichte bemüht, weit weniger hartnäckig als im Fall der Prosa. Als ob sie instinktiv davor zurückscheute, diesen persönlichsten Teil ihrer Arbeit dem Literaturbetrieb auszuliefern, dem sie misstraute und nach dem es sie doch insgeheim verlangte.

Ihre frühen ungedruckten Gedichte erstaunen durch ungewöhnlichen Sprachreichtum und sicheres rhythmisches Gefühl. Dass die Autorin aber etwas anderes suchte als diese reiche, oft etwas überinstrumentierte lyrische Sprache, zeigt sich im Gedicht «*Memphis/Tennessee*», das die Autorin als einziges ihrer frühen Produktion in den Gedichtband von 1981 aufnahm.

Memphis/Tennessee

Eine Stadt ist das die wir vergessen werden
es regnete in die Fontänen im Rinnstein
lief das Abwasser zusammen das ist eine Stadt
wo es im Februar warm ist wir stiessen
auf einen Neger mit künstlichen Beinen
in einer koscheren Cafeteria assen wir Rindfleisch
die wir vergessen werden ich weiss nicht
wonach es riecht nach Popcorn oder Petrol
ich habe vergessen wonach eine traurige Stadt.

Wie ein erratischer Block liegt dieses Gedicht inmitten ihrer Lyrik. An ihm orientiert sich ihre Entwicklung; es markiert gleichsam eine äusserste Grenze der Knappheit und Härte, des Verzichts auf Klang und Metapher. Was hier begann, findet seine Fortsetzung Ende der sechziger Jahre in ebenfalls sehr kurzen, aber viel weicheren, weniger radikalen Gedichten, und es endet in den letzten Lebensjahren mit Versen, die in ihren besten Beispielen an William Carlos Williams erinnern.

Vielleicht hängt es mit dieser neuen Unangestrengtheit zusammen, dass im Spätwerk das Element der Sprachreflexion allmählich zurücktritt. «*G.W. wird nicht mehr über das Schreiben reflektieren in einem Buch*», heisst es in späten Notizen.

«Sie wird nicht fürs Schreiben schreiben, sondern fürs Leben.
Formen werden sich aus dem Lebendigen geben.»

(2002)

Verena Stefan

In der Grundform ankommen

An der Begründung und Entwicklung einer feministischen Literatur deutscher Sprache war Verena Stefan mit ihrem vieldis-
kutierten Erstling *«Häutungen»* (1975) wesentlich beteiligt, nicht
aber an deren späteren Inflation. Ein Gedichtband von 1980
blieb ohne starke Beachtung, und erst jetzt, zwölf Jahre nach
dem ersten, erscheint das dritte, wiederum ein wichtiges, grund-
sätzliches Buch: *«Wortgetreu ich träume. Geschichten und
Geschichte»*. Da schreibt eine Frau, die sich nicht um die Erfor-
dernisse des Marktes kümmert; sie folgt anderen Gesetzen und
offenbar zunehmend dem Bedürfnis, für die eigene, möglichst
unverstellte Erfahrung einen adäquaten Ausdruck zu finden.

«Häutungen», erschienen im Jahr der Frau, ein «Kultbuch»
für viele Frauen, war für die meisten Männer ein Ärgernis; die
empfindlichen Reaktionen sind vermutlich noch nicht abge-
klungen und beschatten auch die Reaktion auf das neue Buch.
Mit einer an Prägnanz und Knappheit kaum zu überbietenden
Unerbittlichkeit analysierte Verena Stefan in diesem ersten Buch
das Machtgefälle zwischen Mann und Frau gerade in den in-
timsten, also Geborgenheit und Nähe versprechenden Beziehungen – und nicht nur das Verhalten, sondern auch die Sprache,
die dieses Verhalten festhält, die Norm tradiert. Ihr Ernstnehmen der Sprache, die Auflehnung gegen die einseitig männliche
Prägung unseres Vokabulars der Sexualität dürfte der Grund
sein, dass dieser so bewunderte wie angefeindete Erstling in der
Literaturgeschichte der letzten Jahrzehnte seinen Platz behält.

Der gleiche Ernst im Umgang mit der Sprache prägt auch das
neue Buch; nur hat die Sprache hier eine andere als eine kri-

tisch-aggressive Funktion. Der Titel schon deutet es an: «*Wortgetreu ich träume*» – der Satz folgt der absurden Logik des Traumes, dem er entstammt, und stellt das Selbstverständliche auf den Kopf. Dass Sprache zur Traumsprache wird, dem Traume folgt, das kennt man; hier aber findet der umgekehrte Vorgang statt, nähert sich der Traum dem Wort, als sei es der Schlüssel zur Welt; seine Bedeutung aber erhält das Wort wiederum aus dem Kontext des Traumes. Ein Ansatz zu einer Poetologie, welche anderen als rationalen Gesetzen folgt.

So lässt sich auch die reizvolle Schlusspassage als poetologischer Hinweis lesen: da geht die Erzählerin mit ihrer Hündin in den Wald, überlässt sich deren Führung, dem Gespür der «*Ästhetin an der Leine*», ahnt im scheinbar zwecklosen, ziellosen Schweifen, Wittern, Suchen des Tieres eine Urform der eigenen Ästhetik. So, frei, schweifend und doch sicher geleitet von einer unsichtbaren Spur, bewegt sich die Autorin schreibend in ihren Erfahrungen, schafft aus dem scheinbar Formlosen eine neue, freie Form.

Acht Kapitel, keines gleich wie das andere, acht Facetten der erfahrenen und gestalteten Welt: ein Leben nur unter Frauen, auf der Schwäbischen Alb; äusserlich eingefügt in ein Dorfbild, vom Leben der anderen Bewohner einerseits getrennt durch deren Misstrauen (*«Seid ihr Terrorischtinne?»*) – und, anderseits, mit ihnen verbunden durch selbstverständliche Kontakte, die sich ergeben im Austausch von Setzlingen und Stecklingen wie auch von Ratschlägen und Weisheiten («*Lärchennadeln wollen auf Erde liegen, nicht auf Schnee*»); ein Alltag in bewusster Abkehr von der arbeitsteiligen, konsumorientierten Gesellschaft, gelenkt vom Wunsch, möglichst viel selber herzustellen, zu reparieren, zu bauen, anzupflanzen; zu lernen, was die Natur hergibt, ohne dass man es ihr entreisst; geduldig und liebevoll zu fragen, was sie braucht (müsste man vielleicht die Bäume fragen, ob sie Brenn- oder Nutzholz werden wollen?). Dies alles nicht als Theorie, sondern als gelebter Alltag; und der Weg zurück zur Natur führt auch zurück zu als weiblich und nur weiblich verstandenen Traditionen. Die acht «*Geschichten*» umkreisen die «*Geschichte*» (der Frauen), welche in der Vergangenheit gesucht und in der Gegenwart auf die Zukunft hin gelebt wird.

Das Zurück zur Natur, dieser Rousseausche Imperativ, entspricht auch in seiner weiblichen Variante natürlich einem Trend der Zeit. Es ist freilich nicht jedermanns und nicht jederfrau Sache, eine «abgöttische» Liebe zu Gemüsen, Früchten, Blumen zu empfinden, und ohne Zweifel wird die damit verbundene Abkehr von der gegenwärtigen Gesellschaft und ihren Problemen der Autorin von vielen Frauen zum Vorwurf gemacht werden, von jenen besonders, die in ebendieser Gesellschaft sich einen Platz erkämpft haben oder einen solchen für erstrebenswert halten. Wer einmal ein Kultbuch schrieb, von dem/der erwartet die Leserschaft etwas anderes als ein poetisches Buch, etwas anderes als die Darstellung einer unabweislichen eigenen Erfahrung, sondern: Fingerzeige, Ratschläge, mindestens Beispiele, wie frau zu leben habe, und zwar innerhalb der bestehenden Gesellschaft, die doch, so scheint es, kaum eine so ganz verlassen will.

Doch alle Wünsche und Erwartungen ändern nichts daran, dass Verena Stefan offensichtlich ihr Leben und Schreiben nicht auf die direkte Konfrontation ausrichten will, sondern (und dies war schon am Ende von «*Häutungen*» unmissverständlich gesagt) auf das Entdecken, Erleben, Erforschen – und Gestalten eines anderen, eigenen Lebenskreises, der, als Gegenwelt zur etablierten gesetzt, sein eigenes Zentrum hat. Atomkraftwerke, Panzer, grosse landwirtschaftliche Maschinen, Herbizide markieren die Welt, die sie verlassen hat, gegen die sie immer noch anschreibt, aber nicht direkt, und nicht im Sinne eines finsteren Protests. Die Erfahrungswelt, die sie beschreibt, ist zwar durchsetzt von Krisen, von Anfechtungen durch verführerische Erinnerungen an ein bequemeres städtisches Leben, von Schwierigkeiten, Mühsal – aber auch von einer Lebens- und Arbeitsfreude, die man in der gegenwärtigen Literatur nicht allzu häufig findet. Utopische Elemente verbinden sich selbstverständlich und ohne Pathos mit dem unspektakulären Leben von Tag zu Tag. «*In die körpergebundene Wirklichkeit zurückfinden, in ihre Gesetzmässigkeiten*» – das ist ein Motto, das über dem ganzen Buch stehen könnte.

Das ist nicht der einzige Satz im Infinitiv, eine Ellipse ohne Subjekt, dennoch geschlossen. Die Grundform des Verbs spielt in diesen Geschichten eine dominierende Rolle; sie gibt ihnen das gewisse Etwas – und mehr als das: sie ist so etwas wie der sprachliche Schlüssel zum Werk «... *ankommen in der Grundform des Zeitworts und mich daran herausschreiben aus dem Labyrinth*» – notiert die Autorin gegen Schluss; der Satz enthält ein Ende und einen Anfang zugleich.

Ein Beispiel sei zitiert unter vielen, aus dem Kapitel über das Instandstellen eines alten Hauses, inhaltlich und formal bezeichnend für das ganze Buch:

«Im leeren Raum stehen, beraten, den Meissel ansetzen, die Zeit anhalten. In die Geheimnisse des Hauses in den Wänden eintreten, unter den morschen Dielenbrettern, den herabhängenden Elektrokabeln, abends vor gähnenden Löchern stehen, geschlagenen Rillen, aufgerissenen Fussböden, weiter von bewohnbaren Räumen entfernt sein denn je, in der offenen Baustelle ankommen, in der Materie, wissen wollen, wie es hinter der Fassade aussieht in Wirklichkeit.»

Der Infinitiv ist in Sätzen wie diesen kein versteckter Imperativ (was auch möglich wäre); eher ist ihm eine selbstverständliche Offenheit eigen. Die Grundform braucht kein Subjekt, ohne dass sie ein solches leugnete; verschiedene Personen, verschiedene Figurationen des Ichs können an einer Tätigkeit teilnehmen, gleichsam dazu aufgefordert werden. Auch die Zeit wird nicht fixiert, nicht begrenzt; im dargestellten Augenblick ist Dauer fühlbar, und Wirklichkeit kann in Wunsch übergehen, so etwa in dem schönen Satz fast am Schluss des Buches: *«Zwischen den Bäumen umhergehen wie zwischen den Buchstaben.»*

(1988)

Erika Burkart

Schweigeminute

«*Rufweite*», so hiess, man erinnert sich, der Titel eines Prosa-
bandes von Erika Burkart aus dem Jahre 1975 – ein Schlüsselwort auch für ihre Lyrik, eine Chiffre für den Raum, der dem
dichterischen Wort, wohl der menschlichen Stimme überhaupt,
zugewiesen wird. Anspruch und Begrenzung sind in diesem Wort
gleichermassen enthalten: Wer ruft, wagt es, die Stimme so zu
erheben, dass sie eine gewisse, eine nicht zu kleine Distanz über-
winden kann; doch bleibt, umgekehrt, der Radius der Stimme
begrenzt auf ein menschliches, ein dem Menschen angemessenes
Mass.

Wie kühn mutet dieses Wort dennoch an, vergleicht man es
mit dem Titel der neuen Gedichte! «*Schweigeminute*»: das ist
die nach Sekunden bemessene, die verordnete Stille, in der man
stehend eines Verstorbenen gedenkt – ein erstarrtes Ritual. Da
ist nichts zu spüren von der Weite der Landschaft, in der eine
Menschenstimme noch einen anderen erreichen kann. Das Titelgedicht evoziert denn auch einen engen, einen gleichsam ge-
schrumpften Raum, in dem die «*im schwarzen Rücken des Vor-
dermanns / auf die Nasenspitze blickenden Leute*» den Toten,
dessen sie gedenken, nicht erreichen können; die eigene Totenfeier vorwegnehmend, stossen sie nur auf den «*Sterblichen in
sich*», «*dessen ohne Kenntnis der wahren Person / gedacht werden wird, / gedankenlos, denkt der Schweiger*».

Da wird wahrhaftig ein «*Leerfeld*» entworfen, in dem nichts
wächst, ein «*Schweigegrund*», der Schreie zudeckt; die Gedanken eines jeden kehren nur zu ihm selber zurück, einem Ver-
einzelten. Erst in den letzten Zeilen öffnet sich der Raum in eine
andere Welt; jetzt – es ist wie eine Erlösung – «*könnte*» der Tote
sprechen. Doch es bleibt beim Konjunktiv.

Todeszeichen. Es gibt deren viele in diesen Versen, die doch
nicht Gedichte der Todesangst sind. Es ist nicht der Gedanke an
den eigenen Tod, was schreckt, auch nicht die Erinnerung an
geliebte Tote (sie grüssen aus der «*Andenkette der Wolken*»; sie
stehen da in einem Kindheitsbild), sondern, immer wieder, der

Tod im Leben: verstanden vor allem als Ende der Liebe, als Ersterben des Gefühls, als Trennung und Abschied. Grosse Liebeslyrik ist in diesem Sinne immer auch Todeslyrik; das Ende einer Liebe enthält das Ende einer Welt. Auch die Todeszeichen in der Natur erscheinen als eine Art Tod im Leben, weil zum Tode verurteilt wird, was leben könnte (noch als *abgeasteter Rumpf*» ist die Linde ein König). Tod im Leben auch im Weltall, nicht apokalyptisch, sondern als ein Erstarren des Raums in Begriffen und Zahlen, in Ausmassen, in denen selbst Weltkatastrophen *«unseren Augen / als eine Kerze erscheinen, die aufflammt»*.

Diese aus Versatzstücken komponierte Beschreibung des Weltalls trägt den harmlosen, zunächst rätselhaften Titel *«Bitte um eine Geste»* und wird einem wissenschaftlich versierten und wissenschaftsgläubigen Partner in den Mund gelegt, dem im Spiel mit Distanzen, die *«wir mit Zahlen und ihren Potenzen / nur theoretisch erfassen»* geradezu *«Flügel wachsen»*, während das Ich *«schrumpft»*, sich als Staub fühlt, *«zerrieben von masslosen Massen»*. Die Distanz zwischen den Gesprächspartnern des dialogisch gebauten Gedichts ist kaum kleiner als die Distanz im All. Der Satz *«Gott ist ein Meister der grossen Zahl»* ist eine Formel für eine sinnentleerte und bildlose Welt, die «grosse Zahl» eine Metapher der Angst davor, dass die Wahrnehmung des Einzelnen unmöglich wird, dass der Kontakt zwischen den Lebenden zerbricht.

Hier drängt sich die Erinnerung an frühe Gedichte von Erika Burkart auf. *«Sterngefährten»* hiess ihr zweiter Gedichtband von 1955. Die junge Dichterin wagte es, das Wort «Stern» zu brauchen, als sei es, am Vorabend der Weltraumfahrt, noch nicht zu einem anachronistischen Fremdling geworden, als drücke die Last der mythologischen und poetischen Tradition es nicht zu Boden. Und indem sie es brauchte, schien sich diese Last aufzulösen, wurde das Wort zu einer natürlichen Chiffre für eine unendliche Welt, in der doch Zwiesprache unter «Gefährten» möglich ist. Noch im vorletzten Gedichtband konnte das *«Sternbild des Kindes»* Zeichen einer – freilich in unendliche Ferne entrückten – Utopie sein. In den neuen Gedichten aber ist davon nur noch ein Nachklang übriggeblieben: «*Ins Offene geschleudert / hinausgestellt, / ohne Bezug zu uns.*»

Vor dem Hintergrund dieses beziehungslosen Makrokosmos ist das Gedicht «*Bitte um eine Geste*» (in «*Schweigeminute*») zu verstehen. Prosanah, unmittelbar, fast ungelenk formuliert es das Verlangen nach einem winzigen Ausgleich im menschlichen Mikrokosmos: «*Reiche mir deine Hand herüber / sie allein wärmt mich in der Kälte / einer unendlichen endlichen Welt.*»

Erfüllt wird diese Bitte der letzten Zeile aber erst in einem anderen Gedicht, und nicht durch einen Menschen, sondern durch ein Tier. Das Gedicht «*Der taube Hund*» erinnert daran, wie wichtig Tiere bei Erika Burkart stets waren: nicht vermenschlicht, aber mit gleichem Ernst behandelt wie Menschen. In der letzten Strophe dieses Dialogs zwischen Mensch und Tier vollzieht der Hund die «Geste», die der Mensch ersehnt:

Der dazu bestimmt wäre,
eine Herde zusammenzuhalten,
hält sich an dich,
du bist seine Herde und bist sein Hirt.
Das verfilzte Allwetterfell streichelnd,
nimmst du die dargebotene Pfote
als Freundeshand an,
unbedingt.

Auch hier befinden wir uns nicht in der freien Landschaft, in der die Stimme sich im Ruf erheben kann, in der Hirte und Herde leibhaftig anwesend sind. Der Raum ist klein, begrenzt auf das Gegenüber von Mensch und Tier, zuletzt reduziert auf jenen Punkt, wo es zur Berührung kommt, zu jener Geste der Nähe, die, ganz allein, gegen die Kälte schützen muss. Dies freilich kann nur einer Meisterin ihres Fachs gelingen: dem scheinbar nur treuherzig Possierlichen einer «dargebotenen» Hundepfote Bedeutung und Würde abzugewinnen, ohne doch das Konkrete zu verfälschen oder zu überhöhen, ja sogar einen leichten Humor dabei zu wahren. Das Wort «*unbedingt*», allein gestellt – als ob es als ein schmaler Sockel das ganze Gedicht tragen müsste – , wird, dreisilbig und doch ein grosses Wort, zu einem Garanten des Zusammenhangs unter den Lebendigen. Dafür hat Erika Burkart in einem anderen Gedicht das Wort «Solidarität» gebraucht:

Solidarität

Die frieren in warmen Zimmern,
die Hand an sich legen, weil es genug ist,
wehn mit dem Schnee, sind sein Schimmern,
wenn ein Strahl die Felder vermisst.

Die nicht anrufen und nicht mehr anklopfen,
die keine letzten Worte mehr haben,
hören die Sterne austropfen
und suchen ein Loch, sich einzugraben.

Die Bäume fangen den Wind,
das Herz finge die Flammen,
alle, die verloren sind,
gehören zusammen.

«Solidarität»: nicht zum erstenmal bedient sich Erika Burkart eines durch Gebrauch und Missbrauch abgenützten Begriffs aus dem politisch-gesellschaftlichen Bereich. Sie verfremdet ihn und gibt ihm dadurch seine alte Würde und eine neue, freilich finstere Bedeutung zurück – und erweitert ihn ins Universelle. Liedhafte, musikalische Elemente, von ihr seit langem vermieden, sind in diesem Gedicht auf einmal wieder da. Aber man täusche sich nicht: im Strahl, der die Felder vermisst, im Loch, das man sich sucht, zuckt der reale, der moderne Weltuntergang! Und der Reim ist wieder da, leicht, fast beiläufig gesetzt: als werde es der Sprache überantwortet, den Zusammenhang zwischen dem Getrennten zu bezeugen – wenigstens in der Solidarität der Silben, Laute und Klänge.

(1988)

Maja Beutler

Die Quadratur des Zirkels

«*Verwinsle dein Leben nicht*» – der Satz aus den Briefen der Rahel Varnhagen will mir nicht aus dem Kopf, seit ich ihn neulich von Maja Beutler hörte. Er erhellt auch ihr neues Buch. Eine ganz und gar unsentimentale, leicht ironische Tapferkeit bestimmt die Lebensluft, in der sich die Figuren bewegen. «*Nicht schlappmachen*», sagt sich (in der Erzählung «*Zweisamkeit*») eine Frau, die ihren letzten Lebensabschnitt ohne ihren Gefährten bewältigen muss, und nicht anders lautet, sie weiss es, die Devise ihres kleinen Enkels, der, heimwehkrank, den Tag bei ihr zubringt.

«*Unser lieber Willy Egger ist heute nacht in die Herrlichkeit des Herrn eingegangen*», schreibt die gleiche alte Frau auf die Todesanzeige, zum Erstaunen, ja Entsetzen der Angehörigen. Vermutlich könnte sie selber nicht erklären, was sie zu diesem befremdlich pathetischen Satz treibt, aber sie weiss, dass er richtig ist. Die Wahrheit des Verstorbenen, der kein Kirchgänger war, soll endlich ans Tageslicht und nicht mit den biederen Formeln («herzlich geliebt» und «treubesorgt») verfälscht werden. Nein, so zu einem Nichts schrumpfen, so ins Mittelmässige verblassen, darf nicht, was einmal gewaltig und gross war (gross auch in kleinbürgerlichen Verhältnissen), das Leiden, die Liebe, die Trennung.

Es ist etwas in diesen Geschichten, das jedes Mittelmass sprengt, und es scheint mir wichtig, das am Anfang zu betonen. Denn mit dem Inhaltlichen zu beginnen und, beispielsweise, festzustellen, Maja Beutler schreibe Geschichten aus der Perspektive einer Frau, häufig über die Beziehung zwischen Mann und Frau, und immer vor einem bürgerlichen Hintergrund, das würde im Leser jene falschen Erwartungen wecken, die von der alten «Frauenliteratur» lange genährt und von der neuen nicht aufgehoben worden sind: die Vorstellung von kleinen Dimensionen, mittleren Temperaturen. Davon findet sich bei Maja Beutler nichts.

Dabei fällt auf, dass die weiblichen Figuren bei Maja Beutler nie als isolierte Wesen gesehen und dargestellt werden, sondern primär immer in ihrem Bezug zu anderen Menschen, zum Ehepartner, zur Familie, zu den Kindern, zu anderen Frauen. Der Ausgangspunkt der Erzählungen ist nicht das autonome Ich (das vermutlich eine Erfindung des abendländischen Mannes ist), sondern es sind Menschen, die sich von anderen abhängig und für sie verantwortlich fühlen und sich aus Abhängigkeit und Verantwortung nie lösen können, es vielleicht auch nie ganz wollen. Nur dass der Wunsch nach einem eigenen und einem unabhängigen Leben wohl desto mächtiger wird, je stärker man oder frau Bindungen und Verantwortungen kennt. So geht es in den Erzählungen von Maja Beutler um jene Quadratur des Zirkels, die wir ewig suchen (Frauen wohl dringender, inständiger als Männer): die Verbindung von Liebe und Unabhängigkeit, von «Einssein», «Zu Hause sein» (wie eine der Figuren sagt) und Autonomie.

Das ist das untergründige Thema der Erzählung *«Das Werk oder Doña Quichotte»*, die, von ungewöhnlichem Format, fast ein kleiner Roman geworden ist. Als eine «Frauengeschichte» scheint sie angelegt – und ist doch mehr als das. Anna, die Mutter lebhafter Zwillinge, keineswegs unglücklich verheiratet, beginnt, kaum sind die Kinder aus dem Gröbsten heraus, wieder mit Malen, versucht sich – gegen die Ansprüche der Familie, gegen das eigene Gewissen, gegen den Selbstzweifel und die Erinnerung an das Verdikt eines früheren Lehrers – an der erwähnten Quadratur des Zirkels. Was geschieht mit einer künstlerischen Begabung, mit einer künstlerischen Art, in der Welt zu sein, mit der Besessenheit, das *«Gesicht hinter dem Gesicht»* zu sehen, wenn sie in einer weiblichen Biographie der 80er Jahre ausgelebt und verwirklicht werden sollen? *«Who shall measure the heat and violence of a poet's heart when caught and tangled in a woman's body?»* – ein Satz von Virginia Woolf, durch den die Geschichte den richtigen Akzent erhält. Denn es ist eine Künstlergeschichte mehr als eine Frauengeschichte. Das Suchen nach einem eigenen Weg, die Hartnäckigkeit handwerklicher Versuche und zeitaufwendiger Experimente, begleitet von ewigem Selbstzweifel, sind nicht weniger eindringlich dargestellt als das Hin und Her zwischen Arbeit und Familie. Selbstzweifel und Schuldgefühle sind übrigens ein dämonisches Zwillingspaar, nicht nur in dieser weiblichen Biographie. Aber auch Anna gehört zu den Figuren, die ihr Leben nicht verwinseln. Sie begegnet ihren Gegnern schliesslich mit Trotz, Wut, Stolz – und auch mit einem leisen, einem hoffentlich erstarkenden Lachen. Ironie und Selbstironie – wirksame Waffen, wichtige Stilmittel im Werk von Maja Beutler.

Nicht nur die Familie, sondern auch der Kunstbetrieb erweist sich als Hindernis in der Künstlerbiographie der «Doña Quichotte». Wo dieser Betrieb ins Spiel kommt, gewinnt die Erzählung eine neue Dimension. Die Begegnung Annas mit jenen, die im lokalen Kunstbetrieb das Sagen haben, aber vor lauter Eitelkeit weder Augen zu sehen, noch Ohren zu hören, wohl aber Hände zu stehlen, gerät zu einer perfekten Satire. Darauf folgt der Absturz, das scheinbare Scheitern als Künstlerin durch einen arrivierten Kollegen, der sie entmutigt und gleichzeitig ihre Ideen stiehlt. Am Schluss der Tragödie folgt das Satyrspiel, wenn der Ehemann, der kein Bösewicht ist, sie ins Kunstgewerbe schiebt, wo sie unvermutet reüssiert und als «Puppen-Poetin» gleichsam durch die Hintertür sogar in die «echte» Kunst zurückkehrt. Man muss sich die Marionetten, um die sich die Käufer reissen, nur vorstellen: das sind eher Dämonen als Geschenkartikel für den Weihnachtstisch! Anna steht plötzlich mitten im Kunstbetrieb und gleichzeitig trixt sie deren Vertreter aus. Einer von ihnen kriegt von ihr einen Pfau geschenkt. Im Augenblick, da sie glaubt, «verspielt» zu haben, fängt sie unversehens an, selber zu «spielen» und gewinnt. Aber dieser Erfolg ist von Trauer begleitet – dass die Welt ist, wie sie ist.

Bleibt der Titel des Buches und dieser wichtigsten Erzählung zu bedenken: dieses stolze, hintergründige «Doña Quichotte». Das Ur- und Vorbild Don Quichotte ist ja in unserem Bewusstsein eine heruntergekommene Figur geworden, reduziert auf die Narrenrolle dessen, der gegen Windmühlen kämpft. Aber erst vor kurzem hat Milan Kundera (in «Die Kunst des Romans») nachdrücklich daran erinnert, wie wichtig gerade dieser grossartige Narr für die Anfänge des europäischen Romans ist: als eine der ersten Figuren, in denen die «furchtbare Ambiguität» des

Lebens zum Ausdruck kommt, die Vieldeutigkeit einer Welt, die ohne eine einzige göttliche Wahrheit auskommen muss.

Jetzt also hat Don Quichotte eine weibliche Variante erhalten, keine harmlose, und nicht weniger vieldeutig als er. Anna kommt zu dieser Figur ohne Reflexion, durch ihre gestalterische Arbeit. Unter ihren Händen wird aus einer gepanzerten Madonna eine Jeanne d'Arc, die ihr Herz auf einem Zwiebelbrett in die Schlacht trägt, und dann eben, endgültig, die Doña Quichotte. Deren Gesicht aber ist ein Wickelkind, seine Fäuste ihre Augen. Dass diese Augen sehen können, trotz der Kinderfäuste oder mit ihnen, das beweist die Puppen-Poetin mit ihren Kreationen, und die Autorin, Seite um Seite, in ihrem Buch.

(1989)

Laure Wyss 1913–2002

Ein Abschied

Als Kind sei sie mehr als einmal bei Laure Wyss gewesen, zusammen mit dem Vater, der wohl Berufliches mit der Kollegin zu besprechen, vielleicht ein Manuskript abzuholen hatte – erzählte mir bei einer zufälligen Begegnung eine jüngere Freundin. Aber erst als sie am Radio die Todesnachricht hörte, habe sie sich daran erinnert, und da sei ihr alles wieder vor Augen gestanden, die Treppenstufen, die zu dem herrschaftlichen Haus führten, die Herzlichkeit der ihr unbekannten Frau, ihre ungeheure – dem kleinen Mädchen wohl tatsächlich nicht ganz geheure – Lebendigkeit. Das sei eine ungewöhnliche Frau, habe der Vater gesagt, als sie über die Winkelwiese hinuntergingen; sie ziehe ihren Sohn allein auf und sage nicht, wer dessen Vater sei. Damit habe sie, schloss die Freundin, damals nichts anfangen können, aber den Respekt des Vaters gespürt.

Jetzt erst, Wochen nach ihrem Tod und seit ich das Gesicht von Laure durch die Augen dieses kleinen Mädchens sehe, das längst kein kleines Mädchen mehr ist, erst jetzt kann ich über sie schreiben, mein eigenes Bild neben das schnörkellose des Kindes stellen. Verdunkelt und beschwert allerdings durch ein Wort, das für mich in den letzten Jahren und am heftigsten seit dem Tod von Laure eine neue, die finale Bedeutung erhalten hat: das Wort «*nie mehr*». Nie mehr: zwei helle, giftige Vokale, weit entfernt vom englischen *nevermore* mit seiner wohlklingend-weichen Trauer – es ist das Wort des Abschieds schlechthin, und gleichzeitig ein starker, schmerzhafter Impuls der Erinnerung.

«Nie mehr» also – werde ich die Stufen zur Winkelwiese 6 hinaufsteigen – nein, eben nicht sofort hinaufsteigen. Denn noch ehe ich jeweils die unterste Stufe betrat, öffnete sich das Küchenfenster zur Linken der Treppe (durch das früher wohl die Köchin die Post der Herrschaft entgegennahm), und Laure hiess mich willkommen mit jener überwältigenden Herzlichkeit, die ich so nur bei ihr erlebt habe. Dass sie mit der gleichen Herzlichkeit auch andere, vielleicht die meisten ihrer Besuche begrüsste, hat mich nie gestört, es war in Laure genug Herzlichkeit vorhanden für viele und gegensätzliche Menschen.

Ach, die vielen Menschen, all die Frauen und Männer, von denen sie so hinreissend erzählen konnte, die alle in ihrem Gedächtnis lebten, wie hätten sie sich wohl vertragen, wären sie wirklich miteinander ins Gespräch gekommen? Jeder und jede mit eigenen Erinnerungen an Laure, die jeder und jede für die einzig richtigen hielt. Über die Eingangstreppe und deren Bedeutung, über die hätten sie sich wohl verständigen können.

Dort, auf der Treppe, fand auch der Abschied statt, der weniger strahlend war als die Begrüssung, weniger erfüllt von ihrem herrlichen Lachen. War doch im Gespräch dazwischen auch Dunkles beredet worden: in den letzten Jahren immer wieder die Ängste und Verlorenheitsgefühle, die sie heimsuchten und nicht losliessen, seit sie, damals immer noch eine imposante und wehrhaft wirkende Erscheinung, bei hellichtem Tag überfallen worden war. Seit da hat sie mich nie mehr auf die Winkelwiese entlassen ohne eine leise Mahnung zur Vorsicht, ein berndeutsches «Häb Sorg» – ein Wort, das mich wunderbar nach Hause geleitete und nun nicht mehr geleitet.

Photographien bringen einen Menschen nicht zurück, Filme schon gar nicht, sie machen, kurz nach dessen Tod gesehen, nur noch trauriger. Am nächsten kommt mir Laure auf einem kleinen Bild (aus dem Fernsehfilm von Ernst Buchmüller, gedruckt im Laure Wyss gewidmeten «Quarto»): da sitzt sie als ein winziges Figürchen, wetterfest gekleidet auf einer Art «Feldstuhl», den Blick auf den in grossen Wellen gleichsam auf sie zukommenden Atlantik gerichtet. Nah ist mir dieses Bild nicht nur, weil ich den Atlantik auch kenne und liebe, und zwar, zufällig, aus der fast gleichen Perspektive, aus der selben Küstenregion wie sie. Mit schlafwandlerischer Sicherheit hat sie in ihren späten Jahren diese Region, darin das Dorf Mornac-sur-Seudre zu einer «zweiten Heimat» gewählt – eine unspektakulär grossartige Welt, in der die Rhythmen der Gezeiten die Endlichkeit des Individuums akzentuieren – und dadurch leichter erträglich machen.

In dieser Landschaft verliert das «Nie mehr» für Augenblicke seine Kraft. Und gewinnt sie wieder, wenn ich jetzt daran denke, dass Laure «nie mehr» zur Nobelpreisfeier nach Stockholm reisen wird (das für sie ebenfalls eine «zweite Heimat» war). Und dass sie also nie mehr zuerst im Fernsehen des Hotelzimmers die Preisübergabe verfolgen und dann, zusammen mit einer Freundin, an die Lesung des Literaturpreisträgers oder der -preisträgerin gehen wird. So hat sie es mir erzählt und mir meistens eine Kopie der Preisrede mitgebracht. Unvergesslich ihre Beschreibung, wie wunderbar Toni Morrison sich bei der Entgegennahme des Preises verneigte – und so den erwarteten Hofknicks umging. Wunderbar, einfach königlich, sagte Laure und deutete im Sitzen die Verneigung an.

Sie hatte ja überhaupt eine Neigung zum Königlichen. Sie, Laure Wyss? Ausgerechnet sie? Die Feministin avant la lettre, die Anwältin der Randständigen, der Zukurzgekommenen, der ewigen Underdogs, der Strafgefangenen, der Fremden unter uns? Ja sie, ausgerechnet sie!

Ich bin frei geboren.
Ich lebte frei.
Ich werde befreit sterben.

Das sind die stolzen, die königlichen Worte der Königin Christina von Schweden. Laure Wyss hat sie in deren Sterbezimmer gelesen; sie gaben ihr den Impuls, den verschlungenen Wegen und Umwegen der schwedischen «Barockkönigin» nachzugehen, die das Land verliess, die Krone und den angestammten Glauben verwarf, und zu fragen, warum sie das tat und wer sie war. An dieser Figur kann man andeutungsweise verstehen, was es mit der Eigenschaft, die ich hier «königlich» nenne, auf sich hat. Laure Wyss, dessen bin ich sicher, hätte sich um Christina von Schweden einen Deut gekümmert, wäre diese ordentlich und erfolgreich in den vorgegebenen dynastischen Mustern geblieben, und sie hätte ihre Figur vermutlich weniger geliebt und bewundert, wäre sie gross und schön und nicht klein und ein wenig schief gewachsen gewesen. Denn eine Königin ist für sie keine Vorzeigefrau des Erfolgs und der Anpassung. Die Emigrantin, die Flüchtige, die Nonkonforme war es, die Laure Wyss faszinierte; nur jenseits der Normen sind die Königinnen der Laure Wyss zu treffen. Aber auch dies gehört unabdingbar zu ihnen: dass sie auf ihren verschlungenen Wegen nicht im Chaos oder Elend untergehen, sondern ihre Würde und Noblesse wahren.

Das zeigt sich besonders schön, aber auch überraschend, ja befremdend an einer anderen Figur, die im Titel rundheraus «*Königin Barbara*» genannt wird (erschienen in «*Schuhwerk im Kopf*») – und die (erst vor kurzem ging es mir auf) durchaus Ähnlichkeiten mit Christina aufweist. Niemand ausser Laure Wyss würde den Königstitel ausgerechnet dieser schon alten Frau verleihen, die, fast eine Randständige, auf kurzen dicken Beinen – auch sie ist, wie Christina, zu klein und schief gewachsen – durch ein mühseliges und armseliges Leben geht, manchmal «herrschelig», wie die grosse Christina, und im geheimen beladen mit der unschuldigen Schuld am Unfalltod ihres Kindes. Nicht dass da erklärt würde, was das Königliche an ihr ist – aber das Besondere der Frau, ihre selbstverständliche Souveränität, blitzt überall durch, und man ist am Schluss einverstanden, dass sie eine Totenwache erhält wie eine Königin.

Warum die Nobelpreisfeier Laure fast Jahr für Jahr magisch anzog – auch das habe ich erst nach ihrem Tod, über sie nachdenkend, begriffen (das Endgültige, so scheint es, schärft die Wahrnehmung des Gewesenen). Es lag nicht nur am Reiz einer im Banne von Eis, Kälte, Dunkelheit stehenden Stadt und auch nicht nur an den Lichtern, die man im Winter in Schweden gegen diese Dunkelheit stellt (nicht anders als Laure ihre Kerzen gegen das Eindunkeln anzündete). Die Faszination, die dieses weltweite Literaturfest auf sie ausübte, hat ihren tiefsten Grund wohl darin, dass ihr in frühen Jahren in Schweden (wo sie 1933–42, also in einer historischen Katastrophenzeit lebte), dass ihr dort und für immer aufging, was für eine gewaltige Bedeutung die Sprache hat. Diese Erfahrung und Einsicht, wage ich zu vermuten, wollte sie sich alljährlich wieder ins Bewusstsein rufen.

Dort, in Schweden, hatte sie begriffen, und auf die Dauer, dass Sprache eine Waffe sein kann, sogar gegen Panzer (so sagte sie später), und in der Hand von allen, nicht nur der Schriftsteller und der politischen Agitation. In Schweden hat sie selbst mit Schreiben angefangen, nicht mit literarischen Texten (das kam erst viele Jahrzehnte später), sondern werktäglich und handwerklich und als Dienerin einer Sache: indem sie Flugblätter und andere Texte aus dem Widerstand der norwegischen und dänischen Kirche ins Deutsche übersetzte und dem Schweizerischen Evangelischen Pressedienst zukommen liess. Wie kaum etwas anderes, so will es mir heute scheinen, hat diese Erfahrung ihr Schreibleben geprägt. Sprache blieb für sie zeitlebens, auch in harmloseren Zeiten, eine Macht, ein Ganzes, nicht beschränkt auf die Literatur, unteilbar und in der Substanz unangreifbar. Die Zweifel, die auch bei ihr immer wieder das Schreiben tangierten und hemmten, betrafen nur sie selbst und nicht die Sprache.

Glaubst du, dass ich noch schreiben, dieses Buch noch schreiben kann und soll? fragte sie mehr als einmal überraschend dringlich, wenn es dunkel wurde in der Winkelwiese und sie schon die Kerzen angezündet hatte. Fragte es fast angstvoll, da es um ein ihr wichtiges Buch ging, um jenes, das sie zuletzt in Arbeit hatte und das «Begegnungen» heissen sollte. Aber nicht die Prominenten sollten da evoziert werden (beschwörend hob sie die Hände gegen eine solche Zumutung); es sollte ausschliesslich um die sogenannt einfachen und doch interessanten Menschen gehen – zu denen auch die «Königin Barbara» beispielhaft gehört.

Ob ich ihr damals beim Eindunkeln deutlich genug gesagt habe, wie sehr ich mich auf gerade dieses Buch freue? Ich weiss es nicht. Auch unbequeme Fragen wie diese gehören in den dunklen Kreis des «Nie mehr», mit dem wir leben.

(2002)

1996–2000

Fremde

(Über Franco Supino, Ivan Farron, Robert Bober, Peter Handke)

15. Dezember

Sein Name? Das schönste Wort, das es gebe! «Pace», so heisse er. Wir waren mit ihm einig: das schönste Wort! Er – der italienische Maurer, der, so rücksichtsvoll wie nur möglich, und dennoch unter gewaltiger Lärm- und Staubentwicklung, die Decke meines Arbeitszimmers aufbrach. Er brauchte anderthalb Tage härtester Arbeit, um den versteckten Defekt an unserer Wasserleitung zu orten, und noch heute sind wir überzeugt: nur Herr Pace hatte ihn finden können. Wir atmeten auf, als die Handwerker nach einer Woche die Wohnung verliessen; den Herrn Pace aber liessen wir ungern ziehen, noch immer denken wir an ihn. Etwas Feines, Vornehmes hatte er an sich – auch wenn er, dieser Herkules, stundenlang eine Bohrmaschine zu stemmen vermochte, die sich, lag sie am Boden, von mir nicht einen Zentimeter bewegen liess.

Darf man einen noch als einen italienischen Maurer bezeichnen, wenn er seit vierzig Jahren in der Schweiz lebt, immer in der gleichen Firma arbeitet, dort offenbar eine Vertrauensperson ist und für heiklere Aufgaben eingesetzt wird? Zurück nach Oberitalien will er nicht (was er dort solle, er kenne ja niemanden mehr). Auch zu den anderen Italienern hier in Bern habe er wenig Kontakt; mit seiner Frau, einer Schweizerin, das sei das schönste Leben gewesen, das er sich denken könne. Aber sie ist vor zwei Jahren gestorben; Kinder hat er keine. Etwas Schwermütiges ist um ihn, etwas Einsames – aber er konnte seine Freude zeigen, wirklich wie ein Kind, als wir ihm zum Abschied ein Geschenk gaben.

Ja, so einer wie Herr Pace kann alle Klischees aus dem Weg räumen, falls man solche hegt, sei's über die immer fröhlichen Italiener oder über die Arbeiterklasse ganz allgemein. Auch mit anderem Schnickschnack räumt er wortlos auf, einfach durch seine Präsenz, etwa mit der Behauptung, es gebe heute keine Persönlichkeiten mehr – er ist einfach eine. Ist er ein *Workaholic*? Offensichtlich wird er mit seiner Schwermut nur fertig, wenn er arbeitet; vor allem aber ist er ein Mensch mit einem Arbeitsethos, ohne dies Wort kommt man bei ihm nicht aus. Er war unruhig, unzufrieden, angespannt, bis er die Ursache des Wasserschadens gefunden hatte, und ärgerte sich, auch in unserem Interesse, wenn die Arbeit schlecht koordiniert war und er warten musste. Der Herkules war nämlich ein rücksichtsvoller Mensch; er dachte an uns und unsere Wohnsituation, wir dagegen, typische Intellektuelle, dachten über ihn nach und stellten allerlei Spekulationen an, die ihm nichts nützten. Aber gemeinsam erinnerten wir uns an die Schrebergärten von früher, in denen Herr Pace jeweils im Frühjahr schnurgerade Weglein zog.

20. Dezember

Dass ich, kaum hatte Herr Pace uns verlassen, den Erstlingsroman «*Musica Leggera*» von Franco Supino las, ist natürlich ein reiner Zufall. Unwahrscheinlich, dass unser Maurer diesen Roman je liest, und keinesfalls sicher, dass auch er die *Musica leggera*, die Lieder der *Cantautori* liebt, die dem Roman seines jungen Landsmanns den Titel geben.

Franco Supino ist mir vor einigen Jahren bei einem literarischen Wettbewerb aufgefallen (da hatte er wohl gerade die Matura gemacht), aber nicht, weil mit ihm, damals noch ungewöhnlich, einer der Zweiten Generation zu schreiben anfing; das beachtete ich kaum. Was mir damals an seinem gewiss noch nicht druckreifen Wettbewerbstext gefiel, war die Konsequenz, mit der dieser noch sehr junge Mensch alle Klischees (sie sind auch in der Literatur häufiger, als man glaubt) vermied. Offensichtlich ist auch ihm etwas von jenem «Schrecken vor der Phrase» eigen, den Widmann einmal am jungen Walser feststellte. Erklärt das, warum sein erster Roman, der nun druckreif und gedruckt daliegt, mir von Anfang an nahe und vertraut war? Oder – Peter Bichsel deutet es im Klappentext an – sind die darin beschriebenen Erfahrungen von Fremdsein und Zuhausesein, von Dazwischenstehen und Schwanken eben auch denen, die als Einheimische aufgewachsen sind, tiefer vertraut, als man merkt?

In der Schweiz geboren, hier eingeschult, in Berufslehren eingestiegen, zur Matura gelangt, bald schon nicht mehr nur als Einzelfall, das ist die Generation, der die Protagonisten des Buches angehören; die heranwachsenden und dann erwachsenen Kinder von jenen, die in den siebziger Jahren bei uns von Fremd- zu Gastarbeitern avancierten. Aber das Buch ist weder eine Autobiographie noch ein literarisches Dokument zum Thema «Siamo Italiani» oder «Fremde unter uns».

Als brauchte der Autor für eigene Erfahrungen stellvertretende Figuren, stellt er die Geschichte der Familie de Sapio ins Zentrum: die in den sechziger Jahren in die Schweiz kam und irgendeinmal – zum Beispiel in den siebziger Jahren – auch wieder zurück nach Italien wollte. Wäre da nicht der älteste Sohn Enzo gewesen, der, Vorzeige-Italiener im Gymnasium, gegen die elterlichen Pläne protestierte. Und er hatte schliesslich Erfolg; die Eltern blieben, den Kindern zuliebe, damit diese sich ausbilden, aufsteigen, sich integrieren konnten in dem Land, in dem sie, die Kinder, sich vorläufig zu Hause glaubten, während die Eltern wohl für immer Fremde blieben. Enzo, der Pionier, schaffte es tatsächlich: das Studium, den Beruf, die Familiengründung, die Integration. Die jüngeren Kinder, die schöne Maria de Sapio und der etwa gleichaltrige Icherzähler, entwickelten sich im Windschatten Enzos – sie hatten es leichter als er, und gerade deshalb auch schwerer. Ihnen wird das Dazwischenstehen, die Unbehaustheit schmerzhaft bewusst – vor allem dem Icherzähler, diesem Kompliziertesten von allen, der, kein Zweifel, dem Autor gleicht. Er begreift und akzeptiert den Zwiespalt, das Einerseits-Andrerseits, als etwas Unausweichliches. Dass Maria nach Italien zurückkehren will, empfindet er als Verrat. Verrat, woran? An seinem eigenen Entschluss, das Dazwischenstehen auszuhalten und in seiner Jurasüdfussstadt zu bleiben? Das Gespräch, in dem die beiden voneinander Abschied nehmen, gehört zu den schönsten Liebesgesprächen, die ich in letzter Zeit gelesen habe – gerade weil die beiden nie ein richtiges Liebespaar sein könnten, dazu sind sie sich zu nahe. Desto mehr brauchen sie, beide, die *Musica leggera*, die Lieder der *Cantau-*

tori, als Ausdruck einer unbestimmten, als unerfüllbar begriffenen Sehnsucht.

Das ist eine Geschichte, die sich ereignen könnte, sich, so oder anders, ereignet hat. Und die zugleich – und das macht den Reiz des Buches aus – vom Icherzähler unter den Augen der Lesenden erfunden wird. Der Roman liest sich ganz leicht, ist aber raffiniert gemacht, raffiniert einfach eben. Vielleicht könnte man ihn mit einem *Trompe l'oeil* vergleichen: Man liest, als begegnete man der blanken Realität – und merkt immer wieder, verblüfft und entzückt: die Figuren sind «nur» gemalt, die Geschichte «nur» erzählt.

20. Januar

Thomas Bernhard ist, wenn einer, der grosse Prosalehrer der zweiten Jahrhunderthälfte, behauptete ich neulich im Gespräch, gewiss ein wenig hochstaplerisch. Natürlich kann man auch sagen, Bernhard sei nachgeahmt worden wie kein zweiter. Aber gerade die Besten und Eigenständigsten sind bei ihm in die Schule gegangen und dadurch nicht verdorben worden! So auch meine Trouvaille dieses Monats: Ivan Farron, «*Un Après-midi avec Wackernagel*». Was für ein eigenartiges Erlebnis, den vertrauten Thomas-Bernhard-Sound, die weit ausschwingenden Sätze, die obsessiven Wiederholungen, die Genauigkeit im Detail, in französischer Sprache zu lesen, und in einem Ambiente und mit einer Problematik, die kein *Remake* der Bernhard-Welt ist!

Ivan Farron ist in Basel geboren, lebt in Lausanne, er hat auch in Tübingen studiert, kennt offensichtlich die deutsche Literatur; er schreibt französisch, scheint ein *Bilingue* zu sein. Auch er ist also einer, der zwischen den Kulturen steht – aber nicht das ist das Thema seines Buches, nicht ein Dazwischen, das beides umfassen kann, sondern, härter, gefährlicher, der Riss, der trennt: das Normale und das Kranke, Tod und Leben, die verschiedenen Strebungen des Ichs. Eine Trennung, die sich plötzlich als Illusion erweist, so dass, noch bedrohlicher, alles ineinanderstürzt, das Normale und das Kranke, Tod und Leben.

Farron ist 1971 geboren; für einmal ist ein Erstling tatsächlich das Werk eines jungen Autors. Aber, und das scheint mir wichtiger: Ich habe die Jugend des Autors während des Lesens völlig vergessen, sie mir erst im nachhinein in Erinnerung gerufen. Das Buch kommt mir zugleich alt und jung vor. Die Ausgangssituation schon ist ein Fund. Einer, ein namenloser Icherzähler, wartet beim Basler Münster auf seinen Freund Wackernagel, der um zehn Uhr aus der psychiatrischen Universitätsklinik entlassen wird, und der um dieses Rendez-vous gebeten hatte. Dies ungeachtet der Tatsache, dass er also allein, nach der langen Internierung jedem Lärm entwöhnt, die ganze Stadt durchqueren muss, deren Atmosphäre doch die Ursache seines Zusammenbruchs ist. Er wird sogar an jener Stelle umsteigen, die für ihn «*l'épicentre morbide et délétère*» der Stadt ist (beim Kantonsspital und beim alten Predigerkloster). Der Gesunde wartet auf den Kranken, wartet immer angstvoller, und im Warten ruft er sich den Freund in Erinnerung: dessen hohe Begabung, dessen Zusammenbruch, die Auflehnung gegen den Geist der Stadt, von dem er doch durchdrungen ist, die mögliche Veränderung in der Klinik, bei den «*blouses blanches spécialisées*». Dabei wird, von Seite zu Seite unverhüllter, deutlich, wie sehr er, der scheinbar Gesunde, sich vor dem Kranken, der Krankheit fürchtet – so dass bald nicht mehr so klar ist, wer von beiden gefährdeter ist. Am Schluss, wenn Wackernagel unversehens in Erscheinung tritt (oder war er unbemerkt immer da?), da erscheint der Kranke als der Stärkere.

Das ist, will mir vorkommen, das Besondere an diesem Buch: dass die Erzählung klar, ja luzid ist – und dass doch am Ende viele Möglichkeiten der Interpretation bleiben. Sind, beispielsweise, gar nicht zwei Freunde im Spiel – sondern reden da das eine und das andere Ich miteinander, in unheilvoller Spaltung? Ein Prosastück wie ein Kammerspiel, leise im Vergleich zu den Hasstiraden Bernhards; alles wird reduziert auf zwei Personen, als wären sie allein auf der Welt. Ausser ihnen gibt es nur noch die Stadt, als Raum und als Geschichte, als Atmosphäre, als Stadtgeist – und ich nehme mir vor, das nächste Mal, wenn ich in Basel bin, den Spuren Wackernagels nachzugehen, die mich, vermutlich, durch eine reale und eine imaginäre Stadt führen werden.

15. Februar

«*Ein Nachmittag mit Wackernagel*»: der erste Prosatext, siebzig Seiten, eines Fünfundzwanzigjährigen – «*Was gibt's Neues vom Krieg*», das erste Buch des über sechzigjährigen Franzosen Robert Bober (1931 als Sohn polnischer Juden in Berlin geboren). Man darf die beiden Bücher nebeneinander lesen, nebeneinander stellen – wertend vergleichen sollte man sie nicht. Robert Bober hat nach langen Jahren, in denen er als Dokumentarfilmer arbeitete, jetzt, fünfzig Jahre nach Kriegsende, seinen ersten Roman geschrieben. Auch wenn es sein einziger bleiben sollte – es ist ein meisterliches Buch.

Wunderbar locker hat Bober seinen Roman gefügt, als wüchsen die Geschichten ganz von selbst zusammen; und er hat sich erlaubt, das Ganze asymmetrisch, in zwei Teilen ungleicher Länge, zu bauen, den Geschichten eine kurze, im Rückblick geschriebene Coda anzufügen. Locker verbundene Geschichten: als müsste man die Menschen nur reden, ganz leicht und alltäglich reden lassen, mit Heiterkeit, ja mit Humor. Ich habe kaum je ein so heiteres, manchmal lustiges Buch gelesen – und kaum je ein so tief trauriges. Und so fängt es an:

Der ehemalige Deportierte Abramowitz, der – wir schreiben das Jahr 1946 – in einem Pariser Schneideratelier die Arbeit beginnt, wird von seinen Kameraden bald Abramauschwitz genannt. Es ist der Bügler Léon, der auf dieses Wortspiel kommt. Und alle lachen, so sehr, dass sie für Augenblicke mit der Arbeit aufhören müssen. Als ich Freunden diesen Anfang erzählte, reagierten sie mit Entsetzen – weil sie annahmen, «Arier» machten sich über einen Juden lustig. Aber die da lachen, sind ehemalige Deportierte oder Angehörige von Deportierten, auch Léon, der Bügler. Jüdischer Humor, sagt da einer – aber was genau heisst das? Der Humor in «*Was gibt's Neues vom Krieg?*» schliesst die ins Leiden Eingeweihten, im Leiden Erfahrenen für Augenblicke zusammen – und hebt doch die Einsamkeit nicht auf. Wie gerne möchte Abramowitz die schöne Madame Andrée, eine der französischen Fertigmacherinnen im Atelier, heiraten – aber das kann nur geschehen, wenn auch sie über das Wort Abramauschwitz lacht. Also nie – denn sie, diese feine Frau, die ihre eigene Lebenslast mit sich trägt, sie darf – aus Respekt vor den Toten – das Lachen der Eingeweihten nicht teilen.

Aus solchen Geschichten ist das Buch wunderbar leicht gefügt (Nähte sind nur gerade so unauffällig sichtbar wie in einem gut gefertigten Anzug). In Schneiderateliers wie dem beschriebenen hat Bober nach Kriegsende gearbeitet, er sagt es am Schluss und bedankt sich namentlich und ehrlich bei den ehemaligen Kollegen und Chefs. Es sollte, denkt man unwillkürlich, mehr Schneider unter den Autoren geben, vielleicht würde man dann häufiger diese Leichtigkeit, auch diesen wunderbaren Respekt vor den anderen finden. So viel Lachen, so viel Lächerliches, und ein so tiefes, nicht zu brechendes Schweigen. Nie wird der Schneidergeselle Charles ein Wort sagen über das Nötigste hinaus, nie wird er heiraten, nie mehr wird er lieben (seine Frau wurde im Lager umgebracht) – und erst als er im Altersheim ist, kauft er sich auf dem Jahrmarkt Hitler und Göring als Puppen und bringt sie in seinem Zimmer mit Ballwürfen um.

Das Schneideratelier ist der eine Lebenskreis des Buches. Ein anderer, ein versteckterer, der wohl dennoch wichtigere, ist ein Internat für Kinder, deren Eltern deportiert wurden. In diesen Passagen glaubt man das Herz des Buches schlagen zu hören – versteckt unter einer Kapitelüberschrift, die auch im französischen Original, deutsch geschrieben ist. Sie heisst: «*Präzisions-Uhren-Fabrik*». Dieses verlässliche Zeichen ist für immer der Uhr eingeritzt, welche der jetzt fünfjährige David zum endgültigen Abschied von seinem Vater erhielt. Während andere Kinder die Bilder ihrer Eltern bei sich tragen, hütet er die Uhr und zieht sie, obgleich eigentlich zu klein für dieses Geschäft, jeden Abend auf, wie es ihm sein Vater gezeigt hat. Eine deutsche Präzisionsuhr diktierte der Zeit ihren schrecklichen Takt; in der Hand des Kindes wird sie jetzt zum Gehäuse, in dem das Herz des Vaters weiterschlägt – für immer, solange die Uhr geht.

Und wo, in welcher Figur, schlägt das Herz des Autors, wer redet mit seiner Stimme? In einem Interview, das ich hörte, weigerte er sich, von seiner Jugend zu erzählen, von seinen Eltern; die Frage, in welcher Figur er steckt, erübrigt sich als indezent. Er redet aus allen.

29. Februar

Wann reden, wann schweigen? Einer wie Robert Bober kennt hier das Mass (als hätte er es im Schneideratelier gelernt für immer), jenes Mass, das zu finden heute schwieriger ist als je. Dazu ein Beispiel jüngsten Datums:

Nachdem im Oktober in der «Weltwoche» die Schweizer Literatur rundweg als «totes Feld» bezeichnet wurde, erhält sie heute im «Supplement» das Etikett «schalltoter Raum» aufgeklebt. Ein schalltoter Raum wird die Schweizer Literatur genannt, weil keiner ihrer Autoren (auch keine Autorin) sich in den Streit um die Serbien-Verteidigung Handkes eingemischt habe, keiner ausser Jürg Läderach, der den Worten gleich eine symbolische Tat folgen liess und «seinem», dem Suhrkamp-Verlag, den Rücken kehrte, weil er Handke weiterhin verlegt. Die grundsätzliche Frage bleibt: Wann reden, wann schweigen? Und vor allem: Worüber soll denn geredet werden? Über Handke oder über Bosnien, über den politischen Auftritt eines unpolitischen Starautors – oder die Tragödie im Osten? Ich bezweifle nicht, dass es Handke ernst ist und dass es Mut braucht, als Einzelner gegen eine allgemeine Meinung aufzustehen. Aber es erschreckt mich, wie leicht es ihm gelang, die Tragödie Bosniens in eine Selbstdarstellung umzumünzen.

Und jetzt sollen also andere Literaten sich dazu äussern und streiten, damit die Schweizer Literatur kein «totes Feld» ist! Das Weltgeschehen als Anlass für einen Literaturstreit, das kann in seltenen Fällen Sinn haben. Diesmal, fürchte ich, hat es ihn nicht, und wer noch mit Worten eingreift, dient, wer weiss, nur einem grossen Ablenkungsmanöver. Eine angemessene Antwort auf Handke, falls es sie gibt? Wenn bei seinen grossen Auftritten in Hamburg und Frankfurt die Säle – leer geblieben wären, vielleicht das?

Schweigeminute.

(1996)

Palast der Erinnerung

(Über Lars Gustafsson, Wisława Szymborska,
Daniel Ganzfried)

29. Dezember

Er sei mit Leib und Seele Lehrer gewesen, lese ich heute in der
Zeitung über einen mir unbekannten, sicher verdienstvollen
Mann. Und er werde auch den Beruf, zu dem er wechseln wolle –
ich habe vergessen, welchen: Politiker? Beamter? Unternehmer?
sicher nicht Strassenwischer –, er werde also auch diesen neuen
Beruf mit Leib und Seele ausüben. Was für ein sympathischer
Mann, dieser unbekannte Kollege, denke ich, wenigstens nicht
einer der Lauen, das ist schon viel. Aber schon Sekunden nachher regen sich in mir Zweifel, und ich bin auf einmal nicht mehr
sicher, ob die Vorstellung eines «totalen Lehrers» überhaupt
gut, gar vorbildlich ist. Wäre es nicht, gerade umgekehrt,
wünschbar, vielleicht in jedem Beruf, es behielte einer oder eine
die innere Freiheit, könnte gelegentlich einen Schritt aus sich
selber und aus dem Beruf hinaustun?
 Wunderbar hat Lars Gustafsson in seinem Erinnerungs- und
Gedankenbuch «*Der Palast der Erinnerung*» seine Tätigkeit als
Hochschullehrer beschrieben, erhellend gerade deshalb, weil er
nie vollamtlich und nicht lebenslang unterrichtete. Was er sagt,
kann ich als stellvertretend für meine eigenen Erfahrungen
zitieren, kann mich selber in seinen Sätzen begreifen. «*Unter-
richten – ich glaube, das tut dem Charakter gut*», sagt er; er sei
dadurch zu einem geduldigeren Menschen, vielleicht sogar zu
einem besseren Zuhörer geworden; er habe, wie viele andere,
zuerst im Unterricht zu viel geredet, dann immer besser
begriffen, dass es eigentlich aufs Zuhören ankomme. Auch zum
Thema Literaturkritik findet sich ein Satz: Das Lob, das ihm ein
«*stiller kleiner Mexikaner*» im Korridor spendete, hatte, wie er
sagt, für sein tiefstes Selbstbewusstsein mehr Bedeutung als eine
glänzende Rezension in *Le Monde* oder in der *New York Times
Book Review*.

163

Wie bezeichnend sind solche Sätze für den Autor, für seine Unabhängigkeit, für seine merkwürdige, manchmal fast unheimliche Gelassenheit. So heiter freundlich war Gustafsson nicht immer, übte früher bittere Kritik an Schweden. Liegt der Grund seiner Entwicklung darin, dass er sein Land verlassen hat, und zwar nicht nur, wie viele andere, pro forma; dass er amerikanischer Staatsbürger wurde und dass er auch seine christliche Kirche verliess zugunsten der jüdischen Religion? Dass er also eine offenbar notwendige Ablösung wirklich vollzog – und sich deshalb jetzt ohne Ressentiments mit seiner Kindheit und Jugend befassen kann?

Und was hat es mit dem rätselhaften Titelwort: «*Palast der Erinnerung*» auf sich? Habe nur ich nicht gewusst, dass in der Antike tatsächlich das Gedächtnis als innerer Palast imaginiert wurde, dessen Wände auf Erinnerungsbilder warten? Ein imaginäres Museum also, konkret vorgestellt als ein Innenraum. Mich fasziniert der Gedanke, es seien tatsächlich immer wieder diese unsichtbaren Paläste im menschlichen Inneren errichtet worden, von Einzelnen, die nur dadurch verbunden sind, dass sie ihre Erinnerung pflegen und so, gemeinsam, einen unsichtbaren Untergrund zu den geschichtlichen Fakten und Daten herstellen.

7. Januar

«*Erinnern? Ein gemalter Vorhang vor der Leere, was sonst*», eine Frage oder Behauptung, die Margrit Baur im Roman «*Geschichtenflucht*» einer Protagonistin in den Mund legt; der Satz aber gehört auch zu ihr, und macht darauf aufmerksam, dass Erinnerung immer auch Täuschung und Selbsttäuschung sein kann.

Die Bücher von Margrit Baur nehme ich gerne hie und da in die Hand, auch wenn ich sie längst kenne, und fühle mich während der Lektüre seltsam geborgen. Natürlich nicht in einer schönen oder trostreichen Welt, sondern, wichtiger, in dieser so ganz unaufwendigen, präzisen, verhaltenen Sprache. Form kann ein Halt sein, gerade wenn sie sich der Welt behutsam nähert.

«*Geschichtenflucht*». Wie bei einer Zimmerflucht ein Zimmer ins andere übergeht, löst hier eine Geschichte die andere ab, die vier Personen, zwei Paare, einander erzählen. Sie heissen Helen und Stefan (die Älteren), Etienne und Lisa (die um vieles Jüngeren). Und eigentlich erzählen sie sich zur Hauptsache die gleiche Geschichte, die sie alle auf eine seltsame Art angeht: von Stefan (er ist schon dem Tode nahe), der sich lebenslang aus den Geschichten, die das Leben schreibt, heraushalten wollte – und wider Willen gerade dadurch Menschen fasziniert. Es sind Einübungen ins Reden, denen sich die Figuren gleichsam unterziehen, die alle (vielleicht ausser Lisa) der Sprache tief misstrauen. Die einzige Figur, die ihr nicht misstraut, steht ganz am Rande der Szene, und ist doch immer präsent. Ein Germanistikprofessor, der nicht nur weiss, wie die Welt beschaffen ist, sondern auch, wie man davon redet, und der dadurch seinen Sohn Etienne, der noch um seine Sicht der Welt ringt, aus dem Haus treibt. Etienne ist begreiflicherweise erlöst, als er von Stefan erzählen hört, der äusserlich ein Erfolgreicher war wie sein Vater, und doch an der Grenze des Verstummens lebt – ohne den Ehrgeiz, mit der Sprache die Welt zu erklären oder zu beeinflussen.

Im Zentrum des Buches steht etwas Banales: eine Passage über Ferienphotographien, die Stefan während jenes Jahres machte, das er auf einer griechischen Insel zubrachte. Es sind eigentlich verrückte Photos; völlig kunstlose, ästhetisch wertlose Bilder, gleichsam zufällig «geschossen». Wie ein Kind sie machen würde, nein gerade nicht wie ein Kind. Kein Kind würde auf seinen Zeichnungen immer seine eigene Person weglassen, kein Kind würde die Menschen des Dorfes aussparen, wie Stefan das tut. Er spart alles aus, was den Bildern eine persönliche oder auch eine künstlerische Note geben könnte, er möchte die (kleine) Welt, in der er ein Jahr lebt, sehen wie sie ist, ohne dass ein Mensch sie zurechtrückt: vielleicht öde, vielleicht schäbig, sicher unspektakulär, aber sie selbst. Als er bemerkt, dass er anfängt, schöne Motive, eine wirkungsvolle Perspektive, die beste Beleuchtung zu suchen, legt er die Kamera weg. «*Er habe also angefangen, Bildwürdiges von Bildunwürdigem zu unterscheiden, habe den Bildern dreingeredet, sozusagen ...*» Da wird die Sprachskepsis ins Extrem geführt, wird zur generellen Bildskepsis, zum Verzicht, der Welt «dreinzureden». Eine Haltung, versteht sich, die nicht leicht zu leben ist.

1. Februar

Wisława Szymborska, die wunderbare polnische Lyrikerin, müsste von diesen merkwürdigen, gleichsam hierarchiefreien Photographien fasziniert sein. Das behaupte ich, und das Gedankenspiel scheint mir legitim. Mit auffallender Intensität, in vielen Varianten hat sie das Wichtige und das, was für unwichtig gilt, nebeneinandergestellt, nicht ohne Verbindung, aber ohne Rangordnung. *«In der Sprache der Poesie … ist nichts gewöhnlich und nichts normal. Nicht ein einziger Stein und nicht eine einzige Wolke darüber. Nicht ein einziger Tag und nicht eine einzige Nacht. Und vor allem kein einziges Leben»* – das sagt sie am Ende ihrer Nobelpreisrede vom letzten Dezember.

Auf diese Rede war ich gespannt – und entsprechend dankbar, als ich sie von einer schwedenkundigen Freundin, die oft die Nobelpreiswoche in Stockholm verbringt, in die Hand gedrückt erhielt. Wie würde die Autorin, die in ihrem Werk poetologische Sätze vermeidet, ja deren Wert anzweifelt, diese Aufgabe meistern? Leichtfüssig, beiläufig, als wolle sie um die Sache herumreden, fängt sie an, und kommt dann doch zur Sache, tupfgenau, kommt, überraschend für viele, aber nicht für jene, die ihr Werk kennen, zu einem Satz, wie man ihn sich lapidarer nicht vorstellen kann: zum Satz *«Ich weiss es nicht»*, und damit zum Zentrum ihrer Rede. Das «Ich weiss es nicht» ist keine Verlegenheitsfloskel, es steht für Wisława Szymborska am Ursprung aller Inspiration, nicht nur der dichterischen; er steht am Anfang von jedem Gedicht – und aufersteht an dessen Ende als ein Impuls für das nächste. So einfach ist das, so selbstverständlich, so überzeugend.

Nicht dass ich durch die Lektüre der Rede die Gedichte besser verstünde! Diese brauchen die Stütze der Theorie, die *«wackligen Antworten»* der Poetologie nicht. Aber ich bin jetzt hellhöriger für die vielen Fragesätze, die durch die Gedichte gehen, für die Formeln der Ungewissheit – diese *«sozusagen»*, *«angeblich»*, *«so scheint es»* –, die sie untergründig strukturieren.

Das «ich weiss es nicht» der Szymborska wirkt sanft, leise, ohne Aggression – nicht zu vergleichen, beispielsweise, mit den gezielten, bohrenden Fragen, mit denen Ibsen der Gesellschaft seiner Zeit auf den Leib und in die Eingeweide rückte, und die, übrigens, dort am glaubwürdigsten sind, wo der Autor – wie in der «Wildente» – auch den Fragesteller, also sich selbst, in Frage stellt. Die Gedichte Szymborskas wirken schwerelos, beiläufig im Ton; ohne Zorn, ohne Anklage. Und sind doch auf eine beharrlich leise Art subversiv, indem sie konsequent alle Rangordnungen und Gewissheiten auflösen. Das Gedicht «Das Ende des Jahrhunderts» schliesst mit den überraschenden Strophen:

Wie leben? – fragte im Brief
mich jemand, den ich dasselbe
hab' fragen wollen.

Weiter und so wie immer,
wie oben zu sehen, es gibt keine Fragen,
die dringlicher wären als die naiven.

10. Februar

Dass ich ein zweites Mal den Erstlingsroman von Daniel Ganzfried *(«Der Absender»* 1995) zur Hand nahm, dazu brauchte es einen äusseren Anstoss. Zufällig geriet ich in eine «Reflexe»-Sendung, in der zwei Soziologen wortreich den schweizerischen Antisemitismus analysierten. Mit einem gewaltigen Theorieaufwand rückten sie ein paar simplen, um nicht zu sagen primitiven Leserbriefen zu Leibe, für die einige rudimentäre Einsichten aus, sagen wir, einem Psychologiekurs für Anfänger genügt hätten. Ich hätte mich sofort aus der Sendung ausgeklinkt, wäre da nicht ein Dritter gewesen, der sich ohne Wortgestöber und Eitelkeit, ohne Theorieüberhang, klar und sachlich zur Sache äusserte. Es war Daniel Ganzfried. Der weiss, wovon er redet, dachte ich, und erinnerte mich an seinen Roman. Als ich ihn in die Hand nahm, schlug er sich gewissermassen selber auf. Auf Seite 156 hatte ich einen Zettel eingelegt. Da definiert einer (unwichtig, wer) das Wort Erinnerung als ein *«unvoreingenommenes Befragen der eigenen Geschichte»*. Ein Wort wie «unvoreingenommen» habe ich in diesen letzten Monaten, als in der Presse fast unablässig die unbewältigte schweizerische Vergangenheit und der schweizerische Antisemitismus besprochen wurden, nie angetroffen. Und doch wäre es unbedingt am Platz gewesen. Es schafft einen weiten Raum des Nachdenkens, versteht die Erinnerung, auch die kollektive, als einen Prozess, und nicht als eine Forderung oder Erkenntnis, die man dem Gegner oder Partner um die Ohren haut.

Der Roman *«Der Absender»* ist ein Buch der Erinnerung. Einer Erinnerung freilich, deren Bilder nicht recht in jenen imaginären Palast passen, den Gustafsson beschreibt; sie sperren sich gegen das Museale, auch gegen die realen Paläste der Erinnerung, wie die neuen Holocaust-Museen. Die Vergegenwärtigung der Vergangenheit sei vergleichbar dem Versuch, den Sinn des Lebens zu erfassen, sagt Joseph Brodsky einmal. Wie aber, wenn diese Vergangenheit Ereignisse und Erfahrungen enthält, die einen solchen Lebenssinn radikal in Frage stellen?

Der Autor ist 1958 in Israel geboren und bei seinen Grosseltern in Bern aufgewachsen. Er lebt seit 1960 meistens in der Schweiz. In seinem Buch vergegenwärtigt er die Geschichte seiner Vorfahren: ungarischer Juden, die, abgesehen von einzelnen Überlebenden (er nennt sie die *«Übriggebliebenen»*) in den Vernichtungslagern der Nazi umkamen. Er hält sich dabei an das Zeugnis seines Vaters, der als Fünfzehnjähriger, bis auf den Tod krank und geschwächt, von den Engländern in Bergen-Belsen befreit wurde. Offenbar hat dieser Vater eine Reihe von Kassetten mit seiner Familiengeschichte besprochen. Diese stellen das Kernstück des Romans dar. Und der Autor hält sich sprachlich an ihren nüchternen Duktus – und wird dabei dem Thema durchaus gerecht: weder Poesie noch Brillanz verklären den Holocaust.

Der Aufbau des Buches ist so komplex wie das ganze Phänomen der Erinnerung an Unerträgliches. Da ist einer, ein Stellvertreter des Autors, Georg genannt, der die verschiedenen Stränge der Erzählung zusammenhält. Dieser Georg ist in der Aufbauphase eines in New York geplanten Holocaust-Museums beschäftigt (dessen Fragwürdigkeit er durchaus erkennt). Da gerät ihm überraschend ein anonym eingesandtes Tonband in die Hände, auf dem er die Stimme seines Vaters und die Geschichte seiner Vorfahren zu erkennen glaubt. Bei einem der flüchtigen Zusammentreffen mit diesem Vater sucht er Gewissheit über seine Vermutung. Aber er bringt es nicht über sich, dem Vater die entscheidende Frage zu stellen, und es gelingt ihm nicht, an dessen Arm die KZ-Nummer zu lesen.

Diese betonte Verweigerung von Klarheit ist nicht einfach ein äusseres Spannungselement des Buches; sie führt in dessen Zentrum. Der Autor weiss nicht nur, wovon er redet, er weiss auch, wovon man *nicht* reden kann und darf. Erstaunlich und bewundernswert, dass in einem so umfangreichen Text stets ein Raum des Schweigens ausgespart bleibt, dass Reden zusammengeht mit Verstummen. Als die Erzählung die Zeit der Lager, die Todesstation Auschwitz darstellen müsste, setzt sie aus; nur ein ganz kurzes Gespräch zwischen Vater und Sohn berührt eine Erfahrung, die dem Vater nach wie vor unerträglich ist: der Tod der eigenen Mutter. Aber gerade hier fängt der Sohn an, die spröde und unstete Art des Vaters zu verstehen.

Ein Buch der Erinnerung also. Und zwar wird diese Erinnerung in einer Komplexität dargestellt und auseinandergefaltet, die mir exzeptionell scheint. Vergangenheit wird, einerseits, vergegenwärtigt in der unmittelbaren, direkten Erzählung eines wahrhaft Betroffenen, des «*übriggebliebenen*» Vaters eben; und sie wird, andererseits, als Erinnerung «zweiten Grades» gleichsam, von den Nachkommen und Nachfahren gesucht, bedacht und gesammelt. Die von Georg und seinen Kollegen am Holocaust-Museum reflektierten Fragen stellen den formal wie gedanklich interessantesten Teil des Buches dar. Glänzend gelungen sind dem Autor vor allem die Gespräche unter den Mitarbeitern, die erfahren müssen, dass auch jene Dokumente, die einem eigentlich die Kehle zuschnüren, schliesslich der Routine der Archivierungsarbeiten anheimfallen und museal entschärft werden. Gerade in diesen Passagen verhindert ein ironischer Ton, dass ein Pathos aufkommt, das dem Thema nicht angemessen ist.

«*So sass er nun vor seinem übriggebliebenen Vater, hatte alles herausgefunden und verstand noch immer nicht*»: der Satz stellt eine Art Bilanz dar. Angesichts von Extremerfahrungen wie den hier beschriebenen (oder eben verschwiegenen) ist dem Verstehen der Nachgeborenen, auch dem der nächsten, eine unsichtbare Grenze gesetzt.

(1997)

Hommage à Erica Pedretti

1

In «*Engste Heimat*», dem Opus magnum von Erica Pedretti, gibt es eine Figur, die besonders eindrücklich die in diesem Werk evozierte Zeit zum Ausdruck bringt. Der «Mann mit dem Schuh», wie ich ihn für mich vertraulich nenne, hat seinen kurzen, unvergesslichen Auftritt im Frankreich des Jahres 1939, als alle dort wohnenden Tschechen zur Armee eingezogen wurden. Im Aushebungsbüro sitzt er (und dort werden wir ihn, der nur eine Episodenfigur ist, auch sitzen lassen) und ist so hingebungsvoll damit beschäftigt, eine defekte Schuhsohle mit einem zufällig gefundenen Absatz zu flicken, als sässe ein Künstler über einem grossen Werk. Aber er ist kein Künstler, er ist, sagt man, verrückt. Kein Kommandogeschrei kann ihn erreichen; er weiss – und vielleicht hat er recht –, dass nur das Nächstliegende zählt, gerade jetzt: brauchbare Schuhe und die Fähigkeit, diese instand zu stellen. Und wenn man ihn nicht in der Militärmaschinerie zugrunde richtet, sondern seiner merkwürdigen Vernunft folgen lässt, wird er, wer weiss, mit seiner Geschicklichkeit und seinem Sinn fürs Konkrete überleben, besser als andere, Klügere. Ein Verrückter – oder einer, der instinktiv weiss, dass nur mehr mit Unsicherheit und Provisorien zu rechnen ist und der darauf seine eigene, konkrete Antwort gibt? Der ist mir über, denke ich manchmal.

Neben diesen Mann schiebt sich mir wie von selbst die Erinnerung an eine Installation von Erica Pedretti, die im Sommer 1995 – im Erscheinungsjahr von «*Engste Heimat*» also – in einer Open-Air-Ausstellung im Berner Rosengarten zu bewundern war. Ich sah sie in der allerschlechtesten Stimmung; blind und stumpf ging ich durch den mir seit jeher vertrauten Park, gleichgültig ging ich an den Exponaten vorüber. Dann sah ich die blauen Zelte. Sie standen etwas abseits, nicht an einer prominenten Stelle, weder beim Wasserbecken noch bei den Rosen, sondern am Rande einer banalen Wiese. Unauffällig standen sie da, und dennoch irritierten sie schon von weitem; fremd und schön leuchtete das leicht metallische Blau. Erst als ich mich der kleinen Gruppe näherte, sah ich, wie porös die Zeltwände waren: eher dichtgewirkte Netze als die bei Zelten üblichen wasserdichten Stoffe. Und jetzt begriff ich: die Schönheit des Blaus ist trügerisch. Diese Zelte gewähren keinen Schutz. Und tatsächlich, ein Blick auf das Begleitblatt der Ausstellung lehrt: die Installation heisst «Asyl». Jetzt ist das Poröse auf einmal mit Angst durchsetzt; Bleigewichte lasten auf dem Blau. Asyl – der Mann mit dem Schuh und die blauen Zelte, sie sagen, mit verschiedenen Materialien, einmal sprachlich, einmal textil, das gleiche: dass es keinen Schutz für immer und gegen jede Unbill, gegen jede Verfolgung gibt, bestenfalls einen geflickten Schuh, um zu fliehen, oder ein durchlässiges Zelt als Bleibe auf Zeit. «*Asyl nur bis zum Hahnenschrei, / Die Zeit der Heimat ist vorbei*» – mit diesen Versen formulierte Marie Luise Kaschnitz, in deren Namen Erica Pedretti vor kurzem in Deutschland ausgezeichnet wurde, vor mehr als fünfzig Jahren das Fazit ihrer eigenen Erfahrung und ihrer Epoche, wie Erica Pedretti in den erwähnten Kunstwerken die Bilanz ihrer Erfahrung, einer zugleich persönlichen und geschichtlichen, zog. Und wenn wir das Wort «geschichtlich» brauchen, meinen wir meistens nichts Gutes, sondern die Schrecken des Jahrhunderts, Krieg und Verfolgung.

2

Noch aus einem anderen Grund, übrigens, ist der «Mann mit dem Schuh» eine interessante Figur. Es fällt immer wieder auf, was für eine Bedeutung alles, was man mit den Händen tut, also auch ganz simple Arbeiten, im Werk Erica Pedrettis hat, wie sehr jene geachtet werden, die sich darauf verstehen. Zum Beispiel der Schuster Joseph Zeisig in «harmloses bitte», unvergesslich auch deshalb, weil ihm, wie vielen unter uns, offenbar das Leben mit seinen Belastungen und Aufgaben über den Kopf wächst und sich in der Werkstatt zu einem riesigen Berg – einem «Schuldenberg» – ungeflickter Schuhe anhäuft.

Hier mag die Frage laut werden, ob ich nicht dabei sei, das Pferd beim Schwanz aufzuzäumen, indem ich nur von Nebenfiguren und Nebensachen rede. Aber Nebensachen sind eben manchmal Hauptsachen, und die handwerkliche Arbeit ist im Werk von Erica Pedretti nicht nur eine Begleiterscheinung, sondern vielleicht geradezu eine Voraussetzung der Kunst, auch des literarischen Schaffens und also ein Beleg, wie eng in diesem Gesamtwerk beides zusammengehört. Auch der Garten und die Gartenarbeit müssen hier unbedingt erwähnt werden, und nicht nur als biographisches Kolorit und auch nicht in der Stilisierung zur Gartenkunst nach dem Vorbild englischer Landhäuser und französischer Parks. Bei Erica Pedretti geht es, wenn sie von Gartenarbeit redet, um Wassertragen und Jäten, um den schmerzenden Rücken, die elementare Freude an dem, was wächst und zum Wachsen gebracht wurde. Dass gerade der Umgang mit den sprachlos wachsenden und doch eigensinnigen Blumen, Sträuchern und Gemüsen in einem indirekten, geheimnisvollen Bezug zur Sprache steht, das ist allerdings nur eine Vermutung, aber für mich eine unabweisbare. Auf jeden Fall beschreibt die Autorin in einem überaus reizvollen Aufsatz der siebziger Jahre, wie sich am Rand eben der gemeinsamen, unspektakulären Arbeit mit ihren Schrebergarten-Nachbarn freundschaftliche Gespräche ergaben, die sonst nicht zustande gekommen wären.

Die Sprache, so scheint es, gewinnt bei Erica Pedretti offenbar an Selbstverständlichkeit und Leichtigkeit, wenn sie sich abstützen kann auf eine sprachlose Tätigkeit und den Umgang mit dem Sprachlosen. Überraschend und eindrücklich endet eine in Amerika gehaltene poetologische Vorlesung mit einem Satz, der über Poetologie weit hinausweist. «Es gibt so viele, an deren Weisheit oder Philosophie nicht zu zweifeln ist, nur weil sie *keinerlei intellektuellen oder künstlerischen Ausdruck dafür zur Verfügung haben ... oder die Sucht, ihre Gedanken, the things of the mind, aufs Papier zu bringen, nicht kennen, und still ihrer Anschauung entsprechend handeln und leben. Beneidenswerte Menschen.*» Der Respekt vor einem Leben und Handeln, das ohne sprachlichen Ausdruck, ohne die damit verbundenen Freuden, Qualen und Ansprüche, ohne literarischen Ehrgeiz auskommt, ist, wie mir scheint, in den Texten Erica Pedrettis unhörbar immer vorhanden.

Man geht am Wesentlichen dieses Werkes vorbei, wenn man dessen Voraussetzungen in der Wirklichkeit, die Verwurzelung in Kindheitserfahrungen übersieht oder sorgsam herausseziert wie die Gräte aus einem Fisch; aber man geht, umgekehrt, im gleichen Ausmass am Wesentlichen vorbei, wenn man im Werk einen Abklatsch der Wirklichkeit sucht oder einen solchen hineinliest oder -sieht. Die Evokation von Träumen und halluzinatorischen Erinnerungsbildern – unvergesslich im *«Heiligen Sebastian»* – kann Erfahrung eindrücklicher und richtiger wiedergeben als jedes noch so zuverlässige Protokoll. Gerade was die Abwehr einer sogenannt realistischen Ästhetik angeht, hat sich Erica Pedretti unmissverständlich geäussert. *«Dass eigentlich nichts naturalistisch beschreibbar ist, davon gehe ich aus»*, sagt sie klipp und klar. Und: *«Ich bezweifle, dass Wirklichkeit je mit einem andern geteilt werden kann.»* Oder, nicht weniger unbedingt: *«Wie es zu einem Bild kommt, wie Poesie zustande kommt, kann niemand sagen. Auch der Autor oder die Autorin nicht.»* Das sind nicht zufällig lauter Negativsätze; sie geben der Kunstauffassung einen Rahmen und lassen ihr doch die nötige Freiheit. Denn Erica Pedretti gehört zu jenen, wie mir scheint, besonders interessanten Autorinnen, die, wie Virginia Woolf es formuliert, sich ihren künstlerischen Weg *«im Gehen bahnen».*

Man merkt, übrigens, ihren poetologischen Bemerkungen fast Punkt für Punkt an, dass sie von einer bildenden Künstlerin stammen. «Wahrnehmen, Schauen, Anschauen», das sind da zentrale Begriffe, und ihnen, das heisst dem in ihnen angedeuteten Umgang mit der Welt, wird auch deren Erkenntnis zugetraut: *«Schauen, anschauen ist nicht zufällig im Begriff Weltanschauung enthalten.»* Ein wichtiger Satz! Er erlöst das schöne

Wort «Weltanschauung» aus der verhängnisvollen Verengung zu einer durch eine Fertigphilosophie bestimmten Weltsicht; im Wortsinn genommen, beinhaltet es eine Anschauung der Welt, die ihre konkrete Gestalt einschliesst und deshalb, auch ohne begleitende Reflexion, im Kunstwerk enthalten ist.

3

Wörter wie schauen und anschauen assoziieren wir leicht mit einer Goetheschen, einer ruhigen, gelassenen Betrachtung der Wirklichkeit. Eine solche Vorstellung findet in der stark visuellen, überaus nuancierten Sprache von Erica Pedretti gewiss reiche Bestätigung. Aber nur zum Teil. Der unruhige Rhythmus der Sätze, die nervöse Folge von Frage und Zweifel, von Feststellen, Vermuten und Zurücknahme der Vermutung, hat mit einer ruhigen Anschauung nichts zu tun; so wenig wie im Bildnerischen die vielen Flügel und Flugobjekte, die, fast ein Markenzeichen ihres Schaffens, einen beim Betrachten manchmal fast rauschhaft bewegen, als wäre Fliegen möglich – und dann wieder in ihrer Hilflosigkeit erschrecken. Nicht einfach sinnlos, wenngleich etwas irreal ist die Frage, was für ein Werk Erica Pedretti wohl geschaffen hätte, wäre sie zu einer glücklicheren Zeit (aber gibt es die?) und in einem verschonten Landstrich (den es ab und zu gibt) geboren worden, und wäre, um konkret zu werden, ihre Familie nicht in die Teufelsspirale von Krieg und Verfolgung geraten. Vielleicht, wer weiss, hätte dann wirklich ein Werk Goethescher Anschauung entstehen können; einer Anschauung, wie sie in «*Engste Heimat*» der Grossvater, eine für Erica Pedretti überaus wichtige Person, ein letzter Uomo universale, aus seinem immensen Gedächtnis rezitierend umkreist (den halben «*Faust*» und den ganzen *Morgenstern* kennt er auswendig). Aber Schreiben heisst bei Erica Pedretti nicht nur die grossväterliche Tradition fortsetzen, meint nicht nur Schauen, sondern auch Überflutetwerden von Eindrücken und Erinnerungen, Zerriebenwerden zwischen Geschichten; es heisst auch Aussparen, Lücken lassen, und dies nicht nur aus künstlerischen Gründen. Es gebe Geschichten, liest man schon 1970 in «*harmloses bitte*», die «*auf jeden Fall verschwiegen werden müssen, weil es unmöglich sei, sie wahr wiederzugeben*». Das ist ein poetologischer Schlüsselsatz, der in der Folge im Werk zwar modifiziert, aber nie widerrufen wird.

4

Von «*harmloses bitte*» von 1970, diesem meisterhaften Erstlingswerk, bis zum Opus magnum «*Engste Heimat*» von 1995 drängt ein gewaltiger Lebens- und Geschichtsstoff ins Werk: Geschichten, Ängste, Ahnungen, historische Ereignisse und die daraus erwachsenden Einsichten. Etwas in diesem Lebensstoff aber entzieht sich, als ob es eigene Widerstandskraft hätte, der Formulierung, obgleich es doch andrerseits nach ihr verlangt.

«*Jede Kindheit ist unermesslich*», behauptet John Berger, und er hat, wenn überhaupt für jemanden, recht für Erica Pedretti. Sie hat diese Unermesslichkeit schreibend so weit wie irgend möglich ausgeleuchtet und mit der Kindheit zugleich, ja wirklich nahtlos gleichzeitig eine Epoche erhellt, die mit Begriffen aus dem Geschichtsbuch – deutsche Usurpation der Tschechoslowakei, Krieg, russische Besetzung, Vertreibung der Sudetendeutschen – nach Daten und Fakten benannt werden kann. Und es lässt sich feststellen, dass auf dem Weg vom ersten zum letzten Werk der Raum des zu Verschweigenden schrumpft, das Vertrauen in das Erzählen wächst. Und zwar wächst das Vertrauen in die Erzählung, gerade was die Wiedergabe von historischen Phänomenen angeht. Im Vergleich zur Fragwürdigkeit der objektiv sein wollenden Berichterstattung in den Medien (deren Fratze der Golfkrieg vor Augen führte), gewinnt – so sagt es die Autorin selbst – die fiktive Erzählung an Verlässlichkeit.

Aus diesem gestärkten Vertrauen in die Sprache und in eine, wenngleich mit harten Schnitten immer wieder gebrochene Erzählung ist «*Engste Heimat*» herausgewachsen. Ein Werk, das, wie seinerzeit der Erstling «*harmloses bitte*», aus zwei Perspektiven geschrieben ist: aus der des Kindes und der einer Erwachsenen, die sich früh geschworen hatte, nicht zu vergessen, «*wie ein Kind fühlt und denkt*». Und die es nicht vergass – aber nun nicht nur aus der Perspektive des Kindes schreibt, sondern diese mit der einer Erwachsenen ergänzt, vielmehr unterläuft und bricht. Es ist die Kindheitsstimme, die das poetische Element ins Buch einbringt, gewiss. Warum also, fragt sich vielleicht dieser und jene, warum gibt es im Buch nicht nur diese Kinderstimme, warum dürfen die Lesenden sich nicht ganz dieser freilich mit finsteren Ahnungen und Ängsten durchsetzten Poesie überlassen? Weil, versuche ich zu antworten, weil nicht jedes Wort seinen Reim und darin seine Besänftigung durch Wohlklang finden darf (der skandalöse Reim «Krieg» – «Sieg» ist eine solche, eine jahrhundertealte Besänftigung). Ohne Metaphorik gesagt: Es gibt Tatsachen und Erfahrungen, und es gibt Erkenntnisse und eine Trauer, die sich nicht in Poesie verwandeln lassen, ihr widerstehen müssen. Es ist in *«Engste Heimat»* vor allem die Erwachsenenstimme, welche die notwendige Brechung, die unerlässlichen Widerhaken einbringt. Beides, die Poesie und was ihr widersteht, machen die Grösse dieses exzeptionellen Buches aus.

Im *«Heiligen Sebastian»* von 1973, ausgerechnet in diesem Meisterbuch der Träume und Visionen, wird, fast im Klartext und mit aller unerwünschten Deutlichkeit, die Quintessenz jener Erfahrung formuliert, die dann in *«Engste Heimat»* im Erzählen konkret wird: *«Das Grauen war immer schon da, setzt sich fort; die gleichen Leute oder Leute gleicher Art verfolgen neue Feinde und nebenher einige den gleichen Feind wie vorher, wie je. Hörst du sie? Volkstumskampf, Klassenkampf, Rassenhass, Rassenliebe, Revanche.»* Ein gewaltiger Rhythmus geht durch diese Sätze, verdichtet sich zu einer Art Gesetz der Geschichte, das im Werk durch keinen Trost aufgehellt wird und auch hier – ungeachtet des schönen Wortes «Laudatio» – nicht aufgehellt werden darf. Der Schluss führt uns zum Anfang zurück, er verdeutlicht und erklärt die Bilder, von denen ich ausgegangen bin. Denn die im *«Heiligen Sebastian»* beschworene Spirale von Gewalt und Gegengewalt, sie muss, fast zwangsläufig, zur Erkenntnis führen, das Provisorische und Unsichere sei die einzige dem Menschen verlässlich zustehende Existenzform: blaue Zelte, luftig, aber kein Schutz.

Auch der «Mann mit dem Schuh» darf jetzt noch einmal in unser Blickfeld treten. Was hätte er wohl gedacht, – frage ich mich abschliessend und unruhig, was hätte er gedacht, wäre er hier gewesen, ausgesetzt dem Geräusch so vieler Worte, meiner

Worte? Schwer zu sagen, leicht zu erraten. Schweigend flickt er seinen Schuh.

(1995)

Der Germanist Fritz Strich

Erinnerung an einen Lehrer

18. August

Julian Schütt, «*Germanistik und Politik. Schweizerische Literaturwissenschaft zur Zeit des Nationalsozialismus*». Dass ich dieses Buch lesen würde, lesen müsse, war von Anfang an klar. Es handelt ja von nichts weniger als von der Welt, in der ich geistig, beruflich aufgewachsen bin. Dennoch habe ich das Buch lange von einem Bücherstoss auf den anderen gelegt. Ich ahnte, dass es eine ärgerliche Lektüre sein könnte. Das Unternehmen, mir darüber Rechenschaft zu geben, ist nicht leichter.

Gerade bescheiden kommt das Buch nicht daher. Der Titel ist umfassend. Er würde aber richtiger lauten «Der nationalsozialistische Diskurs in der Schweizer Germanistik». Denn diesen nachzuweisen ist das Ziel der Arbeit, die also gut im Trend liegt. Sie wurde, entsprechend, fast nur positiv besprochen, im «Spiegel» mit der obligaten Häme. Ich habe eine einzige kritische, d. h. Lob und Kritik verbindende Rezension gesehen, von Charles Linsmayer, der ja nicht den Ruf hat, dem Establishment der dreissiger Jahre alle Fehler nachzusehen.

Das Buch ist ausgespannt zwischen einem bösen und einem guten Pol. Der «böse» ist der Zürcher Ordinarius Emil Staiger, der seinerzeit berühmteste Schweizer Germanist dieses Jahrhunderts, dessen jugendliche Parteizugehörigkeit bei den Frontisten schon seit längerem publik ist und von Schütt extensiv erörtert wird. Den «guten» Pol bildet, in der Rolle eines Märtyrers und Opfers des schweizerischen Nazismus und Antisemitismus, der Berner Extraordinarius Jonas Fränkel, dem die von ihm initiierte und längere Zeit betreute Keller-Ausgabe und die Arbeiten über Carl Spitteler weggenommen wurden. Für mich neu ist die Tatsache, wie sehr der in der Zeit vor Emil Staiger wohl mächtigste Zürcher Germanist, Emil Ermatinger, darauf bedacht war, den Kontakt mit der – bereits gleichgeschalteten – Germanistik des Reichs zu pflegen. Da ich diesen Professor schon als junge Studentin (da ist man ja besonders hochmütig) für langweilig und überschätzt hielt, empfinde ich jetzt so etwas wie Schadenfreude (kein nobles Gefühl). Karl Schmid, Walter Muschg, Fritz Ernst erhalten den Rang von Haupt-Nebenfiguren, denen es nicht hilft, dass sie mehr dem patriotischen als dem nazistischen Diskurs angehörten; auch dieser ist dem Verfasser suspekt. Fritz Strich, der Berner Ordinarius, tritt als Randfigur der Szene auf.

20. August

Mein Thema, das mich angeht, das mich beschäftigen muss, ist mein Lehrer Fritz Strich: Ordinarius in Bern, 1928 dorthin berufen (wohl auf Anregung von Samuel Singer), nachdem er, nicht anders als Victor Klemperer, wegen des wachsenden Antisemitismus in Deutschland keine ordentliche Professur erhielt.

Erst jetzt, im Rückblick, erkenne ich, wie unterschiedlich die Germanistik damals in der Schweiz besetzt war. In Zürich war sie fest in Schweizer Hand, in Bern dagegen gab es in den dreissiger Jahren gleich zwei deutsche Professoren, Fritz Strich und Helmut de Boor: ein Jude der eine, eben Strich, der andere schliesslich ein Nazi. (De Boor wurde deshalb in Bern 1945 entlassen, später an die freie Universität Berlin berufen.) Strich war nicht der einzige jüdische Gelehrte in Bern, auch nicht nach der Emeritierung des *Grand Old Man*, Samuel Singer; da war seit langem Jonas Fränkel als Extraordinarius tätig. Mit Singer war er eng befreundet, das wusste man; Fränkel und er hätten, so Schütt, respektvoll nebeneinander her gelebt. Ich weiss es nicht.

Allgemein bekannt war die Tatsache, wie stark in jenen Jahren die Zürcher Germanistik dominierte, vor allem seit Staiger Professor war. Strich blieb, auch wenn er einen internationalen Ruf hatte (aber was hiess das bei geschlossenen Grenzen?), eine Randfigur, auch nach dem Krieg. Das hat auch eine an Klatsch nicht interessierte Studentin mitbekommen, und auch, dass das für Strich nicht eben leicht war. Eigenartig (und darauf will ich hinaus): Schütt kritisiert zwar die Zürcher Germanistik, wahrt aber deren Optik. Die Schweizer Germanistik ist bei ihm beinahe identisch mit der Germanistik Zürichs (auch der nach Basel ausgewanderte Walter Muschg war ja Zürcher); ihr sind rund sieben Achtel des Buches gewidmet. Existierte nicht Jonas Fränkel, als Opfer des nazistischen Diskurses, die übrige Schweiz könnte ganz beiseite gelassen werden. Fritz Strich ist und bleibt eine Randfigur.

24. August

Kennt man seinen Lehrer? In diesen Tagen habe ich zum erstenmal einen Vortrag Strichs über Heinrich Wölfflin gelesen (1956, nachgedruckt in *«Kunst und Leben»*). Und diese nachdenkliche, intensive Hommage an seinen Lehrer zeigt den mir scheinbar Bekannten in einem neuen Licht: Nie ist mir Strich menschlich näher gekommen als hier, in diesem vor allem am Anfang merkwürdig dunklen und ratlosen Text.

Heinrich Wölfflin: Strich hat lebenslang betont, dass der aus Basel stammende Gelehrte, ein Schüler und Freund Jacob Burckhardts, der einzige sei, den er «als Lehrer und Meister» anerkenne. Es muss ihn über das Fachliche hinaus – das er in einer grossartigen Analyse darstellt – lebenslang beschäftigt haben, warum Wölfflin, dieser Bewunderte, dieser fesselnde Lehrer (fesselnd nicht durch rhetorische Brillanz, sondern durch Intensität), warum dieser Schöpfer klarer und sinnlich erfüllter Begriffe, doch, fühlbar für die Umwelt, ein Einsamer, Umgetriebener, Heimgesuchter blieb. So sieht der mittlerweile über siebzigjährige Schüler ihn, den Lehrer: *«Seine Geschlossenheit war eine grosse Einsamkeit, und die Unnahbarkeit, die jeder spürte, war nicht nur wie ein schützender Panzer um ihn gelegt, sondern wie ein magischer Kreis, den niemand von aussen her und nicht von innen her durchbrechen konnte.»* Mir scheint, Strich sei nie sonst schreibend so nah an einen Menschen herangegangen, wie hier an den verehrten Lehrer; aber eine Antwort auf das Warum von dessen Einsamkeit kann er nicht geben. Ihn haben, lerne ich, Fragen umgetrieben, die er mit der ihm eigenen Klarheit nicht beantworten konnte und seinen Schülern verschwieg.

179

Sein eigenes Standardwerk «*Klassik und Romantik oder Vollendung und Unendlichkeit*» (1922) ist ohne die «*Kunstgeschichtlichen Grundbegriffe*» Wölfflins nicht denkbar, es beruht aber keineswegs, wie man unterstellte (auch früher konnten Literaturwissenschaftler manchmal nicht lesen), auf einer Übertragung kunstgeschichtlicher Betrachtungsweisen auf die Literatur. Der Einfluss ging tiefer – und wurde eigenständiger ausgestaltet. Strich entwickelte, parallel zu Wölfflins am Sehen orientierten Begriffen, zwei polar sich ergänzende und wechselseitig bedingende Arten der Wahrnehmung und Gestaltung der Zeit, des In-der-Zeit-Seins, oder auch der Welt-Anschauung, wenn man diesen von der Schulphilosophie entseelten Begriff wieder wörtlich und in seiner konkreten geistigen wie sinnlichen Bedeutung versteht. Was mich, obgleich mir seine Systematik zu weit ging (ich wäre, zugespitzt gesagt, eine «geborene Staiger-Schülerin» gewesen), an dieser Stiltypologie interessierte und was sie noch immer von anderen, abstrakteren, entseelteren (dennoch berühmteren!) unterscheidet, ist die Fülle des Konkreten, an dem die Begriffe sichtbar gemacht werden. Strichs Beziehung zur Literatur war trotz seiner Neigung zur Abstraktion im tiefsten eine musische und – wie man etwas später gesagt hätte – eine existentielle. Ihm war es wichtig – auf eine Art, wie man das heute kaum mehr begreift – ob die Autoren, die er schätzte, liebte, in seiner Gegenwart einen Platz hatten: dass man sie ernst und verbindlich nahm und sie nicht nur, wie heute, «ins Gespräch» bringt. Es hat mich bewegt, in seiner Rede «*Zu Lessings Gedächtnis*» (1929) die Frage zu lesen: ob wir (er hielt die Rede in Deutschland) noch ein Recht hätten, einen Lessing, diesen Mann der Rationalität, Kritik, Toleranz, der Skepsis gegen den Nationalismus zu feiern. Und als er 1932 in Weimar bei den grossen Goethe-Feiern seinen Vortrag über «*Goethe und die Weltliteratur*» hielt, seine letzte Rede in Deutschland, da hatte er den Eindruck, an einer Totenfeier und über einen toten Autor zu sprechen. Sind Erfahrungen wie diese mit ein Grund für seine unbezweifelte Goethe-Verehrung, die, umgekehrt, mich (bei allem Respekt) zu einer fast lebenslangen «Goethe-Abstinenz» veranlasste? So lerne ich meinen Lehrer neu kennen – und mich selbst dazu!

Strich war gewiss kein politischer Mensch; es wäre falsch, von ihm Pamphlete zu erwarten; schon die Polemik – hier unterschied er sich scharf von seinem Kollegen Fränkel – war ihm zutiefst zuwider. Am liebsten redete er aber auch über politische Fragen in seiner eigenen, der wissenschaftlichen Sprache, also oft nicht direkt. Mit Händen zu greifen sind vor allem die politischen Implikationen seines zweiten grossen Hauptwerks, «*Goethe und die Weltliteratur*» (1946). Gestützt auf Goethes Vorstellungen, sieht er die Weltliteratur als einen grossen Raum des geistigen Austauschs, in dem die Nationen sich nicht nur kennenlernen, sondern auch wechselseitig ergänzen, korrigieren und anregen können. Im Hintergrund des Buches steht die Erfahrung des ersten Weltkriegs; in das Schreiben war die Hoffnung eingeflochten, eine wachsende Verständigung der Nationen, vor allem durch die Literatur, könne vor dessen Wiederholung schützen. Ein naiver Glaube, vielleicht. Die wirtschaftlichen Verflechtungen, auf die wir heute setzen, scheinen vorläufig solider zu sein als die geistigen. Das ist nicht nur ein Grund zur Freude.

Übrigens: zum Zeitpunkt seines Erscheinens, 1946, da hatte das Buch den Zeitgeist schon bald wieder auf seiner Seite; heute pfeifen die Spatzen das multikulturelle Lied von allen Dächern; aber in der Zwischenkriegszeit, da musste es beharrlich gegen den Strom der Zeit geschrieben werden – in Widerspruch zum geltenden Diskurs, als dessen Korrektur.

27. August

Schütts Darstellung Strichs ist so widersprüchlich, als hätten in ihm zwei Personen die Feder geführt. Am Anfang schiesst er gleich seine Giftpfeile ab (wie gut, dass die Toten sie nicht spüren). Später aber, bei der Präsentation recherchierter Fakten (noch einmal: dafür bin ich dankbar), ist er fair, sachlich im Ton. Da wird dem Gelehrten «politische Integrität» bescheinigt, es wird ihm attestiert, dass er als einziger unter den Schweizer Germanisten sich hinter Thomas Mann stellte, Ricarda Huch für den Nobelpreis vorschlug. Insgesamt aber ist Strich für Schütt ein günstiges Demonstrationsobjekt, um zu zeigen, dass der nazistische Diskurs in Deutschland auch bei jenen zu finden war, die an sich dem Nazismus fern standen, sogar bei Juden. «Nazistische Stichworte» steht über dem einleitenden Strich-Porträt; für uninformierte oder mit dem heutigen Jargon nicht vertraute Leser setzt das den Porträtierten dem Nazismus-Verdacht aus.

Hat Schütt sich durch einen Satz von Jonas Fränkel in einem Brief an R. J. Humm anregen lassen, der besagt: wie andere deutsche Intellektuelle habe Strich – unbewusst – vor 1933 den Nazis die Ideen geliefert, die sie gut brauchen konnten? Um das zu belegen, zieht Schütt vier von insgesamt vierzig in Sammelbänden publizierten Aufsätzen bei, stützt sich, genau genommen, auf einige herausgerissene, nicht selten missverstandene Sätze, ohne je auf die Grundgedanken einzugehen. Seine auf einen feinen Nazismus-Verdacht ausgerichteten Interpretationen liessen sich allesamt entkräften. Hier müssen zwei Beispiele genügen:

Wenn Strich die «*deutsche Frage*» als das «*tiefste und schwerste Problem der Weltgeschichte*» bezeichnet, dann stört gewiss der superlativische Stil; aber der Satz beinhaltet, falls man ihn dem Autor nicht im Mund herumdreht, eine tiefe Beunruhigung durch eben diese deutsche Frage und kann gewiss nicht, wie Schütt es tut, unter die «*Erwähltheitstopoi*» des nazistischen Diskurses subsummiert werden!

Zweites Beispiel: Wenn Strich das Wort «*Führer*» im Sinn von «geistige Leitfigur» braucht, mag uns das heute befremden; man muss aber wissen, dass er das heikle Wort in Anführungszeichen setzt, wenn er damit Hitler bezeichnet. Das heisst: Er hält an seinem, dem kulturellen Sprachgebrauch fest, als könne er damit den anderen, den der Nazis, negieren. Das kann man als naiv bezeichnen, nazistisch ist es nicht.

Und damit komme ich zurück zum Kern der Sache: dem inflationären und ungenauen Gebrauch des Wortes «nazistisch». Er schafft eine Grauzone, in der auch jene implizit verdächtigt und denunziert werden, die keine Denunziation verdienen. Und das würde mich ebenso massiv stören, wenn es nicht um meinen Lehrer ginge (ich bin keine Strich-Hagiographin). Denn: Einen in die Nähe der Nazis rücken, ist keine Bagatelle, sondern eine

Anklage, die man nur wagen sollte, wenn sie wirklich das Wesen des Verdächtigten im Kern trifft.

Nachtrag: Warum konzentriert sich Schütt darauf, den nazistischen Diskurs auf Teufel komm raus nachzuweisen, statt, beispielsweise, auch einen antinazistischen anzunehmen und dessen Zeichen festzustellen? Nur so würde das umfassende Thema, das er über seine Arbeit setzt, dies anspruchsvolle *«Germanistik und Politik»*, einigermassen erfüllt.

31. August

Auf dem Weg von der Aare zur Bushaltestelle Tierpark kommt man beim früheren Appartmenthaus «Silvahof» vorbei. Da hat Fritz Strich gewohnt, nicht in einer Villa also, sondern in verhältnismässig kleinen, sehr bürgerlichen Zimmern. Dorthin ging man zuweilen, wenn Studienfragen zu besprechen waren. Die Gespräche, an die ich mich erinnere, waren schweigsam, von beiden Seiten (aber ich fühlte mich ernstgenommen und geschätzt); es war etwas Einsames und trotz seines Ansehens etwas Unbehaustes um ihn, etwas von jenem magischen Ring, der auch seinen Lehrer Wölfflin umschloss.

Wie hat er gelebt? frage ich mich, wenn ich, wie neulich, am Haus vorbeigehe. Privilegiert, gewiss, und doch ungesichert, spät (1940) eingebürgert, lange die Angst im Nacken: um Verwandte in Deutschland (um seinen Bruder vor allem), dann vor einem deutschen Einmarsch (mit älteren Kommilitonen hat er darüber geredet,); den Nazi de Boor als nächsten Kollegen, mit dem er 1935 den privaten Verkehr abbrach.

Und während ich stadtwärts gehe, denke ich mit Bewunderung daran, wie er jahrelang über seinem Opus magnum *«Goethe und die Weltliteratur»* sass, im Silvahof eben, während die Welt, in der er geistig gelebt hatte, schon untergegangen war. Dass man sein Werk dereinst nach nazistischen Stichworten abklappern könnte, wäre ihm nicht in den Sinn gekommen; diese Methode und Haltung war ihm fremd. Vielleicht kann ich erst heute ein Stück weit ermessen, was es heisst, jahrelang gegen die Stimmung oder den Diskurs der Zeit zu schreiben, ohne zu wissen, ob je wieder eine Zeit für das Begonnene kommt.

(1997)

Der Aufstieg zur Kanzel

Letzte Prosa von Hermann Burger

1

Man soll am Anfang nicht alles verraten, lehrt eine Faustregel der Rhetorik. Die Predigt fängt nicht mit dem Amen an, und kein Zauberer zeigt das weisse Kaninchen unter dem Zylinder, ehe er die Zuschauer dazu gebracht hat, dort etwas ganz anderes zu erwarten. Gegen diese Faustregel oder Weisheit verstösst schon der Titel dieses Aufsatzes, verrät er doch alles – oder beinahe alles. Aber das «beinahe» lässt in diesem besonderen Fall genügend Raum für Überraschendes, unter der Oberfläche Verborgenes.

Der Aufstieg zur Kanzel: so nenne ich eine in der Realität kaum eine Minute, in der Darstellung etwa vier Seiten umfassende Kindheitserinnerung von Hermann Burger. Die auch aus nichtliterarischen Gründen auffällt. Denn mit ihr bricht das letzte Werk des Autors, die auf vier Bände veranschlagte voluminöse Romanfolge «Brenner» (1989) jäh ab; genauer: mit ihr findet deren zweiter Band «Menzenmang» (postum 1992) im (unvollendeten) siebenten Kapitel sein Ende. Kurze Zeit nach der Niederschrift der Seiten, die uns hier beschäftigen sollen, am 28.2.1989, hat der Autor Selbstmord begangen. Einen kausalen Nexus zwischen beidem herzustellen, zwischen den letzten Seiten des Autors und seinem Tod, wird hier nicht versucht; es geht nicht um Selbstmordkunde.

Der beschriebene Aufstieg zur Kanzel ist Teil eines Sonntagsrituals. Der etwa fünfjährige Hermann Arbogast Brenner begleitet wie immer seine Grossmutter zur Kirche. Die Eltern schlafen noch, die bei Burger so wichtige Elternproblematik ist gleichsam aus dem Weg geräumt; nachdem die Grossmutter die Hühner gefüttert hat, wird im «chucheli» gefrühstückt. Die für einen Augenblick aufscheinende, schon durch die eingestreuten Dialektwörter evozierte Geborgenheit wird abgelöst vom Kirchgang, der als blanke Satire erscheint – und diese wiederum endet in einem raschen, nicht dem einzigen, Anflug von Blasphemie, wenn vor der Kirche der alte Küster als Versucher an den Knaben herantritt und ihn auffordert, mit ihm eine der Glocken, die «Sancta Maria», abzuhängen. Zwischen den anderen Kirchgängern, unter deren körperlicher Nähe leidend, erwartet das Kind nun das einzige, was zählt: den Luftzug, der den Eintritt des Pfarrers und dessen majestätischen Gang auf die Kanzel ankündigt. So hört sich die entscheidende Passage im Burgerschen Originalton an:

«Das Stampfen der letzten Glockenschläge im Turm ist verklungen, mit einem Fortissimo Überfallsakkord, sämtliche Register von Bourdon bis Fifre gezogen, setzt die Orgel ein, das Volk duckt sich wie unter einer alttestamentarischen Heuschreckenplage, und er, im schwarzen Talar, er, mit gesenktem Kopf, er, die Bibel gegen die Brust gedrückt, er, mit auswattierten Schultern schreitet mit den Orgelklängen dahin wie Moses, zu dessen Füssen sich das Meer teilte, er ist der Auserwählte, der da kommen sollte, uns von aller Not und Pein zu befreien, er nimmt die flachen Stufen zum Chor mit Leichtigkeit und fasst mit der freien Hand, die wie geölt aus dem Talarärmel hervorgleitet, den Knauf der leicht abgeknickten Kanzeltreppe, als lege er sie segnend auf ein demütiges Haupt.

Und nun kommt das, was dem jungen Arbogast Brenner an der Predigt das einzig Heilige ist: der Aufstieg. Ich kann ihn leider nicht Tritt für Tritt verfolgen, weil die Treppe hinter dem Vorsprung des Chorbogenpfeilers angebracht ist, dennoch scheint er mir das Entscheidende an diesem Beruf zu sein, allein dieses Augenblickes des kurzen Verschwindens und Wiederauftauchens auf der Kanzel wegen wott i studiere, obwohl ich nicht genau weiss was das heisst. [...]

In unserer Kirche predigen abwechslungsweise zwei Pfarrer, jeder hat seinen eigenen Stil im Besteigen der Kanzel. Der eine, brave Pfarrer hält sich nicht lange auf der Treppe auf, die ich mir als stiglete mit purpurrotem Läufer und goldenen Stangen vorstelle. Kaum ist er aus dem Blickfeld entschwunden, drückt er sich auch schon um die Mauer herum, nickt kurz, als wolle er sich für sein Wegbleiben entschuldigen, und lässt sich in dem oktogonalen, mit gotischem Zierat übersponnenen Korb nieder, um der Orgel zu lauschen, seine Bücher zu ordnen. Das ist Pastor Gutscher, der kein Wässerchen trüben kann, der so salbungsvoll die Geschichte vom Weihnachtskindchen erzählt. Wenn ich allein auf ihn angewiesen wäre, es stünde schlimm um meine Seele. Richtig macht es sein Kollege, Pfarrer Wössner. Er, der, wie ich es auf einem Bild von Napoleon gesehen habe, immer die Hand unter dem Kohlenfrack auf den Magen drückt, kostet den Kanzelaufstieg bis ins letzte aus. Er bleibt so lange auf der Treppe und hinter der Mauer verborgen, bis man fast nicht mehr an ihn glaubt, und wenn er endlich oben zum Vorschein kommt, zeigt er sich nicht auf einmal dem Volk, sondern ratenweise. Umständlich drückt er seinen Körper um den Triumphpfeiler herum, betritt sein Revier wie einen Aussichtspunkt, hebt im voraus alle segnend die Hand und holt tief Atem. So habe ich später nur Fussballer beim Abspielen der Nationalhymne stehen sehen, und auch Hermann Arbogast Brenner ist von seiner Bank gerutscht, will dem Wössnerschen Appell gewachsen sein. Es ist immer eine herbe Enttäuschung, wenn sich der Klasvogel vorne im Chor als Pfarrer Gutscher entpuppt, der am liebsten hinter dem Taufstein Aufstellung nehmen und von da grädiuse salbadern würde.»

Schon bei oberflächlicher Lektüre ruft die Passage Vergessenes ins Gedächtnis. Der Einzug des Pfarrers, dieses schon durch die Kleidung von der Gemeinde abgehobenen Einzelnen, kann sich gerade einem Kinde tief einprägen. Vielleicht stellt er das einzige konkret erfahrbare Erlebnis von Majestät und Erhabenheit dar, das – vor dem Fernsehzeitalter – einem Kind in einer demokratischen Gesellschaft zuteil werden konnte. Vor allem auf dem Dorf – und im protestantischen Ambiente! Also ohne die gewaltigen Prozessionen, prunkvollen Gewänder, eingeübten symbolischen Gesten, ohne Kerzenglanz, Weihrauchduft; nüchtern, streng, asketisch. Dass die dunkle Gestalt des protestantischen Pfarrers, der allein, vielleicht in respektvoller Begleitung seiner Familie, die Kirche betritt, einen Eindruck von Grandiosität und Allmacht vermitteln kann, das bezeugt die zitierte Passage aufs eindrücklichste. Was dieser Auftritt für den Pfarrer selbst, diesen von so vielen Augen Begleiteten, bedeutet, wie weit dadurch dessen narzisstische Neigungen verstärkt werden, das braucht uns hier nicht zu kümmern. In Burgers Kindheitserinnerung ist der Pfarrer eine innere Figur des Autors, und nur als solche vielleicht mehr als das.

2

In der Wahrnehmung des Kindes ist der Gang des Pfarrers durch das Kirchenschiff und der Aufstieg zur Kanzel von einer unerhörten Grandiosität; er enthält ein Heilsversprechen, das vom Erwachsenen aus blasphemisch anmutet. Der Autor identifiziert sich ganz mit der Perspektive des Kindes, aber er leiht dieser seine eigene, und das heisst, eine extrem unkindliche, hoch artifizielle Sprache. Das ergibt eine spannungsvolle Verbindung, wie sie für die ganze Kindheitsdarstellung Burgers bezeichnend ist. Der Pfarrer wird dabei zu einer ins Göttliche emporstilisierten, man möchte sagen aufgeblähten Figur; er, der nach der protestantischen Tradition das Wort Gottes verkünden sollte, wird dem Messias bis zur Identifikation angenähert; er wird, ohne Wenn und Aber, zum «*Auserwählten, der da kommen sollte, uns alle von Not und Pein zu erlösen*».

«*Bist du der, der da kommen sollte oder sollen wir auf einen anderen warten*», wird Jesus von zwei Jüngern gefragt (Matthäus 11, die Bibelstelle, auf die Burger sich offensichtlich bezieht). Jesus antwortet aber nicht direkt, sondern beschreibt, was geschieht, wenn der Messias kommt, ohne zu sagen, dass es durch ihn geschieht: es geschieht durch die Gnade Gottes. «*Die Blinden sehen und die Aussätzigen gehen und die Tauben hören, die Toten stehen auf und den Armen wird das Evangelium gepredigt, und selig ist, der sich nicht an mir ärgert.*»

Dem kindlichen Protagonisten hat sich begreiflicherweise nur das «*der da kommen sollte*» eingeprägt; er sieht im Pfarrer den Messias, nichts weniger als das – was auch der Erlösungssehnsucht des Erzählers entspricht. Denn die erinnerte Kindheit ist immer auch eine erfundene Kindheit, das Bild dieser Kindheit ist ein Gemeinschaftswerk des erlebenden Kindes und des Erwachsenen, der die kindlichen Erfahrungen festschreibt. Für Burger bezeichnend ist zudem, dass bei ihm das Kind immer recht hat und immer im Recht ist. Das gibt seinen Kindheitstexten in ihren besten Passagen, und zu diesen gehört der Aufstieg zur Kanzel, ihre Kraft und Intensität. Der Autor verzichtet nicht nur auf jede Korrektur und Ergänzung aus erwachsener Perspektive (das tun die meisten Autoren); mit seinem elaborierten Vokabular betont und verstärkt er das Erleben des Kindes, zeichnet es in eine Extremform hinaus, welche dessen Möglichkeiten weit übersteigt.

Das zeigt sich auch im eigentlichen Aufstieg zur Kanzel. Dessen Bedeutung wird bestätigt durch den mehrfach wiederholten, von diesem Aufstieg abgeleiteten Berufswunsch, dieses entschiedene (aber durch den Autor nicht verwirklichte) «ich will Pfarrer werden». Das heisst: Arbogast will einer werden, der den triumphalen Einzug in die Kirche und den Aufstieg zur Kanzel vollzieht und also das, was das Kind für das *«einzig Heilige»* an der Predigt hält, bis zur Neige auskostet.

Worum geht es denn im eigentlichen Aufstieg zur Kanzel konkret? Da ist zunächst die vertikale Richtung wichtig, die hier eingeschlagen wird, und erstmals in *«Menzenmang»*: nachdem der Patient bisher durch sechs Kapitel in der Horizontalen verschiedener Klinikbetten verharrt hatte. Bedeutet die Vertikale ein Hinauf zur Erlösung? Und ist so das «Heilige» zu verstehen, das zugleich das Heilende wäre?

Aber der Aufstieg über die Kanzeltreppe ist keine gradlinige, sondern eine geheimnisvoll unterbrochene Bewegung, bei welcher der Pfarrer überraschend verschwindet und überraschend wieder auftaucht. Als wäre er ein Zauberer, der sich zum Verschwinden und wieder zum Vorschein bringen kann. Oder, wichtiger, als wäre er ein Verschollener, der zurückkehrt – oder einer, der vom Tod und vor allem vom Scheintod aufersteht. Zielt die Bemerkung, der Aufstieg sei das einzige Heilige an der Predigt, auf dies Verbergen und Sich-Zeigen, das dem Kind wie ein Wunder vorkommt?

Desto überraschender freilich, dass der Pfarrer im gleichen Atemzug Napoleon angenähert wird. Hier zeigt das einfache Motiv seine unheimliche, seine abgründige Tiefe, scheint erneut die blasphemische Tendenz auf. Der Mann, der die Kirche betrat als der Messias, wird jetzt mit dem klassischen Vertreter weltlicher, kriegerischer Macht gleichgesetzt. Jesus und Napoleon – beide sind sie Personen, mit denen Schizophrene sich gerne identifizieren – fallen für das Kind und den ihm nachfühlenden Erwachsenen in eine Figur zusammen, in der, kein Zweifel, das napoleonische Element stärker ist. Das wird durch die Erwähnung der beiden in Menzenmang (der Name steht für das aargauische Menziken) amtierenden Pfarrherren noch verstärkt.

3

Es habe tatsächlich in Menziken zwei Pfarrer gegeben, antwortete, ohne überlegen zu müssen, auf meine Frage der Schriftsteller Klaus Merz, der, drei Jahre jünger als Burger, ebenfalls in Menziken aufgewachsen ist. Gutscher und Wössner hätten sie geheissen; Gutscher sei in der Gemeinde beliebter gewesen, ein freundlicher Mann; Wössner sei von auswärts gekommen, immer ein wenig fremd geblieben, habe als kühl und distanziert gegolten. Auf jeden Fall sei es ihm lieber gewesen, wenn er, der Bäckerssohn, das Abendmahlbrot dem Pfarrer Gutscher habe bringen dürfen. Eine hilfreiche Auskunft, die zeigt, wie genau Burger die Fakten erinnert – und wie rücksichts- und hemmungslos er dennoch mit den Personen umgeht oder umspringt. Er verzerrt und übertreibt, erhöht und erniedrigt nach seinen künstlerischen und auch seelischen Bedürfnissen.

Man kann gewiss die so charakterisierten Geistlichen als Repräsentanten der Kirche sehen; den einen als Vertreter des hierarchischen Prinzips, den anderen eher als eine Stimme der Volkskirche; Wössner (so belehrte mich ein theologischer Freund) vertrete das, was Luther als *Theologia Gloriae*, die Lehre von Gottes Herrlichkeit bezeichne, Gutscher dagegen die demütige *Theologia Crucis*, einer unter dem Kreuz verborgenen Weisheit, die nicht nur von den Gelehrten gehört wird.

Ob Burger an diese verschiedenen Prinzipien denkt, wissen wir nicht: es scheint mir unwahrscheinlich. Was wir feststellen können, ist die Ausschliesslichkeit, mit der er das Kind Partei nehmen lässt, den einen der Pfarrer der Bewunderung, den anderen der Verachtung überantwortet. Und auch für ihn, den Erwachsenen, steht fühlbar das hierarchische Prinzip, steht das Machtstreben, das auch in der protestantischen Kirche möglich ist, weit über aller christlichen Demut. (Und Machtstreben, das heisst in Burgers Biographie: künstlerischer Ehrgeiz und ein oft alle Hemmungen wegspülender Geltungsdrang.)

Diese extreme Parteinahme für die Seite von Macht und Ehrgeiz hat übrigens für den Autor (und seinen Protagonisten) auch verhängnisvolle, ja tragische Folgen. Arbogast, der sechs Kapitel lang wortreich seine Freunde ans Krankenbett wünschte, der sich nach seiner Familie zurücksehnte, er entscheidet sich hier, zusammen mit dem Kind, das er war, für den Weg nach oben, der den, der ihn geht, unabweislich in die Einsamkeit führt.

Der Weg nach oben, konsequent und ohne Zögern gegangen, führt nicht nur in die Einsamkeit, sondern auch in die Sprachlosigkeit. Der «napoleonische» Pfarrer, auf der Kanzel angelangt, verfügt (natürlich immer in der Wahrnehmung des Kindes, das sich für die Predigt nicht interessiert) nur über die grossartige Geste des Segnens, aber er hat keine Botschaft; er sagt kein Wort. Sprache hat nur der verachtete Gutscher, der beim Altar unten am liebsten *«grädiuse salbadern»* würde. Für das, was ebenerdig und grädiuse geschieht in menschlichen Kontakten, ist in dieser Passage kein Platz; es gehört nicht in die Welt Burgers – vielmehr ist es ein von ihm mehr und mehr verdrängter Bereich.

Die Botschaft des Christentums (verlacht von Arbogast) bleibt unten beim Altar; aber immerhin hat der freundliche Pfarrer Gutscher auf der Kanzel (die er nur widerwillig besteigt) seine Bücher dabei; er ordnet sie, solange die Orgel spielt. Dem Pfarrer Wössner dagegen, dem «Wössner-Napoleon», der diesen Aufstieg auskostet, steht auf der Kanzel kein Wort und kein Buch zur Verfügung; er bleibt sprachlos, als wäre es dem Siegrist gelungen, die Glocken auszuhängen. Der Aufstieg hat weder Sinn noch Zweck, er ist, Burger sagt es etwas später, um seiner selbst willen da: ein Artefakt.

Das wird eindrücklich durch ein Bild bekräftigt, das man als die Quintessenz der Kanzelpassage bezeichnen darf und das zugleich einen interessanten poetologischer Text darstellt. Als Kind, so erinnert sich Arbogast, habe er immer wieder, in einer wahren Zeichnungswut, Treppen gezeichnet, angeregt durch die geheimnisvolle Kanzeltreppe: ein System von Treppen, wie man es sich verwinkelter, verrückter nicht vorstellen kann und bei dessen Wiedergabe die Sätze aus aller Ordnung fallen:

«Gotteshäuser, Schiff, Chor und Turm zwäris ineinander verkeilt, übereck gestellt und aus der Bildfläche trolend, kubistisch ineinander verkantet und aussenherum, vom Portal bis zum First mit dem Glockenreiter, ja bis hinaus zum Turmhelm führte die schtäge, ein gschtobenes Gebilde aus Stufen Drehpodesten und Hühnersprossen, das jeden Zimmermann zur Verzweiflung gebracht hätte, dreiläufig, vierläufig, keine Fluchtpunktgesetze achtend, ein schwindelerregender Aufstieg um seiner selbst willen.»

Ein unheimlicher Drive geht durch die Sätze, die jeden Grammatiker zur Verzweiflung treiben müssten, ein Rhythmus, der treibt und stockt zugleich. Hinauf, hinauf, hinauf, scheint das innere Kommando zu heissen, dem das zeichnende Kind gehorcht; aber die Bewegung ist vielfach gebrochen, führt ins Unübersichtliche, Undurchdringliche. Der Aufstieg, der nur sich selber zum Zweck hat, dieser zum Artefakt gewordene Napoleonsweg, mag zwar nach oben führen, aber auf so verwirrenden, abenteuerlichen Wegen, dass er nicht auf einer triumphalen Höhe, sondern im Labyrinth endet.

4

Wie machtvoll die Kindheit und der Plan, diese in einem grossen literarischen Werk zu evozieren, den Autor beschäftigten, das wusste man seit langem aus Gesprächen mit dem Autor. Man weiss und versteht es heute besser, seit man seine frühen Prosatexte im Literaturarchiv einsehen kann, darunter auch ein zwischen 1966 und 1969 entstandenes Prosastück mit dem Titel *«Kirchen und Gräber»*, welches in der Burger-Biographie von Claudia Storz ausführlich nacherzählt wird. Der noch junge Autor hat darin den (uns nun bekannten) Kirchgang und den Aufstieg zur Kanzel skizziert nach der Art eines begabten Schülers und Anfängers, anschaulich, sorgfältig. Aber niemand hätte aus diesen Seiten den Exploit von *«Schilten»*, die Entwicklung des Autors zum Sprachartisten und Fremdwortfetischisten ahnen können.

Inhaltlich konnte Burger sich, als er sich 1989 an die Niederschrift von «*Menzenmang*», machte, auf diese Skizze stützen. Wichtige Elemente sind darin enthalten. Schon jetzt wird der Aufstieg als das für den Entschluss zum Pfarrerberuf Entscheidende bezeichnet, der Name Napoleon genannt mit der für ihn bezeichnenden Geste. Aber es liegen nicht nur rund 20 Jahre, es liegen Welten zwischen den beiden Fassungen. Erst der an «*Schilten*» erarbeitete und seither erprobte Stil macht aus dem braven einen hinreissenden Text und ermöglicht die Zuspitzung der Kindheitserfahrung ins Extreme. Erst jetzt, in der späten Erinnerung, wird die hybride Gleichsetzung des Pfarrers mit dem Messias vollzogen und fällt der Satz, der Aufstieg sei das einzige Heilige der Predigt. Das heisst: erst jetzt, im Rhythmus des mitreissenden und zugleich gestauten Stils, wird das innere Gesetz dieser Kindheitserinnerung sichtbar gemacht: der Aufstieg an sich, ohne Botschaft, ohne Sinn; ein Artefakt, der in die Sprachlosigkeit führt.

Da es sich bei eben diesem siebenten, dem Kirchgang- und Kanzelkapitel wahrscheinlich um den letzten literarischen Text Burgers handelt, liegt die Versuchung nahe, ihn mit finaler Bedeutung aufzuladen: als wäre er eine letzte Nachricht, ein schwarzes Vermächtnis. Vor solchen Spekulationen möchte ich mich aus Respekt vor dem Autor und dem Inkommensurablen des finalen Entschlusses hüten. Schwer wegzuschieben ist freilich die Ahnung, es sei wohl auf die Dauer fast unerträglich gewesen, immer wieder dem Vorbild der inneren Figur des «*Napoleon-Wössner*» zu folgen und einen Aufstieg um seiner selbst willen zu versuchen, allein, ohne Ziel, ohne Botschaft, zuletzt ohne Sprache. «Noch heute», so schliesst der erwachsene, einsam in seine Wohnung auf Schloss Brunsleben (Brunegg) heimkehrende Arbogast die Kindheitspassage ab, «*noch heute, wenn ich die 87 Malmkalkstufen zum Schloss hinaufsteige, drehe ich mich einmal um die Achse, wie weiland mein Napoleon Wössner, obwohl keine Gemeinde, sondern das Aargauische Mittelland unter mir liegt*».

(2000)

Ein Land der Flüsse

(Über Karl Schmid, Werner Renfer, Hans Boesch)

Aareleuchten

«Schönster erster August», steht unter dem Datum des letztjäh-
rigen Nationalfeiertags in meiner Agenda. In Anführungszeichen,
als wäre mir schon damals bewusst gewesen, dass das eigentlich
ein Kindersatz ist. Aber ich stehe noch heute dazu. «Dieses Bild
werde ich im Gedächtnis behalten», dachte ich damals, als wäre
ich darauf aus, Erinnerungen zu sammeln. Dieses Bild: Tausende und Abertausende von farbigen Lichtern, die, auf Mini-
Schiffchen, speziell unweltfreundlichen, den Fluss hinunter kamen, nachdem Leute, also «wir», sie zur Sammelstelle gebracht
hatten. Sie kamen unaufhörlich, unerschöpflich, vom Gaskessel
zur Marzilibrücke und weiter zum Stauwehr, eine Lichterflotte;
ein Kunstwerk, dessen Gesetz die Wellen diktieren. Das Ganze
trägt den Namen «Aareleuchten», und ist – hoffentlich nicht
zum letztenmal – eine Aktion (mit Werbe-Effekt) der Swissaid.

Schönster erster August! Nicht dass ich mich sonst mit diesem Datum schwer täte. Weihnachten scheint mir das weit
heiklere Fest, mit der herrschenden Kommerzialisierung und
Verlogenheit unvereinbar. Den ersten August nehme ich unpa-
thetisch. Die Lampions meiner Kindheit (eine Sonne und ein
schöner Gockel waren meine liebsten), der obligate, am späten
Nachmittag so oft losprasselnde Regen, die Höhenfeuer; die
neuen Lampions im Garten und die leise Angst vor einem Brand
des alten Hauses; einmal eine Herzkrise unseres alt gewordenen
Hundes, ausgerechnet am ersten August: das sind, wenn ich
ehrlich bin, meine persönlichen Assoziationen, nicht der Rütli-
schwur und auch nicht die Satire auf diesen. Die Leute, die an
jenem Abend am Fluss standen, brauchten keine Reden und
sprachen leise und wenig. Und dass am Himmel die schönsten
Feuerwerke explodierten – und entsprechend knallten – be-
wirkte, paradoxerweise, dass das stille Gleiten der Lichter noch
eindrücklicher wurde. Beginnt vielleicht so eine neue Tradition
in den Aarestädten, und wird uns dabei allmählich bewusst,

dass die Schweiz nicht nur ein Land der Berge, sondern auch der Flüsse ist, und ändert sich, wenn wir das bedenken, unser Bild von diesem Land?

«*In friedlichen Zeiten sollte man über die Flüsse nachdenken. Sie schliessen nicht ab, sie gehören uns nie ganz; Flüsse öffnen das Land gegen aussen*». Das schrieb 1969 der an der ETH wirkende Literarhistoriker Karl Schmid in einem kleinen Aufsatz über die Aare. Auch für ihn, der im Aktivdienst jahrelang an der Grenze stand, ein hoher Offizier, waren gewiss ursprünglich die Berge das Widerstandssymbol der Schweiz, und vermutlich war ihm, auch als er über das Flussland Schweiz schrieb, der Gedanke an die Alpenfestung nicht unangenehm geworden; und doch gehörte er zu den ersten, die sich einem neuen Bewusstsein öffneten. Und er begnügte sich nicht damit, am Alpenmythos zu kratzen und zu scharren wie viele (den Alpen ist das, glücklicherweise, gleichgültig, sie bestehen ohne uns) – er wandte sich dem zu, was die Alpen ergänzt und einen neuen Blick auf das Land ermöglicht: «*Wenn man seine Gedanken an die Flüsse wendet, werden sie mitgenommen wie das Blatt, das vom Ufer in die Strömung fällt. Wir fühlen die Ferne, wir denken an das, was draussen ist, als an etwas, von dem wir uns nicht abschliessen wollen und können.*»

Das Floss auf der Suze

Vielleicht wäre ich nicht darauf verfallen, in meiner alten Agenda zu blättern, hätte ich nicht in diesen ersten Maitagen in die Suze geschaut. Die Suze, im Erguel-Tal, Berner Jura, die später als Schüss durch Biel fliesst, war an jenem Sonnentag ein entzückendes Flüsschen, mit ein paar Bäumen am Ufer, keine 50 cm tief. Auf diesem Fast-Nichts von Gewässer hat der jurassische Dichter Werner Renfer eine (literarische) Bootsfahrt inszeniert, die in mir beim Lesen ein ähnliches, fast rauschhaftes Entzücken weckte wie das Aareleuchten.

«*Werner Renfer, Homme de Lettres, 1898–1936*», steht auf seinem Grab in St. Imier. Ich weiss das aber nur von einer Photographie – wir haben das Grab nicht gefunden. Gegenwärtig war er mir dennoch auf diesem riesigen, abgelegenen Friedhof, und ich stellte mir nicht zum erstenmal vor, was es hiess, in dem festungsähnlich an den Hügel gedrängten St. Imier das Leben eines *Homme de Lettres* zu leben: als ein völlig Unbekannter, Einsamer, der nicht ahnen konnte, dass er kurz nach seinem Tod und auf die Dauer als der erste jurassische Dichter gefeiert werden sollte. Als einer, der Schreiben als Beruf und nicht als Freizeitbeschäftigung auffasste – und dennoch ausschliesslich in der kargen Freizeit zum Schreiben kam, seufzend unter der dem Alleinredaktor der lokalen Zeitung auferlegten Fron.

«*Hannebarde und gesammelte Erzählungen*» heisst die Auswahl aus seiner Prosa, die im letzten Herbst herausgekommen ist: ein Unternehmen, für das man nur dankbar sein kann. Jetzt kann man Renfer erstmals auf deutsch lesen, in einer guten, sehr lesbaren Übersetzung.

Auch der Maler Albert Schnyder übrigens, ein Freund Renfers, der diesen um fünfzig Jahre überlebte, war lange ein Verkannter. Er blieb ein Einsamer, auch als er berühmt war (denn er hat, anders als Renfer, seinen Ruhm erlebt). Wie ich jetzt, von der Renfer-Lektüre bewegt, in einem Buch mit Schnyder-Abbildungen blättere, fällt mir auf, wie wasserlos seine Landschaften sind. Sogar wenn ein Bild den Titel trägt «*Haus am Bach*», muss man genau hinschauen, um den Wasserlauf zu entdecken, so wenig hebt er sich von der Erde ab, als hätte der Maler sich bemüht, den Unterschied zwischen dem Festland und dem Wasserland zu verwischen. Und Renfer? Er hat einmal ein paar Monate auf einer einsamen Mittelmeer-Insel zugebracht, ehe der Winter und die Armut und das neugeborene Kind ihn zurück in den Jura trieben. Damit scheint das Wasser aus seiner Welt zu verschwinden, aber es scheint nur so. Die erwähnte Episode im Roman «*Hannebarde*» ist eine Explosion von Leben und Glück, wie es sie sonst bei Renfer nur verhalten gibt (und wie man sie auf den herben Bildern Schnyders umsonst sucht).

«*Hannebarde*», das ist die Geschichte eines Dorf-Glöckners (er ist einer der Aussenseiter, wie sie bei Renfer fast immer im Zentrum stehen) und seiner Freundschaft mit einem Kind, einem mutterlosen kleinen Mädchen. Hannebarde sieht, wie die kleine Bridille heranwächst, liebt sie, mit einer Art von Liebe, wie wir sie uns heute, gebannt von Gerichtsfällen und eingeengt in die gängige Gleichsetzung von Liebe und Sexualität, kaum mehr vorstellen können. Für sie, die ihn wiederliebt, ist er die Mutter und zugleich der grosse Unbekannte, der die Glocken zum Klingen bringt. Ihren Höhepunkt findet diese unerfüllbare aber nicht unglückliche Liebe, als Hannebarde den Wunsch der zum jungen Mädchen Herangewachsenen erfüllt und ein Floss baut, auf dem sie zusammen den Fluss hinunterfahren: dieses entzückende Flüsschen Suze. Das ist alles – und es ist wunderbar. Es ist das ganz Andere, der Ausbruch aus dem Alltag, ist Bewegung, ist Leben. Wer möchte zweifeln, dass Renfer bei dieser Szene auch an Keller gedacht hat, an Vrenchen und Sali, die in «*Romeo und Julia auf dem Dorfe*» ihre Hochzeit auf einem Heuschiff feiern – und zugleich ihren Tod. Auch in der Schifffahrt von Bridille und Hannebarde, sie mag noch so harmlosglücklich sein, ist das Verhängnis versteckt; die Fahrt – dieser Beweis, dass es möglich ist, anders, freier zu leben als auf dem Dorf üblich – sie genügt, das Dorf in Aufruhr zu versetzen. Noch während Bridille und Hannebarde ahnungslos auf der Suze fahren, zu harmlos-glücklich, als dass sie die Schatten der Menschen sehen könnten, die sie hinter den Büschen versteckt beobachten, braut sich schon das Unheil zusammen: ihre Trennung im Namen der Moral und die Ausstossung Hannebardes.

Die Saane

Ja, ein wunderbares Thema, sagte der Germanistikprofessor, als ich darauf anspielte, dass der Fluss auch in der gegenwärtigen schweizerischen Literatur (und nicht nur bei Goethe und Hölderlin) ein interessantes literarisches Motiv sei. Der Fluss, sagte er, könne ja für den Erzählfluss stehen, den Gedankenfluss, den Redefluss. Ich nickte und schwieg. Mir geht es in erster Linie um den Fluss selbst, nicht als Metapher; um das Konkrete, sein Fliessen, das Wasser.

Müsste ich einen einzigen Fluss beschreiben, ich würde nicht die Aare wählen, in deren Schlaufe ich lebe, auch nicht die beiden Simmen, bei deren Zusammenfluss ich quasi aufgewachsen bin, sondern die Saane. Vielleicht wegen des dunklen Klangs des Wortes, sicher in Erinnerung an viele Spaziergänge und Fahrten entlang ihren Ufern – aber auch, weil sie im eidgenössischen Sprachgebrauch falsch definiert, ja geradezu denunziert wird.

Le fossé de la Sarine – ein Synonym für Röschtigraben – trennt zwar tatsächlich, wie besagter Sprachgebrauch, ein Klischee, es sagt, die deutsche und die welsche Schweiz. Und mehr scheint der Durchschnittsschweizer, und zu diesen gehören auch viele, die es eigentlich besser wissen müssten, mehr scheint man von diesem Fluss nicht wissen zu wollen. Der «Graben» ist aber nur ein kleines Stück des Ganzen! Die Saane oder Sarine ist, folgt man ihrem Lauf, geradezu ein Paradebeispiel eines Flusses, der verschiedene Sprachgebiete verbindet, sie, ohne Unterschiede zu machen oder Zölle zu erheben, durchfliesst, nährt und belebt. Sie wird als Saane geboren – wandelt sich im Pays d'Enhaut zur Sarine – und als Saane mündet sie schliesslich in die Aare. Dass wir sie nur unter dem Stichwort Saanegraben kennen, hängt damit zusammen, dass die Hauptverkehrsader zwischen Zürich und Genf eben über diesen Saanegraben führt. Aber der *Mainstream* ist nie der einzige Weg, der nach Rom führt. Der meine ist es nicht; mein Weg ins Welschland führte von früher Kindheit an über Nebenwege der Saane entlang, die im Verlauf des Wegs die Sprache wechselt, aber nicht den Charakter: mit der Montreux-Oberland-Bahn an den Genfersee, immer entlang einer Reihe von geheimnisvoll klingenden Namen: *Rougemont, Flendruz, Chateau d'Oex, Combe, Montbovon* – und dann in Serpentinen den Berg hinauf gegen den Tunnel und an dessen Ende ins Genfersee-Licht: *Les Avants.* Ist deshalb der Saanegraben für mich ein Phantom, an das ich nicht recht glaube? Und hat Marlyse Pietry, diese grossartige Verlegerin, vielleicht deshalb ein so exzeptionelles Flair für die Deutschschweizer Literatur entwickelt, weil auch sie als Kind den Saanegraben umging und den gleichen Nebenweg einschlug wie ich (die ich freilich keine entsprechenden Verdienste aufzuweisen habe), nur in umgekehrter Richtung, über *Les Avants, Montbovon, Rougemont, Saanen?*

Der Sog – Der Kreis

Durch den eben erschienenen Roman «*Der Kreis*» ist die grosse Romanfolge von Hans Boesch an ihr Ende gekommen, die vor genau 10 Jahren mit dem im St. Galler Rheintal verwurzelten Kindheitsroman «*Der Sog*» begonnen und dann mit dem Stadtroman «*Der Bann*» fortgesetzt wurde. Sind wir dadurch um einen neuen «Schweizerspiegel» in der Nachfolge der Romane von Inglin und Otto F. Walter *(«Zeit des Fasans»)* reicher geworden? Mir missfällt eine solche Festlegung. In Boeschs Trilogie fehlen die bei Inglin und Walter vorhandenen grossen nationalen Figuren und auch die entsprechenden Symbole und Institutionen. Die Schweiz, um die es bei Boesch geht, ist eher ein «Land der Flüsse» als eine «Alpenfestung».

Es ist auffallend, was für eine Rolle das Wasser bei Boesch spielt. Am offensichtlichsten im Kindheitsroman «*Der Sog*». Natürlich hängt der Zauber dieses vielgerühmten Buches mit dessen Hauptfigur zusammen, dem kleinen, noch im Märchenalter stehenden Simon Mittler; die Frische und Unbestechlichkeit des kindlichen Blickes, der dieses Buch beseelt, von der ersten zur letzten Seite, ist mit keiner anderen Pespektive zu erreichen. Aber auch die evozierte geheimnisvolle Wasserwelt, die manchmal buchstäblich im Untergrund das Buch durchzieht, trägt dazu bei. An einer Quelle, *«im Brunnen»* liegt das Elternhaus des Kindes (und des Autors) – *«Im Brunnen»* hätte das Buch nach dem Wunsch des Autors heissen sollen. In der leeren Brunnenstube hält man die Milch kühl; unter dem Haus soll es einen unterirdischen See geben, in dem einmal ein ganzes, schuldig gewordenes Dorf versank; noch sieht man manchmal die Kirchturmspitze im Wasser, aber berühren darf man sie nicht.

Ein Gegensatz zu dieser geheimnisvollen Wasserwelt ist der Rhein (der ganz in der Nähe vorbeifliesst), ein Schicksalsstrom, ein Grenzfluss, der aber jetzt, in den dreissiger Jahren nicht verhindern kann, dass die «neue Zeit» in Deutschland als «Sog» die Märchenwelt des Kindes aufstört. Die Mutter von Simon erliegt der Anziehungskraft eines zeitgemäss «starken», eigentlich nur harten Mannes, der seinerseits der Verführung von «drüben» erliegt. Die Frau, zerrissen von Schuldgefühlen und Lebenssehnsucht sucht den Tod im Rhein, der so zum Todesfluss wird. Das Kindheits- und Wasserbuch ist also auch ein Geschichtsbuch, und zwar ersten Ranges.

Das Wasser dieses ersten Buches ist im dritten zu Schnee und Eis geworden. Ein gewaltiger Schneesturm tobt gleich am Anfang um den ganzen Globus und misst bereits den «Kreis» aus, der dem Buch den Titel gibt. Der Roman führt in die Berge und Täler Graubündens. Er spielt zwischen dem St. Galler Rheintal und dem Inn, also zwischen der ersten und der späten Heimat des Autors (der jahrelang in Laatsch bei Bergün seinen Arbeits- und zweiten Wohnort hatte). Und wie immer, wenn ein originärer Blick auf eine Landschaft fällt, wird diese verwandelt. So, möchte man sagen, sind die Berge noch nie gesehen worden: nicht als Wall, der trennt und abwehrt, sondern als ein Geflecht von Pässen und Übergängen, auf denen die Figuren scheinbar unablässig in Bewegung sind, auf der Suche, auf der Flucht, auf dem Heimweg. Sie sind, auch wenn sie im Wirtshaus des Val Bever sitzen und ein Jahrhundert-Schneesturm tobt, in Bewegung: in Gedanken, in weiten kreisförmigen Bewegungen zurück in die Vergangenheit, zurück zu den Toten. Denn die Erinnerung ist es, die das Szepter führt und die enge Gaststube ins Weite öffnet. Wie die kindliche Wahrnehmung im ersten Band verwandelt sie hier eine scheinbar alltägliche Welt in eine poetische.

Hauptfiguren sind zwei alte Männer: Simon Mittler, den wir als Kind im «Sog» kennengelernt haben, und sein etwas älterer Freund, der, bereits leicht verwirrten Geistes, nur noch in der Erinnerung an seine vor Jahren verstorbene Frau lebt. Simon dagegen erfasst immer klarer und tiefer Gegenwart und Vergangenheit. Seine Erinnerung geht nicht in seine Kindheit zurück, sie fragt nach seinen Vorfahren, auch nach solchen, die er kaum gekannt hat, sie geht zurück zu den Mythen, diesen in Bildern gespeicherten Erfahrungen der Menschheit. Eine erinnerte Hauptfigur, ein Vorfahre der beiden alten Männer, ist ein Uhrmacher mit dem leicht komischen Namen Geckeler, der auf der Heimreise von Venedig in den Bündner Bergen verschollen ist und durch sein rätselhaftes Verschwinden fast als mythische Figur weiterlebt. Nach ihm haben die beiden Freunde jahrelang gesucht, als ob ihr Leben davon abhinge, dass sie ihn finden, diesen neuen Odysseus, der getrieben ist von Fernweh und Heimweh.

Auch in diesem Buch ist das Wasser wichtig und mischt sich in die Geschichte ein, in Form von Schnee und Eis, als «*heiliges Wasser*», das der Reinigung und Befreiung dient, und als Fluss, der die Landschaft, das Geschick und die Gedanken der Menschen durchzieht. Vielleicht im Sinne des eingangs zitierten Aufsatzes von Karl Schmid über die Aare: «*Flüsse schliessen nicht ab, sie gehören uns nie ganz, Flüsse öffnen das Land gegen aussen.*» Tatsächlich wird im Roman von Boesch die Schweiz zu einem «Land der Flüsse». Sie heissen Inn und Rhein und Albula. In der Nähe des Albula-Passes, so will es die Erzählung, ist Geckeler im Schnee ausgerutscht und abgestürzt. Geradewegs in die Quelle der Albula hinein. Ob er vom Fluss weggerissen wurde, dem Rheintal und damit seiner Heimat entgegen, ob er, als befänden wir uns in einer Sage, geradewegs in die Quelle stürzte, zurück zum Ursprung, bleibt offen. Auf jeden Fall schliesst sich hier der Kreis seines Lebens.

Als mir Hans Boesch kurz nach Erscheinen des Buches an einem regnerischen Nachmittag die Stelle zeigte, wo er den Absturz Geckelers imaginierte (und mich dabei dringend zur Vorsicht mahnte), glaubte ich ihm sofort: hier musste es gewesen sein. Später, auf der Passhöhe, prasselte ein sturmartiger Regen los. Und als wir uns verabschiedeten, um in getrennten Richtungen talwärts zu fahren, sah ich Hans Boesch, wie ich ihn nie zuvor gesehen hatte: als käme er erst zu sich selbst im Aufruhr der Elemente.

(1998)

Zwischenkapitel: Thema Tagebuch

Virginia Woolf

15. Januar

Dass ich ausgerechnet in einem winzigen Pariser Hotelzimmer das Tagebuch von Virginia Woolf lesen würde, war nicht geplant. Ich hatte das Buch nur vorsorglich in den Koffer gesteckt – für den immerhin denkbaren Fall eines Dauerregens und auch, weil ich es auf einen Termin hin, nämlich für ein Radiogespräch, lesen «musste». Virginia Woolf ist allerdings für mich kein Muss, sondern eine Verführung, der ich seit Jahren regelmässig erliege, sobald ich eines ihrer Bücher anrühre. So auch jetzt, bei ihren Tagebüchern, deren zweiten Band (1920–24) ich in Paris zu lesen begann, weil eine fiebrige Erkältung mich häufig zu früher Heimkehr zwang.

Die einzelnen Tage und die Lebensspur in ihnen festzuhalten, mit fliegender Feder, in der halben Stunde *after tea* in Stichworten, aber detailliert, aus dem Augenblick heraus, spontan und rasch, konkret und realistisch, das ist das versteckte, wohl unbewusste Programm dieses Tagebuches, das ich, in meiner Zimmerhöhle dämmernd, sogleich unter die grossen diaristischen Werke dieses Jahrhunderts einreihe, ohne an der Klassierung zu zweifeln, aber vorläufig unfähig, sie zu begründen. Als am Tag vor der Rückreise strömender Regen mich noch einmal früher ins Hotel trieb, raffte ich mich auf und stellte eine Liste der Themen zusammen, die in diesem Tagebuch vorkommen: Besuche, Spaziergänge, Dinner-Parties; das Wetter, Dienstboten; das Studium der russischen Sprache, Lektüre der griechischen Tragödien in der Ursprache; Freunde und Bekannte, immer wieder und oft satirisch porträtiert; die Rezensionen, die sie schrieb, zahlreich genug, um ein normales Kritikerleben auszufüllen; die eigenen Romane mitsamt der angstvoll erwarteten, oft Depressionen auslösenden Rezeption; die Verwandlung der «Hogarth Press» von einem Zweipersonenunternehmen (in dem Virginia und Leonard Woolf am Anfang nicht nur als Besitzer und Chefs amteten, sondern auch als ihre eigenen Setzer und Packer und Postboten) zu einem veritablen Verlag; der Kauf eines Füllfederhalters; Krankheiten, vor allem harmlosere, einmal eine schwere, die einen zweimonatigen Unterbruch des Tagebuchs verursachte; und schliesslich der Umzug von Richmond nach London. Als ob diese scheinbar fragile, mehrfach (so 1915, dann wieder 1941) vom Wahnsinn heimgesuchte Person das Leben von zwei oder drei Menschen leben würde! Aber es ist etwas anderes als die ungeheure Leistungsfähigkeit, was mich gefangennahm – nein, eher mitriss: der Rhythmus, der durch das Ganze geht, der unheimliche Drive, den eine fliegende Feder, eine rasche Beobachtungsgabe, ein blitzschnell arbeitender Verstand erzeugen. *«Ich muss mir meinen Weg im Gehen bahnen»*: der Satz (er steht spät im Buch und in Bezug zum Roman *«Mrs. Dalloway»*) fiel mir schon beim Blättern auf – und ich notierte mir diese Absage an die Planbarkeit des Schaffens. Der Satz will mir auch als eine Art Schlüssel zum Tagebuch vorkommen, dessen allerschönste Passagen, Notizen von Spaziergängen, wohl nicht zufällig dem Gehen gewidmet sind: nicht einfach Natur- oder Stadtbeschreibungen und nicht Nacherzählungen von Ausflügen, sondern flüchtige, schwebende Notizen von dem, was man im Gehen wahrnimmt. Wie für ihren weit entfernten Zeitgenossen Robert Walser hat Gehen auch für Virginia Woolf mit Schreiben zu tun; und es hat mich nie überrascht, dass sie, wie eben auch Walser, ihre Werke auf Spaziergängen entwarf.

17. Januar

Dass ich mich in diesem fiktiven und doch nicht einfach erflunkerten Tagebuch einmal gründlicher mit dem Genre des Tagebuchs auseinandersetze, das drängt sich eigentlich auf. Virginia Woolf ist ein gutes Beispiel.

Das Tagebuch, als Form genommen, ist natürlich nicht nur unter literarischen Gesichtspunkten zu betrachten; es ist eine Allerweltsform oder ein Allzweckgenre und kann deshalb bei Menschen verschiedenster Art Verwendung finden. Ernst Jünger, dessen Tagebücher an Ausmass die Woolfschen noch übertreffen, aber von deren Spontaneität und Nuancenreichtum weit entfernt sind, rechnet es sich – mit Grund – als Verdienst an, mehrere seiner Freunde und Leser zum Tagebuchschreiben animiert zu haben. Das Tagebuch als Lebensbegleiter, als Widerstand dagegen, dass das Leben unter den Händen zerbröselt, das ist nicht einfach eine Sache der Literaten. *«Wer zu seinem Tagebuch kommt, kommt zu sich selbst und zur Welt»*, so sagt es eine grosse Tagebuchschreiberin der deutschen Literatur, Marie Luise Kaschnitz, in einem Aufsatz, der den vielsagenden Titel *«Das Tagebuch. Gedächtnis, Zuchtrute, Kunstform»* trägt. Zuchtrute – das ist ein strenges Wort; es hat mit der scheinbar harmlosen Frage zu tun, die Ludwig Curtius an seine Freunde zu richten pflegte: *«Was hast du heute erlebt?»* Im Munde dieses strengen Mannes, so berichtet Kaschnitz, konnte die Frage leicht zu einer Gewissensprüfung werden, und wehe, wenn sich herausstellen sollte, dass man eben – nichts erlebt, den Tag vertan hatte!

Thomas Manns Tagebücher füllen bei mir ein halbes Bücherbrett, und ich besitze nicht alle. Der Unterschied zwischen Thomas Mann und Virginia Woolf scheint immens, doch haben ihre Tagebücher mehr miteinander zu tun, als man glaubt. Was die beiden miteinander teilen, ist die Beharrlichkeit, die ein über Jahrzehnte hinweg regelmässig geführtes Tagebuch voraussetzt; beide waren sie, was Disziplin und Leistungswille angeht, nicht zufällig Kinder des 19. Jahrhunderts. Ihre Tage-Bücher gleichen sich auch darin, dass sie Aufzeichnungen von Tag zu Tag sind, in denen die grossen und kleinen Ereignisse des Tages, Gott und die Welt oder Kraut und Rüben, Gegenstand und Ausgangspunkt sind; anders also als die fesselnden Gedankenbücher Cesare Paveses oder die *Cahiers* eines Paul Valéry ziehen Virginia Woolf und Thomas Mann kontinuierlich und beharrlich ihre Lebensspur nach. Die Konsequenz, mit der die beiden überbeschäftigten Menschen an ihren täglichen Notizen festhalten, lässt keinen Zweifel, dass es sich in beiden Fällen um ein innerlich notwendiges Tun, um eine existentielle Form handelt. Für beide war es lebenswichtig, sich von Tag zu Tag des Zusammenhangs ihrer Biographie zu vergewissern. In einer der letzten Aufzeichnungen Virginia Woolfs, kurz vor ihrem Freitod, steht der (auf Hausarbeit bezogene) Satz: *«Schellfisch und*

Wurst können Halt geben, wenn man sie aufschreibt.» Auch wenn er von Hausarbeit zeitlebens verschont blieb – Thomas Mann hätte diesen Satz verstanden; das *«wenn man es aufschreibt»* deutet die Philosophie eines Tagebuchs an; und je tiefer ich in das Tagebuch der Virginia Woolf eindringe, desto unwiderlegbarer scheint mir, dass sie sich, und 25 Jahre lang erfolgreich, die immer wieder drohende Umnachtung auch dadurch fernhalten konnte, dass sie *«Schellfisch und Wurst»* notierte und damit zu Wirklichkeit werden liess.

19. Januar

Thomas Mann hat offenbar früh eine feste, ihn befriedigende Form für sein Tagebuch gefunden, sogar eine Art thematischen Raster, mit dem er das Erlebte filtert: Wetter und Wohlbefinden, Fortgang der eigenen Arbeit, Lektüre, Briefe, Besuche, Weltgeschehen, Spaziergänge *(«allein mit dem Hund im Wald»)*, Festlichkeiten, Kleiderfragen *(«Kühl, neblig. Wollene Weste»)*; Turbulenzen und Freuden mit den Kindern *(«Erika als stellvertr. Hausfrau, brav»)*.

Neben diesen durch ihre Formelhaftigkeit fast statisch wirkenden Aufzeichnungen fällt die Spontaneität, der nervöse Rhythmus, fallen die raschen Stilwechsel der Virginia Woolf deutlicher auf. Ihre Aufzeichnungen sind nicht nur viel länger als die des deutschen Kollegen; sie können bei jedem Thema ausufern, manchmal bei Spaziergängen, manchmal bei der Beschreibung von Geselligkeit, manchmal im Zergliedern ihrer Reaktionen, sei es, was ihre panische Angst vor schlechten Kritiken oder was ihren Ehrgeiz, ihre Rivalität mit anderen Autoren angeht. Da kann man eine grossartige Psychologin kennenlernen, die im Aufdecken ihrer unsympathischen Seiten sich selber nicht schont.

Mehrfach hält Virginia Woolf fest, dass sie in jeder Stimmung und auch in kurzen freien Augenblicken schreiben könne, während die Romane eine restlose, erschöpfende und ihre Gesundheit immer wieder gefährdende Konzentration brauchen. Das Tagebuch ist für sie ein Allwetterbuch, die Form ihr jederzeit verfügbar: *«Habe ich mein Tagebuch nicht gut dressiert? Es nimmt alles, was ich ihm gebe und ist dankbar»*, schreibt sie einmal, auf den raschen Wechsel in ihren Aufzeichnungen anspielend. Diese Personifizierung des Tagebuches ist kein blosses Spiel. Natürlich ist eine Virginia Woolf weit davon entfernt, ihr Tagebuch geradezu als eine Freundin anzureden, wie es ein Kennzeichen von Jugendtagebüchern ist. Aber die leibhaftige Präsenz des Tagebuchs während des Schreibens wirkt sich auf den Stil aus, lässt den Augenblick lebendig werden. Ende 1919, also gerade bevor der zweite Band einsetzt, schreibt Virginia Woolf: «*Oh ja, es hat mir Freude gemacht, das Tagebuch des vergangenen Jahres zu lesen; und ich werde es weiterführen. Es macht mir Spass, zu sehen, wie es zu einer eigenen Person geworden ist, beinahe mit einem eigenen Gesicht.*»

Das ist das Besondere dieses Tagebuchs: dass es, im Gegensatz zu den literarischen Werken keinerlei Korrektur und Überarbeitung unterworfen, im Schreiben kreiert wird: ein *work in progress* im Wortsinn; ein Werk der Spurensicherung – und zugleich eine Wegsuche ins Unbekannte hinein.

20. Januar

Die deutsche Ausgabe der Tagebücher von Virginia Woolf wird insgesamt 5 Bände umfassen, mehr als 2000 Seiten also! Von den ersten beiden Bänden, den einzigen bisher erschienenen, ist der zweite insofern besonders interessant, als er eine wichtige Zeit im Schaffen der Virginia Woolf, überhaupt in der Entwicklung des modernen Romans umfasst:

Ihr einziger Erzählband ist 1921 unter dem Titel «*Monday and Tuesday*» erschienen, darin Texte, die als Vorübung in jenem freien, von einer strikten Handlung losgelösten Schreiben gelten können, das dann in den Romanen volle Entfaltung findet. 1922 erscheint der bemerkenswerte Roman «*Jacobs Room*», und mit «*Mrs. Dalloway*» schliesslich, begonnen 1922 und abgeschlossen Ende 1924, schreibt Virginia Woolf jenes Werk, von dem sie schon im Schreiben gespürt haben muss, dass sie nun «*in ihre Ader hineinlange und sie bis in die Tiefe abbauen könne*», ihr erstes Meisterwerk und ein Meilenstein in der Geschichte des modernen Romans. In der gleichen Zeitspanne stellt Virginia Woolf auch den ersten Band ihrer Kritiken zusammen, die 1925, im gleichen Jahr wie «Mrs. *Dallo-way*», unter dem Titel «*The Common Reader*» herauskommen.

Und was sich da in ihrem eigenen Werk kristallisiert, steht in direktem Zusammenhang mit der Entwicklung der modernen europäischen Literatur. In der Hogarth Press erscheinen die Werke von T. S. Elliot, der ein Freund des Ehepaars Woolf wird; der «*Ulysses*» wird geprüft und für den eigenen Verlag abgelehnt, weil keine Druckerei das Risiko einer Strafanzeige wegen Obszönität eingehen will. Virginia Woolf liest mit tiefer Bewunderung Marcel Proust; sie lernt Katherine Mansfield kennen, die einzige Autorin, die sie voll anerkennt und mit der sie eine in wechselseitigen Rivalitäten zerrissene Freundschaft verbindet und trennt zugleich. So gesehen stellt das Tagebuch eine Art Begleittext zur Entwicklung des modernen Romans dar.

Aber Virginia Woolf ist bei aller Belesenheit keine Vertreterin einer Literatur, die aus Literatur oder aus Literaturtheorie entsteht, ihr Tagebuch nicht ein Werk poetologischer Überlegungen, sondern ein Lebensbuch und als solches mit dem Werk verbunden: als dessen Voraussetzung und als eine grosse Einübung ins Schreiben. Diesen Aspekt ihrer Aufzeichnungen betont Virginia Woolf mehr als einmal; sie habe sowohl «*Jacobs Room*» wie «*Mrs. Dalloway*» im Tagebuch geübt.

26. Januar

Das Radiogespräch, das mir die Anregung zu einer erneuten intensiven Beschäftigung mit Virginia Woolf und ihrem Tagebuch gab, hat vorgestern stattgefunden, mit einem immerhin verblüffenden Anfang. Einer der Gesprächspartner – er hatte zugegebenerweise vorher noch kaum etwas von Virginia Woolf gelesen – griff die Autorin gleich zu Beginn wegen ihrer karikaturistischen Porträts überaus heftig an, und warf ihr «Klassenarroganz» vor. Das ist in mancher Hinsicht interessant. Virginia Woolf ist im deutschen Sprachgebiet erst durch den Feminismus zu einer berühmten und vielgelesenen Autorin geworden, auch zu einer Kultfigur. Eine vielgelesene Autorin: offensichtlich vor allem, beinahe ausschliesslich in Frauenkreisen. Man macht sich Illusionen, wenn man glaubt, durch den Feminismus werde im allgemeinen Kulturbewusstsein viel geändert; seine Wellen schlagen (leider!) nur im Frauengetto, und ausserhalb bleibt die Wirkung auf die Oberfläche beschränkt.

Auf Frontalangriffe wie den erwähnten zu antworten («wozu soll ich das lesen», rief mein Gesprächspartner aus), fällt mir jeweils nicht leicht; vor allem da mir persönlich die Klatschseite bei Virginia Woolf so wenig sympathisch ist wie bei anderen Leuten auch. Aber vorrangig müsste da die Frage gestellt werden, warum der Klatsch mit seinen boshaften Ausprägungen gerade bei jenen so üppig blüht (sei es im London der Bloomsbury Group, sei es in Wien, sei es in Zürich), die professionell mit dem Wort umgehen, nämlich bei Literaten.

Was die Porträts von Virginia Woolf angeht: da ist noch einmal der streng private Charakter des Tagebuches zu bedenken. «*Ich will einen einzigen Beichtstuhl haben, wo ich nicht zu prahlen brauche*», sagt sie einmal. Das sakrale Wort steht wohl nicht zufällig da! Nicht prahlen, das beinhaltet auch: sich nicht besser darstellen als man ist, auch in der Art des Porträtierens nicht. Dieser Wille zur Ehrlichkeit hat einiges zu tun mit Auflehnung gegen Tabus, gegen eingeübte Vorstellungen, wie man oder frau zu fühlen und sich zu verhalten habe. «*Man darf nicht von sich reden, und man darf nicht eitel sein. Selbst wenn ich völlig für mich bin, schieben sich diese Geister zwischen mich und die Seiten*» – so formuliert sie einmal die vor allem von Frauen internalisierte viktorianische Moral der Bescheidenheit. Von ihr suchte sie sich im Tagebuch durch Ehrlichkeit zu befreien – dies auch in Gedanken an die einzige Leserin des Tagebuches, die sie sich gelegentlich vorstellt: und das ist die «*alte Virginia*». Als Sechzigjährige, klüger geworden, will sie das Tagebuch lesen und für ihre Memoiren verwenden. Diesen Vorsatz wollte sie in ihren letzten Lebensjahren tatsächlich verwirklichen, und in diesem Zusammenhang stellte sie Ende 1940 im Tagebuch fest, dass es in der Literatur überhaupt noch keine mit der Offenheit eines Rousseau geschriebene Autobiographie einer Frau gebe. Eine solche wäre also noch zu schreiben, von ihr zu schreiben! Es muss Virginia Woolf früh klar geworden sein, dass Frauen durch ihre Sozialisation noch stärker als Männer zu Verstellung und Anpassung neigten, wie sie mit dem künstlerischen Schaffen unvereinbar sind. Auch in dieser Hinsicht, im Verwirklichen einer ungeschönten Ehrlichkeit, übte sie im Tagebuch das Schreiben – das schliesslich in «*Mrs. Dalloway*» kulminierte.

31. Januar

Ich hätte Arbeit genug, und doch bin ich, wirklich gegen meinen Willen, in die «*Mrs. Dalloway*» hineingeraten – nicht zum ersten- und wohl nicht zum letztenmal, und auch jetzt lese ich das Buch, «als wär's ein Stück von mir». Schon der erste Satz, dies «*Mrs. Dalloway said she would buy the flowers herself*», schmiegt sich wunderbar ins Ohr, bleibt darin für immer. Warum nur? Der Satz sagt nichts und deutet doch alles an. Da wird noch nicht der grosse Vorhang aufgerissen; die Bühne, auf der am Schluss des Buches die Abendeinladung bei den Dalloways stattfinden wird, bleibt bis auf die letzten 40 Seiten verhüllt; Mrs. Dalloway betritt mit ihren ersten Worten nur das Proszenium: eine Dame der oberen Gesellschaftsschicht, ohne Sorgen, ohne nennenswerte Arbeit, es sei denn die selbstgewählte, für ihre Party den Blumenschmuck zu besorgen (sie wird Wicken wählen). Und sie, Clarissa Dalloway, die man sich als anmutige und seit ihrer letzten Krankheit weisshaarig gewordene Fünfzigerin vorstellen muss, diese Clarissa Dalloway ist einerseits eine liebenswürdige Gesellschaftsdame, mit einer zu grossen Neigung zur Anpassung – aber ihre Wurzeln und Ahnungen reichen tiefer als ihre Freunde vermuten; im Glanz des Sommermorgens spürt sie das Glück und den Tod, beides zusammen, und sie erfährt sich selber als Teil des ganzen Lebens, als Teil «*von den Bäumen daheim, dem Haus dort, dem unschönen, weitläufigen, winkligen; ein Teil von Menschen, denen sie nie begegnet war*».

Dass Menschen sich nicht endgültig beschreiben, nicht auf eine Rolle oder einen Aspekt festlegen lassen, diese (psychologische und poetologische) Einsicht taucht schon im Tagebuch immer wieder auf; sie prägt auch den Roman; und aus ihr heraus lebt gerade Mrs. Dalloway: «*Sie würde von keinem Menschen mehr sagen, er sei dies, er sei das*», nimmt sie sich vor. «*Sie fühlte sich sehr jung, dabei unsagbar bejahrt. Sie schnitt wie ein Messerchen durch alles hindurch, stand gleichzeitig ausserhalb, sah zu. Sie hatte, während sie die Taxis vorbei fahren –*

liess, unaufhörlich die Empfindung, weit draussen auf dem Meer zu sein, und allein.»

Das Neuartige dieses Buches sein Zauber beruht nicht zuletzt darin, dass die Figuren nur in ihren wechselseitigen Spiegelungen, in verschiedenen Ansichten und Facetten ihres Wesens gezeigt werden; in Aussenansichten, wie sie die Urteile anderer enthalten, und in Innenansichten, wenn die Erzählperspektive von ihnen bestimmt ist. Als festumrissene, eindeutig beschreibbare Figuren gibt es sie nicht; und doch leben sie. Im Partygerede werden sie manchmal zu Karikaturen ihrer selbst – und sie gewinnen ihre Würde zurück, wenn man sie von innen sieht.

6. Februar

«Werden wir je wieder ein anständiges Leben führen können?» – die überraschende Frage steht in einem Brief der Virginia Woolf von 1919, geschrieben unter dem Eindruck der sie tief befremdenden nationalen Siegesfeiern. So fragt eine Frau, die vom Krieg im Innersten verstört wurde. Ihre geistige Umnachtung des Jahres 1915, wie auch, später, die Gefährdung des Jahres 1941, hat ohne Zweifel mit dem Krieg zu tun, den Virginia Woolf als eine *«unsinnige männliche Fiktion»* erfuhr, als einen Einbruch in die Geschichte, der mit Siegesfeiern und Rückkehr zum Alltag nicht ausgeglichen und vergessen werden konnte.

Diese Erfahrung kristallisiert sich in der unheimlichsten und vielleicht interessantesten Figur der *«Mrs. Dalloway»*, in einem jungen Mann, der, Kriegsveteran und Heimkehrer, nicht in der glitzernden Partywelt der Oberschicht angesiedelt ist, aber diese im Dunkeln ergänzt als ihr Schatten. Septimus Warren Smith, neben Mrs. Dalloway die zweite Hauptfigur des Buches, ist es, der die Zeche bezahlt für das, was die oberste Schicht «angerichtet» hat und was sie konsequent aus ihrem Lichtkreis verdrängt. In der Rolle des Kriegshelden und Siegers (denn er hat tapfer gekämpft und sich ausgezeichnet) ist er zunächst der Bewunderung der Nation und der Hochschätzung seiner Vorgesetzten sicher. Im Krieg konnten ihm Grabenkämpfe und Massensterben scheinbar nichts anhaben, weil er seltsam geschützt war durch einen Panzer der Gleichgültigkeit und einer zunehmenden, ihn selber beängstigenden Fühllosigkeit. Nur so (das ist die unausgesprochene Erkenntnis der Virginia Woolf), geschützt durch pathologische Gleichgültigkeit, lässt sich der Horror des Kriegs ertragen – oder eben, das Beispiel des Septimus zeigt es, doch nicht ertragen. Denn als alles überstanden ist und er vor einer vielversprechenden Zukunft steht, melden sich bei ihm die Toten zurück, brechen verdrängte Erfahrungen und Ängste in ihm auf, aber auch Vorstellungen einer besseren Welt und einer umfassenden Liebe; er wird wahnsinnig, und die Ärzte, Repräsentanten der Oberschicht, treiben ihn in den Tod.

Mit der Mrs. Dalloway-Welt hat Septimus nichts zu tun; aber er berührt sie mehrfach, und nicht nur, weil auch er auf seinen hilflosen Gängen durch die Stadt den Stundenschlag des Big Ben hört. Vor allem zwischen ihm und Mrs. Dalloway besteht, auch wenn sie sich nie sehen, eine geheimnisvolle Verbindung. Sobald sie vom Freitod des ihr Unbekannten hört, fühlt sie sich ihm nahe und verwandt (als ahnte sie die Nähe des eigenen Todes), sie begreift ihn als ihren Schatten und ihre Erweiterung ins Dunkel hinein. Und wenn man das Buch als einen ersten Höhepunkt im Schaffen der Virginia Woolf bezeichnen darf, dann auch deshalb, weil sie hier zum erstenmal ganz explizit zwei Grunderfahrungen ihres Lebens zu Wort kommen, Gestalt werden lässt: den Wahnsinn und den Krieg, Diese Grunderfahrungen werden im Tagebuch nur gerade angedeutet. Aber vielleicht hat das Tagebuch die Voraussetzung geschaffen, dass sie sie gestalten konnte.

(1995)

Victor Klemperer

1

Im Tagebuch von Victor Klemperer gibt es einen in sich geschlossenen, sorgfältig ausgefeilten und schon dadurch von den übrigen Aufzeichnungen abgehobenen Text, der jeder Anthologie dieses Jahrhunderts wohl anstünde. Eine Passage von rund dreissig Seiten, entstanden im Juni/Juli 1941, als der zwangspensionierte Professor schon im Judenhaus lebte:

Das im Titel «*Zelle 89*» angedeutete Thema ist ein relativ kurzer und, im Rahmen der Zeit gesehen, «harmloser» Gefängnisaufenthalt. Klemperer hatte vergessen, sein Arbeitszimmer zu verdunkeln, und er wurde dafür nicht, wie sonst üblich, mit Busse oder Verwarnung, sondern gleich mit acht Tagen Haft bestraft. Es war dem Arrestanten stets bewusst, dass er vergleichsweise nichts Schlimmes zu erdulden hatte – nur eben dies: das Eingeschlossensein im «*Gefängniskäfig*» ohne Möglichkeit der Ablenkung (entgegen der Ankündigung waren ihm Bücher, Brille, Papier weggenommen worden) – und in diesem «nur» dennoch etwas Entsetzliches: die Endlosigkeit der Zeit – das Nichts.

Aus dem Gefängnis entlassen, ging Klemperer daran, die ihn verstörende Erfahrung so detailliert wie möglich aufzuschreiben – die Konfrontation mit dem Nichts also und das, was er, um zu überleben, dagegen aufbot. Im Gefängnis setzte er sofort seinen Denkapparat in Bewegung, um sich abzulenken; und aus dem, was als Ablenkung begann, wurde eine eindrückliche Vergewisserung der eigenen Welt: vom Banalen bis zur Frage nach den letzten Dingen; nicht zu vergessen das Glück, am viertletzten Tag doch noch einen Bleistift und ein Stück Papier zu erhalten. «*An meinem Bleistift kletterte ich aus der Hölle der letzten vier Tage auf die Erde zurück*», mit diesem leicht ironischen, dennoch ernstgemeinten Bild quittierte er im nachhinein das unerwartete «Geschenk»: der Satz ist eine Chiffre für die Bedeutung, die dem Tagebuch in seinem Leben zukam.

Klemperer war ein grossartig disziplinierter, war ein besessener Tagebuchschreiber, nicht ein Buchhalter des eigenen Lebens;

da schrieb einer an gegen das Nichts, das ihn spätestens seit den dreissiger Jahren begleitete. Die Omnipräsenz von Leeregefühlen, das Grausen vor dem Nichts, diese inneren Heimsuchungen hatten gewiss damit zu tun, dass Klemperer seit 1933 systematisch zu einem Niemand gemacht, schliesslich mit Auslöschung bedroht wurde – aber auch, umfassender, mit der Tatsache, dass er aus der Transzendenz weder Trost noch Halt gewinnen konnte.

Er war Agnostiker; kein Gottesleugner, sondern voller Respekt für jene, die glauben konnten (seine zweite, sehr junge Frau war Katholikin); ihm selber aber fehlte *«jedes Talent zum Glauben»*, er war vor allem, in diesem Punkte Jean Améry verwandt, unfähig, sich durch einen Scheinglauben trösten zu lassen, der dem Entsetzlichen einen geschichtlichen oder metaphysischen Sinn hätte abgewinnen können. *«Wir nehmen unser Menschenschicksal auf uns, das letzte nicht wissen zu können»* – das war sein Credo, das er nicht nur dem Kirchenglauben, sondern in der DDR-Zeit auch dem dogmatischen Marxismus entgegensetzte.

Diese Freiheit hatte ihre Kehrseite: die Formel *«vanitas, vanitatum vanitas»* geht als Leitmotiv durch das Tagebuch: sie meint sowohl die Eitelkeit eines Einzelnen (von der Klemperer sich durchaus nicht frei wusste!) – als auch, umfassender und ganz im Sinn des Barocks, die Nichtigkeit und Vergänglichkeit des Lebens. Desto wichtiger war es für ihn, sich des Zusammenhangs seiner Biographie zu vergewissern, von Tag zu Tag festzuhalten, was gewesen war, was er gedacht, gelesen, gesehen hatte, sich zu bestätigen, dass da überhaupt etwas war – und nicht einfach nichts. Und das Medium dieser Vergewisserung war ebensolang das – nicht umsonst zur «Gewohnheit» gewordene – Tagebuch.

2

Mit dem eben erschienenen, der DDR-Zeit zwischen 1945 und 1959 gewidmeten, dritten und letzten Teil dieses Tagebuchs, *«So sitze ich denn zwischen allen Stühlen»*, liegt dies Monsterwerk nun vollständig vor. Geschrieben ohne Schielen aufs Publikum, nicht für die Veröffentlichung bestimmt, sondern für den

Eigengebrauch, als eine Art Materialspeicher für eine spätere Autobiographie, deren Plan er bis zuletzt nicht aufgab und von der nur der erste Teil vorliegt. Seine Stärke ist das Tagebuch, nicht die Autobiographie.

Ein Tagebuch von 5000 Seiten also, das Werk eines Vielschreibers. Aber was heisst das? Klemperer schrieb tatsächlich viel, und er schrieb, dies vor allem, leicht und gut, verständlich und doch differenziert. Das tat er auch in seinem Beruf als Hochschullehrer, als Romanist – und er war vielleicht auch deshalb seinen Kollegen suspekt. Seine Bücher wurden regelmässig als journalistisch oder feuilletonistisch disqualifiziert, ein Urteil, das der so Qualifizierte mit der Zeit selbstquälerisch internalisierte. *«Ich lebe und sterbe als einsamer Feuilletonist»* – so zog er ein Jahr vor seinem Tod ein resigniertes Fazit, ohne zu bedenken, dass ein guter Feuilletonist literarisch einem Gelehrten, auch einem tüchtigen, überlegen sein könnte.

Er hätte wohl tatsächlich das Zeug zu einem grossen Feuilletonisten gehabt, die nötige Leichtigkeit und den nötigen Ernst, den Sinn für die Pointe und das prägnante Bild – und als er in seiner Jugend eine Zeitlang den Beruf eines Journalisten ausübte, tat er dies mit Geschick und nicht ohne Lust. Es waren seine um vieles älteren Brüder – alle drei erfolgreicher, wohlhabender, auch geradeheraus ehrgeiziger als er –, die diesen Beruf des jüngsten als dem Familienehrgeiz abträglich ablehnten, ihn zu einem zweiten Studium drängten und seine Karriere weit über den Abschluss hinaus finanzierten. Es könnte sein, dass Klemperer durch seine besondere Stellung in der Geschwisterreihe – er war 17 Jahre jünger als sein ältester Bruder – nicht minder stark geprägt, angespornt und gehemmt wurde als durch seine jüdische Herkunft, die ihm, wie vielen, erst ganz bewusst wurde, als er in den zwanziger Jahren dem wachsenden Antisemitismus begegnete.

Als er 1935 seine Professur an der Technischen Hochschule Dresden verlor, ihm kurz darauf die Benützung der Bibliothek untersagt wurde, blieb ihm das Tagebuch als ein Medium, das ihm keiner nehmen konnte. Das Schreiben vermochte ihn zeitlebens aus der Depression zu retten. Allgemeiner gesagt: er konnte die tieferen Schichten seines Wesens nur durch die Sprache erreichen und fruchtbar machen, im Schreiben – aber auch im Reden. Als Professor und später auch in politischen Ämtern sprach er völlig frei und leicht, gestützt auf ein kleines Zettelchen, aber nach gründlicher Vorbereitung. In freien Vorträgen war er «*in seinem Esse*», d. h. bei sich selbst, seinem Eigentlichen, auch den unbewussten Kräften nahe.

Als einer der bedeutenden Tagebuchschreiber wird er in die Literaturgeschichte eingehen – und nicht wegen des Umfangs seiner Aufzeichnungen, sondern wegen seiner ungeheuren Differenziertheit und Genauigkeit, seiner – ein Wort von Martin Walser – «*Erlebnisgenauigkeit*». Er verfügte über eine exzeptionelle, ihn selber wohl oft quälende Fähigkeit, das Widersprüchliche der eigenen Emotionen und Gedanken zu sehen und zu formulieren, lebenslang. Er ersparte sich nichts, redete oder schwieg sich über keine Schwäche hinweg. Das befremdet jene (sie sind zahlreicher, als man denkt), die gar nicht wissen, was das heisst: Schreiben ohne eine Schere im Kopf.

3

Es sei Hitler gewesen, der Churchill zu einer historischen Rolle, einer «Ruhmesrolle» verhalf – das kann man, als Bildlegende, in der vor kurzem erschienenen Churchill-Biographie von Christian von Krockow lesen. Der Satz könnte auch auf Klemperer bezogen werden – allerdings fiel ihm die «Ruhmesrolle» erst postum zu! Hätte er die Möglichkeit und/oder den Mut gehabt, rechtzeitig seinen Brüdern in die Emigration zu folgen – sein Tagebuchwerk würde wohl noch immer in einer amerikanischen Bibliothek vor sich hin modern. Der Vergleich mit Churchill scheint absurd. Hier der Politiker, der, zunächst allein und erfolglos, alle Kräfte mobilisierte, um den Kampf gegen eine gewaltige Übermacht, den Teufel in Menschengestalt, zu bestehen, dort der kleine Professor, dem zum offenen Kampf die Möglichkeit und wohl auch der Mut fehlten, und der nur überlebte, weil seine arische Frau, eine Heldin ihrer Zeit, unverbrüchlich zu ihm hielt – und weil, gerade vor den allerletzten Deportationen, die ihn nicht verschont hätten, die Zerstörung Dresdens am 13. Februar 1945 als ein fürchterlicher deus ex machina dem Ehepaar Klemperer die Flucht ermöglichte. Und doch: sein Tagebuch war ein Akt des Widerstands, der dem, der es schrieb, und jenen, die es versteckten, den Kopf kosten konnte, ein Akt des Widerstands auf verlorenem Posten und mit der einzigen Waffe, die geblieben war: dem Wort. *«Die Angst, meine Schreiberei könnte mich ins Konzentrationslager bringen. Das Gefühl der Pflicht zu schreiben, es ist meine Lebensaufgabe. Das Gefühl der vanitas vanitatum meiner Schreiberei. Ich schreibe weiter. Das ist mein Heldentum. Ich will Zeugnis ablegen bis zum letzten, und exaktes Zeugnis.»* So Klemperer 1942, das Widersprüchliche formulierend – und den klaren Entscheid; und für einmal beanspruchte er das Wort Heldentum für sich. Wenn er sich selbst in seinen Aufzeichnungen nie zum Opfer stilisierte, sich nicht einfach als Opfer erfuhr, so beruht dies letztlich darauf, dass das, was er seinen *«Berufsmut»* nannte, zu einem entscheidenden Impuls seines Lebens wurde. In der *«märchenhaften Grässlichkeit der Existenz»* diente ihm das Tagebuch nicht nur (analog zum Bleistift in *«Zelle 89»*) als Leiter, aus der Hölle auf die Erde zu klettern, es war eine Waffe – und ein Werkzeug, den Opfern ein Denkmal zu schaffen.

4

«Ich will Zeugnis ablegen bis zum letzten» war die Sensation des Jahres 1995, wurde ein Kultbuch mit allen fragwürdigen Begleiterscheinungen eines solchen (z. B. der Zelebration in einer Tage und Nächte dauernden Marathonlesung!). Der eben erschienene, der DDR-Zeit gewidmete Band (*«So sitze ich denn zwischen allen Stühlen»*, 1999) wird kein Kultbuch werden – und ist nicht im gleichen Sinn ein Werk des Widerstands. Aber wie in kaum einem anderen Werk der Zeit kann man darin erkennen, was es heisst: als einzelner seine Lebensentscheidungen in einer undurchschaubaren Welt treffen zu müssen.

Natürlich ist auch dieses Tagebuch ein erstrangiges Zeitdokument. Nicht dass darin die grossen Ereignisse erklärt oder auf neue Art beleuchtet würden. So absurd es scheinen mag: Klemperer, der in der DDR wichtige Ämter innehatte und scheinbar der Macht und der Information unmittelbar nahe war, hat kaum klarer gesehen als in der Abgeschlossenheit des Judenhauses. Die Mächtigen der Partei hielten sogar gegenüber der

Volkskammer (in der Klemperer sass) ihr Visier streng geschlossen, und die Polarisierung des Kalten Kriegs hat eine Übersicht über das Ganze hüben und drüben geradezu verhindert. Aber das Tagebuch vermittelt ein überwältigend detailliertes Bild der Alltags- wie der Mentalitätsgeschichte der DDR, einschliesslich ihrer frühen Fehlentwicklungen. Man glaubt, die Mauer wachsen zu sehen, ehe sie gebaut wurde.

Klemperer war zunächst für sein Überleben an Dresden gebunden; hier hatte er sein Haus (aus dem der Nazi-Richter, der es bewohnt hatte, bereits ausgezogen war); nur hier konnte er Anspruch darauf erheben, wieder als Ordinarius eingesetzt zu werden. Das letzte geschah tatsächlich im Herbst 1945 – aber noch vor ihm erhielten jene ihre Professur bestätigt, die ihr Amt auch in der Nazizeit ausgeübt und den ideologischen Kniefall nicht gescheut hatten! Im August gab er seinen Austritt aus der Evangelischen Kirche, weil sie die jüdischen Gemeindemitglieder im Stich gelassen hatte.

Die Sensation und für manche das Skandalon dieser Biographie ist aber der im November 1945 erfolgte Beitritt des zeitlebens bürgerlichen und liberalen Professors zur Kommunistischen Partei. Er tat es in der Überzeugung, sie sei das «*kleinste Übel*» (ein Ausdruck, den er später unermüdlich auf die DDR im Vergleich zum Westen anwenden wird); nur sie, und das war für ihn das Entscheidende, dränge «*wirklich auf radikale Ausschaltung der Nazis*». Illusionslos fügt er bei: «*Aber sie setzt neue Unfreiheit anstelle der alten. Aber das ist im Augenblick nicht zu vermeiden.*» Im Beitrittsgesuch selbst verwies er darauf, dass er sich bisher politisch an die Freisinnigen gehalten habe und philosophisch von dieser Linie nicht abweichen wolle.

Das heisst: er hoffte auf die Quadratur des Zirkels, darauf, innerhalb einer «neue Unfreiheit» riskierenden Partei seiner liberalen Vergangenheit nachleben zu können. Die Vorstellungen und Hoffnungen, die er mit dem Parteibeitritt verband, waren also von Anfang an widersprüchlich. Nicht zu vermeiden, dass er in der Folge zunehmend inneren Spannungen ausgesetzt war, die er im Tagebuch repetitiv und selbstquälerisch festhielt. Seine innere und äussere Situation wird in der Erinnerung eines ehemaligen Studenten besonders deutlich, geradezu augenfällig:

während einer Vorlesung sei Klemperer plötzlich in sich zusammengesunken, als der Lärm der vorbeimarschierenden FDJ in den Raum drang.

5

Fast verzweifelt und zunehmend gegen besseres Wissen hielt er lange an der Kommunistischen Partei fest – nach seinen eigenen Worten *«als ob er daran glaubte»*. Und blieb doch in seinem Denken ein Liberaler im alten Sinn, und abgesehen von einigen mehr pseudomarxistischen Floskeln gewinnt man im Tagebuch nie den Eindruck, da schreibe ein Marxist.

Was das verwaschene Wort «Liberalismus» in diesem Zusammenhang meint, das zeigt, konkret und präzis, eine Bemerkung aus dem *«Curriculum vitae»*: *«Wenn ich sagen sollte, warum ich vor allem mein ‹Dix-huitième› so sehr liebe, dann würde ich antworten, um seines Kampfes willen gegen das ‹préjugé›».* Der Kampf gegen das Vorurteil, gegen das voreingenommene Denken schlechthin: Für Klemperer war die französische Aufklärung lebenslang eine geistige Heimat, wissenschaftlich und weltanschaulich. Mit einer Habilitationsschrift über Montesquieu hat er seine Karriere begonnen, und als er seine Professur verlor, begriff er die «freie Zeit» als Chance, sofort das längst geplante grosse Werk über die französische Literatur im 18. Jahrhundert zu beginnen, das unter dem Kürzel *«18ième»* durch sein Tagebuch geht, ein Lebens- und Schmerzensbuch.

Wenn er dennoch Jahre brauchte, sich selber seine Enttäuschung über der Entwicklung der DDR einzugestehen, hat das mit den Hoffnungen zu tun, die er auf den neuen Staat setzte. Dieser war ein Garant dafür, dass *«der Teufel Hitler ihn nicht noch einmal holen werde».*

Er möchte nicht in den Westen, aber er möchte *«irgendwo unendlich weit fort von Deutschland leben können»*, schrieb er schon 1949. Und blieb doch, wie in den dreissiger Jahren, an Deutschland gebunden. *«Ich wäre gern einmal Mitglied eines wirklichen gesamtdeutschen Parlaments geworden, in einer anständigen sozialistischen Partei»* – diesen längst als irreal erkannten Wunsch formulierte er zehn Jahre später. Fast gleichzeitig zog er das Fazit einer Chinareise: er sei zum endgültigen Anti-kommunisten geworden. Was er in China gesehen habe, «*kann nicht Marx' Idealzustand gewesen sein.*»

6

Als Klemperer die beiden oben zitierten Sätze schrieb, war er ein alter Mann, nicht mehr weit entfernt von seinen letzten Herzan-fällen und vom Tod. Das Tagebuch der DDR-Zeit ist, unter anderem, ein Altersbuch. Nicht ein Buch über das Alter wie das berühmte Werk von Jean Améry, sondern ein Werk, das durch-drungen ist von minutiös verzeichneten Alterserfahrungen: die nachlassende Konzentration und Aufnahmefähigkeit, die Ein-sicht/Angst, nichts Neues mehr produzieren, nur Altes umarbei-ten zu können, das Gefühl, beruflich und gesellschaftlich über-gangen, gleichsam aus dem Leben gestossen zu werden. Und, immer wieder, das Gefühl, eigentlich kein Recht auf ein Wei-terleben zu haben inmitten der «*grausigen Fülle der Todes-nachrichten*», die ihn schon 1945 erwartete. (Von den depor-tierten Bewohnern des Judenhauses, seinen letzten Bekannten, war keiner zurückgekommen.)

Eine kurze Passage aus den letzten Lebensjahren nimmt das Thema von «*Zelle 89*» auf und führt es ins Extrem: «*Mir ist im-mer wohl, wenn ich bei Hadwig bin (seine zweite, junge Frau), und wenn ich beim Lesen und Schreiben bin – und immer elend, wenn ich über mich nachdenke. Ich habe nirgends einen Halt in mir, ich bin nicht existent, ich weiss nicht, wie ich heisse, wenn ich mich auf mich selbst besinne.*»

Das ist nicht nur ein unbestimmtes Leeregefühl, wie es alle gelegentlich überkommt, oder der Identitätsverlust, in dem das 20. Jahrhundert Übung hat. Auf diese Sätze fallen die Schatten aus den Verfolgungsjahren, die aufgezwungene Erfahrung, ein Niemand und ein Nichts zu sein – und auch die Schatten des erwarteten Todes, der – so Klemperers Überzeugung – die Per-son im Nichts untergehen lässt. Aber noch jetzt hat das Tage-buch eine rettende Funktion, wie seinerzeit der Bleistift – im Widerstand gegen das Nichts.

Nicht dass Klemperer nichts geleistet und nichts bewirkt hätte, gerade weil die marxistischen Leitvorstellungen nicht die seinen waren. Im Tagebuch kann man verfolgen, wie er immer unmissverständlicher gegen die sturer und dogmatischer werdende Literaturtheorie redete: gegen die Vereinnahmung der Literatur durch die Soziologie, ihre Verpflichtung auf die Gesellschaft – und umgekehrt bekannte er sich zu verpönten Begriffen wie das Private und das Allgemeinmenschliche, Genie und Intuition. Er erntete in Vorträgen und Vorlesungen oft Beifall, fast Ovationen – und erlebte anschliessend, dass die versprochene Drucklegung von Vorträgen und Büchern nicht zustande kam oder Veränderungen vorgenommen wurden, die ihn den Text zurückziehen liessen. Er war kein Kämpfer. Mit Ironie und vielleicht auch Resignation erwähnt er, dass sein «*freundliches oppositionelles Geplauder*» den Studenten gefalle – etwa wie ein «*beliebter älterer Kabarettist*».

Das ist, abgesehen von der ironischen Selbstverkleinerung, vielleicht nicht falsch – und der Kabarettist nicht die schlechteste Rolle. Unter all den erstarrten alten Männern, die in der DDR das Sagen hatten, muss der bewegliche, geistvolle, Erstarrtes in Frage stellende Klemperer auf junge Menschen befreiend gewirkt haben.

(1999)

Marie Luise Kaschnitz

1

«*Was hast du heute erlebt?*» Mit dieser Frage – so erinnert sich Marie Luise Kaschnitz in einer späten Aufzeichnung – habe der Archäologe Ludwig Curtius jeweils seine Freunde begrüsst. Und das war keine Einladung zum *Small Talk*; «*abgründig*» nennt Marie Luise Kaschnitz die Frage, die den Befragten «*in tödliche Verlegenheit versetzte, weil er wohl einige Wege gemacht, einiges gesehen und getan, aber bewusste Erlebnisse nicht gehabt, wenigstens keine, die von Curtius anerkannt worden wären*». Und sie setzt das souverän skizzierte Miniporträt des Freundes (der «kein gemütlicher Mann» gewesen sei) fort mit den Sätzen: «*Worauf es Curtius ankam , war die bewusste Förderung der eigenen Persönlichkeit durch die Welt, wobei es keine Rolle spielte, ob man ein Kunstwerk, eine Strassenszene oder eine Kletterpflanze im Auge gehabt hatte. Man musste die Dinge nur gesehen, sich etwas aus ihnen gemacht haben, im Curtiusschen, eigentlich im Goetheschen Sinn.*»

Das «Was hast du heute erlebt?» will mir als eine typische, ja als die klassische Diaristen-Frage vorkommen! Ohne die innere Notwendigkeit, den heute gewesenen Tag zu bedenken und festzuhalten, entsteht auf die Dauer kein Tagebuch. Es mag dabei vor allem der Wunsch, einen rudimentären Überblick über das eigene Leben zu behalten, im Spiel sein (man denke an all die kleinen, nur mit Stichworten versehenen Kalender, die auch vielbeschäftigte Berufsleute führen), – aber auch eine existentielle Unruhe, die nur zu besänftigen ist, wenn es gelingt, dem drohenden Nichts wenigstens ein paar Worte abzuringen.

Marie Luise Kaschnitz war eine geborene Tagebuchschreiberin; sie hat das Tagebuch auch im Werk zur literarischen Form ausgestaltet. Spätestens seit den römischen Aufzeichnungen «*Engelsbrücke*» von 1955 ist in jedem ihrer längeren Prosatexte die Tagebuchform als eine Art Grundmuster zu erkennen. Es ist nicht eine verblasene Metapher, wenn sie in einem grundsätzlichen Essay über das Tagebuch dieses sehr unzimperlich als eine «*Zuchtrute*» bezeichnet, weil es zum aufmerksamen Wahrnehmen der Welt antreibe (*«Das Tagebuch. Gedächtnis – Zuchtrute – Kunstform*», 1965). Dabei war das Tagebuch für sie nicht einfach ein Medium von Schriftstellern und Intellektuellen; sie munterte im Gegenteil Leserinnen und Leser auf, sich der «Rute Tagebuch» zu unterwerfen, die, wie sie sagt, «*hell wach, aber auch hell träumerisch*» mache. «Hell wach, hell träumerisch», das sind Schlüsselworte zu ihrem Schreiben.

2

Marie Luise Kaschnitz hat das Tagebuch in vielen Varianten literarisch umgesetzt, in der Form fingierter Tagebücher, aber auch, wichtiger, in der in jener scheinbar leichtgewichtigen Aufzeichnungen, die nicht nur für mich den Höhepunkt ihres Werkes markieren. Sie hat aber auch ziemlich regelmässig private Tage- und Notizbücher geführt. Es sei ihr gleichgültig, was nach ihrem Tode damit geschehe, sagte sie in einem Interview. Jetzt ist dieses Tagebuch, sind vielmehr die 18 Tagebücher, die zwischen 1936 und 1966 entstanden, als Anschlussbände an die siebenbändige Gesamtausgabe im Insel Verlag erschienen: herausgegeben von Christian Büttrich, der auch Mitherausgeber der Gesamtausgabe ist, Marianne Büttrich und Iris Schnebel-Kaschnitz, der Tochter der Autorin. Die Autorin selbst hat aus diesen Tagebüchern nie ein Geheimnis gemacht, in Interviews höchst unbefangen daraus zitiert. Ihre Tage- und Notizbücher sind kein *journal intime*; sie brauchen in Archiven nicht mit Sperrfristen belegt zu werden (um dann vor sich hinzudämmern, bis sich vielleicht niemand mehr für Literatur interessiert). Sie enthalten keine Enthüllung von Intimitäten, auch keine Gedanken- und Selbsterforschungsexerzitien wie bei Friedrich Hebbel, Henri-Frédéric Amiel, Cesare Pavese.

Warum aber habe ich dennoch so hingerissen, geradezu verhext darin gelesen? Beruht die Faszination vielleicht darauf, dass man die Autorin in einer tieferen, zugleich banaleren Schicht kennenlernt: im Umgang mit dem Rohmaterial der Erfahrung? Oder darauf, dass sie ohne literarische Ambitionen schreibt – und sich doch auf fast jeder Seite als eine Könnerin erweist? Als eine Meisterin der Wahrnehmung, dies in erster Linie, bewundernswert auch in der Souveränität, mit der sie die gerade für ein Tagebuch unerlässliche Ökonomie handhabt und aus den Eindrücken eines einzigen Tages rasch eine Auswahl, eben ihre Auswahl trifft? Oder liegt es an der Abwesenheit von Sentimentalität, Eitelkeit, Pathos, an ihrem unaufgeregten, grossartig gelassenen Stil?

3

Die Tagebücher sind nicht nur biographisch interessant; sie erhellen, wichtiger, auch die Genese des Werkes. Im Verlauf der Zeit werden sie immer mehr zu einem Gefäss, in dem die Autorin Beobachtungen und Erlebnisse speicherte; zu einem schriftlich fixierten Gedächtnis, in dem ziemlich kunterbunt scheinbar Disparates aufbewahrt wird. Also Beobachtungen aller Art

(«*Die zufällige Schönheit einer mit Rot beworfenen, vielfach abgeblätterten Mauer*», «*Dr. M., in dessen Wagen auf dem Rücksitz zwei Bulldoggen aufrecht sitzen*»); auch *faits divers*, die aus der Rubrik «Unfälle und Verbrechen» stammen könnten; Stichworte zum eigenen Leben, auch Erinnerungen (*«Die Teenachmittage im Krieg, Ecke Lindenstrasse, wo die Gestapowagen vorbeifuhren, voll mit in Haft genommenen Juden»*). Selten Selbstbetrachtungen, fast nur verschlüsselte Bekundungen eigener Gefühle, selten Kommentare des Wahrgenommenen. Gelegentlich Zitate oder Lesefrüchte (*«Klee über Bern. Am Sonntag sieht man den Kindern die Erbsünde an»*); auch Kurioses (*«Namen: Otto Nachtigall»*); Berichte, Erinnerungen und Gedanken von Freunden (*«Horkheimer am Telefon über die Treue zu den Werten, die nicht standgehalten haben – man muss sie demontieren, weil man sie liebt. Was man nicht liebt, demontiert man nicht*).

Gedächtnisstützen aller Art also, ein unerhörter Reichtum – ein literarischer Materialspeicher, in dem die Autorin sich später nach Motiven, Stoffen und Anregungen umsehen konnte. Nicht dass sie gezielt Material für bestimmte Werke zusammengestellt hätte, sie hat gesammelt, was ihr bewahrenswert schien, zunächst ohne zu wissen, warum und wozu. Ihre alten Tagebücher hat sie später mehrfach durchgelesen, die Aufzeichnungen nach Rubriken geordnet, mit Zeichen versehen, einzelne Passagen von einem ins andere Heft übertragen. Ich stelle mir gerne vor, wie sie in Schreibpausen und unfruchtbaren Augenblicken über ihre Bücher ging – und eigentlich nur deshalb möchte ich gern einmal den Nachlass in Marbach sehen. Und weiss doch, dass man auch so weder ins Geheimnis eines Lebens noch in das des schöpferischen Prozesses dringt.

4

«*Ich habe keine Biographie*» – ein Satz von Nathalie Sarraute, den die nur gerade um ein halbes Jahr später geborene Marie Luise Kaschnitz gewiss nicht unterschreiben könnte. Denn ihr Werk nährt sich aus ihrer Lebensgeschichte, setzt sie voraus. Dennoch hat sie nie eine Autobiographie geschrieben, offensichtlich eine solche nie in Erwägung gezogen. Eine umfassende

Lebensgeschichte, ein «*Mein Leben*» oder ein «*Springender Brunnen*», gar ein «*Mein Leben in meiner Zeit*» – das wären Fremdkörper in ihrem Werk, ein unerträglicher Widerspruch zu ihrem menschlichen und künstlerischen Selbstverständnis. Ein alles überwölbender Erzählbogen hätte die einzelnen Erfahrungen gefährden, vereinfachen und einebnen können, die doch nur in ihrer Vielfalt und Widersprüchlichkeit ein Bild der Zeit geben können. Nicht zufällig hat sie einmal den Plan eines literarischen Werkes in Form eines «*Durcheinandertagebuchs*» notiert!

Das mag erklären, warum ihre Tagebücher nur am Anfang und während Reisen der Vorstellung entsprechen, die man sich von einem normalen, dem «klassischen» Tagebuch macht. Sie sind kein Lebensprotokoll, das über längere Zeit zusammenhängend geführt wird und so einen chronologischen Lebenszusammenhang herstellt. Ein «klassisches» Tagebuch lebenslang zu führen, dabei auszuharren über wechselnde Stimmungen hinweg, das stellt, nebenbei gesagt, eine respektheischende, fast einschüchternde Leistung dar. Julien Green hat sie erbracht, Thomas Mann, Virginia Woolf, Viktor Klemperer.

Zu diesen Giganten des Tagebuchs gehört Marie Luise Kaschnitz nicht; ihre Aufzeichnungen sind fragmentarischer, lückenhafter, unruhiger, wechselvoller; dadurch auch menschlicher. Sie war von Anfang an, bewusst oder unbewusst, auf der Suche nach einer anderen als der gewöhnlichen Tagebuchform. Und ihre Tagebücher sind desto faszinierender zu lesen, je weiter sie sich von der normalen Tagebuchform entfernen und ganz unverhüllt zu Notiz- und Merkheften werden. Die Datierungen (im allgemeinen Kernstück eines Tagebuchs) verlieren sich mit der Zeit; schliesslich verzichtet die Autorin (ausser in Reisebeschreibungen) ganz darauf. Was bleibt, ein grober Zeitraster, sind die Jahrzahlen auf den Deckblättern. Und das ist keine bloss äussere Veränderung, keine weibliche Marotte; es geht, wie mir scheint, um den interessantesten, am meisten in die Tiefe führenden Aspekt ihrer Aufzeichnungen. Da deutet sich jene grandiose Gleichgültigkeit gegenüber einer temporalen Verknüpfung und Ordnung des Lebens an, wie sie auch für die letzten literarischen Texte bezeichnend ist, für die Prosaminiaturen «*Steht noch dahin*» und vor allem für die Aufzeichnungen

«*Orte*», dies Meisterwerk, in dem ein zeitloser, nur mit räumlichen Chiffren besetzter Bewusstseinsraum abgeschritten wird und in dem jedes Ereignis einer früheren Zeitschicht für Augenblicke in die Beleuchtung der Gegenwart treten kann. Im Spätwerk von Marie Luise Kaschnitz entsteht eine gleichsam «*autonome Prosa*» (Heinrich Vormweg): aus dem chronologischen Zusammenhang gelöst, befreit von Handlungs- und Spannungselementen. Die jetzt veröffentlichten Tagebücher zeigen die Autorin auf dem Weg dazu.

5

Die Tagebücher von Marie Luise Kaschnitz weisen unübersehbare Leerstellen und Unterbrüche auf, zeitliche und thematische, die zum Text gehören und mitgelesen werden müssen. Um es an zwei Beispielen, den wichtigsten und eindrücklichsten, zu zeigen: Die Todeskrankheit und das Sterben des Lebensgefährten und die Jahre des Weltkriegs werden im Tagebuch nur in Andeutungen oder dann im nachhinein, in rückblickender Erinnerung, beschrieben. Nichts als das Wort «*Castellezlandschaft*» (abgeleitet von der damaligen Wiener Adresse der Autorin) steht am Ende des Jahres 1955 als ein für Dritte rätselhaftes Stichwort für die finstere Zeit, in der die Erkrankung von Guido von Kaschnitz sich als unheilbar, die Operation als erfolglos herausstellte. Und fast nur leere Blätter dokumentieren die Jahre des Zweiten Weltkriegs, den die Autorin doch in Deutschland, meistens in Frankfurt erlebte. Das heisst: im Tagebuch bleiben gerade die schlimmsten Erfahrungen – und diese prägen das Werk und beeinflussen die Entwicklung der Autorin – unberührt. Man könnte, etwas plakativ, sogar sagen: je schmerzhafter, verstörender eine Erfahrung ist, je tiefer sie trifft, desto konsequenter wird sie verschwiegen. Für Einsamkeit und Trauer und Verlorenheit, für Schuld und Mitschuld ist das Tagebuch bei Marie Luise Kaschnitz offenbar ein zu leichtes Gefährt; nur im literarischen Werk, nirgends sonst, finden solche Erfahrungen ihre Sprache.

Dabei erweist sich ausgerechnet die scheinbar abgehobenste, zeitfernste Form, nämlich die Lyrik, als das rascheste Medium, wenn es darum geht, das aufzunehmen, was sich eigentlich der

Sprache widersetzt. Vermutlich, weil Gedichte noch in ihrer freiesten Form eine Art Stütze gewähren – und weil die starke Umsetzung, die ein gelungenes Gedicht erfordert, das persönliche Erlebnis aus dem Bereich des nur Persönlichen löst. In der Kriegs- und unmittelbaren Nachkriegszeit hat Marie Luise Kaschnitz vor allem Gedichte geschrieben – die freilich nur indirekt, oft verschlüsselt auf die Zeit Bezug nahmen. Und das befremdende, keiner Drittperson verständliche Stichwort «*Castellezlandschaft*», das im Tagebuch ganz allein und isoliert auf die unheilbare Krankheit des Lebensgefährten hinweist, wird zum Titel eines ihrer schönsten Gedichte, das fast zeitgleich diese Erfahrung aufnimmt.

Anders als mit der Lyrik verhält es sich mit der literarischen Prosa. Sie erweist sich, eigentlich erstaunlich, als das widerständigere, langsamere Genre. Zwischen dem Ereignis/Erlebnis und der Gestaltung ist offenbar ein beachtlicher zeitlicher Abstand nötig. Das Erfahrene muss zuerst eintauchen in den Strom der Erinnerung, muss dort verwandelt, geklärt werden. Es ist die Erinnerung, die gerade bei den am tiefsten verstörenden Erlebnissen dazu verhilft, «*das Geschehene zu deuten*».

6

Im November 1938, unmittelbar nach der Kristallnacht, notierte Marie Luise Kaschnitz im Tagebuch die Worte: «*Tage der tiefsten Niedergeschlagenheit, Scham und Trauer*». Und etwas später: «*Eigentlich zum erstenmal im Leben spüre ich wirklich, d. h. so dass es an den Kern des Lebenkönnens rührt, die Trauer und den Schmerz um ein Allgemeines.*»

Das sind in jeder Hinsicht exzeptionelle Sätze. Schon dadurch, dass sie – völlig untypisch für den der Autorin eigenen Tagebuchstil – nur den inneren Zustand des Ichs festhalten und dafür das aussparen, was geschehen ist: also jenes Konkrete, das festzuhalten gerade die Stärke der Tagebuchschreiberin ist. Die Verbrechen der Kristallnacht und die Ahnung von deren Tragweite sprengten die Möglichkeiten der raschen Aufzeichnung.

Das mag erklären, warum das bisher mit einiger Regelmässigkeit geführte Tagebuch in den ersten Kriegsjahren versiegt und erst bei Kriegsende vorübergehend wieder aufgenommen wird. Ausgerechnet während eines vergleichsweise komfortablen Aufenthalts in der Schweiz, zu dem die Autorin von ihrer in Basel lebenden Schwester Lonja eingeladen worden war, fand sie zum Tagebuch zurück, hielt in der bereits erprobten Art fest, was sie in Basel, in Genf, in den Bergen beobachtete: die Unversehrtheit des Landes, in der sie sich, nach den sechs Kriegsjahren, fremd fühlte, den (vergleichsweisen) Komfort auch ärmerer Schichten; die freundliche Geste, mit der ein Buschauffeur einer Frau mit Kinderwagen behilflich war. Die ersten Eindrücke fasste sie zu der zentralen Frage zusammen: ob die Welt in der Schweiz nun *«die wirkliche Welt oder ein Reservat»* sei.

Wohlverstanden: Ich treibe, wenn ich die Lücken in diesen Tagebüchern erwähne, nicht das, was Martin Walser *«Biographiekritik»* genannt und mit Recht verspottet hat. Einem Autor oder einer Autorin rückblickend vorzurechnen, was und wie er/sie eigentlich hätte erleben oder schreiben sollen, ist meine Sache nicht. Mehr als begreiflich scheint mir, dass Marie Luise Kaschnitz während ihres Schweizer Aufenthalts das Tagebuch in seiner alten Form wieder aufnahm – und es in Deutschland, wo sie unter immer noch misslichsten Bedingungen als Hausfrau für mehrere Personen sorgen musste, für Jahre erneut aufgab.

Die Leerstellen dieser Tagebücher hat die Autorin später in ihrer «autonomen» Prosa gefüllt, hat aus dem Fundus der Erinnerung nachgetragen, was sie in der Kriegszeit wahrnahm, aber aus vielen Gründen nicht dem Materialspeicher Tagebuch anvertraute. Sie hat es nachgetragen nicht in einem speziell diesem Thema gewidmeten Werk, sondern immer wieder, durch all die Jahre hindurch, in den kurzen Texten, aus denen ihre Prosa gerade in ihren stärksten Teilen besteht, vermischt mit anderen Themen, verwandelt und geklärt durch den Prozess der Erinnerung. Denn die Erinnerung ist bei Marie Luise Kaschnitz (und ich denke hier an das ganze Werk), nicht nur eine statische Kraft, die bewahrt, was gewesen ist (die Nächte im Bunker, die Bombardierung Frankfurts), sie ist auch ein ewiger Quell der Unruhe, ein Stachel, der Selbstbefragung und Zweifel wach hält. Dadurch sind gerade die Erinnerungstexte so lebendig. Auch unbequem: die zu Tage geförderten Fragen und Zweifel setzen auch die alten Wahrnehmungsmuster und Überzeugungen ausser Kraft. Nicht dass die Autorin – wie von ihrem Freund Horkheimer gefordert – die Werte, die *«nicht standgehalten»* hatten, an die sie früher glaubte und die sie noch immer liebte, schreibend *«demoliert»* hätte. Sie ging, ihrer Art entsprechend, anders vor, feiner, mit Ironie und Selbstironie.

7

Eine unüberhörbare Skepsis gegen schriftlich fixierte Gedächtnishilfen und deren Gebrauch wird in späteren Jahren im Tagebuch selber formuliert, das doch darauf angelegt war, solche Gedächtnisstützen bereitzustellen. 1960 notiert sie den merkwürdigen Vorsatz: *«Briefe nicht mehr aufheben. Alte Briefe nicht lesen. Die Vergangenheit nicht bedenken. Warum nicht? Weil es keine Vergangenheit gibt. Entweder sie ist lebendig, durchsetzt einen, durchtränkt einen, ist beständige, entscheidende beeinflussende Gegenwart, oder sie taugt so wenig wie vergilbte Photographien, auf denen man niemanden mehr erkennt. Das Beste, für uns Beste an Landschaften, Menschen, Gesprächen usw. ist in uns eingegangen, was wir nachlesen, nachsehen müssen, ist das Versäumte – es fragt sich, ob es jetzt noch etwas für uns taugt.»*
Und tatsächlich endet das private Tagebuch im Jahr 1966 ziemlich abrupt und für immer. «Genug notiert», scheint sich die Autorin gesagt zu haben. Gerade für ihre späten, von Erinnerung gesättigten Meisterwerke bedurfte sie der Krücke Tagebuch offensichtlich nicht mehr. *«Gut schreiben heisst, sich zur rechten Zeit an das Richtige erinnern.»*

(2000)

Christa Wolf

1

Es habe im vergangenen Jahrtausend immer wieder Zeiten einer grossen Offenheit und Freiheit gegeben, unbelastet vom Druck religiöser Dogmen und politischer Ideologien. Das lese ich in einem kurzen, dichten Artikel im «Tages-Anzeiger»; lese es während einer kleinen Eisenbahnfahrt und erfahre aufs neue, wie sehr die regelmässige Bewegung, die vor den Fenstern fliehende Landschaft die Intensität der Lektüre vertieft. Solche Offenheit habe es im 13. Jahrhundert gegeben, dann in der Renaissance, dann in der Aufklärung, und natürlich heute. Bemerkenswert, aber bei näherer Betrachtung nicht überraschend sei, dass gerade innerhalb dieser offenen Zeiten ein verstecktes, aber desto wirkungsvolleres Meinungsdiktat Konjunktur habe! Dessen Vermittler seien eo ipso Institutionen wie grosse Verlage, ebenso einzelne Persönlichkeiten wie Habermas und Enzensberger. Elke Heidenreich wäre, so gesehen, die vorläufig, aber gewiss nicht die endgültig letzte Vertreterin dieser Spezies.

Das alles ist natürlich nicht neu. Aber es wird hier, auf dem knappen Raum, den heute Zeitungen wichtigeren Gedanken gewähren, so knapp, klar und prägnant formuliert und begründet, dass ich den Text gleich zweimal lese und sogar ein paar Notizen mache. Als könnte er unversehens aus meinem Blickfeld verschwinden. Und tatsächlich: er verschwand! Blieb vermutlich bei einem etwas überstürzten Zugswechsel im «ausgeweideten» Teil der Zeitung liegen, noch ehe ich den Namen des Autors beachtet hatte. Aber vielleicht hat sich mir der Inhalt desto stärker eingeprägt.

Offensichtlich erträgt der Mensch die Zeiten der Offenheit schlecht, geht nicht einmal in so harmlosen Dingen wie der Auswahl der Lektüre ein winziges persönliches Risiko ein. Laut einer Umfrage bei Buchhändlern wirkt sich die Sendung «Lesen», die von einer Person und also *einem* Urteil geprägt ist, auf den Verkauf viel stärker aus als die Diskussionen in Literaturclubs, wo die kontroversen Meinungen von Experten (an die niemand mehr so richtig zu glauben scheint) nur Verwirrung schaffen. Im Zeitalter der Unübersichtlichkeit und des Überangebots sind feste Leitplanken erwünscht, die den Weg kenntlich machen – und die zugleich, ähnlich dem sprichwörtlichen Brett vor dem Kopf, den Blick verstellen für das, was es ausserhalb dieses Weges auch noch gibt.

Wenn nun einer über eine Sammlung seiner Kritiken den (etwas sperrigen, wohl bewusst umständlichen) Titel setzt *«Momentan nicht im Gespräch»*, dann umreisst er damit seinen Standort: jenseits des Trends, der im Gespräch nur haben will, was schon darin ist. Der Titel gehört zu einer Aufsatzsammlung von Anton Krättli, dem langjährigen Redaktor der «Schweizer Monatshefte». Natürlich zieht der Kritiker mit dieser Wendung nicht einfach eine Lebensbilanz. Es ist zwar reizvoll, sich jemanden vorzustellen, der oder die sich lebenslang auf die Randerscheinungen der Zeit und ihrer Literatur konzentrierte. Aber dieser jemand würde, falls er seine Leidenschaft konsequent auslebte, die Aufgabe des Kritikers nicht erfüllen: zu welcher dennoch der Blick auf den Trend und das öffentliche Gespräch gehört. Nicht zufällig hat Krättli die erste, umfangreichere Sammlung seiner Kritiken mit dem Wort *«Zeit-Schrift»* überschrieben. Wer schreibt, und vor allem, wer für Zeitschriften oder Zeitungen schreibt, hat, das Wort sagt es, unabdingbar mit der Zeit zu tun. Wenn die Zeit aber unter die Dominanz des Trends gerät und ausschliesst, was diesem nicht entspricht, dann ist Gegensteuer angezeigt, Aufmerksamkeit für das, was «momentan nicht im Gespräch» ist.

Besonders schön im erwähnten Band ist der Rückblick auf Hermann Burger, den Krättli von seinen Anfängen an begleitet hat: nicht als kritikloser Bewunderer, sondern als ein kritischer Freund, den die Freundschaft nicht blind, sondern sehend macht. Burger übrigens, der zu Lebzeiten alles tat, um ins Medien-Gespräch zu kommen, ist jetzt dort in einem Ausmass inexistent, wie sich das vor zehn Jahren seine Bewunderer nicht vorstellen konnten. Er aber mag es geahnt oder gefürchtet haben – und setzte seine hektische Betriebsamkeit ein gegen seine Angst.

Nicht zufällig sind übrigens mehrere der Aufsätze Krättlis der Literatur der einstigen DDR gewidmet. Sie ist – wie zu erwarten – in den letzten Jahren aus dem Gespräch gefallen, in dem sie früher dominant war. Ein ganzes Büchergestell hätten die DDR-Autoren und vor allem die Autorinnen bei ihr gefüllt, die könne sie jetzt wegwerfen, sagte mir vor nicht allzu langer Zeit eine junge Kollegin. Hoffentlich hat sie es nicht getan! Das Wort «Ostalgie» will mir zwar nicht gefallen, aber es deutet doch eine interessante Trendwende an. Sogar im Fall von Christa Wolf, die – deutsch-deutscher Literaturstreit hin oder her – nie wirklich in Vergessenheit, nie allgemein in Ungnade geraten ist. Im Grunde blieben ihr Leser und Leserinnen treu. Ihr neues Buch «*Ein Tag im Jahr. 1960–2000*» gerät also nicht auf unfruchtbaren Boden. Dennoch wirft es ein neues Licht auf sie. «Dass fast alles anders ist» – der Satz von Ludwig Hohl kommt mir bei der Lektüre mehrmals in den Sinn: ein Leitsatz für eine Wahrnehmung, die nicht dem Vorurteil und nicht der Konvention folgt.

2

Dass ich «*Ein Tag im Jahr*» kaufen, dass ich mich damit beschäftigen würde, das stand – Empfehlung hin, Empfehlung her – für mich fest, kaum hatte ich davon gehört oder gelesen. Nicht in erster Linie wegen Christa Wolf, sondern weil die Tagebuchform – und erst noch die bestimmte Variante, die sie hier erhält – mich interessiert. Das Unternehmen, das die Autorin nun seit mehr als vierzig Jahren mit einer fast unheimlichen Konsequenz durchzieht: in jedem Jahr einen Tag zu beschreiben, immer den gleichen, den 27. September, und diesen so genau wie möglich, übt auf Leute wie mich eine geradezu elektrisierende Wirkung aus. «Das hätte ich eigentlich auch versuchen können, dazu hätte die Zeit gereicht», sagt man sich, sagen sich vielleicht alle jene, die, konkret und bescheiden, ein paar Daten und Fakten in ein Kalenderchen eintragen. weil sie manchmal oder häufig erschrecken bei der Vorstellung, alles Vergangene und Gelebte falle einfach dem Vergessen anheim. Und die doch nicht durch exuberantes Beschreiben so weit kommen wollen, dass sie nur noch leben, um das Gelebte zu beschreiben (das fürchtet manchmal auch Christa Wolf).

Nun könnte ihr Unterfangen leicht eine Art von Spiel sein, dessen Regeln man sich lustvoll unterwirft und das man auch wieder abbricht, ohne Reue. Undenkbar für Christa Wolf! Denn wenn etwas fehlt in ihrem doch so reichen Werk, dann jene Leichtigkeit, die nun einmal dem Spielerischen eigen ist, die Lust, etwas zu versuchen und auch wieder abzubrechen. Sie kannte sich gut genug, um zu wissen, was ihr fehlte. Das «Ich muss» begleite alles, was sie unternehme, schrieb sie einmal, und es ist kein Stolz in diesem Satz. Ohne dieses «Ich muss», ohne das Berufsethos der Schriftstellerin, welche den «Tag im Jahr» in ihre Berufspflicht aufnahm, wäre das Buch nicht entstanden. Aber wäre es nur eine Pflichtübung, man würde der Lektüre wohl bald überdrüssig. Da ist anderes im Spiel: im tiefsten wohl eine elementare Angst, alles Gelebte und Geleistete könnte im Vergessen, im Nichts der Vergänglichkeit und Vergeblichkeit versinken. Es vor diesem Versinken zu retten wenigstens an einem Tag im Jahr, dieser Wunsch steht machtvoll hinter den Aufzeichnungen.

Deshalb geschieht es nicht selten, dass die Autorin, nachdem sie einen Tag beschrieben hat – ausführlich genug, wie uns scheint – noch einmal zurückgeht und nachholt, was sie vergessen hat. Das hat Konsequenzen für die einzelnen Tage: ihre Beschreibung ufert manchmal aus, nach knapperen Anfängen in den ersten Jahren nehmen sie später oft 20 Seiten und mehr in Anspruch. «Allzu redundant», findet ein Freund, auch er ein Liebhaber der Tagebuchform; er kann nicht begreifen, dass ich tagelang in diesem Buch versinke (ausgerechnet ich, sagt er, die in den letzten Jahren kaum je einen langen Roman zu Ende gelesen habe) – und er verweist mich mit Grund auf die Knappheit der Aufzeichnungen von Marie Luise Kaschnitz, die wie Christa Wolf eine geborene Tagebuchschreiberin war, aber zugleich halt eine Meisterin der kurzen Form. Marie Luise Kaschnitz stand offensichtlich dem Vergessen gelassener gegenüber als die jüngere Kollegin, sie konnte sich deshalb kürzer fassen; die Auslassung, die Lücke, die Andeutung gehörten zu ihrem Schreiben. Dass der Wunsch, das Gelebte in extenso zu bewahren, auch mit dem Land zu tun hat, in dem Christa Wolf lebte und von dem sie früh ahnte, dass es nicht ewig bestehen könne, ist eine Vermutung, die mir nicht unwahrscheinlich vorkommt.

3

Als ein Zeitzeugnis (sie sagt es im Vorwort) will Christa Wolf ihre Aufzeichnungen verstanden wissen, als ein Zeitzeugnis hat sie diese – gegen die ursprüngliche und vierzig Jahre lang durchgehaltene Absicht – nun doch veröffentlicht. Weil, davon war sie überzeugt, die Zeit dafür gekommen war. Die Veröffentlichung sollte dazu beitragen, *«die Meinungen über das, was geschehen ist, in Fluss zu halten, Vorurteile noch einmal zu prüfen, Verhärtungen aufzulösen, eigene Erfahrungen wiederzuerkennen und mehr Zutrauen zu ihnen zu gewinnen».* Das heisst: die Aufzeichnung der einzelnen Tage – so hofft sie – könnten die Reduktion des Geschehenen auf leicht handhabbare Formeln korrigieren und modifizieren. Diese Absichtserklärung bezieht die Autorin primär und bewusst auf die DDR, sie kann aber Geltung haben für alles Geschehen, das, wenn es historisch wird, die Aura des Einmaligen verliert. Und das tatsächlich – die Lektüre von *«Ein Tag im Jahr»* führt es vor Augen – diese Aura wiedergewinnen kann, wenn der einmalige Tag aus der Abstraktion des Rückblicks aufersteht. Aufersteht, wie eben bei Christa Wolf, aus der «Mitschrift» einer geborenen und hochbegabten Diaristin. Gerade die Ausführlichkeit der Aufzeichnungen, jene Redundanz, die mein Freund nicht ohne Grund beanstandet, hat hier ihre Funktion. Vielleicht kann nur durch sie, durch eine gewisse epische Breite, jenes «Gemisch» (ein Wort, das Gerhard Meier liebt) entstehen, das überall und immer den Alltag der Menschen ausmacht. Nicht einfach der «Alltag in der DDR» wird wiedergegeben, das würde ja erneut zu Formeln führen, sondern, immer wieder, «ein Tag im Leben der Christa Wolf». Haushalt, Kinder (die Kinder vor allem in den ersten Jahren, später die Enkel), Frühstück und Geschirrspülen und Betten machen, Routine also, Wiederholung noch und noch. Auch die Arbeit am Schreibtisch mitsamt dem oft verzweifelten inneren Widerstand dagegen, die Selbstzweifel, die immer wieder überwunden werden müssen *(«ein zu wenig grosses Talent und ein zu grosser Ehrgeiz»,* lautet einmal ihr Urteil über sich selbst). Dazu, immer wieder, die Frage, ob sie das Land verlassen solle (die Frage taucht auf, auch als sie eigentlich längst entschieden war); immer wieder Gespräche mit dem Ehemann, der nicht nur ein Prinzgemahl ist, sondern ein Partner; immer wieder Einkaufen (wobei die Neigung zu einem süchtigen Kaufverhalten nicht verschwiegen wird); Krankheiten und immer wieder psychosomatische Störungen, die sie selbst als gesellschaftsbedingt deutet; Lesungen und Diskussionen nach Lesungen. Noch einmal ersteht das Leseland DDR vor unseren Augen, zugleich die schlechtweg bewundernswerte Aufmerksamkeit der Autorin für ihre Hörer.

Es gibt Augenblicke, und nicht selten, in denen man vergisst, dass dieses Leben in einer anderen Gesellschaftsform stattfindet, und also mit unserem Leben nicht gleichzusetzen ist. Und dass es gelebt wurde von einer prominenten Frau, die privilegiert war in manchem und – andrerseits – diese Privilegien und auch ihre Prominenz mit einem äusseren Druck bezahlen musste, wie kaum einer ihrer westdeutschen Kollegen. Man kann tatsächlich versinken in diesem Buch – und das heisst ja, dass man, trotz aller Unterschiede, immer wieder auf jenes «Gemisch» verwiesen wird, aus dem das eigene Leben besteht.

(2003)

2001–2005

Ein Dienstmann auf vielen Bahnsteigen der Nation

Karl Schmid in seinen Briefen

1

«Je n'ai rien négligé»: ein Satz des Malers Poussin, den ich vor langer Zeit entdeckt, dann verloren, dann wiedergefunden habe. Er will mir, während ich die Briefe von Karl Schmid lese – zwei stattliche Bände, ganze 1500 Seiten – nicht aus dem Sinn. Wie kaum ein anderer, scheint mir, wäre Schmid legitimiert gewesen, mit diesem Satz seine Lebensbilanz zu ziehen.

Was hat er nicht alles geleistet, lastenden Depressionen zum Trotz! An der ETH das Fach Germanistik vertreten, Studenten gelehrt, das Rektorat versehen (eine seltene Ehre für einen Professor der Freifächer-Abteilung!); grosse eidgenössische Kommissionen präsidiert (die Auslandshilfe, den Wissenschaftsrat); Bücher geschrieben, zahllose Vorträge gehalten, die Korrespondenz bewältigt, Konflikte ausgetragen, seinen Freunden und der Familie die Treue gehalten ...

Und dennoch – da bin ich sicher: Schmid hätte den Satz Poussins nicht über sein Leben gesetzt. *«Fragmentarisch und unbefriedigend»* komme man sich bei runden Geburtstagen vor, schrieb er an J. R von Salis, man spüre überall Defizienzen. Ein Kompliment von Elisabeth Brock-Sulzer über die «Einzigartigkeit seines Schaffens und Seins» quittierte er mit einem jener selbstironischen Bilder, die er liebte: Er sei nur *«ein multipler Dilettant»*, *«Dienstmann auf vielen Bahnsteigen der Nation»*. Und im gleichen Ton charakterisierte er seine Position zwischen Germanistik und Psychologie in einem Brief an seine Frau: Er habe nicht im Sinn *«aufs Psychologenfloss zu klettern, nachdem ich den alten Schraubendampfer der Literaturwissenschaft verlassen habe. Es wird darum gehen, ein eigenes Paddelboot zu zimmern».* Auch als einen *«Wildheuer»* sieht er sich einmal, der sich an keine wissenschaftliche Schule hält, nur noch ein paar

«Geisslein» aufziehen will. Da werden, nebenbei und ironisch, innere Figuren gezeichnet, die, eindrücklicher als lange Erklärungen, auf das Einzelgängerische, Eigenwillige und Ungezähmte im Wesen Schmids hinweisen. Und die Figur des «Dienstmanns auf vielen Bahnsteigen der Nation» deutet an, dass da einer nicht nur aus Ehrgeiz so viele anspruchsvolle Chargen übernahm.

2

Begreiflich, dass der «Paddelbootfahrer» und «Wildheuer» Schmid wenig erfreut war, als ihm sein Freund, der Kunsthistoriker Adolf Max Vogt, schrieb, es sei in der Öffentlichkeit bereits eine Art «*Verdenkmalung*» seiner Person im Gang. Die Versteinerung zu Lebzeiten muss ihn, als eine Art Tod im Leben, erschreckt haben. «*Ich fürchte mich vor dem Fertigen*»: dieser Satz von Picasso steht nicht zufällig am Schluss eines späten Aufsatzes, eines seiner wichtigsten und schwermütigsten (*«Schweizerisches Selbstverständnis heute»*).

Das sei erwähnt, weil die Gesamtausgabe, die vor drei Jahren herausgekommen ist, und auch die vor kurzem erschienene Briefauswahl unvermeidlich etwas Monumentales an sich haben. Die Gesamtausgabe, 6 Bände, ausgestattet mit einem übersichtlichen und wertvollen Anmerkungsapparat, ist ein Werk für Kenner und Wissenschaftler geworden, für diese unentbehrlich. Eine Verführung zum Entdecken in der Hand von jenen, die den Autor nicht kennen, ist sie nicht. (Diese Aufgabe erfüllten die broschierten Bändchen, die anfangs der neunziger Jahre im Rothenhäusler Verlag erschienen sind, gerade durch ihre unaufwendige Ausstattung besser.) Und was die Briefe angeht: Auch für sie möchte man, als schönen Zusatz, eine leicht in der Hand liegende Taschenbuchausgabe wünschen.

Schmid – man darf es ohne Wenn und Aber sagen – gehört zu den bedeutendsten Briefschreibern unserer Literatur. Nicht nur weil in dieser Rolle der Autor unverhüllter als sonst «Ich» sagt und tiefere Einblicke in sein Wesen gewährt, sondern weil seine Korrespondenz als Ganzes eine eigene, unverwechselbare Handschrift aufweist. Nicht dass Schmid seine Briefe zu literarischen Texten stilisierte; er tut sogar einiges, das zu vermeiden.

Dabei hilft ihm sein Humor (der in dunklen Lebensphasen etwas Grimmiges annimmt), es hilft ihm seine Freude am Sprachspiel, die sich in oft überraschend derben und in der Schreibweise lustvoll verballhornten Dialektwörtern ergeht: *«Söigof»*, *«Aff»* als rauhe Zärtlichkeitswörter; *«seckeln»*, *«gopferdammi»*, *«Chlüdder»*, *«Goniak»*, *«Xottenes»*. (In den sonst ausgezeichneten Anmerkungen wird in der Verhochdeutschung dieser leicht hingesetzten Wörter vielleicht einiges zu viel getan.)

Schmid hat einen unverwechselbaren Briefstil entwickelt. Was nun nicht heisst, dass die einzelnen Briefe sich gleichen (und gerade diese Vielgestalt entspricht zutiefst dem Wesen des Briefes). Da gibt es, und in beachtlicher Zahl, die grundsätzlichen Schreiben, wie sie sich bei jedem bedeutenden Briefschreiber finden: über die Tätigkeit eines Politikers und diejenige eines Lehrers (*«Lehrer sein ist ein königlicher Beruf»*); über den *«Mythos der Zusammenschlüsse, der Zuwachsrate, der maximalen Grösse»*; über Geschichtsschreibung, über die Opposition der Jugend und der Autoren, über Krankheit und Leiden als Voraussetzung des Schöpferischen (an Hermann Burger). Und schliesslich ist da ein fast nur geflüsterter Brief an die Tochter über das *«Heiligtum der Humilitas»*, ein Bekenntnis, das einen Blick in eine streng verschlossene Herzkammer gewährt: *«Das Geheimnis der Bergpredigt: wichtig ist wohl nicht, dass man – gönnerhaft – die Armen im Geiste usf. streichelt: sondern dass man weiss: all das gilt für einen selber. Alles Unglück der Welt kommt von den Sicheren. Und liebenswert wird der Mensch, wenn er hilfsbedürftig ist.»*

Es gibt Liebesbriefe aus den Verlobungs- und ersten Ehejahren und, schon in vorgerücktem Alter, entzückend altmodische Huldigungsbriefe an sehr junge Frauen, auch an seine Tochter. Und eine erstaunliche Erzähllust und -begabung, die in der wissenschaftlichen Arbeit offenbar zu kurz kam, bekunden die farbigen, oft ausführlichen Familienbriefe. Man glaubt manchmal, einen Familienroman in Briefform zu lesen, aber nicht, wie man bei einem Mann wie Schmid vermuten könnte, einfach aus der Sicht eines Patriarchen. Schmid hatte keine Gelegenheit, diese Rolle, falls er sie gesucht hätte, auszuleben. Wenn seine Frau, die Schauspielerin Elsie Attenhofer, auf Tournee war, und das geschah häufig und oft wochen- und monatelang, dann fielen jene Aufgaben, die damals noch unangefochten Sache der Frau waren, auf ihn. Und er übernahm sie, so gut es ging, und war dann Vater und Mutter zugleich. *«Manchmal denke ich, dass Du eigentlich viel besser der Mann wärst, und ich die Frau»*, schrieb er, damals Hauptmann im Generalstab, ahnungsvoll und ohne Respekt vor Tabus, schon in den ersten Ehemonaten (November 1940) an seine Partnerin.

Dass sich aus diesen Prämissen eine ungewöhnlich enge Beziehung zu den Kindern entwickelte, bekunden die Briefe der späten Jahre, als der Prozess der Ablösung und die örtliche Entfernung der Tochter den Vater auf eine Art leiden liess, die man sonst gern als «weibliche Schwäche» oder «typisch mütterlich» taxiert. Er war sich der Problematik bewusst. *«Ich weiss, dass es für Dich und Christoph schwer ist, dass ich so schrecklich an Euch hange»*, schrieb er an seine Tochter.

3

Wer, wie Schmid, jenen Institutionen und Kreisen angehörte, die spätestens seit den sechziger Jahren einer pauschalen Kritik ausgesetzt waren (Armee, Universität, das Bürgertum als Ganzes), stösst leicht auf Unverständnis, damals wie heute, weckt Vorurteile. Dass man zugleich zu einer Institution gehören und dazu eine gewisse Distanz wahren, Solidarität und Kritik verbinden kann, das widerspricht offenbar einer allgemeinen Vorliebe für die klaren, pseudoklaren Verhältnisse, die das Ja oder Nein, das Entweder/Oder schafft.

Schmid dagegen kannte und liebte die doppelte Perspektive; die Verbindung von Solidarität und Kritik war ihm selbstverständlich und unverzichtbar. Dass man gleichzeitig drinnen und draussen sein kann, Nähe und Distanz verbinden, das Gegensätzliche zusammensehen, war tief eingeschrieben in sein Wesen. *«Die Distanz zu dem, zu dem man doch gehört: sie ist der geometrische Ort des Schöpferischen»*, schrieb er in einem Brief an Herbert Meier. Die Bemerkung bezieht sich auf die zwiespältige Einstellung zeitgenössischer Autoren zur Heimat; sie umreisst aber zugleich ein Lebensgesetz: das Dazwischen, die Spannung als Voraussetzung der schöpferischen Erkenntnis.

In einem Brief an Peter Saladin wird Schmid deutlicher und genauer. An einem für ihn zentralen Begriff, der Veränderung beschreibt er das, was er, gestützt auf den Physiker Wolfgang Pauli das «*komplementäre Denken*» nannte und zum Zentrum seiner Erkenntnistheorie machte. «*Wenn man die Sache philosophisch angeht, muss man wohl gleichzeitig über Veränderung und Überlieferung nachdenken*», schrieb er, und präzisiert: es sei im Sinn einer komplementären Betrachtensweise jeder kulturelle Sachverhalt «*sub specie Überlieferung und sub specie Veränderung*» zu betrachten. Das dürfe aber nicht alternativ geschehen, es seien beide Betrachtensweisen notwendig. Zugespitzt zu einer Sentenz, heisst das: «*Der Urverdacht gegen Veränderung ist so lebensfeindlich wie Veränderung als Prinzip.*» Das ist ein für Schmid zentraler Satz, der freilich den, der ihn denkt, einsam macht in einer Zeit, da Veränderung und Überlieferung zu (sich ausschliessenden) Parteizeichen und Kampfparolen wurden.

Das Gegensätzliche zusammenzubringen, aber nicht im Sinne eines bequemen Kompromisses, sondern in dem der wechselseitigen Ergänzung: das war das Gesetz seines Denkens, das auch in seinen «klassischen» germanistischen Texten, zum Beispiel über den Briefwechsel zwischen Schiller und Goethe, aber auch in den eigenen Briefen sichtbar wird. «*Je stärker das Neue und Weite lockt, um so genauer müssen wir wissen, was unser Ursprung ist*», schrieb er in einem Aufsatz. Man könnte den Satz auch umkehren, auch dann, gerade dann, wäre er für ihn richtig. Denn er selber war tief in der Vergangenheit verwurzelt – und hat doch von früh an die Zukunft ins Auge gefasst, gerade weil er sich mit ihr nicht spontan «befreunden» konnte. So ergibt sich das Paradox, dass der Mann, der sich als konservativ bezeichnete, sich gründlicher und früher als viele Fortschrittliche mit Fragen beschäftigte, die in der Zukunft virulent wurden. Er hat sich – um das wohl wichtigste, aber nicht einzige Beispiel zu nennen – mit der europäischen Integration zu einer Zeit beschäftigt, und nicht nur beiläufig, als diese in der Schweiz fast ein Fremdwort war. Sogar die Armee, diese konservativste alle Institutionen, hat er zunehmend auf die Zukunft hin und als veränderungsbedürftig gesehen. Schon in den frühen siebziger Jahren hat er schweizerische Blauhelme ins Auge gefasst!

Wer, ohne den Autor zu kennen, die Titel von Schmids Werken und Aufsätzen überfliegt, wird diese nicht ohne weiteres einem Germanisten zuschreiben, eher einem Historiker mit stark zeit-geschichtlichen und philosophischen Interessen. Es gibt in dieser – natürlich unvollständigen – Auswahl kaum einen Brief, der die germanistische Grundsatz- oder Methodendiskussion pflegt, und es gibt unter den Adressaten zwar viele Fachkollegen anderer Richtungen, auch Autoren in nicht geringer Zahl, aber nur wenig germanistische Kollegen, schon gar nicht von der Universität.

Ein «gewöhnlicher Germanist» war dieser Autor nicht. Er war ein Einzelgänger. Das lag nicht nur an ihm, sondern auch an seinem Umfeld, der damaligen Zürcher Germanistik, in der Emil Staiger bis 1966, das heisst, bis zu seiner Philippika gegen die moderne Literatur, so gut wie unangefochten dominierte, und in der Schmid, entsprechend, eine Randposition zufiel. Er blieb ausserhalb der engsten Zirkel zünftiger Germanisten, hat auch nie ein Hehl daraus gemacht, dass sein Literaturbegriff ein anderer war als der Staigers. Dieser Gegensatz radikalisierte sich, je stärker der Einfluss C. G. Jungs auf sein Werk wurde (er hat Jung immer als die ihn am meisten beeindruckende Persön-lichkeit bezeichnet), und je mehr dabei seine eigene Arbeit Profil gewann: Sein Ziel war «*die Verknüpfung herkömmlicher Geistes- und Literaturgeschichte mit den neuen Gesichtspunkten, welche die analytische Psychologie uns zur Verfügung stellt*».

Die Psychologisierung seines Denkens beinhaltet aber nicht, dass er die Autoren auf die Couch legte. Daran hinderte ihn schon der Respekt vor dem Kreativen, mit dem er sich in mehre-ren Aufsätzen grundsätzlich beschäftigt hat (der interessanteste: «*Aspekte des Bösen im Schöpferischen*»), dem er aber dort, wo es sich im einzelnen Künstler manifestierte, nicht zu nahe treten wollte. Letztlich ging es ihm aber um das Erhellen kollektiver, geistesgeschichtlicher Phänomene und Prozesse, wie er dies ex-emplarisch und kühn in den beiden Europa-Büchern unter-nahm. (Nur ein einziges Mal ist er diesem Programm untreu geworden, hat – in «*Unbehagen im Kleinstaat*», 1963 – ein kollektives Phänomen an einzelnen Autoren untersucht. Und es dürfte kein Zufall sein, dass an diesem Buch – das sein weitaus bekanntestes wurde, aber vielleicht doch nicht sein bestes ist – die Beziehung mit Max Frisch endgültig in Brüche ging.)

Er hatte kein ungebrochenes Verhältnis zu seinem Fach und hat im Rückblick seinen Studienentscheid – für die Germanistik und gegen die Medizin – «*hundertfach*» bereut. Trotzdem hat Schmid natürlich sein Amt mit Gewissenhaftigkeit und Leidenschaft ausgeübt. Er hätte sonst mit seinen Vorlesungen nicht regelmässig 300 Hörer, Studenten und Publikum aus der Stadt, anziehen können. Und es ist mehr als eine Vermutung, dass gerade das gebrochene Verhältnis zu seinem Fach Spuren hinterlassen, ihn in seiner Arbeit wohl gelegentlich gehemmt, sicher auch bereichert hat. «*Die Distanz zu dem, zu dem man doch gehört: sie ist der geometrische Ort des Schöpferischen*»: der Satz gilt auch hier.

Anders als seine Kollegen hat er die Deutungshoheit über ein Werk nicht als professorales Privileg gepflegt, sondern sich dem Dialog mit dem Schöpferischen ausgesetzt. Wohl als erster seiner Generation, und gegen den Trend, hat Schmid schon früh und über Jahre hinweg zahlreiche Autoren, auch jüngere, noch unbekannte, zu Lesung und Diskussion in seine Vorlesung eingeladen.

5

Im Sommer 1974, wenige Monate vor Schmids Tod, erzählte Laure Wyss, die Vertraute vieler Jahre, dem Freund einen Traum, in dem sie ihn als «*jazzenden Klavierspieler*» gesehen habe. Er kommentierte den «*Wundertraum*» ganz ohne die ironischen Glanzlichter, die er sonst so liebte: «*Wahrscheinlich hast Du mein wahres Ich gesehen, das unterdrückte.*» War es das, was er – um auf den Poussin-Satz des Anfangs zurückzukommen – «vernachlässigt» hatte? Das Musische, ein wenig Vagabundische? Der Paddelbootfahrer, der multiple Dilettant, der Wildheuer, der Jazzpianist: das sind innere Figuren, die, obgleich selten genannt, das wissenschaftliche Werk und auch die Briefe recht eigentlich beseelen. Eingepackt freilich in einen dichten Kokon aus Leistung, Selbstdisziplin, Rationalität, Verzicht, einen Kokon, der auch unabdingbar zur Person und zum

Werk gehört – und in dem auch die Figur des «Dienstmanns auf vielen Bahnsteigen der Nation» ihren Platz hat.

(2001)

Das Ausgesparte ist das Bewahrte

Zum Werk Gerhard Meiers

Es gibt kaum einen zweiten Autor, der in seinem Werk so grosse Lebensgebiete ausgespart oder nur gerade angedeutet hat wie Gerhard Meier. Und zwar nicht irgendwelche, sondern die Kardinalthemen seines Lebens und der Zeit.

Zum Beispiel die industrielle Arbeitswelt, konkretisiert in der Fabrik, in der er mehr als dreissig Jahre gearbeitet, deren Funktionieren auf allen Stufen vom Arbeiter zum Designer und Produktionsleiter er «an der Front» erlebt hat – und die, als er zu schreiben begann, geradezu als ein literarisches Pflichtprogramm galt. Es gibt dennoch keinen Arbeiterroman in Meiers Werk. Es gibt auch keinen eigentlichen Liebesroman, es gibt keinen Eheroman. Und weiter: Er hat keine Kindheitserinnerungen geschrieben, aber mündlich wunderbar von seiner Kindheit erzählt. Und, auf einer etwas anderen Ebene: es gibt bei ihm zwar grundsätzliche Äusserungen über Kunst, über Religion, über Politik, aber nichts Entsprechendes für die Moral. Und doch ist das Werk von einem tiefen Ethos erfüllt. Er hat den Dekalog nicht zitiert, aber gelebt.

Doch das, was da scheinbar so konsequent ausgespart wird, kehrt gleichsam durch die Hintertür in den Text zurück. Also die Kindheit, die Liebe, die Arbeitswelt, ja sogar die Moral. Und es sind diese Hintertür-Gäste, die das Werk färben und beseelen, stärker auch, als dies generell in der Rezeption wahrgenommen wird; es sind die Leerstellen, die den Text vibrieren lassen. Den Spuren des Ausgesparten nachzugehen, quer durch die Bücher, im Dialog mit den Texten, das hat mich schon immer gelockt; einmal muss ich der Versuchung nachgeben. Denn das Ausgesparte ist, einem schönen Vers von Erika Burkart zufolge, zugleich «das Bewahrte».

Kindheit – die Mitgift fürs Leben

Das Ausmass des Verschweigens, die Diskrepanz zwischen der Bedeutung eines Themas und der Lakonik der Darstellung wurde mir besonders bewusst, als ich vor einigen Jahren einen Aufsatz über das «Kind in der Literatur» zu schreiben hatte – und dabei mit instinktiver Sicherheit nach den einschlägigen Werken griff. Ich wurde fündig bei Erika Burkart, Erica Pedretti, bei Albin Zollinger, Hans Boesch, Klaus Merz – aber nicht bei Gerhard Meier. Und eigentlich hatte ich es ja gewusst. Natürlich fehlt es in seinem Werk nicht an kindlichen Protagonisten: zwei Knaben figurieren im ersten Roman *«Der Besuch»* (1976) unter den Gästen eines Spaghetti-Essens in der Provinz; Gottfried Kellers Meretlein ist eine wichtige Figur und verschmilzt mit einem anderen Liebling des Autors, Ankers *«Mädchenbildnis auf rotem Grund»*; ein von Kinderhand gemalter Clown ist die einzige *«Quasi-Bezugsperson»* (Gerda Zeltner) des einsamen Isidor im *«Schnurgeraden Kanal»* (1977). Aber seine eigene Kindheit, die doch – man meint es mit Händen zu greifen – das Werk nährt und beseelt, hat der Autor nur eben angedeutet; als omnipräsenter Hintergrund ist sie desto mächtiger.

Unvergesslich ist schon der Anfang der *«Toteninsel»* (1979), des ersten Bandes der Tetralogie *«Baur und Bindschädler»* mit seinen gross aufrauschenden Sätzen:

«Bindschädler, mit drei, vier, fünf Jahren zehrt man von den Bildern, Gedanken, die man mitbekommen hat, als Mitgift fürs Leben. – Mit drei-, vier-, fünfundsechzig Jahren geht man einem Fluss entlang, samstags, deklariert diesen als einen nordamerikanischen, empfindet dessen Grau-, Orange-, Gelbtöne als indianische Töne, halluziniert ein Kanu darauf mit dem letzten Mohikaner darin, gekrönt mit zwei, drei bunten Federn.»

Man kann die Kindheit nicht höher bewerten, als es hier geschieht: jene wunderbaren, überreichen allerersten Jahre, die man als Erwachsener so wenig erinnert wie die vorgeburtliche Prägung, die sich in diesem Anfang mit der Kindheit zu jener unverlierbaren «*Mitgift*» vermischt, die bleibt, auch wenn man sie verspielt. Aber kaum formuliert, werden diese ersten Jahre im Roman auch schon verlassen. Als wären sie restlos aufgegangen im erwachsenen, nicht mehr jungen Kaspar Baur, welcher der Aare entlang geht und seinen Freund Bindschädler mit seinem «*Gerede*» geradezu überfällt (nicht anders als ein Kind, das einen Erwachsenen mit Fragen und Erlebnissen bedrängt). Baur ist der eigentliche Garant der Kindheit, des Kindlichen schlechthin; in seiner Weltsicht ist das Kind aufgehoben im doppelten Sinn des Wortes, überwunden und bewahrt in einem. Die ersten Märzenglöckchen begrüsst er mit einem herzlichen «Grüss Gott» – und seinem verstorbenen Cousin, dem letzten Landstörzer, meldet er alljährlich: «*Johann, es ist Herbst auf Erden*».

Bindschädler dagegen, Dienstkamerad, Zuhörer, Gesprächspartner und Mitautor des entstehenden Buches, will einem vorkommen wie einer, der nie eine Kindheit gehabt hat. Und gerade deshalb ist er der richtige Partner Baurs, prädestiniert, das Kindliche in diesem zu sehen und so daran zu partizipieren. Auf dem Spaziergang durch Olten, der, wie sich zeigen wird, nicht nur den Roman «*Die Toteninsel*», sondern die ganze Tetralogie in Bewegung setzt, beobachtet Bindschädler einmal, wie Baur mit einem Kastanienblatt spielt, zerstreut wie ein Erwachsener und selbstvergessen wie ein Kind. Diese Beobachtung bringt ihm eine kleine Szene ins Bewusstsein zurück, die er einmal auf einem Schulhausplatz in Burgdorf sah und die für ihn, diesen ewig Erwachsenen, eine Art Blick ins Paradies war:

Ein kleines Mädchen geht mit seiner Puppe über den Platz, gefolgt, dann überholt von einem Blatt, das der Wind vor sich hertreibt. Nichts anderes als dies. Das Kind redet mit dem Blatt, dann mit der Puppe, dann wieder mit dem Blatt. Paradiesischer Einklang herrscht zwischen Mensch, Natur, Ding (die Puppe: Chiffre für das Künstliche, das vom Kind beseelt wird?), ein Einklang, der – das Bild durfte nicht zur Idylle gerinnen – am Schluss gestört wird, indem das Kind auf das Blatt tritt. Eine Steinfigur, ein flötenspielendes Mädchen, begleitet mit seinem unhörbaren Spiel die Szene, betont die Künstlichkeit des kleinen Balletts. Und dass sie auf eben jenem Platz stattfindet, der für die beiden Freunde in mancher Hinsicht schicksalhaft wurde, stellt den Bezug zu den dunkleren Seiten der Existenz her. Hier nämlich sind sie beim Einrücken in die Rekrutenschule erstmals zusammengetroffen: an einem jener Initiationstage also, an denen, wie man sagt, das Erwachsenenleben beginnt, Auge in Auge mit dessen Härte.

Dass Gerhard Meier rückblickend diese Szene als eine Art Keimzelle der ganzen Tetralogie bezeichnet, begreift man auf Anhieb. Baur, der Kindliche, der Poet, ist zugleich einer, der im Leben seinen «Dienst» – und gemeint ist jetzt nicht nur der Militärdienst – zu leisten hatte. Wie übrigens Bindschädler auch, von dem wir im Buch kaum etwas erfahren, ausser dass er «Eisenbahner» war. Aber wie die Kindheit, wird dieser «Lebens-Dienst», wird vor allem die Arbeit in der Fabrik im Werk nur gerade angedeutet. So scheint es wenigstens.

Der schnurgerade Kanal

Hat Meier seine Kindheit im Werk so streng ausgespart, weil er fürchtete, durch Sprache jene Schicht seines Wesens zu verletzen, die er selber als den Nährgrund seiner Kreativität erlebte? Und hat er sich umgekehrt gescheut, die 33 Jahre seiner Fabrikzeit direkt anzugehen, weil sie und der damit verbundene Verzicht auf das Schreiben ihm zu schmerzhaft nahe gegangen wären? Weil sie eine Passion waren, aber, er sagt es selbst, nicht nur im Sinne des Leidens?

Was es heisst, eine Passion zu leben, die auch Leidenschaft ist für die kreativeren Seiten der Arbeit, das wird im letzten Band der Tetralogie, «*Land der Winde*» (1990) beispielhaft deutlich, als Katharina, die Witwe Baurs, das Arbeitsleben des verstorbenen Ehemannes in Erinnerung ruft: «*Geschweisst, poliert, gespritzt*» habe Kaspar (wie der Autor, dem er so sehr gleicht), habe später die Produkte entwickelt, in der Leitung des Betriebes mitgewirkt, sei nächtelang wachgelegen, wenn die neue Saison neue Modelle forderte.

Die Spuren dieser Arbeitswelt sind allerdings im Roman «*Der schnurgerade Kanal*» (1977) ungleich deutlicher sichtbar als in der Tetralogie. Das mag überraschen. Denn dieser zweite Roman Meiers ist alles andere als ein Arbeiterroman, er ist, dies vor allem, das formal radikalste Buch, das Meier geschrieben, radikal in der Detailversessenheit, aber auch in der Darstellung der tiefen Verlorenheit, in die ein Mensch geraten kann – und im Ausmass des Aussparens und Schweigens. Luzid geschrieben und in jedem Satz verständlich, ist er doch ein nahezu hermetisches Werk. Dennoch findet sich gerade hier eine Passage, die, verhalten, knapp und unmissverständlich, Nachricht aus der für viele exotischen Welt der Arbeit gibt und die für mich dickbauchige Arbeiterromane, und nicht nur die schlechtesten, bei weitem aufwiegt:

Der Schriftsteller K. verpasst gleich am Anfang des Buches beinahe die Beerdigung seines «zweitletzten Cousins». Aber er versäumt nicht eine letzte Begegnung mit ihm. In der «Schweigeminute» des Gottesdienstes zeigt der Verstorbene dem jüngeren Verwandten erstmals das Eisenwerk, wo er jahrelang gearbeitet, und gibt dabei karge Erklärungen ab. *«Da hat mein Bruder Russ geputzt».* *«Dort ist der andere Bruder in den Drähten verbrannt».*

Aber wichtiger ist auch hier, in dieser grossartigen halluzinativen Begegnung mit der realen Arbeitswelt, was *nicht* erwähnt wird. Dass es im Eisenwerk hapert, davon ist nicht die Rede; und um die Schmiede, wo der zweitletzte Cousin selber gearbeitet hat, wird ein Bogen gemacht; der gleiche Bogen, den der Schriftsteller K., und mit ihm der Autor, um seine eigene spezielle Arbeitswelt, die in unmittelbarer Nähe seines Hauses gelegene Lampenfabrik, macht. Auch die einfachen Leute wissen sich im Schweigen zu üben, nicht anders als der Autor. *(«Was mir naheging, konnte ich nicht umsetzen»,* sagt Meier in den Gesprächen mit Werner Morlang. Und, an anderer Stelle: *«Es ist nämlich fast wichtiger, zu wissen, was man nicht sagen darf»* – ein Satz, der gleichermassen Lebensweisheit und Poetik enthält.)

Schon diese Innenansicht des Eisenwerks widerlegt die fast automatisch wiederholte Meinung, in Meiers Werk fehlten die Spuren der Arbeitswelt. Natürlich gibt es nicht Dutzende solcher Passagen in seinem Werk; aber es gibt ein Stichwort, das das Gespräch mit dem zweitletzten Cousin unbemerkt ins Grosse und Umfassende führt. Es ist das Titelwort: *«Der schnurgerade Kanal»,* (zu dem der Autor an verdeckter Stelle sogar eine Deutung mitgeliefert hat: er stelle «*ein seltsames Symbol für eine technisierte Welt*» dar). Nicht alle Leser, einschliesslich der professionellen, haben den Titel auf Anhieb verstanden; sofort aufgefallen ist er aber dem Schriftstellerkollegen Hans Boesch, der die Welt der Technik ebenfalls von innen, wenn auch an einer anderen «Front» kennt; er habe, sagt Boesch, Meier um das Bild beneidet, das, sein eigenes Werk bezeugt es, auch seine Sicht der technischen Welt enthalte.

Der «schnurgerade Kanal»: das ist die einfachstmögliche Chiffre für die Tendenz, die Welt zu begradigen, sie Formen zu unterwerfen, die es in der Natur nicht gibt. Die Chiffre geht wie ein harter Strich durch das Buch, auch wenn sie nur am Anfang und am Schluss genannt wird. Und am mächtigsten ist der schnurgerade Kanal gerade dort, wo er weder explizit erwähnt noch sichtbar gemacht wird; da zeigt die technische Welt wortlos ihr mörderisches Gesicht.

Nur der Aufschlag eines Körpers wird hörbar beim Selbstmord eines Mannes (es ist der Architekt Isidor), der sein Leben im Bannkreis der Technik verbracht hat. Und der dabei vielleicht das für ihn Entscheidende, ihm Gemässe versäumte: die freie künstlerische Wahrnehmung (er wollte eigentlich Maler werden), das kontemplative, zweckfreie Leben, die Liebe. Vor seinem Freitod (er leidet an einem Hirntumor) holt er, aus Australien zurückgekehrt und einsam in seinem Elternhaus lebend, das Versäumte nach, wendet sich in einer wohl schon verzweifelten Intensität der Kontemplation und einer verfeinerten Wahrnehmung der unmittelbarsten Umgebung zu.

Der schnurgerade Kanal trennt mit hartem Schnitt die beiden Protagonisten des Romans, den eben erwähnten Architekten Isidor und den Schriftsteller K., die andere männliche Hauptfigur des Buches und dessen verborgener Erzähler, und gleichzeitig werden sie durch die Chiffre eng verbunden. Sie beide sind von der technischen Welt geprägt, aber K. hat sich der tödlichen Konsequenz, die in ihr steckt, entziehen können; Isidor dagegen ging buchstäblich in ihr unter.

Die beiden stellen zusammen die erste Doppelfigur in Meiers Werk dar, sind also Vorläufer von Baur und Bindschädler in der Tetralogie. Auch Isidor und der Schriftsteller K. haben sich, wie

Baur und Bindschädler, an der Schwelle des Erwachsenenlebens kennengelernt, als Studenten im Technikum Burgdorf, einer vergleichsweise kleinen Hochburg der technokratischen Welt. Dort haben sich ihre Wege getrennt: während Isidor das Technikum abschloss, den Wunschberuf eines Architekten ergriff, der Liebe auswich, zu den Antipoden nach Australien ging, gab K. das Studium auf (man muss Meier über Architektur reden hören, um zu ahnen, wie schwer der Verzicht ihm fiel), heiratete, kam, vermeintlich vorübergehend, in der Fabrik unter; er blieb im Umkreis des schnurgeraden Kanals, aber konnte sich retten, indem er sich später als Schriftsteller etablierte. Nicht zufällig haben sich die beiden nach ihrer Burgdorfer Zeit nie mehr gesehen, auch wenn es möglich gewesen wäre. Vermutlich fürchteten sie beide, im anderen einen gespenstischen Doppelgänger zu sehen, dessen Weg auch der eigene hätte sein können.

So, die Andeutungen verbindend, kann man die Geschichte der beiden Männer und des schnurgeraden Kanals erzählen. Aber man würde es vielleicht nicht wagen, hätte der Autor nicht selber bemerkt, er habe in diesem Roman seine Burgdorfer Erfahrung umsetzen wollen: die bewegte Zeit seines abgebrochenen Hochbau-Studiums also, und vor allem den ihm selber nicht völlig durchsichtigen Entschluss, das Studium Knall auf Fall aufzugeben. Beschrieben, gar erklärt hat er freilich diesen folgenreichen Entschluss auch im Roman nicht. Er hat vielmehr in der literarischen Umsetzung die Erfahrung noch einmal verschlüsselt, sie verborgen hinter der Figur des Isidor, und diese Figur wiederum versteckt hinter ihren scheinbar belanglosen Wahrnehmungen. Die Arbeitswelt ist für Meier nicht ein Recherchierobjekt, das man nüchtern behandeln kann. Sie führt in eine Schicht der Person, die sich der Erklärung verweigert.

Die Intimität wahren

Dass in diesem «*Schnurgeraden Kanal*» auch ein Liebesroman, die Geschichte einer von Grund auf unerfüllten Liebe eingewoben ist als eine seiner dunkelsten Farben, das kann hier nur gerade erwähnte werden. Die Frage, ob es in Meiers Werk auch einen Eheroman gebe, scheint mir, bedenkt man die Bedeutung, die seine Ehe für ihn hatte, ergiebiger. Allerdings könnte die

Frage, so frontal gestellt, gründlich in die Irre führen, vor allem, wenn man das verhältnismässig frühe Prosastück *«Der andere Tag»* (1974) oberflächlich-genau liest.

Tatsächlich tritt da ein Ehepaar auf, das dem Ehepaar Meier gleicht und das wir, in etwas anderer Konstellation, später in der Tetralogie wiederfinden werden: Einer, der Kaspar genannt wird, erzählt, seine Ehefrau hört zu: das ist die an sich durchaus nicht ungewöhnliche Anlage des «Anderen Tags», die aber dadurch geradezu ins Absurde gekippt wird, dass Katharina während der exuberanten Reden des Partners kein einziges Wort sagt, nur in ihrem Schweigen anwesend ist. Es könnte scheinen, hier werde eine völlig aus dem Gleichgewicht geratene Ehe mit einer zum Schweigen verdammten Frau gezeichnet. Aber da wird kein Zweipersonenstück über fehlende oder missglückte Kommunikation geprobt. Es geht um etwas anderes.

Der Autor stattet «seine» Katharina mit einem umfassenden Schweigen aus, weil er dadurch sich selbst und seine Lebensgefährtin schützen, seine und ihre Intimität wahren will. Ein Porträt seiner Frau zu geben, gar eine Frontalaufnahme, wäre dem Autor als ein Verrat an ihr und ihrer Ehe vorgekommen. Katharina ist eine Chiffre für die Notwendigkeit des Schweigens auch zwischen einander nahestehenden Menschen; sie ist gleichsam die Hüterin jener Lautlosigkeit, die in einem Satz von Ilse Aichinger so wunderbar aufscheint: *«Wenn ein Dialog keine Farce werden soll, muss die Lautlosigkeit mit im Spiel sein.»* Es sind die wahren Liebhaber des Gesprächs, die sich vor dem Geschwätz fürchten.

Was man als Gleichgültigkeit und Kälte des Autors deuten könnte, ist in Wahrheit ein Zeichen des tiefen Respekts, den er vor den Personen, auch vor den eigenen Figuren hat. Auch diesen will er nicht zu nahe treten, will ihre und seine Intimität wahren. So gesteht er es dem «zweitletzten Cousin» zu, dass er bei der Begehung des Eisenwerks seinen eigenen Arbeitsplatz ausspart. So gesteht er dem einsamen Isidor zu, dass dessen Leben in Australien im Dunkeln bleibt und sein Inneres nur in Spiegelungen sichtbar wird.

Das im Text versteckte Ethos

«*Ich bin Christ und Ästhet*», so, in einer ungewöhnlichen Wortverbindung, charakterisiert der Autor sich selbst in einem Brief an den niederländischen Germanisten Fernand Hoffmann. Nie würde er sagen: «Ich bin Moralist». Seinen Gedichten den Untertitel «Moralische Gedichte» zu geben wie Enzensberger, wäre ihm ebenso unmöglich, wie – nach dem Vorbild vieler Kollegen – sich als Instanz oder als Gewissen der Nation bezeichnen und brauchen zu lassen. Es gibt in Meiers Werk zwar grundsätzliche Texte über Religion und über Kunst (die «*Bachthaler Predigt*», die dem Roman «*Der schnurgerade Kanal*» zu einem überraschenden Ende verhilft, und die «*Rede aus dem Grabe*», diesen so verblüffenden wie zauberhaften Auftakt zum «*Land der Winde*»), aber nichts Entsprechendes für die Moral.

In der Bachthaler Predigt (die zuerst als eine wirkliche Laienpredigt in Vaduz gehalten wurde) verwahrt sich der Schriftsteller K., und mit ihm der Autor, am Anfang explizit dagegen, den Zuhörern Vorhaltungen zu machen, und er hält sich an seinen Vorsatz, auch dort, wo im weitesten Sinn moralische Fragen berührt werden. Zum Beispiel in der wunderbaren, für Meier so typischen Passage über «*die Leute*». Denen es zu verdanken ist: «*dass (sagen wir) am 20. März die Kartoffeln in den Boden kommen und auf den Tisch um 12 Uhr die Suppe, dass der Anderthalbjährige die Nase geputzt kriegt, der Säugling seine trockene Windel; dass das Dach den fehlenden Ziegel, das Loch im Veloschlauch den Flick, der Rock den Knopf, die Lilie den Stecken, die Schuhe grade Absätze erhalten, dass (sagen wir) am 13. August der Weizen vom Felde kommt; dass der Zug pünktlich um 16.10 in Bilbao einfährt, und dass der Holzkasten mit den Überresten eines dieser Leute und unter Glockengeläut in die Erde und die Erde zu guter Letzt zu einer Hyazinthe kommt.*»

In einem mitreissenden Crescendo wird hier der Kreis des Lebens bis zum Tod ausgemessen und darin die Rolle der zuverlässigen Arbeit gezeigt, die auch die Pflege des Nutzlosen, des Grabschmucks zum Beispiel, einschliesst. Aber da wird keine allgemeine Verhaltensregel gesetzt; es fehlt die Tonart der direkten Moral. Was da von den «Leuten» getan und geleistet wird, geschieht als etwas Selbstverständliches, nicht als das moralisch Richtige, sondern als das Notwendige, und das ist es, was den Respekt des Autors vor ebendiesen Leuten begründet.

Moral hat bei Meier mit dem Zusammenleben der Menschen zu tun, mit Wörtern wie Anstand, Redlichkeit; sie hat aber auch mit Skepsis zu tun und, dies vor allem, mit der Abneigung gegen jede Art von Selbstüberhebung. Der Kern des nie ganz dingfest zu machenden Ethos dieses Autors ist eine völlig unpathetische, fast unterkühlt formulierte Demut. *«Dass ich arm sein darf, dass ich schwach sein darf»*, so begründet Kaspar in der Bachthaler Predigt seine christliche Haltung. Dieses «Darf» ist ein Codewort; in ihm ist die erwähnte Demut eingeschlossen, so gut wie jenes Ethos, das kein ausformuliertes Sittengesetz braucht. Wobei, man täusche sich nicht, mit diesem «Darf» nicht behauptet wird, das Ertragen von Armut und Schwäche sei immer leicht.

Aber Moral hat nicht nur mit der christlichen Grundhaltung des Autors zu tun, sondern auch mit dessen Poetik. In *«Borodino»* (1985) kommt Baur erstmals auf Marcel Proust zu sprechen, rühmt ihn als den *«intelligentesten Schriftsteller»* und als einen, der *«die unangestrengteste Prosa»* geschrieben habe. Unangestrengt: ein wichtiges Meier-Wort! Das Wort misst einen Raum aus, der gleichermassen mit Moral und Ästhetik zu tun hat. «Unangestrengt» sind die Werke von Meier selbst; unangestrengt ist der kleine Dialog des Mädchens mit der Puppe und dem Blatt. Aber auch die beschriebene Pflichterfüllung der «Leute» hat einen Hauch dieser Qualität. Unangestrengt wäre, im Lichte dieser Beispiele gesehen, ein Leben (oder Kunstwerk), das Regeln nicht braucht; eine Ethik, die sich nicht in Vorhaltungen verströmt. Die darauf verzichtet, die anderen durch Forderungen zu gängeln – aus einem tiefen Respekt vor dem Wichtigsten: der geistigen Freiheit.

Was für ein Machtanspruch, was für ein Angriff auf die geistige Freiheit in der Moral stecken kann, darauf ist Meier vielleicht durch seine frühe Nietzsche-Lektüre hingewiesen worden. Vor allem aber hat er den Druck der Arbeitswelt so unmittelbar und so lange ertragen müssen, dass es ihm unmöglich war, sich später – gleichsam freiwillig – den offenen und versteckten Gängelungstendenzen politischer Ideologien und auch der Moral zu unterwerfen. So darf es Baur, leicht pathetisch, in einem abwehrenden und auch für die Lesenden wunderbar befreienden Satz sagen: «*Bindschädler, wir leben nicht, um dauernd Lektionen einzusacken oder auszuteilen*».

(2001)

Alice Rivaz zum hundertsten Geburtstag

Schreiben heisst einen verborgenen Text lesen

1

«*Le Creux de la vague*» – «*Das Wellental*»: Pünktlich zum hundertsten Geburtstag von Alice Rivaz erscheint der Roman aus dem Jahr 1967 in deutscher Übersetzung. Wahrhaftig ein Geschenk! Kaum je habe ich ein Buch so ungeduldig erwartet wie dieses, und kaum je hat mich ein Titel (in der klangvolleren und vieldeutigeren französischen Version) schon im voraus so merkwürdig beschäftigt.

«Le Creux de la vague»: das ist recht eigentlich der Ort der Alice Rivaz. Nicht der Kamm der Welle, der hochauf schäumende, im Absturz alles überspülende, ist es, was sie anzieht; nicht der Höhepunkt also, literarisch gesehen, nicht die kühn konstruierte Handlung. Mit jener Beharrlichkeit, die Voraussetzung eines persönlichen Stils ist, reduziert sie die Geschichte auf ein Minimum, zeigt die Klimax nur indirekt, aus Distanz. «*Das Beste, was ich mir vorstellen kann, ist der Zwischenraum, der tote Punkt zwischen zwei Ereignissen, die diesem Farbe geben*», schrieb sie 1943 in ihren «Carnets».

Im genannten Roman, diesem unauffälligen Meisterwerk, wird das hier Gesagte konkret. Die Figuren – eine kleine Gruppe von Menschen, die alle im Genf der dreissiger Jahre leben und im Bureau International du Travail («BIT») arbeiten – befinden sich so gut wie ausnahmslos in einem unbestimmten

Raum des Dazwischen. Sie haben sich von einem alten Zustand noch nicht völlig gelöst, den neuen noch nicht ganz gefunden. André Chatenay, dieser liebenswürdige und leicht lächerliche Ästhet, muss erkennen, dass die Musik nicht sein Beruf sein kann, aber ob er das geplante Buch über Schumann schreiben wird, das steht noch dahin. Die junge Sekretärin Claire Lise Rivière sieht ein, dass ihre Liebe zu einem homosexuellen Jugendfreund aussichtslos ist – und verfällt dem Charme des um vieles älteren und wenig verlässlichen Chatenay. Und Hélène Blum, die vielleicht interessanteste Figur des Buches, begreift, dass sie angesichts der politischen Ereignisse ihre jüdische Herkunft nicht länger verdrängen darf. Ob sie, eine alleinstehende, berufstätige Frau, das gewünschte Kind je haben wird, ist ungewiss. Eine Art Wellental stellt auch der bei Alice Rivaz so wichtige, stets präzis gezeichnete politische Hintergrund dar. Eben ist, im Januar 1933, Hitler an die Macht gekommen. Dass er sich halten kann, glaubt im Genf des Völkerbunds noch kaum einer, nur die Lesenden kennen den Fortgang der Weltgeschichte, deren Wellenkamm für die Figuren noch in weiter Ferne liegt.

Das Buch so zu beschreiben, ist nicht falsch, aber zu simpel. Alice Rivaz entwirft keine scharf konturierten Portraits, aus denen man lesend die Menschen so täuschend gut kennenlernt wie nie im Leben. Ihre Kunst besteht darin, das Widersprüchliche der menschlichen Psyche bis in die feinsten Nuancen wahrzunehmen, sich in die Figuren zu versetzen, von ihnen aus die Welt zu sehen und so, nur leicht unterstützt durch einen Erzähler, die Geschichte, dieses Nichts von Geschichte, weiterzutreiben. Keine der Figuren enthält ihr Selbstporträt, aber jede enthält ein Stück von ihr, so dass – sie formuliert es mehrfach – die Grenze zwischen Autorin und Figur oft verschwimmt. Doch stets bleibt die Erzählung luzid; die Autorin erlaubt sich nicht, das Chaos der inneren Regungen gleichsam in Rohform den Lesenden vorzuwerfen; sogar ihr Tagebuch, ursprünglich in kleinen «Carnets» notiert, hat sie einer gründlichen Durchsicht unterzogen, ehe sie es zum Druck freigab («*Traces de vie*», 1983). Aber das Ergebnis solcher Arbeit bleibt immer lebendig, sogar spontan, etwas von der «Feuchte des Ursprungs» (Rilke) ist noch fühlbar. Vielleicht ist das der Grund, dass ihre Bücher – mehrfach wurde mir dieser Eindruck von anderen bestätigt – noch immer so heutig wirken, dass man sich gelegentlich das Erscheinungsdatum in Erinnerung rufen muss.

2

Nun ist aber der Roman «*Das Wellental*» (auch wenn er – dafür sorgt die Kunst der Autorin – als unabhängiges Werk gelesen werden kann) in Wirklichkeit der zweite Teil einer ungewöhnlichen Romanfolge. Ungewöhnlich, weil deren erster Teil «*Wie Sand durch die Finger*» («*Comme le sable*», 1946, übersetzt 2000) mehr als 20 Jahre vor dem zweiten («*Le Creux de la vague*», 1967) entstand. Dieser Unterbruch betrifft nicht nur diese beiden Bücher, sondern die ganze Produktion, schneidet, als eine von aussen aufgezwungene totale Schreibverhinderung, das Schaffen von Alice Rivaz in zwei getrennte Karriere-Stücke. Die Ursache war, einerseits, der Beruf, eine zunehmend anspruchsvolle Arbeit im BIT (dem Arbeitsort ihrer Figuren!) – und, andrerseits und emotional ungleich belastender, die jahrelange, der Autorin auferlegte Pflege der gebrechlichen Mutter: dieser überaus geliebten, der Tochter überaus zugetanen – und noch in der Schwäche mächtigen Mutter, die so genau zu wissen glaubte, was für die Tochter gut war, und die sich, auch dies ein Teil der Schreibverhinderung, lebenslang gegen deren schriftstellerische Arbeit stemmte. Die Entscheidung für einen Künstlernamen haben die Eltern der Tochter nahegelegt(!) – vermutlich war es dann gerade dieses Versteck, was ihr die Entwicklung einer literarischen Identität erlaubte.

Von diesem jahrzentelangen Unterbruch ist aber – ein Rätsel, fast ein Wunder – in der Romanfolge nichts, aber auch gar nichts zu merken. Es ist, als ob die Autorin am Vorabend den ersten Band fertiggestellt, die Maschine zugedeckt – und am nächsten Morgen mit dem neuen Buch begonnen hätte; als hätten die Figuren – ein wenig älter, reifer, realistischer geworden – nur darauf gewartet, erneut ihren Weg weiter zu gehen, in die Zukunft. Die innere Kontinuität der in Stücke geschlagenen literarischen Laufbahn der Alice Rivaz ist eindrücklich, sie hat mit dem besonderen Selbst- und Werkverständnis der Autorin zu tun, mit der für sie zentralen Vorstellung, ein Buch sei im Grunde schon vor der schriftlichen Formulierung vorhanden, in Figuren, die sich nähern oder verweigern, in einzelnen Elementen, die wie Moleküle im Leeren schweben, wenn sie sich nicht in einem Werk kristallisieren können. Ihnen dazu zu verhelfen, dies, und nicht das selbstherrliche Machen, wäre die Aufgabe des Autors. Schreiben ist bei Alice Rivaz gleichbedeutend mit der Lektüre «*eines noch verborgenen Textes*»: dieser Satz von 1960 führt zum Zentrum ihrer Poetik.

3

Das mir liebste Bild von Alice Rivaz zeigt sie in ihrer kleinen Wohnung, in der Mitte zwischen der Schreibmaschine und dem Klavier sitzend, die beiden Arbeitsinstrumente mit den Ellbogen beinahe berührend (da fehlt nur noch die Staffelei der begabten Aquarellistin!), gelassen und ernsthaft auf schmalem Raum, in ihrer Welt, die auch ein Dazwischen war! Die Musik, sie sagt es immer wieder, war ihre erste und ursprüngliche Passion, eine Pianistenlaufbahn nicht einfach ein Traum, sondern ein Plan. Aber für eine solche waren ihre Hände zu klein, sie griffen kaum eine Oktave. Ein schmerzhafter Verzicht war die Folge – aber wie grossartig hat sie ihn im Schreiben kompensiert! Die Musik ist in ihre Texte eingegangen, so reich und zugleich so selbstverständlich wie nur bei wenigen Autoren: als Thema – und als Klang und Rhythmus der Sprache.

Ihre eigene Musikleidenschaft hat Alice Rivaz – wohl um das Persönlichste, Eigenste zu verfremden – einer männlichen Figur delegiert. André Chateney ist kein Berufsmusiker, den Wunsch, ein Orchester zu dirigieren, lebt er nur in seinem Kopf aus – aber er ist auch nicht als ein Möchtegern-Künstler gezeichnet (er erweist sich als glänzender Pianist, wenn er sich einmal an den Flügel setzt). Und das gilt allgemein: Keine der Figuren Rivaz' lebt ein Künstlerleben; aber Kunst ist für sie alle nicht nur eine Form der Flucht, sondern eine Möglichkeit, zu den wesentlichen Dingen vorzudringen, eine Art Lebenssinn zu finden. Von der Kunst-Religion eines Proust scheint mir die Proust-Leserin Rivaz dennoch entfernt. Sie, die so vielseitig Begabte, ist ohne jede Spur des Künstlerhochmuts gegenüber den «Dilettanten» (wie

ihr auch – wunderbar und selten! – jede Häme in der Menschen-
darstellung fehlt!). Und vielleicht ist gerade das ein Grund dafür,
dass es ihr gelingt, die Musik so lebendig, als umfassende, allen
zugängliche Kreativität darzustellen.

Chatenay ist es, der das Wort finden darf, das seinem Verzicht eine Art von Weihe gibt. Er komme sich vor wie der bibli-
sche Esau, denkt er während eines Konzertes; wie Esau, der das
Erstgeburtsrecht vergab für ein Linsengericht. Das ist, obwohl
leicht ironisiert, ein zentrales Bild im Werk von Alice Rivaz, es
beleuchtet indirekt auch die anderen Figuren. Keiner von ihnen
wird das Erstgeburtsrecht zuteil (wohl zu verstehen als die von
jedem gewünschte Chance, ein Ausgezeichneter und Unver-
gleichlicher zu sein); alle müssen sie sich mit diesem Verzicht
abfinden. Aber in allen schimmert dennoch die Ahnung, dass
der Mensch eigentlich ein Erstgeborener wäre.

4

In der musikerfüllten Welt der beiden Romane hört man immer
wieder einen besonderen Klang, der, unüberhörbar, die Zeit
strukturiert: das Glockenspiel der Kathedrale St. Pierre. Unverkennbar eine Anspielung auf den Glockenschlag von Big Ben,
der durch den Roman «Mrs. *Dalloway*» geht, eine Art Zitat
also – und darin eine Hommage an Virginia Woolf, von der
Alice Rivaz gerade in der Behandlung der Perspektive viel gelernt hat. Wenn man eine etwas plakative Formel nicht scheut,
kann man sie versuchsweise als eine «schweizerische Virginia
Woolf» bezeichnen: ihr Werk gleicht dem der grossen Kollegin
in der Evokation individueller Innenwelten und in der Musikalität der Sprache, sie ist ihr tief verwandt in der Verbindung
einer fast somnambulen Kreativität mit einem hellen Bewusstsein. Aber diesem Vergleich muss man beifügen, dass die Figuren von Alice Rivaz nicht der *leisure class* angehören wie die der
Virginia Woolf, sondern täglich ins Büro gehen. Und das ist
nicht unwichtig.

Alice Rivaz gehört zu den gerade in der Schweiz der Nachkriegszeit nicht häufigen Autoren, den noch selteneren Autorinnen, welche die moderne Arbeitswelt des Büros thematisieren.
Nicht dass sie diese dokumentarisch beschreiben oder soziolo-

gisch analysieren würde. Sie lässt die Welt des damaligen, des noch nicht papierlosen Büros als Ambiente ihrer Figuren konkret werden, zeigt gleichsam das innere Gesicht dieser Arbeitswelt, und dies so eindrücklich und modern, dass sie in einer Besprechung sogar mit Michel Houellebecq verglichen wurde, weil sie, wie dieser, den Zustand der Entfremdung in einer globalisierten Welt darstelle! Ein geradezu absurder Vergleich, der immerhin zeigt, wie modern die Romane der Alice Rivaz wirken können. Aber (Scherz und provokative Einfälle beiseite): die von ihr aus genauer Kenntnis evozierte Bürowelt dient nicht der marktorientierten Globalisierung, die wir heute pflegen. Ihr Ort sind die internationalen Organisationen Genfs, wo intelligente und idealistische Personen sich für eine Verbesserung der Arbeitsbedingungen einsetzen, indem sie Analysen vornehmen, Berichte schreiben, Statistiken erstellen. Und gleichzeitig ahnen, dass ihr eigener Lebensstandard und ihr Bewusstsein weit entfernt ist von dem der Menschen, denen sie helfen wollen und die sie doch nie verstehen werden. Das ist die spezielle Form der Entfremdung, die Alice Rivaz aus eigenster Erfahrung darstellt, es ist die Entfremdung jener (und wie häufig gibt es sie auch heute), die gleichsam auf dem Papier und aus Distanz das Los der Menschen verbessern wollen.

Wie sehr sich Alice Rivaz dieser Entfremdung bewusst war, wie sehr es sie nach konkreten Begegnungen mit einzelnen Menschen verlangte, das zeigen eindrücklich die Reportagen, die sie – auf eigene Initiative und nicht für das Büro – in den vierziger Jahren unternommen hat und die in der letzten Nummer der Literaturzeitschrift «Ecriture» (Nr 57) wiederentdeckt und vorgestellt wurden: über Hausfrauenarbeit, Heimarbeit, Kinderelend. Eindrückliche und sehr gelungene Versuche, den arbeitenden und leidenden Menschen als Individuen zu begegnen, die im Büro des Arbeitsamtes nur als Zahlen auftreten. Ein Nebenwerk, aber kein unwichtiges, bekunden sie auch, dass die allzu gehorsame «Mutter-Tochter», die Alice Rivaz bis ins Alter blieb, in ihrer politisch-sozialen Grundhaltung doch lebenslang die geistige Erbin ihres Vaters, des damals berühmten sozialistischen Politikers Paul Golay, war.

Montreux ist keine Stadt der literarischen Ausstellungen. Und Montreux hat mit Alice Rivaz eigentlich nichts zu tun. Sehr anders als die Stadt Genf, die in deren Romanwerk ein wunderbares Denkmal aus Bewegungen, Klängen, Gerüchen gefunden hat. Daran denke ich, während ich durch Montreux gehe, wo nun eben doch eine literarische Ausstellung mit dem Titel «Le Temps d'Alice Rivaz» gezeigt wird.

Als vor einigen Jahren im Grand Hotel Palace, wo der Autor seine letzten Lebensjahre verbrachte, eine übrigens ausgezeichnete Nabokov-Ausstellung stattfand, da wies ein grosses Plakat auf den Anlass hin, zeigte den Berühmten in der mir so unsympathischen Pose des Schmetterlingsjägers. Für die Ausstellung Rivaz gibt es natürlich kein Plakat. Und eigentlich kann ich mir das schöne stille Gesicht nur schlecht auf einem solchen vorstellen, mitten im Gewühl der sommerlichen Touristenstadt. Das in der Altstadt versteckte «Musée du vieux Montreux», zu Fuss nur über eine Art Schleichweg aus Heckengrün zu erreichen, ist, so gesehen, der richtige Ort für sie. Die Anordnung der Ausstellung ist allerdings abenteuerlich: verteilt in vier auf drei Etagen befindlichen Räumen, umgeben von Zeugnissen aus der Römerzeit, alten Möbeln, Bildern illustrer Gäste. Was mir in Erinnerung bleibt: die entzückenden kleinen Carnets und Kalenderchen, deren Inhalt in das Buch «Traces de vie» eingegangen sind, und in denen die Autorin z. B. die Etappen einer Provencereise aufschrieb, aber auch, zuletzt mit unsicherer Schrift und eher chaotisch, ihre Gedanken; dann ihre Aquarelle, vor allem die Porträts von Ramuz, die Briefe von Corinna Bille. Und schliesslich das Video eines Fernsehinterviews aus den achtziger Jahren: die Frau, die ich nur von Bildern, also statisch kenne, plötzlich in Bewegung, eine über Achtzigjährige, immer noch schön, mit der Lebendigkeit und Spontaneität einer jungen Frau – und ohne jede Pose! Während eines Spaziergangs durch Montreux habe ich Zeit, darüber nachzudenken, ob dies «ohne jede Pose» auch eine ästhetische Qualität sein könnte.

Nicht nur mit dieser Ausstellung begeht die Romandie den hundertsten Geburtstag von Alice Rivaz: diesem Datum ist auch die oben erwähnten Nummer von «Ecriture» gewidmet, und beides, die Auswahl in der Zeitschrift und die Ausstellung, wäre wohl ohne die Rivaz-Kennerin Françoise Fornerod nicht zustande gekommen. Ihr verdanken wir auch eine ausgezeichnete Rivaz-Monographie, deren Untertitel, «*Pêcheuse et Bergère de Mots*» (ein Zitat), den Kern der poetologischen Vorstellung Rivaz' wunderbar trifft.

Die Rezeption in der deutschen Schweiz folgt natürlich anderen Gesetzen. Ob ein Werk übersetzt wird oder nicht, das richtet sich nicht einfach nach der literarischen Qualität, sondern auch nach dem Zeitgeist. In der renommierten CH-Reihe erschien 1976 (da war das Jahr der Frau gerade vorbei) der Roman «*Bienenfriede*» (1948) von Alice Rivaz – und damit ein Buch, das man als «feministisch avant la lettre» bezeichnen und verkaufen konnte; ein Pamphlet in Romanform, in dem den Männern nicht gerade der Krieg erklärt, aber doch vorübergehend die Gefolgschaft aufgekündigt wurde. Das Buch würde weniger aussergewöhnlich wirken, wäre da nicht sein Datum, nämlich 1947, schrieb ich damals in einer Besprechung, und ich wies auch darauf hin, dass Alice Rivaz – zwei Jahre vor Simone de Beauvoir, allerdings ohne das analytische Instrumentarium der Französin – die Frau als das «andere Geschlecht» dargestellt hat. Ich verspürte grossen Respekt vor dem Mut der Autorin, unzeitgemäss zu sein. Alice Rivaz war tatsächlich in manchem ihrer Zeit voraus, und nicht nur in weiblichen Belangen: aus jener grossartigen Unvoreingenommenheit des Denkens und der Wahrnehmung heraus, die ihr ganzes Werk auszeichnet. So schrieb sie in ihren Romanen so offen und selbstverständlich über Homosexualität, wie das erst Jahrzehnte später, und auch da nicht immer, zu finden ist.

Einen neuen Ansatz brachte 1992 die Übersetzung des Erstlings «*Wolken in der Hand*» (1940), herausgegeben von Charles Linsmayer, versehen mit einem biographischen Nachwort von Marianne Ghirelli. So originell und ausgereift können also Erstlinge sein, denkt man, denke ich noch heute, wenn ich das Buch in die Hand nehme, im Hinterkopf die anspruchslosen Erstlinge der letzten Jahre. Ramuz hatte sich nicht geirrt, als er das Manuskript 1940 der neugegründeten «Guilde du livre» empfahl!

«*Wolken in der Hand*» wurde ins Deutsche übertragen von Markus Hediger – in ihm hat Alice Rivaz (die damals schon im Altersheim lebte und mit nachlassendem Gedächtnis staunend auf ihr Werk blickte) «ihren» Übersetzer gefunden: dessen schwerelose Sprache die Transparenz, Musikalität und auch das Innovative ihrer Texte adäquat, ja kongenial wiedergab und -gibt. In seiner Übersetzung erschien 1992 auch ihr letzter Roman, ein spätes Meisterwerk: «*Schlaflose Nacht*» («*Jette ton pain*», 1979).

6

«*Schlaflose Nacht*»: der Roman, musikalisch im Rhythmus wie kein anderes ihrer Werke, ist vom merkwürdigen Gegensatz zwischen der betörenden Sprache und dem beklemmenden Inhalt geprägt. Aber das Gegensätzliche ist zur Einheit verschmolzen, so dass man manchmal nicht weiss, ob man in einen Albtraum geraten ist oder ein Musikstück geniesst. Ort der Handlung ist tatsächlich jene Zweizimmerwohnung, welche die Autorin jahrzehntelang bewohnte, und in die sich die kranke Mutter einquartierte. Was sich dort in schlaflosen Nächten im Innern der Protagonistin Christine Grawe abspielt, in jenem bekannten zwanghaften Kreisen der Gedanken, ist das innere Drama, von dem im zweiten Abschnitt bereits die Rede war: der geheime Zweikampf, zwischen der um ihre letzten Freiräume ringenden Tochter und der noch im Sterben dominanten Mutter, ein Spiel von Liebe und Beinahe-Hass, Auflehnung, schlechtem Gewissen, Abschiedsschmerz.

Jene, die Bücher entlang ihren Stoffen lesen, können in diesem Text natürlich eine verkappte Autobiographie finden. Gegen eine solche Interpretation hat sich Alice Rivaz entschieden gewehrt. Auf die Bemerkung von Bertil Galland (der sich wie kein anderer Verleger für sie einsetzte), sie habe sich «*ganz und gar hineinbegeben in dieses Buch*», reagierte sie irritiert, fast verstört. In zwei bewegten Aufzeichnungen beschreibt sie in «*Traces de vie*» den Prozess der Verwandlung von Realität in einen literarischen Text. «*Man muss selber eine Geschichte geschrieben haben, um zu wissen und zu verstehen, dass die ‹Umsetzung in Wörter› irgendeines Ausschnitts der Realität eine doppelte Aktion darstellt: jene einer Tötung, einer Hinrichtung, die mit einem Haufen Asche endet, in der noch etwas Glut von der Wirklichkeit glimmt, und dann in verwandelter Form die Auferstehung dieser Wirklichkeit.»* Tötung und Hinrichtung, Asche und Auferstehung: das sind bei Alice Rivaz ungewohnt starke Wörter – Beschwörungen eines schmerzhaften Vorgangs von hoher Dramatik. Gerade weil dem Buch so unverkennbar autobiographisches Material zugrunde liegt, ist auch eine radikale Verwandlung nötig: bis die eigene Person als literarische Figur «auferstehen» kann.

Was Rivaz darstellt, als dunkle Kammermusik, ist ja tatsächlich jener Konflikt, in den die Frau gerade im Jahrhundert der Frau geworfen wurde: der Konflikt zwischen zwei Frauenbildern, die, beide, die Herrschaft beanspruchen. Da ist einerseits, unausweichlich in seinen Ansprüchen, das Bild der modernen Berufstätigen, die belastet wird und belastbar ist wie ein Mann – und da wird, andrerseits, aus der Tiefe der Vergangenheit, eine andere, immer noch mächtige Stimme hörbar, welche daran erinnert, dass die Frau (eigentlich) für das Wohlergehen der Familie verantwortlich sei, auch, ja gerade als Alleinstehende, Unverheiratete, als ewige Tochter. Den Zusammenprall dieser gesellschaftlichen Vorstellungen, den Konflikt, von dem wir nicht wissen, ob er so endgültig der Vergangenheit angehört, wie es scheint, hat Alice Rivaz in dem schrecklichen Jahrzehnt des Zusammenlebens mit der Mutter erlebt bis in den Verlust der eigenen Kreativität hinein. Wenn sie in *«Schlaflose Nacht»* die Dunkelseite ihres Lebens ans Licht zog, so entzifferte sie dabei mehr als nur den «noch verborgenen Text» ihres eigenen, privaten Lebens.

(2001)

An der Oberfläche versteckt

(Über Hugo von Hofmannsthal, Matthias Zschokke, Vercors)

1

Hie und da, und immer häufiger, überfällt mich beim Lesen von
Theaterrezensionen ein *Déja-vu*-Gefühl: als hätte ich die Aufführung schon gesehen. Auch wenn ein Szenenbild der Rezension beigefügt ist, korrigiert das meine Selbsttäuschung kaum.
Denn eigentlich meint dies *Déja-vu* ja etwas anderes: «Das
brauchst du dir nicht anzusehen», sagt es unmissverständlich.
Hamlet gespielt von einer Frau, Ophelia entsprechend von einem Mann, Clavigo weiblich, dessen unglückliche Geliebte
männlich interpretiert, über diese und andere neu-alte Einfälle
mag ich mir den Kopf nicht mehr zerbrechen. Es ist, als sei mir
die Neugier davongelaufen und nicht zurückgekehrt. Aber vermutlich hat diese wachsende Müdigkeit auch damit zu tun, dass
uns nun seit Jahren, Jahrzehnten, Wichtiges verloren geht, nein,
über Bord geworfen wird, nicht nur Stücke und Figuren, sondern auch eine bestimmte, mir wichtige Art des Umgangs mit
der Kunst. *«Die Musik nicht interpretieren, sondern verstehen»*:
ein strenger Satz des Dirigenten Günter Wand, den ich nicht
vergessen möchte.

Aber dann geschieht es plötzlich, dass meine Theatermuffelei
umschlägt in Begeisterung. So unlängst anlässlich einer Fernseh-
aufzeichnung der Komödie *«Der Unbestechliche»* von Hugo
von Hofmannsthal (eine Hamburger Aufführung aus den achtziger Jahren, die von Theatergurus gewiss als «gut, aber kon-
ventionell» eingestuft würde). Dass ich versäumte, mir die Namen der Schauspieler zu merken, tut mir im Nachhinein leid.
Die Aufführung trieb mich zurück zum Buch (das stellt ihr ja
kein schlechtes Zeugnis aus) – und anschliessend geriet ich so
tief in die Lektüre meiner Hofmannsthaliana hinein, dass ich
schliesslich Mühe hatte, den Weg hinaus und zu diesem Tagebuch zu finden.

«*Nach einem unglücklichen Kriege müssen Komödien geschrieben werden*», heisst ein Satz von Novalis, der für Hofmannsthal sehr wichtig war. (Er wusste, was das heisst: ein unglücklicher Krieg.) Zwei Komödien hat er nach dem ersten Weltkrieg geschrieben oder fertiggeschrieben, 1921 den «*Schwierigen*», der wohl nach wie vor als eine der drei grossen Komödien der deutschen Literatur gilt, und 1923 den «*Unbestechlichen*». Nicht Komödien über den Krieg (das Spiel mit dem Schrecken oder dessen Vermarktung lag diesem Dichter fern), sondern zugleich ernsthafte und komische Stücke über das Zusammenleben der Menschen in einer Welt, deren Risse erst undeutlich wahrzunehmen sind. Der «*Schwierige*», dieses subtile Meisterwerk über einen grossen Herrn, der, aus dem Krieg zurückgekehrt, nirgends mehr richtig hingehört, und der «*Unbestechliche*», in dessen Zentrum ein Diener steht, dem das Adjektiv «gross» nicht weniger zusteht als dem Herrn, scheinen wenig gemeinsam zu haben. Und doch: käme es zwischen den beiden ungleichen Protagonisten zu einem Gespräch, sie würden sich ohne viel Worte über die wichtigsten Dinge verständigen; über Begriffe wie Treue und Anstand und die Bedeutung der Ehe. Denn ihnen beiden ist der Blick hinter die Dinge gegeben.

Im «*Unbestechlichen*» werden freilich, anders als im «*Schwierigen*», keine philosophischen Gespräche geführt; alles ist mehr *terre à terre*, wie es dem Protagonisten entspricht, der, als Diener, um die praktischen Dinge des Lebens besorgt sein muss. Aber das ist auch ein Vorteil. Konsequenter als in jedem anderen Stück hat Hofmannsthal hier seinen eigenen poetologischen Satz ins Werk umgesetzt: «*Die Tiefe muss man verstecken. Wo? An der Oberfläche.*» Alles ist Oberfläche in diesem Stück. Und gleichzeitig ist alles hintergründig, bis ins Numinose hinein. Und das macht den Zauber dieser scheinbar so leichtgeschürzten Komödie aus: dass das Numinose immer wieder durchschimmert, und immer wieder von komödiantischen Einfällen zugedeckt wird.

Ein Nichts von Handlung wird in Gang gesetzt durch Jaromir, einen nicht mehr jungen, aber immer noch unreifen «jungen Herrn» eines freiherrlichen Landsitzes. Der nicht nur leichtfüssige, sondern gewissenlose Verführer (eine häufig wiederholte Figur in den Komödien Hofmannsthals), dazu ein Möchtegern-Schriftsteller, will nach fünf Ehejahren sein Junggesellenleben wieder aufnehmen, und lädt dazu zwei seiner früheren Gespielinnen aufs Schloss ein. Dem Ehebruch, gewissermassen unter den Augen der Ehefrau begangen, scheint nichts entgegenzustehen (dass die junge, noch kindlich vertrauende und deshalb besonders verletzliche Frau daran zerbrechen könnte, das merkt der Egozentriker nicht) – wäre da nicht der Diener Theodor, dieser nicht nur Unbestechliche, sondern Unersetzliche, der den ganzen Haushalt, und mehr als das, im Griff hat. Ein Menschenkenner sondergleichen, dazu ein wortmächtiger Schauspieler, veranlasst er mit listig gesetzten Worten die eingeladenen Damen zur fluchtartigen Abreise und schafft so die Voraussetzung, dass die fragile Ehe für einmal gerettet wird.

Man sieht: die freiherrliche Familie ist – aber dessen ist sich wohl nur die alte Baronin bewusst – auf ihren Diener angewiesen, ohne ihn kann sie, praktisch und existentiell, nicht bestehen. (Ihm könnte ein Alleingang schon eher gelingen.) Und natürlich gilt das auch dramaturgisch: Mit der Figur des Theodor steht und fällt das Stück. Das war Hofmannsthal bewusst. Ein Blick auf die (in der Reclam-Ausgabe überraschend schön dokumentierte) Entstehensgeschichte zeigt eindrücklich, wie die Figur des Dieners von einer Fassung zur anderen wuchs, bis sie alle anderen überragte und zuletzt keinen ebenbürtigen Gegenspieler mehr hatte. (Jaromir, der ursprünglich dieser Gegenspieler war, wurde umgekehrt von Fassung zu Fassung erbärmlicher). Ich vermute, dass dieses unaufhaltsame Wachsen des Dieners zu einer merkwürdigen, immer auch komischen Grösse etwas mit dem Namen zu tun hat. Theodor – die Gottesgabe! Mir ist gerade kein anderes Werk gegenwärtig, in dem der Name einer Figur auf eine so vieldeutige, zugleich komische und ernsthafte Art in die Handlung hineinverwoben wird wie hier.

3

Noch einmal: Theodor – das Gottesgeschenk. Die alte Baronin weiss, was das heisst. «*Der Theodor ist kein Dienstbote, der Theodor ist – der Theodor*» sagt sie ungnädig, als jemand sich erlaubt, ihn zu den Dienstboten zu zählen. In einer früheren Fassung bezeichnet einer ihn als ein «*Monstrum*» und fügt bei, an ihm sei ein Robespierre verloren gegangen. (Diese Bemerkung erhellt den Titel: Robespierre wurde bekanntlich der «Unbestechliche» genannt). Der junge Herr, Jaromir, nennt den Diener ironisch und insgeheim auch angstvoll einen «*Erzengel*»; das Kind aber, der kleine Jaromir, bewundert und liebt ihn als einen Zauberer.

Das Wort Gottesgeschenk kann man freilich ganz banal deuten. Ein perfekter Diener, das ist oder wäre, wie jede Hausfrau weiss, ein wahres Gottesgeschenk. Aber ein Gottesgeschenk ist doch noch etwas anderes als ein handlicher *Chummerzhülf*; es steht auf irgendeine Art dem Spender nahe, ist berührt vom Hauch des Göttlichen. Das ahnt die alte Baronin, und Theodor weiss es; er, der eigentlich Theologie studieren wollte, scheint sich tatsächlich als ein Gefäss des göttlichen Willens und einer von Gott gesetzten Ordnung zu verstehen.

Es ist allerdings für die anderen nicht immer leicht, mit einem Gottesgeschenk zu leben, vor allem nicht für einen, der, wie Jaromir, von einer Verbindung zum Göttlichen nichts wissen will. Für ihn ist Theodor das Gestalt gewordene schlechte Gewissen, und er versucht, sich gegen dessen Überlegenheit aufzulehnen, indem er – ein altes Privileg der Herrschaft nutzend – ihm den angestammten Namen wegnimmt und dafür den Allerweltsnamen Franz gibt. Damit beleidigt er ihn tief – ohne ihm seine Macht zu nehmen.

Der Name Theodor ist aber auch für dessen Träger nicht nur bequem und nicht ungefährlich. Wie nahe liegt die Versuchung, selber ein wenig Gott zu spielen. Gegen diese Versuchung ist Theodor nicht gefeit. Schon die rätselhafte Wendung, mit der er am Anfang seine Kündigungsdrohung begründet, «*das Ganze passe ihm nicht mehr*», wirkt wie das Grollen eines erzürnten Gottes. Gegen die letzte Konsequenz solcher Hybris ist Theodor allerdings geschützt durch seine Verwurzelung im dienenden Stand – und durch seine Ahnung von der Gebrechlichkeit der irdischen Dinge. Das – und seine tiefe Zuneigung zu den Schwächeren unter den ihm zur Obhut Anbefohlenen, den Frauen und dem Kind – bewahren ihn zuverlässig davor, ein kleiner Robespierre zu werden. Ein «Unbestechlicher» ist er, weil ihm der Blick hinter die Dinge gegeben ist.

Eine späte, aber für die Endfassung wieder aufgegebene Titelvariante hiess übrigens: *Theodor und das Ganze*. Sie weist vielleicht deutlicher als die geltende auf den Kern des Stückes hin. Und auf einmal begreife ich die Frage, die in Hofmannsthals Aphorismen steht: «*Kann uns die Komödie schmackhaft sein ohne einen Hauch von Mystizismus?*»

4

Ich brauche im neuen Buch von Matthias Zschokke nur ein wenig zu blättern, und schon kommt mir, als hätte er auf mich gewartet, der «*Schwierige*» Hofmannsthals leibhaftig entgegen. Für diesen nämlich, eine immerhin berühmte Theaterfigur, sei es – schreibt Zschokke – immer noch unmöglich, «*in dieser Viermillionenstadt irgendwo eine Bühne zu betreten, ohne sie nicht auch sofort wieder fluchtartig verlassen zu müssen, weil das Publikum ihn in missverstandenem Modernitäts- und Jetztzeitigkeitsgehabe vom ersten Wort an niedermacht und zerkichert.*» Zeilenlang erhält da eine Figur, die auf dem Theater nicht mehr genehm ist, ihren Auftritt in einem Prosatext. Und eigentlich wäre schon diese zufällig aufgeblätterte Stelle Grund genug, das Buch Zschokkes zu meinem persönlichen «Buch des Monats» zu machen!

«*Ein neuer Nachbar*» – so der Titel – ist eine Sammlung von kurzen, im Umfang zwischen zwei und achtzehn Seiten variierenden Texten (Geschichten, Essayistisches, spielerisch ernste Kolumnen), von denen viele mit Berlin zu tun haben. Hier lebt Zschokke seit langem; dennoch wird er wohl nie den grossen zukunftsweisenden Berlin-Roman verfassen, auf den die Medien (und vermutlich ausser ihnen niemand!) zu warten vorgeben. Um einen solchen zu schreiben, darf man nicht Robert Walser (ihm gilt ein besonders schöner Text) und William Carlos Williams als literarische Schutzgötter nennen, und nicht eine verlorene Komödiengestalt wie den «*Schwierigen*» lieben.

Dass dieser hier überhaupt auftritt, lässt sich leicht erklären. Denn wenn einer, gehört Zschokke zu den Autoren, die, dem Satz Hofmannsthals entsprechend, «die Tiefe an der Oberfläche verstecken» Das Komische und der Ernst, das Burleske und die Schwermut sind in seinen Büchern und gerade in den neuen Prosatexten so fein vermengt, dass es die wachste Aufmerksamkeit braucht, sie zu unterscheiden. Das Wort Tiefe gehört freilich nicht zum Vokabular dies Autors, dennoch ist es brauchbar. Die «Tiefe» wird, beispielsweise, angedeutet durch einen Cello-Ton, dem einer seitenlang nachrennt, bis er begreift, dass er den Spieler gar nicht finden will, um nicht enttäuscht zu werden. In der Tiefe, die sich mit der Oberfläche vermischt, ist aber auch das Gefühl der Leere enthalten, das, so gut wie die Sehnsucht, durch das Buch geht; und auch der Gedanke an den Tod, die Schwermut, das schale Gefühl des Älterwerdens.

Es gibt, und in nicht geringer Zahl, wahre Trouvaillen in diesem Buch. Im Prosastück *«Der Reichstag»* – entstanden im Jahr 1991, also lange bevor das Gebäude (*«dieser Heinz Albers der Architektur»*) wieder Staatssymbol wurde – beschreibt Zschokke das Gelände neben dem Reichstag: ein Stück Brachland, das nur von *«überflüssigen Vögeln»* benützt wird – und sommers von Menschen, die von *«Kansas, Kurdistan, Kalabrien, Kloten»* kamen, um hier *«in Todesverachtung Würste zu braten, Fussbälle zu treten, Federbälle zu schlagen oder anderswie die Zeit zu verjagen und Sommerfrische zu erlangen»*. Lauter verlorene Gestalten, die den Zeitgeist, der gerade wieder *«hühnchenhaft aufgeregt über dem Gelände flattert, nicht hören und von ihm nicht wahrgenommen werden.»* Ihnen, diesen Verlorenen, gehört die Sympathie des Autors, diesen Menschen, die der Zeitgeist nicht brauchen kann; so zeichnet er unermüdlich auf, was im grossen Berlin-Roman untergehen müsste: das Überflüssige, das Belanglose, das vielleicht das Wichtigste ist, das Unaufwendige, Beiläufige, ja Schäbige.

Ein Meistertext ist die Erzählung *«Hinterlassenschaften»* – auch wenn darin nichts beschrieben wird als die Velofahrt, die den Icherzähler sommers zu seinem Arbeitsplatz führt. Was bei anderen, auch bei Autoren, die nicht dem Spektakulären nachrennen, Begegnungen mit Menschen wären, mit Blumen, Gärten, Gebäuden, das führt bei Zschokke konsequent dem Boden entlang, auf dem das Rad rollt, buchstäblich über die Steine. Eine Kerbe im Randstein, ein Stein, der im Winter entfernt, eine

Lücke, die ausgeglichen wurde, dazu die Erleichterung oder Störung, die der Fahrer bei solchen winzigen Veränderungen erlebt, das sind die «grossen» Ereignisse in diesem Text. Die Fahrt endet dort, wo der Icherzähler täglich sein Rad abstellt und wo ihm plötzlich graue Streifen auffallen: die Spuren, die sein Gefährt durch all die Jahre an der Mauer hinterliess. Sie sind seine «Hinterlassenschaft», sind das, was eine Zeitlang bleibt.

Es gibt aber noch eine andere «Hinterlassenschaft» in diesem Text, eine, die schwerer wiegt als die grauen Streifen. Jeden Tag fährt der Icherzähler an ein paar Baucontainern vorbei, die am Rand der Strasse stehen und in denen Hunderte von Arbeitern aus aller Herren Länder hausen, um *«zu ausgesprochen burschikosen Bedingungen an unserer Zukunft zu bauen».* Deren Enkel aber werden in fünfzig Jahren von unseren Enkeln eine *«entsprechende Lohnnachzahlung fordern».* Da nimmt der Autor, *sotto voce* und beiläufig, unseren Diskurs der Vergangenheitsbewältigung auf, aber auf seine Art. Er denkt ihn resolut in die Zukunft hinein – vor deren Horizont die Gegenwart unversehens zur «Hinterlassenschaft» wird, die wir unseren Nachkommen zur Bewältigung überlassen.

5

Ein müdes Lächeln würde ich ernten, wollte ich behaupten (und das will ich ja!), diese scheinbar beiläufige Zschokke-Passage sei ein ernstzunehmender politischer Text. Für die meisten erfüllt da das neue Buch von Günther Grass («*Im Krebsgang*») unser Plansoll an politischer Literatur weit eher. Jetzt darf man wieder guten Gewissens die erste Seite des Feuilletons, und zwar uneingeschränkt die ganze, für eine Rezension reservieren, und unbedingt muss diese *vor* dem Buch erscheinen. Als ob das Chaos ausbrechen würde, erhielten die Normalleser ein «wichtiges» Buch in die Hand, ehe die Kritik Leitplanken und Richtlinien gesetzt hat! Diese freiwillige Gleichschaltung erstaunt mich immer wieder, aber noch mehr erstaunt mich in diesem Fall die Formel, die in verschiedenen Varianten auftaucht: das Buch sei politisch brisant, aber formal kein Highlight.

Liest man ein ernstzunehmendes Buch tatsächlich so schizophren, einmal auf Inhalt, einmal auf Form ausgerichtet? Liest man nicht als ganzer Mensch und auf das Ganze hin? Ich stelle die Fragen wirklich, auch mir selbst.

Eine unüberwindliche Abneigung gegen die Partizipation am termingerechten Chorgesang hindert mich daran, mich gerade jetzt und geleitet von solchen Fragen mit dem Roman von Grass zu beschäftigen. Dafür lockt mich – schon durch seinen Titel – ein zwar im Diogenes-Verlag und doch fast unbemerkt erschienenes anderes «politisches Buch», die Neuauflage einer 1941 im besetzten Frankreich geschriebenen Erzählung. Ich habe sie in der Nachkriegszeit gelesen, als sie auch in deutscher Übersetzung fast ein Kultbuch war. «*Das Schweigen des Meeres*»: das ist kein gewöhnlicher Titel für ein Buch mit politischer Tendenz. Aber so klar die Tendenz des Buches ist, es bleibt doch vieles geheimnisvoll. So auch das Pseudonym «Vercors», das den wirklichen Namen des Autors, Jean Bruller, verdrängte (seine Vorfahren, ursprünglich wohl deutsch-jüdisch, waren aus Ungarn in Frankreich eingewandert). «Vercors»: das ist ein imposanter Gebirgszug, westlich von Grenoble, ein Gebiet, in dem die Résistance früh und stark aktiv war, die Wahl des Namens ein Zeichen des Widerstands.

In der ersten Zeit der deutschen Okkupation entstanden, als weder die Résistance noch die Kollaboration klare Konturen angenommen hatten, sollte das Buch der Anbiederung der Franzosen an die deutschen Besetzer entgegentreten und zugleich die Würde Frankreichs stärken. Das war das Ziel. Der Inhalt ist rasch erzählt. Ein deutscher Offizier, vermutlich hugenottischer Herkunft, kommt als Besetzer nach Frankreich, erhält ein Quartier in einer nur von einem älteren Mann und dessen Nichte bewohnten Haus zugewiesen. Ein Bewunderer der französischen Kultur, träumt er von einer Versöhnung der Völker nach dem Krieg, möchte sich seinen «Gastgebern» mitteilen. So sucht er sie abends in ihrem Wohnzimmer auf und redet: von sich, von seinem Leben, seinen Träumen. Die beiden Franzosen aber, angewidert von der Anbiederung ihrer Landsleute an die Deutschen, verweigern ihm jedes Wort. Sie schweigen, während der Offizier in den Augen der schweigenden Frau eine Antwort sucht. Erst beim Abschied, nachdem der Deutsche in Gesprächen mit seinen fanatisierten Kameraden seine Illusionen verloren und, endlich, begriffen hat, was Frankreich und der Welt in den nächsten Jahren von den Nazis und also von den Deutschen droht, erst als er, wohl um zu sterben, sich an die Ostfront versetzen lässt, erst da beantwortet die Nichte seinen Abschiedsgruss und nur die Augen bezeugen die uneingestandene tiefe Liebe.

Ich will das Buch nicht zum Meisterwerk hochloben; seine Grundsituation mag unwahrscheinlich sein. Aber vielleicht ist gerade der Verzicht auf einen realistischen Klartext ein Grund dafür, dass die schmale Erzählung auch in veränderter Zeit Leser finden konnte und kann. Ludwig Harig erzählt in einem autobiographischen Essay, der den Text von Vercors begleitet, wie stark ihn, den Deutschen, während eines Aufenthalts in Frankreich nach dem Krieg gerade dieses Buch beschäftigte. Es wirkt auch heute keineswegs antiquiert. Was für eine monströse Verweigerung im Schweigen liegen kann, das versteht man hier neu – aber es wird auch klar, dass darin Schuld enthalten ist: weil die junge Frau den konkret anwesenden und sich offenbarenden Einzelnen nur als Feind, als Vertreter des Kollektivs sieht, und ihm so die Achtung verweigert, die er als Einzelner verdient.

Dass der Autor selber massgeblich an der damals sich bildenden Résistance beteiligt war und, als die Zensur zuschlug, die *Editions de minuit* als eine Stimme des Widerstands gründete; dass er, andrerseits, die Schuld des Schweigens aus eigener Erfahrung kannte (er hatte jahrelang eine junge Frau geliebt, ohne es ihr zu gestehen): dies alles mag in das Buch eingegangen sein und dazu beitragen, dass das Schweigen zu reden anfängt.

Hofmannsthal, übrigens, hat einmal gesagt: «*Ich bin ein sozialer Autor. Ich nehme das Zusammenleben der Menschen ernst.*»

(2002)

Zwischen Schwarzenbach und Erlosen

Klaus Merz als Lyriker

1

Wer sich die schönsten Orte der Schweiz ins Album kleben will, braucht nicht nach Menziken AG zu fahren. Nicht dass der Ort hässlich wäre, das nicht. Wie harmonisch er zwischen den sanften Hügeln des aargauischen Wynentals liegt, das geht einem allerdings erst auf, wenn man von einem dieser Hügel aus (von der Terrasse des legendären Gasthofs «Waldegg» zum Beispiel) hinunter ins Tal und hinüber ins Luzernische sieht. Der reiche Baumbestand fällt auch von oben auf, hinter den Bäumen verstecken sich diskret die Villen der einstigen Tabaksfürsten. Besonders schön und offen sichtbar ist die Fassade des Elternhauses von Hermann Burger, der so gerne einer echten Tabaksfamilie angehört hätte. Besser als das dreizehnstöckige Hochhaus aus den sechziger Jahren (ein frühes Bekenntnis zu Modernität und Fortschritt) gefällt mir der neue Bahnhof aus Glas, in dessen Halle in diesen Tagen ein Stück von Klaus Merz aufgeführt wird. Der Autor kann von hier aus einen Blick auf das Haus werfen, in dem er aufwuchs. Die Sehnsucht nach einer Tabaksherren-Verwandtschaft hat den Bäckerssohn meines Wissens nie heimgesucht.

Auch das gehört zu Menziken. Der Ort mag auf einer Touristenreise nicht einmal einen Umweg verdienen – aber er ist eine erste Adresse (vaut le voyage), wenn es um eine Lesereise – sei's in der Realität oder im Kopf – geht. Zwar wimmelt es in Menziken gewiss nicht von Literaten; aber beachtlich viele unter den anerkannten, ja berühmten Autoren der Gegenwart sind hier aufgewachsen: neben Burger und Merz ist sicher noch Martin R. Dean zu nennen, dessen Vater aus der Karibik nach Menziken kam – dazu, selbst für Kenner immer noch eine Überraschung, Martin Merz (der jüngere Bruder von Klaus), der seiner schweren Behinderung unvergleichliche Gedichte abgewann, so einleuchtend und fremd wie Träume.

«*Menzenmang*» hat Hermann Burger seinen Kindheitsort getauft – und ihn dadurch gleichsam annektiert. Menzenmang: wo man Mangel leidet, wo man in die Mangel genommen wird? Anders als Burger, dieser Benennungssüchtige, hat Klaus Merz seinen Lebensorten keinen eigenen Namen gegeben, es wohl nicht einmal in Erwägung gezogen. Seine Haltung den Dingen, Menschen, Landschaften gegenüber ist, auch wenn er sie beschreibt, nicht besitzergreifend, er will die Welt, will gerade das, was ihm nahe ist, lieber öffnen als festlegen, lieber hinweisen und fragen als eingrenzen. Auf diese Art, fast nur zeichenhaft, hat er in einem Interview jene Region evoziert, der er sich auf besondere Art nahe fühlt: «*Zwischen Schwarzenbach und Erlosen, mit Blick in die Alpen und den Jura, zum Landessender Beromünster und zu den Rauchfahnen von Gösgen und Leibstadt*», dort sei sein «*Epizentrum*».

Zwischen Schwarzenbach und Erlosen: die Wortkombination könnte von Merz erfunden sein, aber er hat sie in der Landschaft gefunden. Vielleicht sind diese Namen und deren Magie (wer würde bei «Erlosen» nicht unwillkürlich Umlautzeichen mitdenken!), vielleicht sind sie der Grund, dass ich jetzt unterwegs bin, zusammen mit dem Autor durch Menziken fahre und ein kleines Stück weiter, hügelaufwärts. Als wir die kleine Hochebene begehen, auf die er anspielt, fährt gerade ein Junge (mir scheint er viel zu klein für diese Arbeit) eine Heuwendmaschine, und er dreht den Riesen so souverän, dass das «zu klein» mir nicht über die Lippen kommt. Ich lerne, dass «Erlosen» kein Ortsname ist (deshalb konnte ich ihn auf der Schweizerkarte nicht finden), sondern den Wald meint, der da tatsächlich schwarz und schweigend vor uns steht. Und dass Schwarzenbach sich bereits ennet der Grenze, im Luzernischen befindet. Nur kurz reden wir darüber, dass zwei der schönsten, eigentlich die mir liebsten Erzählungen von Merz sich in diesem kleinen Landschaftsraum bewegen: «*Tremolo Trümmer*» und «*Im Schläfengebiet*» (der Unfall eines leidenschaftlichen Amateurfliegers ist das Thema der einen, der fiktive Todesweg des Vaters das der anderen Erzählung). Über die Magie der beiden Namen, zwischen denen der Junge sein Ungetüm immer noch steuert, hin und zurück zwischen Schwarzenbach und Erlosen,

Dunkelheit und Helle, Hölle und Himmel, darüber haben wir uns schon am Telefon verständigt. Auf dem Rückweg zeigt Klaus mir die kleine Barockkirche, in der, ganz aus schwarzem Marmor gefertigt, die Statue des Schutzpatrons der Epileptiker steht. Der Horizont ist immer noch verschleiert, Alpen und Jura nur als Silhouette sichtbar, der Turm von Beromünster als ein zartes Gitterwerk. Der Eindruck von Weite, von einer grossen Offenheit wird dadurch noch stärker.

2

Dass ich Wörter und Bilder der Offenheit und Weite an den Anfang dieses Porträts stelle, mag überraschen. Denn Merz ist kein Liebhaber der grossen Literaturformen, mit denen man gerne Weite assoziiert. Wie die um eine Generation älteren Kollegen Kurt Marti und Peter Bichsel ist er eingeschworen auf kleine und zunehmend auch kleinste Formen. Je grösser, unbestrittener die Geltung gerade des redundanten Romans im Literaturbetrieb ist, je dominanter sich dessen Vertreter und Verteidiger gebärden, desto unwiderstehlicher scheint es Autoren wie Merz zur Kürze, zum sparsam-bewussten Umgang mit dem Wort zu drängen.

Wohl deshalb wird er mit einer schon verdächtigen Selbstverständlichkeit als «Lakoniker» bezeichnet. Das ist aber höchstens zur Hälfte richtig. «Lakonismus», so will es mein Lexikon, sei eine «kurzbündige und treffende, dabei objektiv unbeteiligte Sprechweise.» Aber so sparsam Merz sich formuliert, er schreibt weder kurzbündig noch objektiv unbeteiligt. Und wenn er ein Lakoniker ist, dann einer, der auch dem Lakonismus misstraut. Seine Texte engen nicht ein, nageln nicht fest, eher öffnen sie den Blick und lassen ihn ins Weite gehen, nicht anders, als es die Landschaft bei Schwarzenbach und Erlosen tut. Nur im Konjunktiv und abgesichert durch Formeln des Zweifels, ist für diesen Autor Erkenntnis denkbar. Und Erkenntnis, das ist bei ihm kein rationaler Prozess, sondern, so will es ein sehr knappes Gedicht, etwas sehr Konkretes, dennoch Geheimnisvolles: ein Sich Öffnen, ein «Auf-Gehen» im Wortsinn:

Wunsch

Vielleicht,
dass uns
etwas aufginge.
Einmal.
Per Zufall.
Für immer.

Die kurzen, scheinbar so kompakten Texte – Gedichte wie Prosa-
stücke – sind nicht statisch, sondern innerlich voll Bewegung. So
klein sie sind, es ist ihnen eine Art Sprengkraft eigen – vielleicht
die im folgenden Prosatext evozierte Sprengkraft der Wicke:

Gegenwart

Unmittelbar nach einer fernen heftigen Detonation explo-
dierte am nahen Gartenzaun die reife Hülsenfrucht einer
Wicke. Laut & deutlich verstreut sie ihre Samen in die Welt.
Auch meine Nachbarin tritt wieder hinter ihre getrocknete
Wäsche zurück und nimmt sie ab.

3

Von früh an, schon als Gymnasiast hat Klaus Merz Gedichte
geschrieben, ermutigt, wohl auch inspiriert durch Erika Burkart,
die im Aargau als ein Schutzgeist der Poesie wirkt, wie man ihn
jeder Region wünscht. Seine ersten Bändchen hat Merz gleichsam in die Achtundsechziger-Zeit hinein publiziert – in eine Zeit
also, in der sich gesellschaftliche Detonationen mittlerer Grösse
dicht aufeinander folgten, während die stille Explosion einer
Wicke oder eines Gedichts kaum mehr zur Kenntnis genommen
wurde. Merz stand nicht einfach in Gegnerschaft zu dieser Zeit,
er hat manche ihrer Impulse aufgenommen und weitergeführt,
aber auf seine Art. Tiefer als die gesellschaftskritischen Impulse
wirkte auf ihn die Grunderfahrung, die ihm schon als Kind
durch seine Familie zuteil wurde: dass Leiden und Tod – und
auch das plötzliche Aufscheinen von Glück – unauflösbar zur
condition humaine gehören.

Nicht die politische Lyrik hat den Autor in seinen Anfängen beeinflusst, sondern Dichter wie Paul Celan, Ingeborg Bachmann, Erika Burkart, und, noch in den jüngsten Texten spürbar, Günter Eich, mit dem er auch den Sinn für das Absurde teilt – und den Humor, diesen verlässlichsten Schutz gegen die Verzweiflung. Früh hat sich Merz der Prosa zugewandt, sogar ein volles Jahrzehnt die Lyrik beiseite gelassen und sich auf die Entwicklung seiner Erzählungen konzentriert, für die ihm schliesslich der «verdiente» Erfolg zufiel.

Seine lange Lyrik-Abstinenz ist nicht folgenlos geblieben. Veränderung und Entwicklung zeigen sich allerdings zunächst weniger an den Gedichten selbst, als an deren Anordnung und Präsentation. Von der Mitte der achtziger Jahre an hat er in keinem Buch mehr ausschliesslich Lyrik publiziert, sondern ausnahmslos Kombinationen oder Mischungen von Gedichten und Kürzestprosa. Man könnte sagen, es gebe seither keinen «reinen» Lyriker Merz mehr; dafür gibt es einen Autor, der Lyrik und Prosa auf besondere, ja einmalige Art verbindet, so dass Poesie nicht nur im Gedicht, sondern ebenso sehr in Prosatexten aufscheint. Er verstehe sich heute vor allem als Prosaautor, sagte er vor kurzem, aber seine Wurzeln seien immer noch *«auf der anderen Seite»*, eben bei der Lyrik. Diese Feststellung lässt die konsequente Verbindung der beiden Genres begreiflich werden: der Prosaist vergewissert sich dabei seiner lyrischen Ursprünge, und der Lyriker des eingeschlagenen Wegs als Erzähler. Ob ein Einfall zu einem Gedicht oder einem Prosastück führt, entscheidet sich erst im Prozess der Arbeit, nicht vor ihrem Beginn.

4

Man könnte sagen, viele Figuren im Werk von Klaus Merz, und wohl auch der Autor, litten am *«Binnenlandgefühl»* – eine Worterfindung aus der Erzählung *«Kommen Sie mit mir ans Meer, Fräulein?»*. Diese Trouvaille ersetzt wunderbar das strapazierte Wort «Enge» und evoziert die Sehnsucht nach dem Meer, die das Werk von Merz durchzieht – allerdings verhalten, wie alle seine wichtigen Motive. Eigentliche Meergedichte sind denn auch überaus selten; Zeichen, im Halbschlaf wahrgenommene, müssen genügen, die erlösende Meergegenwart zu evozieren: «*Salzgeruch hängt herein, / das Meer drängt ins Zimmer, / die Schneeschleudern ziehen ab*». Vielleicht noch wichtiger als der Traum vom Meer ist aber der Traum vom Fliegen, und das heisst, die Befreiung aus der Bodenhaftung. Diesem Flugtraum ist eines der schönsten Gedichte gewidmet:

Flug

Nur mit den Armen rudernd
fliegen wir nächtelang
durch die Gegend.
Die Sternwarten
leuchten.
Aus der Neandertalzeit
hat man das Grab eines Kindes entdeckt
das auf einen Schwanenflügel
gebettet lag.
Dieser Flug setzt uns fort.

Es entspricht der Abneigung des Autors gegen das Ungefähre und Ungenaue, wenn dieser zauberhafte Flug sich nicht in einer unbestimmten Weite verliert, sondern in der Gegend bleibt; und gerne stellt man sich vor, es sei dies die Gegend von Schwarzenbach/Erlosen. Etwas Kindliches liegt über diesem Flug-Traum, und so darf auch ein Kind vorkommen, dessen vorzeitlicher Flug auf dem Flügel eines Schwanes «*uns fortsetzt*», vielleicht in die Transzendenz hinein. Eine zyklische Bewegung der Zeit tritt in diesem Gedicht eindrücklich an die Stelle der linearen; die Vorzeit darf an die Gegenwart anschliessen und ein Kreisen einleiten, das die Chronologie ausser Kraft setzt.

Wer die Dinge so sieht, wie es in diesem Gedicht geschieht, den nennt man einen Träumer. Und tatsächlich ist Klaus Merz ein Träumer, aber auf eine spezielle, nicht auf eine verblasenromantische Art. Man könnte geradezu sagen, er fühle nur dann verlässlichen Grund unter den Füssen, wenn er träume. Wie die Wahrnehmungen des Tages, wie die Erinnerung, gehören Träume gleichsam zu seinem Arbeitsmaterial; sie erlauben ihm, die Wirklichkeit auszumessen nach der Dimension des Absurden –

ja, sie dienen, darüber hinaus, sogar als eine Art Vorbild, als Leitvorstellung, wie ein Text aussehen sollte. Mehr als einmal weist der Autor selbst darauf hin: «*Texte müssen den Lesenden so entgegenkommen, wie einem Träume entgegenkommen, in dieser Gradlinigkeit und eigenartigen Unwiderlegbarkeit*». Die Träume, die als Ganzes oder in Bruchstücken in den Gedichten aufscheinen, entsprechen auf eigenartige Weise den literarischen Vorstellungen des Dichters. Sie unterliegen dem Gesetz der Kürze und der Auslassung, folgen der Abneigung des Autors gegen alle Redundanz, seiner Vorliebe für das Alltägliche, ja Banale, das in Träumen so häufig vorkommt.

Im Inneren einer Kuh, nicht eines Fabeltiers fliegt das Ich einmal zusammen mit vielen Leuten, auch Kinder sind dabei, durch die Gegend *(«Morgengrauen»)*. Und ein nasser Handschuh wird zum entscheidenden Requisit in einem Gedicht über den Frieden:

Im Frieden leben

Ins Erwachen hinein
warf mir ein Mann
seinen nassen Handschuh vor die Füsse
Ich hob ihn auf und
legte ihn zum Trocknen
auf den Radiator.

Wer wollte das nicht: dem Titelwort gehorchen und im Frieden leben! Aber wie soll einer davon reden, der die Phrase scheut? Da kommt ein Traum zu Hilfe; er dreht durch seine absurde Logik den Ernst ins Komische, das Komische wieder zurück in den Ernst. Der Fehdehandschuh ist ein Requisit aus einer feudalen Zeit; doch ist eine heroische Haltung schwer durchzuziehen, wenn die Banalität sich einmischt! Ein nasser Fehdehandschuh ist keiner mehr: das erlaubt dem Träumer – im Wachsein oder in einem neuen Traum –, das zu tun, was der gesunde Menschenverstand gebietet: den Handschuh zu trocknen. Das Nächstliegende tun, die Herausforderung zum Kampf ignorieren, das heisst – im Alphabet dieses Gedichts – im Frieden leben.

5

Nicht alle Verse können oder müssen aufgeschlüsselt und «verstanden» werden. *«Mode sei eine Variante des Einsamseins, behauptet beharrlich die Schneiderin»* – an einem solchen Satz kann man lange herumrätseln. Um wie viel mehr an einem kurzen Gedicht wie dem folgenden, das ein Höhepunkt des Bandes ist; ein poetologisches Schlüsselgedicht, das geheimnisvoll bleibt. Ein Gedankengedicht über die Beziehung von Kunst und Leben, die notwendige Distanz zwischen beiden, das (man kann nur staunen) durch den genial-absurden Einfall des Anfangs sicher im Konkreten verankert wird:

Schrift

Wenn die Wirklichkeit selber
Sätze machte, nichts
bliebe uns mehr
zu erzählen. Und
was zu leben wäre,
wäre erlebt.

Ein Kapitel für sich sind die Titel. Nicht alle führen so direkt zum Gedicht wie die Titel *«Schrift»* oder *«Flug»*. Nicht selten spielt der Titel ein geistvolles Versteckspiel mit dem Leser und mit dem Inhalt, am verwirrendsten, wie mir scheint, wenn das Thema ernst, der Tod die versteckte Hauptfigur ist. Er wird nie vorgezeigt und ist doch immer da. Wie er in der Kindheit von Merz omnipräsent und zugleich halb verborgen war – schon in Gestalt des totgeborenen ältesten Bruders, der dem Roman *«Jakob schläft»* den Titel gegeben hat und der dort wie ein dunkler Gott und zugleich als helfender Bruder über der kleinen Familie thront.

Aber so allgegenwärtig der Tod ist, so viele Todeszeichen gesetzt sind, die Gedichte von Merz sind keine Todesgedichte, seine Werke ganz allgemein keine Todesbücher. Anders als Hermann Burger, sein Kollege, Schulkamerad, Freund, ist Klaus Merz kein Todessüchtiger, aber auch kein von Todesangst Gejagter. Der Tod ist hineinverwoben in den Lebensstoff, in den

Text, als ein selbstverständlicher, schmerzhafter und unvermeidlicher Teil des Lebens. Deshalb sind da auch Gespräche mit den Toten möglich (aus dem Wasser rufen die Ertrunkenen den Fischern «*Petri Heil*» zu), und deshalb kann der Tod als Adressat des Gedichtes «*Kartengruss*» um Rat gefragt werden: darüber, wie die Menschen den flüchtigen Maskenzug, der Leben heisst, bestehen.

Ach Tod,
du Luder,
Liebster,
woher nur
nehmen die Menschen
ihre Gesichter
beim Vorübergehen?

(2002)

Carson McCullers

1

Jetzt ist auf einmal ihr Gesicht wieder da; unerwartet und direkt trifft mich ihr Blick, zuerst aus den Verlagsanzeigen und dann vom Umschlag ihrer Autobiographie, die eben in deutscher Übersetzung erschienen ist. Und mit dem Gesicht ist sofort, ein Überfall, auch die Erinnerung an ihr Werk da: unabweislich und zugleich unbestimmt, eine Atmosphäre mehr als Inhalte, die Figuren nur im Umriss und als Farbton. «*Das Herz ist ein einsamer Jäger*», 1940, ihr erster Roman, der fast eine Sensation war – «*Uhr ohne Zeiger*», 20 Jahre später, ihr letzter, ein Meisterwerk, langen Krankheiten, zunehmender Behinderung abgerungen. Glühende Sommerhitze über einer schäbigen Stadt in Georgia – eine fast körperlich fühlbare Erinnerung. Und war da nicht einer, der kurz vor seinem Tod «*Eiswasser ohne Eis*» trank oder trinken wollte? Und was heisst das? Ein banaler

Wunsch nach einem kühlen Trank, der die wunden Lippen nicht schmerzt? Oder ist das Wasser des Lebens gemeint, und darin die eisige, die endgültige Kälte des Todes? Bilder, Einzelheiten, unvergessen, aber wie verwischt durch die Zeit.

Ihr Gesicht ist nicht klassisch schön, es hat etwas von einem Clown an sich oder von einem Kind, erinnert von weitem an Fellinis Cabiria. Fellini, ich bin sicher, hätte das Werk der Amerikanerin geliebt, die grotesken Figuren, den Humor (bei Autorinnen gar nicht so häufig). Aufmerksam und direkt sieht sie dem Betrachter in die Augen. «Wer bist du? Was willst du?» scheint ihr Blick zu fragen. Sie: Carson McCullers, 1917-1967, amerikanische Schriftstellerin, in der literarischen Szene präsent seit ihrem Erstling «Das Herz ist ein einsamer Jäger», 1940. Vielleicht ist sie schon damit in die Weltliteratur eingegangen, ist, wie Gabriele Wohmann sagt, «zur Kollegin grosser Schriftsteller wie Dostojewski, Melville und Faulkner» geworden. Ihre Bücher sind übrigens noch immer ohne weiteres im Diogenes-Verlag zu haben: ich nehme dies als ein Zeichen ihrer Klassizität.

In der Buchhandlung liegt die Autobiographie auf dem Tisch der Neuerscheinungen (und ist ja tatsächlich eine solche: die amerikanische Originalausgabe ist erst 1999 aus dem Nachlass publiziert worden) – und ausgerechnet neben «Nichts als Gespenster», dem zweiten Buch von Judith Hermann. Da hat der Zufall gute Arbeit geleistet. Denn auch Carson McCullers hätte, wie Judith Hermann, als ein «Fräuleinwunder» bezeichnet werden können, hätte es diesen törichten Werbespruch schon gegeben, als der Erstling der damals 23jährigen erschien. Aber damals, 1940, zwischen Rezession und Krieg, betete man wohl um andere Wunder als um die eines «Fräuleins».

Die Jugend der Autorin war in der Rezeption ihres Erstlings denn auch kein dominantes Thema. Höchstens im Sinne eines in Rezensionen gelegentlich aufflackernden Staunens (das man beim Wiederlesen teilt): Woher nimmt sie, diese junge Frau, die doch behütet und liebevoll-beschützt aufwuchs, woher nimmt sie das Wissen über Dinge, die sie noch gar nicht kennen, über Erfahrungen, die sie noch nicht gemacht haben kann? Denn das ist das Besondere an dieser Autorin: dass sie sich fast unterschiedslos in Menschen verschiedener Altersstufen versetzen kann, in Männer und Frauen (ihre androgyne Veranlagung mag ihr da geholfen haben) – und völlig ungeachtet der Hautfarbe. (Um *political correctness* den Schwarzen gegenüber musste sie sich nicht bemühen; in einem liberalen Elternhaus aufgewachsen, war sie der anderen Rasse auf eine Art verbunden, die mit blosser *correctness* nichts zu tun hat.) Es gibt sie eben doch, die Autoren – und Carson McCullers gehört zu ihnen –, die das Leben antizipieren, ehe sie es konkret kennen, auch das eigene Leben. Und dennoch sind ihre Werke nie im engeren Sinn autobiographisch.

2

«*Wunderkind*» heisst die erste Erzählung von Carson McCullers, die gedruckt wurde; sie erschien im gleichen Jahr, 1936, in dem sie, von ihren Figuren bedrängt und erstaunlich selbstbewusst, den ersten Roman begann. Es ist, bedenkt man ihr Alter (sie war 19), ein erstaunlich gelungener Text, auch wenn man nicht übersieht, dass sie vorher bereits die für amerikanische Autoren so wichtige Grundschulung in Creative-Writing-Kursen durchlaufen hatte. Es ist ein Schlüsseltext! Das Wunderkind – zu dem der Lehrer seine ohne Zweifel begabte Schülerin machen will – nimmt, nach dem Willen des Lehrers, Werke vor (Fugen von Bach, Beethoven-Sonaten), die zwar nicht sein technisches Können, wohl aber die innere Reife weit übersteigen. Das fühlt das Mädchen. Aber es kann auch nicht mehr zurück zu den kindlichen Fertigkeiten und Empfindungen, mit denen es früher bezauberte. Auch das weiss das Kind, und als der Lehrer sie resigniert dazu auffordert, heiter und schwungvoll wie früher das Stück «Der fröhliche Hufschmid» zu spielen, verlässt es die Klavierstunde und wohl auch die Wunderkind-Karriere, ohne den Ausweg aus dem Dilemma zwischen der kindlichen Naivität und dem erwachsenen Bewusstsein zu finden.

Der Text, versteht sich, hat viel mit Carson selber zu tun. Sie spielte als Kind sehr gut Klavier, wurde gefördert und wohl als Wunderkind bezeichnet, plante früh eine Konzertkarriere und gab diesen Gedanken (aber nicht die Musik!) erstaunlich früh und entschieden auf und ersetzte ihn durch den Entschluss,

Schriftstellerin zu werden. Der Text ist gesättigt von Erfahrung –
und doch nur im übertragenen, inneren Sinn als Autobiographie
zu lesen. Und das gilt auch für die anderen Darstellungen junger
Menschen, gilt überhaupt für das Werk von Carson McCullers.
Es gibt bei ihr keinen Abklatsch der Realität, auch keine direkten Bekenntnisse.

Was die anderen jungen Menschen in ihrem Werk, diese
meist stark androgyn gezeichneten Mädchen, und die beiden
jungen Männer in «*Uhr ohne Zeiger*» angeht: sie alle werden
von der Autorin konsequent in jener Lebensphase gezeigt, die
dem Wunderkind zum Verhängnis wird (und an der, ist zu vermuten, auch Carson McCullers hätte scheitern können). Sie
werden gezeigt in jenem prekären Übergang von der Kindheit
zum Erwachsenenleben – und ausnahmslos ist die Musik für sie
das eigentliche Lebenselement und Sehnsuchtsziel; in der Musik,
die sie vielstimmig umgibt, suchen die noch richtungslosen und
wie alle Figuren tief einsamen Jungen eine Welt, der sie angehören, in der sie aufgehen möchten.

3

Carson McCullers hat ihr Werk zum grössten Teil zwischen
Zwanzig und Dreissig, zwischen 1935 und 1947 geschrieben,
als hätte sie geahnt, dass ihre späteren Jahre Arbeit nur noch in
beschränktem Ausmass zulassen würden. Kaum hatte sie 1940
den Erstling abgeschlossen, drängten sich schon die nächsten
Werke vor: «*Spiegelung in einem goldenen Auge*», 1941, dazu
der Plan für «*Das Mädchen Frankie*» («*A member of the Wed-
ding*», 1946), den am meisten autobiographisch geprägten Roman, eine Arbeit vieler Jahre. Dazwischen «*Die Ballade vom
traurigen Café*», abgeschlossen 1943 – ein finster groteskes
Werk, das den harten Zugriff zeigt, zu dem die junge Autorin
fähig war. Dass das Werk von Carson McCullers ein Jugend-
werk ist, erkennt man fast nur an seiner unglaublichen Intensität und vielleicht noch daran, wie authentisch sie junge Menschen darstellt.

Im gleichen Zeitraum jagten sich aber auch die entscheidenden Ereignisse und Erfahrungen ihres Lebens. Mit siebzehn
verliess Carson Georgia und die schäbige Kleinstadt Columbus,

wagte sich nach New York, besuchte dort Creative-Writing-Kurse, verdiente sich, wenn es nötig war, ihr Geld mit verschiedenen Jobs – und sammelte dabei zugleich Material für ihre Bücher. Nach Georgia zurückgekehrt, fand sie im benachbarten Fort den Mann, der sie bis zu seinem Selbstmord nicht loslassen wird (nicht loslassen im Wortsinn): Reeves McCullers, ein auffallend schöner, vielseitig interessierter Mann, mit dem sie eine immer wieder von Leidenschaft, aber auch, und in steigendem Mass, von Mitleid erfüllte Ehe führte, mit Scheidung und erneuter Heirat. Nur im Krieg konnte Reeves Ungewöhnliches leisten, in normalen Zeiten verfiel er zunehmend dem Alkohol, konnte sich weder zum Handeln noch zum Schreiben aufraffen – dies letztere vielleicht, weil er klug und sensibel genug war, um zu begreifen, dass er seiner Frau künstlerisch nicht das Wasser reichte.

Schon in den ersten Ehejahren lernte sie die Schweizerin Annemarie Schwarzenbach kennen, fand damit ihre wohl grösste, aber eine glücklose Liebe; denn Annemarie war ihrerseits lebenslang und wohl ebenfalls glücklos auf Erika Mann fixiert. Zwei Frauen, die sich hätten nahe sein können – und die sich doch nicht finden, noch weniger gegenseitig helfen konnten – beide gefangen in jenem tragischen Mechanismus einseitiger Liebe, den Carson McCullers in ihrem Werk immer wieder, mit wechselnden, oft grotesken Figuren durchgespielt hat – noch ehe sie ihn selber schmerzhaft erfuhr. Kurz nach dieser Begegnung, ein Jahr vor dem Tod Annemaries, erlitt sie einen Schlaganfall, den ersten von dreien (der dritte lähmte sie halbseitig und auf Dauer): vielleicht als Folge eines in der Kindheit erlittenen und nicht erkannten rheumatischen Fiebers. Damit begann der zweite Teil ihres erwachsenen Lebens: eine lange Leidenszeit, bei abnehmenden Kräften, aber mit noch erstaunlich langen schöpferischen Phasen; in einem sich verengenden Lebenskreis, aber immer noch mit glücklichen Augenblicken, die sie zu einem grossen Teil ihren Freundinnen und Freunden verdankte (unter ihnen Literaten und einfache Menschen), die sich nicht nur mitleidig um sie kümmerten, sondern nach wie vor das Gespräch mit ihr suchten. Ihre Ausstrahlung war durch die Krankheit nicht ausgelöscht worden.

Erst spät, im letzten Lebensjahr hat Carson McCullers mit ihrer Autobiographie angefangen, die nun seit 1999 in der amerikanischen Originalausgabe («*Illumination and Night Glare. An unfinished Autobiography*») und jetzt auch auf deutsch vorliegt, leider unter verändertem und fehlerhaftem Titel: «*Die Autobiographie*» (ohne «unfertig») und «*Erleuchtung und Dunkel der Nacht*» (statt «Glanz der Nacht» – gerade der Widerspruch zwischen Nacht und Glanz dürfte für die Autorin bezeichnend sein).

Vermutlich wäre das Buch ungeschrieben geblieben, hätte die Autorin noch die Kraft zu einem grossen literarischen Werk besessen – die ihr die Schlaganfälle zerstört oder gelähmt hatten. Denn die Autobiographie, der direkte Zugriff auf die eigene Person und deren Umgebung, war nicht «ihre» Form, war nicht die Sprechart, in der sie sich entfalten konnte. Ihre Form war der Roman, die Kurzgeschichte, kurz: die Fiktion. So viel autobiographische Erfahrung in ihr Werk einströmen mochte *(«Alles, was in meinen Romanen geschieht, ist mir passiert oder wird noch passieren»*, sagt sie einmal): zu Papier, und das heisst zum Leben und Leuchten brachte sie es erst, wenn es ihr gelang, das Erfahrene und Wahrgenommene zu verwandeln, in ihren Figuren auferstehen zu lassen. Man könnte auch sagen: ihre innere Welt kam nur zur Sprache, wenn auch die Phantasie zu Worte kommen konnte. In der Erzählung «*Madame Zilensky und der König von Finnland*» (die eben bei Diogenes in einer neuen Taschenbuch-Ausgabe erschienen ist) hat sie gezeigt (durch Erzählen gezeigt), wie lebens- und überlebenswichtig die Phantasie ist. Dies am Beispiel einer Person, der berühmten Musikerin Zilensky, die normalen Sterblichen wohl als verrückt vorkommen muss oder als notorische Lügnerin, weil sie ihre Lebensgeschichte im Erzählen immer neu erfindet. Etwas von Carson McCullers selbst steckt in dieser liebenswürdigen und begabten Verrückten; und gleichzeitig enthält die Geschichte ein Kapitel Poetologie, das nicht doziert, sondern erzählt wird. Sehr zugespitzt gesagt: in ihren Fiktionen, das heisst in ihren literarischen Werken, ist die Innenwelt von Carson McCullers zu finden.

Ein merkwürdiges Detail, das als ein unregelmässig wiederholtes Motiv durch mehr als ein Buch geht, fällt auf. Die jungen Menschen, die alle so viel mit der Autorin zu tun haben, träumen nicht nur fast unablässig von Musik, hören innerlich Musik – sondern sie denken auch, fast zwangshaft, an Schnee und Eis. Auch das haben sie mit der Autorin gemeinsam. Als Kind wünschte diese sich nichts sehnlicher als einmal an einen Ort zu fahren, wo es Schnee gibt (der Wunsch wurde ihr von den liebevollen Eltern erfüllt). Schnee: das heisst im Erleben des Kindes Weihnachten, Schlittenfahrten, verschneite Tannen; die Schweiz als ein Traumland; beinhaltet Kälte als ersehnten Gegensatz zum hitzeflirrenden August Georgias; bedeutet das ganz Andere: Klarheit als Korrektur zu den verworrenen Verhältnissen des in Rassenhass zerrissenen Südens, bedeutet auch Unschuld und Reinhheit. So paradox es wirken mag: Schnee und Eis gehören zur Welt des amerikanischen Südens, wie ihn Carson McCullers darstellt.

Sie hat Georgia zum erstenmal (aber damals nur vorübergehend) mit 17 verlassen, ist am Anfang sehr häufig und lange, später immer seltener und nur für kurze Zeit zurückgekehrt. Heimwehkrank und an die Eltern gebunden blieb sie immer. Ihren Wohnsitz aber wählte sie im Norden, in der Nähe von New York; Yaddo, eine Künstlerkolonie war für sie immer wieder ein Zufluchtsort. Sie hielt sich auch in Europa auf, besass eine Zeitlang ein Haus in der Nähe von Paris. In New York und Yaddo lebte sie in der Welt der Künstler und Literaten, fern von den heimischen Lebensmustern.

Und doch ist sie von Georgia nie losgekommen. Das zu erkennen, braucht man ihre Wohnsitze und die Dauer ihrer Aufenthalte nicht nachzurechnen, nur ihre Bücher zu öffnen. Denn diese sind so gut wie ausnahmslos im Süden angesiedelt, in kleinen schäbigen Städten, die allesamt Variationen ihrer Heimatstadt Columbus sind. So gehört sie, trotz der Entfernung von ihrer Herkunft, ohne Zweifel zu den grossen Südstaaten-Regionalisten. Von William Faulkner hat sie viel gelernt, und er hat seinerseits das Werk der jungen Kollegin bewundert. Die Kindheit in diesem zerrissenen Land, über das die Geschichte gerade mit grossen Schritten hinwegging, hat sie mit literarischem Material für das ganze Leben ausgestattet und ihre Inspiration genährt.

Carson McCullers war gewiss keine im engeren Sinn politische Autorin. Dazu war sie zu sehr mit den existentiellen Bedürfnissen und Fragen ihrer Figuren beschäftigt, dem Liebesverlangen, der Einsamkeit, der Suche nach Zugehörigkeit und Lebenssinn. Aber die Rassenfrage ist in den Figuren und im Ambiente ihrer Bücher präsent.

Das Buch, das am deutlichsten auf die aktuelle politische Situation eingeht, ist der letzte Roman «Clock without Hands», den sie sich, behindert durch Schlaganfälle, nach langen Pausen abrang. Er spielt in Columbus, als die Segregation durch Gesetz, aber keineswegs in der Realität aufgehoben war. Die Protagonisten, zwei junge, zwei alte Männer (keine weibliche Hauptfigur), sind weniger exzentrisch als in früheren Büchern, aber noch immer ungewöhnlich genug. Am meisten entspricht der Apotheker Malone einem Jedermann seiner Zeit. Von einem Tag auf den andern muss er begreifen, dass er, an Leukämie erkrankt, nur noch ein Jahr zu leben hat. Und sofort weiss er, dass er – wie der Ästhet in Hofmannsthals «Der Tor und der Tod» – nicht gelebt, sein Ich verloren hat. Erst am Ende seines Todesjahrs, vor dem Hintergrund der fortdauernden Rassenverfolgung, spürt und begreift er, dass er eine unsterbliche Seele hat, und er fasst den Mut, diese unsterbliche Seele zu verteidigen und sich der Rassenverfolgung, die seine Freunde inszenieren wollen, zu verweigern. Dieser Malone aber ist es – ich kann, beglückt, meine Erinnerung verifizieren – der vor seinem Tod «Eiswasser ohne Eis» zu trinken wünscht, und damit die kindlichen Winterträume der Autorin in einem freundlichen Tod enden lässt.

(2003)

Der Widerschein des Alphabets

(Über Rainer Malkowski und Agota Kristof)

1

Das Städtchen Brig ist mir als Zwischenstation grösserer Ausflüge und als Ort entspannter Flaniergänge vertraut und durch diese Vertrautheit auch lieb. Eine touristische Dreistern-Destination ist es natürlich nicht, sondern eher ein kleiner Eisenbahnknotenpunkt. Aber erst heute entdecke ich, dass es dort auch eine Buchhandlung gibt. Vermutlich habe ich bis jetzt das an einer Ecke des Hauptplatzes ein wenig verschattete Geschäft nicht wahrgenommen, weil ich es nicht erwartete. Aber heute war es unter dem überraschend freundlichen Licht der Herbstsonne einfach nicht zu übersehen. Wie überall an kleineren Orten ist das Briger Geschäft verbunden mit einer Papeterie oder umgekehrt: dieser beigefügt als ein Anhängsel. Aber das stört mich nicht. Das Angebot, so klein es ist, scheint gut ausgewählt, es lädt zum Verweilen und Stöbern ein – und es wird natürlich vor allem von älteren Kunden und vor allem Kundinnen genutzt. Ein kleines Mädchen, das an einem Tischchen sitzend ein Bilderbuch betrachtet, muss ganz allein die Jugend vertreten. Und die Kleine ist so völlig versunken in die Bilder, dass der Vater, der seinen erwachsenen Interessen nachgeht, später wohl seine liebe Mühe haben wird, sie loszueisen.

Das Mädchen ist offensichtlich weder Wunderkind noch Frühleserin. Auf ihrem Gesicht kann «*der Widerschein des Alphabets*» noch nicht liegen, den Rainer Malkowski «*das dritte Licht*» nach Sonne und Mond genannt hat. Das muss kein Nachteil sein. Käme ich mit ihr ins Gespräch, würde sich wohl zeigen, dass sie – wie meine kleine Enkelin – die Bilder genauer ansieht als ich, die ich regelmässig wichtige Details übersehe.

Dass sich durch die blosse Existenz dieser bescheidenen Buchhandlung die Atmosphäre des Städtchens eigenartig verändert hat, das wird mir eigentlich erst zu Hause bewusst. Der Stockalperpalast erscheint mir auf einmal weniger wuchtig, die nahen Berge weniger lastend, die Reklame auf den Bussen weniger aufdringlich. Und nicht zum erstenmal stelle ich fest, dass es nur einen Hauch des Geistigen braucht, um die Wirklichkeit um ein weniges zu verändern, sie transparent werden zu lassen.

2

«Je lis. C'est comme une maladie. Je lis tout ce qui me tombe sous la main, sous les yeux: journaux, livres d'école, affiches, bouts de papiers trouvés, recettes de cuisine. Tout ce qui est imprimé. J'ai quatre ans. La guerre vient de commencer.» So beginnt das Buch *«L'Analphabète. Récit autobiographique»* von Agota Kristof, die jahrelang als Kultautorin galt, von der aber nach ihren vier grossen Romanen (*«Le Grand Cahier»*, 1986, *«La Preuve»*, 1989, *«Le Troisième Mensonge»*, 1991, *«Hier»*, 1995) kein Buch mehr veröffentlicht wurde, bis auf die eben erschienene autobiographische Erzählung.

Die zitierten Sätze wollen nicht recht zum Titel passen, das darin evozierte Kind ist alles andere als eine Analphabetin, eher ein Wunderkind, dem das Lesen und das Schreiben und auch das mündliche Erzählen gleichsam in die Wiege gelegt wurden. Seinen Sinn erhält der Titel erst viel später. Erst durch die Emigration von 1956 – da war die Autorin 22 und trug ein Kind von 4 Monaten über die grüne Grenze, zuerst nach Österreich, dann in die Schweiz –, erst durch das Leben im französischen Sprachgebiet (in Neuenburg), erst durch ihre mangelnde Kenntnis der französischen Sprache wurde sie zu einer Analphabetin gemacht, die sie in der Kindheit kaum gewesen war. Sie konnte zwar die neue Sprache leidlich sprechen, aber, einem noch nicht schulpflichtigen Kind vergleichbar, weder schreiben noch lesen – und musste spät lernen, was sie als Kind kaum zu lernen brauchte. Lesend eignete die aus dem Analphabetismus Erlöste sich anschliessend eine neue Literatur an: die französische, und gewann damit für ihr im Entstehen begriffenes Werk einen Echoraum. In der ihr immer noch, wohl für immer, fremden Sprache schrieb sie zuerst Theaterstücke für Laiengruppen, die in Neuenburg aufgeführt wurden, dann Hörspiele, und schliesslich die Romane, die bei den *Editions du Seuil* in Paris erschienen und durch die sie rasch berühmt wurde.

287

Das alles wird in kurzen Kapiteln und auf knapp 55 Seiten einfach und eindrücklich erzählt. Nicht als eine Autobiographie – für eine solche wird zu viel weggelassen; es sind aber gerade diese offensichtlichen Lücken, die zusammen mit der einfachen, knappen Sprache dem Text seine unverwechselbare Form geben. Schreiben: als ein Neubeginn in einem fremden Land und in einer Sprache, die immer eine «andere» bleiben wird. Als ein Neubeginn auf dem Hintergrund einer seltsamen, biographisch, ja geschichtlich bedingten Form des Analphabetismus. Und ich kann im Lesen die Vermutung nicht abwehren, aber natürlich auch nicht beweisen, dass die Autorin, die wir als Wunderkind, als eine erstaunlich frühreife Alphabetin kennengelernt haben, dass sie die Phase, die sie als Kind nicht gelebt, kaum gestreift hat (nämlich die Erfahrung einer noch nicht an Zeichen gebundenen Sprache), als Erwachsene nachholen musste, als wäre sie notwendig für das eigene Werk.

Dass ich das Buch unheimlich schnell und leicht und ohne Wörterbuch gelesen habe (und es also gleich noch ein zweites Mal und langsamer lesen musste), sagt natürlich nichts über meine Französischkenntnisse aus, die von Jahr zu Jahr schlechter werden. Es charakterisiert vielmehr die Schreibweise Agota Kristofs, ihre extrem einfachen, nicht nur korrekten, sondern auch auf eine unauffällige Weise wohlklingenden Sätze, mit denen sie die Sprache, die für sie immer eine «andere» bleiben wird, dennoch zum Ausdruck ihrer Welt machte. Die elf kurzen Kapitel, in denen sie auf dem Hintergrund ihrer Biographie die Geschichte einer Sprachfindung erzählt, kommen mir vor wie Sprachinseln auf dunklem Grund.

3

Das letzte, vor kurzem postum erschienene Buch von Malkowski, «*Die Herkunft der Uhr*», erwartete mich (so kam es mir tatsächlich vor), als ich von kurzen Ferien heimkam. Ein Buch eines verstorbenen Autors zu erhalten, ist nichts Ungewöhnliches; es lag wohl an meiner Reisemüdigkeit und an der merkwürdigen Unsicherheit (welche die Rückkehr ins Gewohnte bei mir so gut wie jedesmal verursacht), dass ich über das Buch geradezu erschrak: als bringe es die Botschaft eines Verstorbenen, oder als sei der Tote lebendig geworden. Beinahe hätte ich im Paket nach der Notiz gesucht, die Verlagssendungen gelegentlich beiliegt: «Im Auftrag des Verfassers».

Ich habe nicht gewusst, dass Malkowski so lange, sieben Jahre, krank, todkrank gewesen ist. Und dass er jahre-, wohl jahrzehntelang an einem schweren Augenleiden litt, dass er, dieser Augenmensch, dieser Meister der visuellen Wahrnehmung, vom Erblinden bedroht war, daran habe ich, unbegreiflich, gerade bei den letzten Büchern nicht mehr gedacht – ein Grund für Selbstvorwürfe. Habe ich ungenau gelesen, ohne Gespür? Oder war es gerade für diesen Autor, den ich bei einer einzigen flüchtigen Begegnung als einen extrem zurückhaltenden Menschen kennengelernt habe, vielleicht paradoxerweise richtig, seine Texte nicht nach dem privaten Hintergrund abzusuchen? Eine Bestätigung dieser (zugegeben bequemen) Überlegung, und also eine Art Trost finde ich in einer Bemerkung, die Klaus Merz – ausgerechnet im Zusammenhang mit Malkowski – macht: *«Denn das Gedicht besteht ja in erster Linie aus Sprache, nicht aus Schicksal.»*

Das hätte Malkowski gewiss bestätigt, der, wie kaum ein zweiter Autor, den Figuren, die in seinen Gedichten Eingang fanden (es sind nicht wenige), mit Diskretion, mit Respekt vor dem unlösbaren Rätsel in jeder Person entgegentrat. *«Nicht wieder gutzumachen, dass wir mit ihm umgingen, als hätten wir ihn gekannt»*, so beendet er eines seiner lyrischen Porträts. Malkowski war ein überaus genauer Beobachter der Dinge, die ihn umgaben und denen er begegnete, er hätte wohl am liebsten aus seinen Gedichten ein Ding gemacht – was aber Menschen angeht, war er bemüht, ihr Geheimnis zu wahren (viel öfter braucht er das weniger belastete, weniger wohlklingende Wort *«Rätsel»*). Und gerade dieser Verzicht, das Aussparen und Verschweigen, der ungeklärte Rest, der bleibt, ist wohl das Lebenselixier seiner Porträts.

In seinen letzten krankheitsbelasteten Jahren ist Malkowski übrigens keineswegs verstummt. Drei Bücher, mindestens, sind von ihm in dieser Zeit erschienen, und mit jedem von ihnen hat er ein für ihn neues, von ihm noch unerprobtes Genre gewählt. Da ist nichts zu merken von nachlassenden Kräften, erschöpfter

Produktivität. Und nur eines dieser Bücher darf man zu den Krankheits- und Todesbüchern zählen, an denen in den letzten Jahrzehnten kein Mangel bestand: es ist eine Nachdichtung des «*Armen Heinrich*» von Hartmann von Aue, dieses mittelalterlichen Klassikers des Leidens und der Auflehnung gegen den Tod, der am Schluss grossartig umschlägt in einen späten und stillen Sieg der Liebe. Wie sehr entspricht es Malkowski, dass erst das Werk eines anderen, das Geschick eines anderen, ihm die Stimme löst, um seine eigene Krankheitsgeschichte gleichsam incognito niederzuschreiben.

Den anderen Publikationen dieser späten Jahre würde man unrecht tun, wollte man sie auf das Todesthema festlegen. Das gilt für den schönen Band mit dem Malkowski so entsprechenden Titel «*In den Fugen der Biographie*», in dem der Autor seine Gedichte mit Bildern eines Malers (Horst Egon Kalinowski) zu einem schönen Dialog kombiniert, und es gilt für die «*Hinterkopfgeschichten*» mit dem Titel «*Im Dunkeln wird man schneller betrunken*», diesem ersten Band mit Kurzprosa-Texten, die der oft so prosanahen Lyrik des Autors verwandt sind und gerade so ihren Hintergrund ausleuchten.

Aber erst in den letzten Gedichten, «*Die Herkunft der Uhr*», von denen schon die Rede war, sind die Zeichen von Krankheit und Todesnähe ganz deutlich gesetzt, hier können sie nicht mehr übersehen werden. Ich kenne keine anderen Gedichte, in denen die Erfahrung des extremen körperlichen Schmerzes so rückhaltlos und doch so geformt evoziert wird, wie es hier unter dem Titel «*Bist Du das noch?*» geschieht:

Alptraum
noch lange danach:
dass du die Hand
nicht an die Klingel bringst.

Aber umgekehrt erlaubt sich der Dichter in den glücklicheren Tagen einer vorübergehenden Genesung einen Text von einer bei ihm ungewohnt ausgelassenen Spielfreude; ein Stück Nonsense-Literatur, in deren Übermut wohl die Ahnung überspielt wird, die «Genesung», die das Titelwort verspricht, sei kaum von Dauer: «*Als erster kommt der Säbeltiger und legt ganz zahm den Säbel nieder. Das tut so wohl, spricht der Pirol und brät spontan an selber Stätte eine zarte Kotelette.*»

Die letzten, kaum verbundenen Zeilen des Bandes sind dann in einer Endzeit und einem Grenzbereich angesiedelt, in dem bereits die Bewohner des Totenreichs in leicht grotesker Gestalt ihre Präsenz bezeugen. «*Die Toten, beritten und auch gut zu Fuss, werfen Strickleitern über die Mauer.*»

4

Malkowski gehört zu den nicht zahlreichen Autoren, die fast nur Lyrik geschrieben haben, den schmalen Grat des Gedichts beschreiten, ohne sich auf Prosa abstützen zu können. Sein lyrisches Werk hat einen beachtlichen Umfang (9 Bände) – das Gesamtwerk aber ist, ohne die Breite der Prosa eben, vergleichsweise schmal. Zu den verkannten Dichtern gehört er nicht, auch nicht zu denen, die sich in der Pose dessen gefallen, der an den Rand gedrängt wird. Diesen «Rand» hat er eher selber als einen ihm entsprechenden Standort gewählt. Im Gedicht «*Am Schreibtisch*» stellt er seine Arbeit ohne Pathos und ohne Lamento, mit einem gleichsam bescheidenen Selbstbewusstsein neben die bürgerlichen Berufe. «*So kann man leben: / jeden Tag / ein paar Sätze aufschreiben. / Andere sind Arzt / oder fahren einen Omnibus.*» Aber anschliessend setzt eine Denkbewegung ein, die das ruhige Selbstbewusstsein in Frage stellt. So endet das Gedicht mit den Worten:

Was geschieht
anderswo
in der Sekunde, in der
ein Komma erwogen wird.

Was in diesem beeindruckenden Werk fehlt (und manche werden das vermissen), ist eine formal und thematisch säuberlich nachzuzeichnende Entwicklung. Der Autor war schon in seinem ersten Band (*«An diesem Morgen»*, 1975) ganz da, alles andere als ein Anfänger; das Echo in der Kritik war, für einen Erstling, ungewöhnlich positiv und breit. Malkowski wusste, als er den

Beruf aufgab (zuletzt die Leitung einer grossen Werbeagentur), *«für welche nicht mehr zu unterdrückenden Sätze»* dies geschah. Und er schrieb diese Sätze mit eben jener erstaunlichen Konstanz, die in eine Zeit des raschen Wechsels nicht recht passen will. Lyrische Moden haben bei ihm keine Spuren hinterlassen, und er selber hat wohl Anerkennung gefunden, aber vermutlich weder stil- noch modebildend gewirkt. Die grossen Themen der Zeit scheinen in seinem Werk zu fehlen (auch das werden einige ihm übelnehmen); es gibt bei ihm kein Wende-Gedicht, keines zu den Ängsten der achtziger Jahre, keines zum Thema der Vergangenheitsbewältigung – oder dann in einer Form, die man nicht erwartet, nicht erkennt, vielleicht in einigen Jahren erkennen wird.

Und doch sind seine Gedichte die eines Zeitgenossen, dessen Zeitgenossenschaft freilich von besonderer Art ist. Sie stützt sich auf oft unauffällige Ereignisse, schäbige Dinge, ist gebunden an die Komplexität der Zeit, die kein Zeitgeist auf einen Nenner bringt. So im Gedicht *«Greyhound-Bericht»*: *«Wo Eliot geboren wurde, / ist jetzt ein Parkplatz. / Die gelesenen Bücher der Stadtbibliothek / wirft man aus dem Auto in einen Kasten / am Strassenrand. // Holztafeln warnen / vor dem Schusswaffengebrauch / der Bürgerpatrouille. // Im Museum der Westwärts-Bewegung / weint ein junger Mann neben einem Rindenkanu / hinter vorgehaltenen Händen.»* Der Autor schliesst, wie in vielen anderen Gedichten, mit einem überraschenden Wechsel in Ton und Perspektive: *«Im leeren Baseballstadion, / anderntags, / stehe ich wohl eine Viertelstunde / und lache über meine Zeitgenossenschaft»*, die bei ihm, ungeachtet seines Lachens, an das Vielfältige und scheinbar Unwichtige gebunden bleibt.

In einem seiner wichtigsten, einem späten Gedicht zieht er eine Art Fazit – und führt den Gedankengang am Schluss in eine weitere Dimension:

Sterne

Zu wenig Zeit genommen
für die Betrachtung der Sterne.
Ich rede nicht von Teleskopen.
Ich spreche von einer Dachluke

in einer ganz gewöhnlichen
wolkenlosen Nacht.
Vom Heimweg zu später Stunde,
nur flüchtig aufschauend,
den Schlüssel schon im Schloss.
Nicht, was ich nicht weiss,
reut mich.
Mich reut
der nachlässige Gebrauch
meiner Augen.

Das Bekenntnis zu den Augen rührt einen ans Herz, wenn man
an die Augenkrankheit dessen denkt, der auf das Sehen so angewiesen war. Ob man das Gedicht durch dieses Zusatzwissen
tiefer versteht, sei dahingestellt: Malkowski bleibt, so oder so,
ein Meister der Wahrnehmung; auf sie setzt er – und nicht auf
deren Steigerung und Verfeinerung durch das wissenschaftliche
Instrumentarium. Die Faszination des Autors durch die ein-
fachsten, ja schäbigsten Phänomene (es kann ein Kinderschuh in
der Brandung sein, ein zerbrochener Kamm) behindert die Aufmerksamkeit für das Licht der Sterne nicht, im Gegenteil, beides
gehört zusammen – und in allem steckt das, was er das Rätsel
nennt. «*Vom Rätsel ein Stück*» heisst ein Gedichtband, dessen
Titelgedicht zu den schönsten dieser Jahrzehnte gehört:

Wenn es dich streift,
bleibt es für immer.
Und flog doch vorbei
Und liess nichts zurück.

Es ist nicht, was es ist.
Es ist das, was ihm nachsinnt.
Es ist ein Drittes, das beides
unaufhörlich erdenkt.

So dunkeln die Jahre.

(2004)

Abschied von Otto Marchi

Luzern, 13. 4. 1942 – Khao Lak, 26. 12. 2004

«Nichts Schönres unter der Sonne als unter der Sonne zu sein» –
der Vers von Ingeborg Bachmann, Evergreen aller Lyrik-Liebha-
ber meiner Generation, will mich nicht verlassen, seit Otto Marchi, ein Freund seit vielen Jahren, von der Flut buchstäblich aus
der Sonne gerissen wurde – aus jener Sonne, die er so liebte, die
er sogar aus gesundheitlichen Gründen dringend brauchte. Wie
sehr hätte ich ihm noch viele Jahre unter der Sonne gegönnt –
und umgekehrt seine helle, freundliche Gegenwart jenen gewünscht, die ihm zugetan sind!

In der Sonne, im durch die gelben Sonnenschirme eines sommerlichen Wirtshausgartens gefilterten Licht, haben wir uns vor
einem halben Jahr zum letztenmal getroffen. Er war, zusammen
mit seiner Lebensgefährtin, unterwegs zu einer Ferienwoche in
der Franche-Comté, und er hatte die Anreise so gelegt, dass sie
direkt durch unser Feriendomizil führte (er liebte solche beiläu-
figen Arrangements). Und da wir seine Destination, diese un-
spektakulär-reizvolle Gegend, ihre weichen Hügel, tief einge-
grabenen, klaren Flüsse selber kennen und lieben, war unser
Gesprächsthema gesetzt, die Stimmung war fast euphorisch.
   Dabei redeten wir ja, genau besehen, nicht vom Gleichen,
das heisst, wir sahen die gleiche Landschaft aus ungleicher Perspektive. Was für die einen, die Aufbrechenden, eine noch unbe-
stimmte Vorstellung war, lebte für uns sofort auf als eine vielleicht verklärte Erinnerung. Nicht zufällig mussten wir mehrfach umständlich die Landkarte auseinanderfalten, um unsere
Vorstellungen in der Geographie zu situieren.
   Eine Situation so recht nach Marchis Geschmack; sie könnte
einem seiner Bücher entnommen sein. Er liebte, in grossen und
kleinen Ereignissen, die wechselnde Perspektive, durch die das
Sichtbare, die Wirklichkeit porös und unsicher werden. Bei den
Figuren seiner Bücher führt das fast unweigerlich zu Konflikten
und Missverständnissen, auch zu bedrohlichen Schwindelge-
fühlen; im freundschaftlichen Gespräch dagegen verloren die

294

Gegensätze ihre Schärfe, aufgehoben, wie sie waren, im Klima wechselseitiger Sympathie. War es diese Erfahrung, die ihn die Geselligkeit, meist im kleinen und kleinsten Kreis, immer wieder suchen liess? Wir haben uns im Gespräch mehr als einmal lebhaft, oft lachend, gestritten – und hatten doch nie Streit. Die Freundschaft zwischen uns bedurfte keiner erklärenden, schon gar keiner grossen Worte; sie hatte etwas seltsam Leichtes, Selbstverständliches an sich, zugleich etwas Verlässliches. Gerade das Selbstverständliche erscheint mir heute als besonders kostbar, unersetzlich.

«Dass fast alles anders ist»: der vielzitierte Satz von Ludwig Hohl zieht sich untergründig und unausgesprochen durch Marchis Werk. Am offensichtlichsten in seinem fast gleichzeitig wie Max Frischs *«Wilhelm Tell für die Schule»* erschienenen Erstling, der rasch zum Klassiker der Achtundsechziger avancierten *«Schweizer Geschichte für Ketzer»* (1971). Sorgfältig löst Marchi darin die Gründungsgeschichte der Eidgenossenschaft aus ihren Mythen, Deutungen und Fiktionen heraus – und weiss gleichzeitig, dass der Prozess von Mythenbildung und Entmystifizierung auch nach seinem Buch weitergehen wird. Geschichte lässt sich so wenig als Klartext lesen wie die Wirklichkeit überhaupt: eine unauslöschliche Erfahrung des promovierten Historikers.

Die ketzerische Schweizergeschichte hat, wie sollte es anders sein, Proteste hervorgerufen, vor allem in der Innerschweiz. Dabei treibt Marchi das Geschäft der Demaskierung nicht gehässig, sondern eher mit einer ironischen, gespielt lehrerhaften Umständlichkeit. Hätte man damals schon voraussagen können, dass der Autor einmal als ein überaus engagierter, auch einfallsreicher Lehrer wirken würde – sowohl an der Fachhochschule für Gestaltung in Luzern als auch in vielen Fortbildungskursen für Journalisten?

Die Frage nach dem verborgenen Kern Wahrheit, der sich fast unauffindbar in unseren Vorstellungen und Theorien versteckt, zieht sich auch durch das Romanwerk Marchis *(«Rückfälle»*, 1978; *«Sehschule»*, 1983; *«Landolts Rezept»*, 1989; *«So viel ihr wollt»*, 1994). Dass sein literarisches Werk schmal blieb, hängt gewiss mit dem sprachlichen Perfektionismus des Autors zusammen, auch damit, dass er die schillernde Wirklichkeit, das Ringen um die letztlich unfassbare Wahrheit immer differenzierter darstellen wollte. Seine Strenge mit sich selbst zeigt sich darin, dass er noch in Khao Lak seinen neuen, im Entstehen begriffenen, stark geschichtsphilosophischen Roman umarbeitete und verbesserte – ehe die Flut mit seinen Bemühungen so gut wie mit denen vieler anderer kurzen Prozess machte.

Die Protagonisten seiner Romane sind keine lebensprallen Figuren. Dazu sind sie, wie ihr Autor, viel zu reflektiert, skeptisch, grüblerisch. Fast alle haben sie etwas von einem Don Quichotte an sich, werden wie dieser gelenkt von eigenwilligen, oft wirklichkeitsfremden Vorstellungen. Dass das Leben sich um diese nicht kümmert, das müssen sie, mühsam genug, lernen. Deshalb ist in fast allen Büchern das alte Muster des Erziehungsromans versteckt, freilich in ironischer Brechung. Dessen Protagonisten sind nicht junge Lebens-Lehrlinge, zu denen das Erzogenwerden passt, sondern Männer, die über einen Beruf und ein Stück Lebenserfahrung verfügen. Gerade sie aber haben Erziehung nötig. «Seh*schule*» heisst nicht zufällig der zweite Roman. Da erfährt einer, ein Historiker wie der Autor, dass er zwar die Vergangenheit des Landes erforschen konnte – aber von seiner eigenen Geschichte, von sich selbst keine Ahnung hatte. Erst als er das nachholt, begreift er, dass es in menschlichen Dingen keine Erkenntnis gibt, wenn der Erkennende sich selber aus dem Spiel lässt. Besonders rückhaltlos, fast wehtuend, wird dieser Erkenntnisprozess im Roman «*So viel ihr wollt*» evoziert, dem anspruchsvollsten, und zugleich dem am meisten missverstandenen Buch Marchis. Da muss einer lernen, dass die alten 68er Methoden des Hinterfragens und Entlarvens nicht taugen, wenn es um schwierige Situationen und tiefe Gefühle geht – im Fall seines Romans um eine nicht konforme Liebe zwischen einem Philosophielehrer, der zugleich ein geweihter Priester ist, und einer verheirateten Frau, einer eigenwilligen Künstlerin. Die einzig adäquate Antwort, das einzige anständige Verhalten in einem solchen Fall wäre der Versuch, dieses «*grosse Verhängnis*» von innen, wertungsfrei, zu verstehen. Dazu findet der Protagonist schliesslich, nach langen Irrwegen der

Recherche – und aus dem Journalisten wird erst jetzt ein Schriftsteller.

Da es sich bei den beiden Figuren der (mitreissenden) Binnengeschichte um zwei vor geraumer Zeit verstorbene, aber in der Innerschweiz immer noch bekannte, ja legendäre Figuren handelt, wurde der Autor bei Erscheinen des Buches angegriffen, und zwar gehässiger als seinerzeit bei der «Schweizer Geschichte für Ketzer». Die beiden (vor allem der Mann, ein Repräsentant katholischer Geistigkeit) standen offensichtlich nicht weniger als früher die kollektiven Mythen gleichsam unter Denkmalschutz. Mehr als die Beschimpfung traf den Autor, dass das Hauptthema des Buches, die wachsende Einsicht des Protagonisten in die Komplexität der Wirklichkeit, in der Innerschweizer Rezeption als rücksichtsloser Denkmalsturz erschien. Ein geistvolles und differenziertes Buch wurde so weitgehend um seine Wirkung gebracht.

Es kommt nicht von ungefähr, dass der Autor mehr als einmal, besonders eindrücklich in «Soviel ihr wollt», eine Geschichte in einem gewaltigen Gelächter des Protagonisten enden lässt, wobei dem Lachenden gleichzeitig die Tränen übers Gesicht laufen. Und das sind nicht nur Lachtränen! Lachen und Weinen gelten der erfahrenen, schwindelerregenden Vieldeutigkeit des Lebens. Und beides ist nicht zu trennen: im Lachen steckt Verzweiflung, im Weinen Erlösung. So sagt es in einer noch ungedruckten Erzählung («Lauter Schwindel») eine alte Frau: Das Schlimme am Alter, das seien nicht die Gebresten; sondern «dass sie nicht mehr weinen, nicht mehr schluchzen könne in heilender Erleichterung, das Schlimmste am Alter seien die vertrockneten Tränen.»

Die Angst vor den vertrockneten Tränen, vor dem Verlust der Lebendigkeit, auch sie scheint bei Marchi gelegentlich auf, in Texten und im Gespräch. Ihm selber bleibt dieses «Schlimmste» erspart. Für jene, die ihn nun vermissen, liegt aber kein rechter Trost in diesem Gedanken.

(2005)

Für die Katz

Ein Satyrspiel

18. Oktober

Gestern abend, es war schon dunkel, und wir waren eigentlich
sicher, alle Schränke und Schränkchen, Schubladen und Tablare
der elterlichen Wohnung geräumt zu haben, nur die Bücher
standen noch da, gestern abend also entdeckten wir im Schreibtisch meines Schwiegervaters eine riesige Zettelsammlung: offensichtlich seine Arbeitskartei. Wir seufzten und lachten. «Auch
das noch; wir werden nie fertig!» Seit Wochen wiederholen wir
diesen Satz.

Dennoch hat die gestrige Entdeckung mich merkwürdig stark
berührt. Die Arbeitskartei, das eigenhändig und handschriftlich
hergestellte Hilfsmittel eines Pädagogen, dessen Leben mehr als
ein ganzes Jahrhundert umfasste, davon die Hälfte in voller
beruflicher Aktivität als Lehrer auf allen Stufen: Primarlehrer in
Wengen zuerst (das war im Ersten Weltkrieg), dann aufsteigend
zum Universitätsdozenten (da war der Zweite Weltkrieg schon
vorbei). Das materialisierte, in Greifnähe installierte Gedächtnis
eines pflichtbewussten, tüchtigen Berufsmannes; das Gerüst
seiner offenbar begeisternden Schulstunden, später der Vorlesungen; Hunderte, Tausende von einigermassen regelmässig
zugeschnittenen Zetteln, (nicht Karteikarten, Sparsamkeit war
das Gebot der Stunde), versehen mit Stichworten, Zitaten,
Literaturangaben, Querverweisen, Gedichtzeilen. Nicht dazu
geeignet, den Besitzer zu überleben. Schon äusserlich nicht: die
selbstgebastelten, übrigens praktischen, hölzernen Raster
zerfielen, sobald wir sie aus den Schubladen lösten, mit denen
sie wie für die Ewigkeit verwachsen schienen; zurück blieb ein
Zettelchaos. Und die vielen Verweise, in ihren Chiffren nur dem
Hersteller verständlich, sind, was den Informationswert angeht,
natürlich restlos «veraltet», «überholt» (ein Todesurteil). Ich
rettete dennoch eine Schachtel mit Zitaten – und wurde reich
belohnt. Denn darunter befanden sich viele Gedichte und Gedichtzeilen, wohl zu Unterrichtszwecken von Hand abgeschrie-

ben, manchmal in der Schrift der längst verstorbenen Schwiegermutter. Und gerne stelle ich mir vor, wie die beiden in jüngeren Jahren sich über Gedichte verständigten, im Lesen und Abschreiben von Gedichten fanden. «*Füllest wieder Busch und Tal / Still mit Nebelglanz / Füllest endlich auch einmal / Meine Seele ganz*», ist da zu lesen, wie eh und je; und: «*Ihr holden Schwäne, / Und trunken von Küssen / Tunkt ihr das Haupt / Ins heilig nüchterne Wasser*». «*Frühling ja, du bist's, dich hab ich vernommen*» steht unmittelbar neben «*Das ist der Herbst, der – bricht dir noch das Herz*».

20. Oktober

Solche Glücksmomente waren in den letzten Wochen selten. Wer die Wohnung eines nahen Verwandten, zumal eines in hohem Alter Verstorbenen zu räumen hat, kommt sich schliesslich vor wie eine Figur aus einem Stück von Samuel Beckett: auf Bergen von Abfall umherirrend, immer langsamer, zunehmend gelähmt, gerade dass der Kopf noch an der Luft bleibt, und einsam wie allerletzte Menschen in einer zerfallenden Welt, jenem Schattenreich des Noch-nicht-ganz-Toten eben, das Beckett wie kein anderer beschrieben hat.

Was ich hier zu beschreiben versuche, ist nicht einfach eine persönliche Erfahrung, sondern Allgemeingut in meiner Generation. Kaum ein anderes Thema stösst auf so viel Einverständnis, löst den anderen so sehr die Zunge wie dieses. Ob einer Beckett gelesen hat oder nicht, tut nichts zur Sache; wer sich mit den Hohlformen und Überbleibseln eines individuellen Lebens beschäftigt, noch dazu mit dem eines Verwandten, ist heimisch in der Welt am Rande des Lebens. All die Plastiksäcke, Schachteln, Schnüre, Korken, Papiere, die alten Rucksäcke, Mappen, Taschen, Lupen, die, obgleich jetzt entsorgt, einem noch im Traum vorkommen, das Geld im Büchergestell, der Frack der jungen Jahre, die mottenzerfressene Pelzjacke der verstorbenen Tochter, sie rufen, wenn man davon erzählt, bei Eingeweihten nur ein Nicken hervor («so war es auch bei uns»); gerade dass die halbvermoderten Gasmasken, die wir im Keller fanden, einem mit knappem Lächeln quittiert werden.

«Wir sind wohl die letzte Generation, die so viel zu räumen hat», sagt die Bäckersfrau, die gerade aus dem Haus ihrer verstorbenen Mutter kommt. Wir bekräftigen uns gegenseitig im Entschluss, unserer eigenen Sammeltendenz von jetzt an noch energischer entgegenzutreten, und gehen gemeinsam der Vermutung nach, die Unfähigkeit, sich von Materiellem zu trennen, sei wohl etwas typisch Schweizerisches und habe ihren Grund darin, dass bei uns kein Krieg die Häuser – und mit ihnen das Grundvertrauen in das Materielle – in Schutt und Asche gelegt habe. Aber die Spanierin, die, ein tatkräftiger Engel, allwöchentlich unsere Wohnung auf Vordermann bringt, belehrt mich eines besseren. «Und wenn es wieder Krieg gibt?» – so heisst der Satz, mit dem ihre alte Mutter ihre Schätze verteidigt, wenn die Kinder, die längst in schweizerischen Dreizimmerwohnungen leben, ihr an den prallgefüllten Estrich wollen. «Aber was hilft dir der Plunder, wenn es Krieg gibt?» fragen die Kinder. «*Vielleicht kann man es noch brauchen*», beharrt sie, der Satz ist ein Zauberspruch gegen alles Böse, und an ihn mag sich mein Schwiegervater gehalten haben, wenn er seine zugegeben hübschen Zigarrenschachteln («Ormond Jubile 1848») stapelte. Gegen welche Gefahr, welchen Mangel hätten sie ihn schützen sollen? (Übrigens erhält er ein postumes Recht: die Zigarrenschachteln finden in der Nachbarschaft reissenden Absatz.)

23. Oktober

Den Manesseband «*Begegnungen*» von C. J. Burckhardt haben wir offenbar dem Schwiegervater zu Weihnachten 1964 geschenkt. Er hat es mit seiner überaus leserlichen Schrift auf dem Vorsatzblatt festgehalten. Eine hübsche Gewohnheit, denke ich, noch hübscher wäre es gewesen, wenn wir selber eine Widmung in das Buch geschrieben hätten (dazu waren wir zu spröd), eigentlich viel schöner als die Routine-Unterschriften der Autorinnen und Autoren, mit denen heute bei Lesungen eine persönliche Nähe vorgegeben wird. In diesem mir wohlvertrauten Manesseband zu blättern, wie ich es tue, in einem der mir wohlvertrauten, jetzt abgebrauchten grünen Sessel, und jetzt ausgerechnet den wunderbar leichten Text «*Ein Vormittag beim Buchhändler*» zu lesen – dieses vormittägliche Gespräch zwischen illustren Menschen, unter ihnen Rilke, geführt in einer Pariser Buchhandlung, die es nicht mehr gibt, mit einem Buchhändler/Antiquar, den es auch nicht mehr gibt – das jetzt und hier zu lesen hat schon etwas extrem Masochistisches! Das Schönste an diesem Text, an dieser aus Bildungsreminiszenzen und subtilen Verknüpfungen gewobenen Konversation, die sich in der dünnen Luft des Elitären aufzulösen droht, das Schönste ist der Schluss, wo die Illustren, sie alle, sich über Gedichte von Johann Peter Hebel beugen und Rilke zugeben muss (es verstört ihn geradezu), dass er das Alemannische kaum verstehe. Da ist Dichtung etwas ganz Konkretes, nur gerade um eine Handbreite – aber die Handbreite macht es aus! – vom Leben abgehoben:

Nei, lueget doch das Spinnli a,
Wie's zarti Fäde zwirne cha!
Bas Gvatter, meinsch, chasch's au ne so?
De wirsch mer's, traui, blibe lo.

Der Berner Antiquar, der so freundlich ist, die schwiegerväterliche Bibliothek auf Verwertbares durchzusehen, braucht keine halbe Stunde, um zu entscheiden, was er brauchen kann und was nicht und das Brauchbare in grosse Stofftaschen zu verpacken. Kein «Vormittag beim Buchhändler» also, sondern «Unsere halbe Stunde mit dem Antiquar» – und darin eingeschlossen, nebenbei und gratis, eine Lektion in freier Marktwirtschaft. «Veraltet», «überholt», heissen die Negativkriterien, von denen unser Gewährsmann sich leiten lässt, sie sind unumstösslich wie die Gesetzestafeln von Moses – und, nicht weniger wichtig, nicht weniger unumstösslich ist der Satz: «davon haben wir ohnehin zu viel – und zu wenig Platz». Die schöne «*Geschichte Berns*» von Richard Feller, ein Klassiker der Geschichtsschreibung, vor zehn Jahren noch ein gesuchtes Objekt, sei heute nicht mehr verwendbar, weil jetzt jene Generation ans Sterben komme, welche seinerzeit die Bücher Fellers gekauft habe. Das Wechselspiel von Angebot und Nachfrage hat offenbar auch dort Geltung, wo der Tod die Karten mischt. Im allgemeinen gilt die Regel, dass wissenschaftliche Ausgaben antiquarisch eine Absatz- und Überlebenschance haben – nicht aber die so gut wie

vollständige und, wie ich meine, zuverlässige Pestalozzi-Volks-
ausgabe, mit der mein Schwiegervater Generationen von Lehr-
amtstudenten belehrte; auch nicht der zwölfbändige schöne
Gotthelf, den auch ich (bisher mit Stolz) in meiner Bibliothek
habe («alte Schrift» – ein Todesurteil.) Offenbar nähern wir uns
einer Zeit, in der unsere Klassiker nur noch Themen von Lizen-
tiats- und Doktorarbeiten und von Habilitationsschriften sind
und vor allem dann interessieren, wenn sich mit ihnen eine Karriere aufbauen lässt.

Leider handle es sich bei den Büchern meines Schwiegervaters um eine Liebhaber- und nicht um eine Spezialistenbiblio-
thek, sagt der Antiquar abschiednehmend und seinerseits das
zunehmend buchfremde Zeitalter beklagend. Es bleibe also
nichts anderes, rät er uns, als die Bücher ohne viel Federlesens
und möglichst umweltschonend zu entsorgen. Und trotzdem,
denke ich, aber ich sage es nicht, überwintert die Lesekultur,
wenn überhaupt, in den Liebhaber- und nicht in den Spezialis-
tenbibliotheken. Ein Hoch also auf die Feld-Wald-und-Wiesen-
Bibliothek!

Aber auch die hochdotierten wissenschaftlichen Ausgaben
werden vermutlich mit der Zeit durch noch wissenschaftlichere
verdrängt, und schliesslich, man muss nur lange genug warten,
kriegen auch die mit Computertechnik hergestellten, also aller-
fortschrittlichsten, das Verdikt «veraltet, überholt» aufgeklebt.
Die Vorstellung, wie (ein Beispiel unter vielen) die gegenwärtig
im Entstehen begriffene unfehlbar exakte Gottfried-Keller-Aus-
gabe, Stolz der schweizerischen Hochschulgermanistik, dereinst
als «antiquarisch nicht mehr verwendbar» zurückgewiesen wird,
lächert mich. *«Nei, lueget doch das Spinnli a, Wie's zarti Fäde
zwirne cha ...»*

29. Oktober

Und das wäre jetzt der Augenblick, wieder einmal, zum wievielten Mal, ein Berner Prosastück von Robert Walser zu lesen,
jenes, das den Titel *«Für die Katz»* trägt, jetzt in meinen eigenen,
noch nicht sichtbar von Zerfall bedrohten vier Wänden und
inmitten einer leidlich intakten Bibliothek. *«Ich schreibe das
Prosastück, das mir hier entstehen will, für die Katz, will sagen*

für den Tagesgebrauch», so fängt es an. Und bewundernswert scheint mir, immer neu, und heute besonders, dass Walser, die Katz der Vergeblichkeit und Sinnlosigkeit vor Augen, trotzdem entstehen liess, was entstehen wollte. *«Die Katz ist eine Art Fabrik oder Industrieetablissement, für das die Schriftsteller täglich, ja vielleicht sogar stündlich arbeiten oder abliefern. Besser ist, man liefere, als übers Liefern bloss undienliche und übers Dienen plaudertäschelige Lavereien und Diskussionen zu veranstalten. Hie und da dichten sogar Dichter für die Katz, indem sie sich sagen, sie fänden es besser, etwas zu tun, als es zu unterlassen. Wer für sie, diesen Kommerzialisiertheitsinbegriff etwas tut, tut es um ihrer rätselhaften Augen willen …».*

Dass Walser nur der Mitwelt den Namen Katz gibt, die Nachwelt ausnimmt *(«für die Nachwelt erlaube ich mir nicht, eine familiäre Bezeichnung zu haben»)*, hat mich immer erstaunt, nie stärker als heute, zumal ich nun seit Wochen die Nachwelt zwar nicht als gefrässiges Raubtier, wohl aber als einen Morast erlebe, in dem, passt man nicht auf, alles versinkt. Er, Walser, gab wohl dem Überleben seiner Werke eine Chance, wenn er sagt: *«Alles, was geleistet wird, erhält zuerst sie* (die Katz); *und nur was trotz ihr fortlebt, weiterwirkt, ist unsterblich.»* Unsterblichkeit – das fremdeste Fremdwort, so will es mir heute vorkommen; feiner als die feinsten Spinnenfäden.

Ich muss aber zum Schluss auf das Handgreifliche zurückkommen, und dieses zu Ende, an das bittere Ende führen. Dem Rat des Antiquars, die Bücher meines Schwiegervaters direkt zu entsorgen, den haben wir trotzdem nicht befolgt. Wir riefen den gesunden Menschenverstand zu Hilfe, entwickelten unsere eigenen Kriterien über das, was noch Verwendung (lies Leserinnen und Leser) finden kann, sortierten entsprechend aus und fanden für die Geretteten schliesslich eine wenigstens vorläufige Stätte im Antiquariat der Rudolf-Steiner-Schule. Dort, in einem bemerkenswert hellen Raum, haben wir sie heute abgegeben. Und anschliessend brachten wir den Rest (einen immer noch beachtlichen Rest!) zum Entsorgen in die Deponie. Der «halben Stunde mit dem Antiquar» folgt nun die «Viertelstunde in der Deponie». Sie ersetzt mir schlankweg die Lektüre des «Börsenblatts für den deutschen Buchhandel» und den Besuch von Buchmessen dazu. Und all die Sonderangebote, die immer grösseren Buchhandlungen, die Literaturgespräche und -streitereien, sie werden mir künftig noch gespensterhafter vorkommen.

Beim Ausladen der Büchersäcke kommt uns ein offensichtlich aus einem Drittweltland stammender Arbeiter zu Hilfe. Wie er im Kofferraum die mit Büchern gefüllten Papiersäcke entdeckt, muss er gleich ein zweites Mal erstaunt hinsehen. Vielleicht ist er zu Hause etwas anderes als Hilfsarbeiter gewesen, hat mit Büchern Umgang gehabt? Im Spiegel dieser Deponie präsentiert sich ihm unsere Welt ohnehin als ein absurdes Unternehmen. Verlegen lächle ich den Hilfsbereiten an, als er mir die Säcke abnimmt. Und er lächelt freundlich zurück.

(1995)

Besprochene Bücher

Werke, die in den Essays nur am Rand erwähnt werden, sind nicht aufgeführt. Bei entlegeneren Werken werden auch Neuausgaben (NA) namentlich in Taschenbüchern verzeichnet, wenn diese im Herbst 2005 lieferbar waren. (In Klammern Verweis auf die Artikel, in denen die Werke besprochen werden.)

Baur, Margrit (*1937)
Geschichtenflucht. Roman. Frankfurt a. M.: Suhrkamp 1988. *(Palast der Erinnerung)*

Bernhard, Thomas (1931–1989)
Alte Meister. Komödie. Frankfurt a.M.: Suhrkamp 1985. *(Zu viele Bücher)*

Beutler, Maja (*1936)
Das Bildnis der Doña Quichotte. Zürich: Nagel & Kimche 1989. *(Beutler)*

Bober, Robert (*1931)
Was gibt's Neues vom Krieg. Roman. Aus dem Französischen von Thomas Scheffel. München: Verlag Antje Kunstmann 1995 (Quoi de neuf sur la guerre? 1993). *(Fremde)*

Boesch, Hans (1926–2003)
Der Sog. Roman. Zürich: Nagel & Kimche 1988, NA: dtv, 1999. Der Kreis. Zürich: Nagel & Kimche 1998, NA: dtv, 2004. *(Land der Flüsse)*

Burckhardt, Jacob (1818–1897), Wölfflin, Heinrich (1864–1945)
Briefwechsel und andere Dokumente ihrer Begegnung 1882–1897 [1948]. Leipzig: Koehler und Amelang 1988. *(In Collioure)*

Burger, Hermann (1942–1989)
Brenner. Band 1: Brunsleben. Band 2: Menzenmang. Frankfurt a. M.:
Suhrkamp 1989, 1992. Schilten. Roman. Zürich etc.: Artemis 1976,
NA: Fischer Taschenbuch, 2002. *(Der Aufstieg zur Kanzel)*

Burkart, Erika (*1922)
Sterngefährten. Gedichte. St. Gallen: Tschudi 1955. Rufweite. Prosa.
Zürich: Artemis 1975. Schweigeminute. Gedichte. Zürich: Artemis
1988. *(Burkart)*

Canetti, Elias (1905–1994)
Die gerettete Zunge. München: Hanser 1977, NA: Fischer Taschen-
buch, 2004. Die Fackel im Ohr. Lebensgeschichte 1921–1931. Mün-
chen: Hanser 1980, NA: Fischer Taschenbuch, 2004. Das Augenspiel.
Lebensgeschichte 1931–1937. München: Hanser 1985, NA: Fischer
Taschenbuch, 2004. *(Zu viele Bücher; Frauenbilder)*

Canetti, Veza (1897–1963)
Die gelbe Strasse. Roman. Mit einem Vorwort von Elias Canetti und
einem Nachwort von Helmut Göbel. München: Hanser 1989/90. NA:
dtv, 2000. *(Frauenbilder)*

von Dach, Yla Margrit (*1946)
Niemands Tagebuch. Gümligen: Zytglogge 1990. *(Frauenbilder)*

Farron, Ivan (*1971)
Un après-midi avec Wackernagel. Carouge-Genève: Editions Zoé 1995.
(Ein Nachmittag mit Wackernagel. Aus dem Französischen von Marcel
Schwander. Basel: Lenos 1998.) *(Fremde)*

Felder, Anna (*1937)
Quasi Heimweh: Roman. Aus dem Italienischen von Federico Hinder-
mann. Zürich: Rodana Verlag 1970; NA, mit einem Nachwort von
Alice Vollenweider. Frankfurt a. M.: Suhrkamp 1990. (Tra dove piove
e non piove: una storia, 1970.) *(Frauenbilder)*

Ganzfried, Daniel (*1958)
Der Absender. Roman. Zürich: Rotpunktverlag 1995; NA: Berlin: Jüdische Verlagsanstalt 2002. *(Palast der Erinnerung)*

Glauser, Friedrich (1896–1938)
Briefe. 2 Bände. Hrsg. von Bernhard Echte und Manfred Papst. Zürich: Arche 1988, 1991. *(Walser und Glauser)*

Gstrein, Norbert (*1961)
Einer. Frankfurt a. M.: edition suhrkamp 1988. NA: edition suhrkamp, 2003. *(Mäandern)*

Guggenheim, Kurt (1896–1983)
Riedland [1938], Sandkorn für Sandkorn. Die Begegnung mit J. H. Fabre [1959]. Mit einem biographischen Nachwort neu hrsg. von Charles Linsmayer. Werke II. Frauenfeld etc.: Huber 1992. Einmal nur. Tagebuchblätter 1925–1950. Ebenda 1981. *(Riedland)*

Gustafsson, Lars (*1936)
Der Palast der Erinnerung. München: Hanser 1996. *(Palast der Erinnerung)*

Handke, Peter (*1942)
Eine winterliche Reise zu den Flüssen Donau, Sava, Morawa und Drina oder Gerechtigkeit für Serbien. Frankfurt a. M.: Suhrkamp 1996. *(Fremde)*

von Hofmannsthal, Hugo (1874–1929)
Der Unbestechliche. Lustspiel in fünf Akten [1923]. Hrsg. und mit einem Nachwort von Ulrike Landfester. Ditzingen: Reclams Universalbibliothek 2000. *(An der Oberfläche versteckt)*

Kaschnitz, Marie Luise (1901–1974)
Tagebücher. Hrsg. von Christian Büttrich et alii. Bd. 1, 1936–1959, Bd. 2, 1960–1966. Frankfurt a. M.: Insel 2000. Werke in 7 Bänden, Frankfurt a. M.: Insel 1981ff. (die „autonome Prosa" befindet sich in den Bänden 3 und 4.) *(Kaschnitz)*

Klemperer, Victor (1881–1960)
Ich will Zeugnis ablegen bis zum letzten. Tagebücher 1933–1945. 2 Bände. Berlin: Aufbau-Verlag 1995. NA in 8 Bänden: Aufbau Taschenbücher, 2005. So sitze ich denn zwischen allen Stühlen. Tagebücher 1945–1959. Berlin: Aufbau Verlag 1999. *(Klemperer)*

Krättli, Anton (*1922)
Momentan nicht im Gespräch. Kritik und Vermittlung. Privatdruck 2003. *(Christa Wolf)*

Kristof, Agota (*1935)
L'analphabète. Récit autobiographique. Carouge-Genève: Editions Zoé 2004. (Die Analphabetin. Deutsch von Andrea Spingler. Zürich: Ammann 2005.) *(Widerschein des Alphabets)*

Leutenegger, Gertrud (*1948)
Das verlorene Monument. Frankfurt a. M.: edition suhrkamp 1985. *(Zu viele Bücher)*

Malkowski, Rainer (1939–2003)
Die Herkunft der Uhr. Gedichte. Mit einem Nachwort von Albert von Schirnding. München: Hanser 2004. Im Dunkeln wird man schneller betrunken. Hinterkopfgeschichten. Zürich: Nagel & Kimche 2000. Vom Rätsel ein Stück. Gedichte. Frankfurt a. M.: Suhrkamp 1980. *(Widerschein des Alphabets)*

Marchi, Otto (1942–2004)
Schweizer Geschichte für Ketzer oder Die wundersame Entstehung der Eidgenossenschaft. Zürich: Praeger Verlag 1971. Sehschule. Roman. Frankfurt a. M.: S. Fischer 1983. So viel ihr wollt. Roman. Zürich: Nagel & Kimche 1994. *(Marchi)*

Marti, Kurt (*1921)
Werkauswahl in 5 Bänden. Ausgewählt von Kurt Marti und Elsbeth Pulver. Zürich, Frauenfeld: Nagel & Kimche 1996. Der Traum geboren zu sein. Ausgewählte Gedichte. München, Wien: Nagel & Kimche im Hanser Verlag 2003. Wen meinte der Mann? Gedichte und Prosa-

texte. Auswahl und Nachwort von Elsbeth Pulver. Ditzingen 1998, Reclams Universalbibliothek. *(Sankt Charlot der kleinen Hoffnung)*

McCullers, Carson (1917–1967)
Das Herz ist ein einsamer Jäger. Roman. Aus dem Amerikanischen von Susanna Rademacher. Zürich: Diogenes Taschenbuch 1974 (The Heart Is a Lonely Hunter, 1940); Meistererzählungen. Zürich: Diogenes Taschenbuch 1991; Die Ballade vom traurigen Café. Novelle. Übersetzt von Elisabeth Schnack. Zürich: Diogenes Taschenbuch 1971 (The Ballad of the Sad Café, 1951); Uhr ohne Zeiger. Roman. Übersetzt von Elisabeth Schnack. Zürich: Diogenes Taschenbuch 1974 (Clock Without Hands, 1961). Die Autobiographie. Übersetzt von Brigitte Walitzek. Frankfurt a. M.: Schöffling & Co. 2002. (Illumination and Night Glare: The Unfinished Autobiography of Carson McCullers, 1999.) *(McCullers)*

Meier, Gerhard (*1917)
Werke. 3 Bände. Gümligen: Zytglogge 1987. NA 1999. Land der Winde. Roman. Frankfurt a. M.: Suhrkamp 1990. NA: Bibliothek Suhrkamp, 1997. *(Das Ausgesparte ist das Bewahrte)*

Merz, Klaus (*1945):
Kurze Durchsage. Prosa und Gedichte. Innsbruck: Haymon 1995. Kommen Sie mit mir ans Meer, Fräulein? Innsbruck: Haymon Verlag 1998. *(Zwischen Schwarzenbach und Erlosen)*

Meyer, E. Y. (*1946)
In Trubschachen. Roman. Frankfurt a. M.: Suhrkamp 1973. (Franz. Übersetzung: On irait pendant les fêtes. Traduit de l'allemand par Gilbert Musy. Postface: Elsbeth Pulver. Carouge-Genève: Editions Zoë 1989.) NA: Der Trubschachen Komplex. Ein Roman und eine Erzählung. Zürich: Ammann 1998. *(Ein Winterbuch)*

Morgenthaler, Walter (1882–1965)
Ein Geisteskranker als Künstler. Bern, Leipzig 1921. NA: Berlin, Wien: Medusa Verlag 1985. *(Spaziergänger und Weltreisender)*

Nizon, Paul (*1929)
Im Bauch des Wals. Caprichos. Frankfurt a. M.: Suhrkamp 1989. NA:
Suhrkamp Taschenbuch, 1991. *(Mäandern)*

Pedretti, Erica (*1930)
Harmloses, bitte! Frankfurt a. M.: Suhrkamp 1970. Heiliger Sebastian.
Roman. Ebenda 1973. Engste Heimat. Frankfurt a. M.: Suhrkamp
1995. NA: Suhrkamp Taschenbuch, 2002. *(Hommage á E.P.)*.

Pinget, Robert (*1919)
Kurzschrift. Aus Monsieur Traums Notizheften. Deutsch von Gerda
Scheffel. Berlin: Klaus Wagenbach 1991 (Auswahl aus versch. Werken
1982–1990). Theo oder die neue Zeit. Berlin: Wagenbach 1992. (Théo
ou le temps neuf, 1991.) *(Abseits)*

Proust, Marcel (1871–1922)
Sur la lecture. Arles: Actes sud 1988. *(In Collioure)*

Renfer, Werner (1898–1936)
Hannebarde und gesammelte Erzählungen. In der Übersetzung und mit
einem Nachwort von Barbara Traber, hrsg. von Charles Linsmayer.
Frauenfeld: Huber 1997. (frz. Hannebarde, 1933.) *(Land der Flüsse)*

Rivaz, Alice (1901–1998)
Wolken in der Hand. Roman. Frauenfeld: Huber 1992 (Nuages dans la
main, 1943), NA: Lenos Pocket 1995. Wie Sand durch die Finger.
Roman. Basel: Lenos 2000 (Comme le sable, 1946). Schlaflose Nacht.
Roman. Basel: Lenos, 1994 (Jette ton pain, 1979). NA: Lenos Pocket
1997. Das Wellental. Roman. Basel: Lenos 2001 (Le Creux de la
vague, 1967). Alle Bücher übersetzt von Markus Hediger. Traces de
vie. Vevey: Edition de l'Aire 1983. *(Schreiben heisst ...)*

Schmid, Karl (1907–1974)
Gesammelte Werke. 6 Bände. Hrsg. von Thomas Sprecher und Judith
Niederberger. Zürich: Verlag Neue Zürcher Zeitung 1998f. Gesam-
melte Briefe. 2 Bände. Hrsg. von Sylvia Rüdin. Zürich: Verlag Neue
Zürcher Zeitung 2000. *(Ein Dienstmann ...)*

Schnurre, Wolfdietrich (1920–1989)
Das Manöver. Erstdruck unter dem Titel: Ein Zwischenfall. In: Deutsche Rundschau, 78 (1952), Heft 12. NA: In: Klassische deutsche Kurzgeschichten. Hrsg. von Werner Bellmann. Ditzingen 2003, Reclams Universalbibliothek. *(Mäandern)*

Schütt, Julian
Germanistik und Politik. Schweizer Literaturwissenschaft in der Zeit des Nationalsozialismus. Zürich: Chronos 1996. *(Fritz Strich)*

Simon, Claude (1913–2005)
Die Akazie. Roman. Deutsch von Eva Moldenhauer. Frankfurt a. M.: Suhrkamp 1991. (L'acacia, 1989.) *(In Collioure)*

Stefan, Verena (*1947)
Wortgetreu ich träume. Geschichten und Gedichte. Zürich: Arche 1989. (*Verena Stefan)*

Sterchi, Beat (*1949)
Blösch. Roman. Zürich: Diogenes-Verlag 1983. NA: Diogenes Taschenbuch, 2005. *(Blösch)*

Strich, Fritz (1882–1963)
Klassik und Romantik oder Vollendung und Unendlichkeit. Ein Vergleich, 1922. Dichtung und Zivilisation, 1928 (beide München: Meyer und Jessen). Goethe und die Weltliteratur, 1946. Der Dichter und die Zeit, 1947. Kunst und Leben, 1960 (alle drei Bern: Francke). *(Fritz Strich)*

Supino, Franco (*1965)
Musica Leggera. Roman. Zürich: Rotpunktverlag 1995. *(Fremde)*

Szymborska, Wisława (*1923)
Hundert Freuden. Gedichte. Deutsch von Karl Dedecius. Frankfurt a. M.: Suhrkamp Taschenbuch, 1996; Auf Wiedersehen. Bis Morgen. Gedichte. Deutsch von Karl Dedecius. Frankfurt a.M.: Suhrkamp Taschenbuch 1998. *(Palast der Erinnerung)*

Vercors (=Jean-Marcel Bruller, 1902–1991)
Das Schweigen des Meeres. Erzählung. Aus dem Französischen von
Karin Krieger. Mit einem Essay von Ludwig Harig und einem Nachwort von Yves Beigbeder. Zürich: Diogenes Taschenbuch 1999. (Le
silence de la mer, 1942). *(An der Oberfläche versteckt)*

Walser, Robert (1878–1956)
Aus dem Bleistiftgebiet. Mikrogramme. 6 Bde. Im Auftrag des Robert
Walser-Archivs der Carl Seelig-Stiftung/Zürich entziffert und hrsg. von
Bernhard Echte und Werner Morlang. Frankfurt a. M.: Suhrkamp
1985–2000. Für die Katz [1928/29, zu Lebzeiten unveröffentlicht]. In:
Das Gesamtwerk. Hrsg. von Jochen Greven. Band 12. Zürich und
Frankfurt a.M.: Suhrkamp 1978. *(Spaziergänger und Weltreisender)*

Werner, Markus (*1944)
Bis bald. Roman. Salzburg: Residenz Verlag 1992. NA: dtv, 1995.
(Abseits)

Widmann, Josef Viktor (1842–1911)
„Ein Journalist aus Temperament". Ausgewählte Feuilletons. Hrsg.
von Elsbeth Pulver und Rudolf Käser. Bern: Zytglogge 1992. *(Widmann)*

Wilker, Gertrud (*1924)
Elegie auf die Zukunft. Ein Lesebuch. Zusammengestellt von Beatrice
Eichmann-Leutenegger und Charles Linsmayer, Nachwort B. Eich-
mann-Leutenegger. Frauenfeld: Huber 1990. Collages USA. Zürich:
Flamberg 1968. Feststellungen für später. Gedichte. Frauenfeld: Huber
1981. Gedichte aus dem Nachlass in: drehpunkt Nr. 112, 2002.
(Wilker)

Wölfflin, Heinrich s. Burckhardt, Jacob

Wölfli, Adolf (1864–1930)
Von der Wiege bis zum Graab. Oder, Durch arbeiten und schwitzen,
leiden, und Drangsal bettend zum Fluch. Schriften 1908–1912. 2 Bände. Hrsg. von der Adolf-Wölfli-Stiftung, Kunstmuseum Bern. Bear-

beitet von Dieter Schwarz und Elka Spoerri. Frankfurt a. M.: Fischer 1985. *(Spaziergänger und Weltreisender)*

Wolf, Christa (*1929)
Ein Tag im Jahr. 1960–2000. München: Luchterhand 2003. *(Christa Wolf)*

Woolf, Virginia (1882–1941)
Tagebücher in 5 Bänden. Bd. 2, 1920–1924. Deutsch von Claudia Wenner. Frankfurt a. M.: Fischer 1994 (im Rahmen der Gesammelten Werke. Hrsg. von Klaus Reichert). Mrs. Dalloway. Roman. [1925] Hrsg. und kommentiert von Klaus Reichert. Deutsch von Walter Boehlich. Frankfurt a. M.: Fischer Taschenbuch 1997. *(Virginia Woolf)*

Wyss, Laure (1913–2002)
Weggehen ehe das Meer zufriert. Fragmente zu Königin Christina von Schweden. Zürich: Limmat 1994/2001. Schuhwerk im Kopf und andere Geschichten. Zürich: Limmat 2000. *(Laure Wyss)*

Zollinger, Albin (1895–1941)
Werke. 6 Bände. Zürich etc.: Artemis-Verlag 1981–1984. Briefe. Hrsg. und kommentiert von Silvia Weimar. Artemis-Verlag 1987. *(Zerfall der Weltkathedrale)*

Zschokke, Matthias (*1954)
Ein neuer Nachbar. Zürich: Ammann 2002. *(An der Oberfläche versteckt)*

Drucknachweise

Die Artikel wurden für die Buchfassung vor allem stilistisch überarbeitet und zum Teil gekürzt; einige wurden mit neuen Titeln versehen. Hauptquelle: *ZeitSchrift für Kultur, Politik, Kirche*, die ab Jg. 51, 2002 wieder unter dem alten Namen *Reformatio. Zeitschrift für Kultur, Politik, Religion* im TVZ erscheint (abgekürzt ZS bzw. Ref).

Zu viele Bücher – zu wenig Leser? .... ZS Jg.35, H.6,1986

Mäandern .... ZS Jg.38, H.4,1989

Spaziergänger und Weltreisender .... Schweizer Monatshefte,
Jg.66, H.2,1986

Ein Winterbuch .... Nachwort zur franz. Übersetzung,
On irait pendant les fêtes, Carouge-Genève:Editions Zoé, 1989

Blösch .... ZS Jg.40, H.6,1991
(zuerst als Vortrag an der Universität Izmir, 1989)

Sankt Charlot der kleinen Hoffnung .... NZZ, 26./27. Januar 1991

In Collioure .... ZS Jg.40, H.4,1991

Abseits .... ZS Jg.41, H.6,1992

Robert Walser und Friedrich Glauser .... ZS Jg.41, H.2,1992

«Ich will kein Vorbild werden» .... Berner Zeitung, 24. Juli 1993

Riedland .... ZS Jg.42, H.4,1993

Der Zerfall der Weltkathedrale .... NZZ, 24. Januar 1995

Süsse Frauenbilder zu erfinden ... . ZS Jg.39, H.3,1990

Josef Viktor Widmann .... ZS Jg.41, H.5,1992

Gertrud Wilker .... drehpunkt Nr. 112, 2002

Verena Stefan .... NZZ, 5. Februar 1988

Erika Burkart .... NZZ, 29. Juli 1988